乡村70载 振兴跨百年系列丛书

中国乡村振兴

——产业发展促进战略实施模式及实践案例

张德林　张海瑜　张　鹏　王玉斌◎编著

中国农业大学出版社
China Agricultural University Press
·北京·

内容简介

《中国乡村振兴——产业发展促进战略实施模式及实践案例》是“乡村七十载 振兴跨百年系列丛书”的第四册。全书聚焦乡村振兴战略的历史背景、重点任务和发展目标，结合世界现代化进程的历史经验和我国农业农村发展的特殊条件，围绕乡村振兴战略实施过程中国家粮食安全、依托绿水青山打造金山银山、城乡融合发展与产业协同振兴、办好农业科技园区和产业园区、脱贫攻坚与乡村振兴有效衔接，以及发展海岛经济振兴渔村等诸多重大理论和实践案例，总结理论成果，归纳建设经验和部分地区的实践探索。作者团队依托近年来所主持承担的、来自不同地区的乡村振兴规划和建设项目，从理论与实践相结合的视角，把这些地区乡村振兴的探索实践与阶段性成果呈现在读者面前，并对乡村振兴进入第二个发展阶段需要进一步深化研究的问题提出了前瞻性思考与展望。

图书在版编目（CIP）数据

中国乡村振兴．产业发展促进战略实施模式及实践案例／张德林等编著．--北京：中国农业大学出版社，2021.11

（乡村七十载 振兴跨百年系列丛书）

ISBN 978-7-5655-2706-7

Ⅰ.①中… Ⅱ.①张… Ⅲ.①农业产业－产业发展－研究－中国 Ⅳ.①F323

中国版本图书馆CIP数据核字(2021)第268848号

书　　名　中国乡村振兴
——产业发展促进战略实施模式及实践案例

作　　者　张德林　张海瑜　张　鹏　王玉斌　编著

策划编辑　童　云　席　清　张　玉　　**责任编辑**　张　玉
封面设计　郑　川
出版发行　中国农业大学出版社
社　　址　北京市海淀区圆明园西路2号　　**邮政编码**　100193
电　　话　发行部 010-62733489，1190　　读者服务部 010-62732336
编辑部 010-62732617，2618　　出　版　部 010-62733440
网　　址　http://www.caupress.cn　　**E-mail** cbsszs @ cau.edu.cn
经　　销　新华书店
印　　刷　涿州市星河印刷有限公司
版　　次　2021年11月第1版　2021年11月第1次印刷
规　　格　170 mm×240 mm　16开本　22.25印张　360千字
定　　价　68.00元

丛书编审指导委员会

出版说明

“乡村七十载　振兴跨百年系列丛书”立足新中国成立 70 周年、中国共产党成立 100 周年、决胜全面建成小康社会冲刺之年和“两个一百年”关键历史交汇期，紧扣乡村振兴战略这一新时代“三农”工作总抓手，围绕产业兴旺、生态宜居、乡风文明、治理有效、生活富裕等方向，组织专家学者参与到本系列图书的创作与出版工作中来。

本系列丛书主要汇集有关学者从决胜脱贫攻坚到实施乡村振兴战略这一伟大时期，其服务“三农”、开展乡村振兴研究和实践的回顾与总结，更有对未来一段时期中国乡村振兴的思考和探究。

这套丛书的选题策划与出版缘起于中国农业大学经济管理学院王玉斌教授的激情提议，也正好契合中国农业大学出版社服务“三农”的办社宗旨。为此，中国农业大学出版社组织实力编辑团队与王玉斌教授一起来共同组织作者团队编写“乡村七十载　振兴跨百年系列丛书”，体现“三农”学者的所思、所想及所得，体现了出版者对“三农”的深厚情怀与责任担当。

除了王玉斌教授之外，还有中国农业大学原校长柯炳生教授、北京工商大学原校长谭向勇教授、全国畜牧总站党委书记时建忠研究员、中国农业电影电视中心党委书记兼主任刘天金先生、中国畜牧业协会会长李希荣先生、中国农业大学原副校长傅泽田教授、中国农业大学经济管理学院院长司伟教授等多年来带领团队积极投身于我国乡村振兴研究，深入农业农村实践的学术界领导者。同时，也汇聚了中国农业大学规划设计院张德林院长、中国畜牧业协会刘强德副秘书长、中国畜牧业协会驴业分会赵飞副会长、中国畜牧业协会驴业分会王春洪秘书长、北京工商大学李乾老师以及中国农业大学赵培芳博士、李杰博士、鹿傲飞博士等近百位深耕“三农”实践，全力践行乡村振兴战略的实战派研究人员。

我们计划用3～5年甚至更长一段时间，以丛书形式出版多部有关乡村振兴方面论著，打造一批高水平出版物，力求做到选题的针对性、作者的专业性、内容的科学性、案例的可借鉴性。希望本系列书的出版能为我国的“三农”事业和乡村振兴战略的实施做出应有的贡献。

中国农业大学出版社

2021年9月

序

我是怀着十分期待的心情审读这本书的。《中国乡村振兴——产业发展促进战略实施模式及实践案例》，一看书的名字就让人不由自主地产生一种先睹为快的冲动。因为，也许就在当下，不知有多少人正在思考着中国乡村振兴所遇到的形形色色的问题；又有多少人在从事着其所在地区乡村振兴丰富且又艰苦的探索实践。毫不夸张地说，乡村振兴就是实现中华民族伟大复兴历史性考试中一道无法回避的必答题。现在，几乎全中国人民都有一种共识：“没有农业农村的现代化，便没有整个国家的现代化”“中华民族的整体复兴，离不开乡村振兴”！由此可见，乡村振兴战略对于中国社会经济的发展和现代化进程有着何等重大的意义。

近年来，涉及乡村振兴的书籍可谓多如繁星，这在某种程度上反映出人们对这项伟大事业的殷切期待，但同时也昭示了解决这一重大课题面临的困难与挑战又何其之多。作者团队的可贵之处在于他们对中国乡村振兴问题的探究和努力，有着孜孜以求、知行合一的学术品格与务实态度。这集中体现在全书既有深入的时代思考与理论洞察，把对乡村振兴宏伟战略的理论学习与背景分析，投射到中国整体现代化的历史性进程中加以解析；同时，团队成员又置身于乡村振兴战略实施的多种实践活动之中，主持和参与了近百项不同区域、不同类别的乡村规划及项目建设。书中所讨论的一些问题与理论思考，几乎都来自于他们对具体地区、具体项目和具体问题的探讨与实践之中。

综观全书，除了其对乡村振兴目标任务与相关问题的深刻把握，以及资料翔实丰富，内容精彩广泛之外，有三个特点，殊为可贵。

其一，具有历史眼光与国际视野。全书十章，《导论》一章就显示出本书的立意格局宏大，见解不凡。其对乡村振兴战略提出的历史背景与意义的分析，并非像大多数研究那样，仅仅局限于就中国论中国，就乡村而说乡村。而是从英国工业革命之后，世界范围内工业化发展规律以及现代化进程的奇异现象中去考察和分析中国所经历的艰难困苦。使人们对一百多年来，尤其是新中国成立七十多年来的艰难奋斗经历、曲折发展道路和举世瞩目的伟大成就有了更宽广的认识视角和全局性的历史回顾。这样就更能使人们对中国乡村振兴和农业农村现代化进程的时代价值与世界意义，产生历史性联想和深刻的理论思辨。作为作者团队的老师辈同仁，对于这一部分的构思与写作我是参与讨论并提出了自己建议的。如今看来，他们接受了我的观点，并做出了创新性的线索构建与结构安排，可喜可贺！

其二，关注区域差异与产业特征。乡村振兴战略立足从根本上解决我国城乡差别和乡村发展不平衡、不充分的问题，从较长的历史跨度上全面规划了农业农村现代化的阶段目标、发展方向、主要任务、实现路径和措施保障。但是，中国历史悠久，地域辽阔，文化传统多元，区域性差异非常显著。因此，不同区域在实现乡村振兴的路径选择上，不可能整齐划一，必须因地制宜，因时制宜。全书在讨论乡村振兴与国家粮食安全、北方旱作农业条件下的产业振兴、依托绿水青山打造金山银山、珠三角城市群中的乡村生态宜居建设、城乡融合发展与产业协同振兴、巩固脱贫攻坚成果与乡村振兴有效衔接、办好农业科技园区和产业园区，以及发展海岛经济振兴渔村等诸多重大理论和实践问题时，较好地把握了区域特征与产业差异。每一章都对具体区域特点和产业特色有充分的论证分析；对区域内产业振兴的发展思路和建设经验总结客观务实。

其三，着力总结过去与规划未来。理论创新离不开对历史经验的总结，更不能没有对未来的前瞻性思考。全面推进乡村振兴是中国共产党和中国政府对加快农业农村现代化的重要战略部署，也是“十四五”时期乃至之后更长一段时间内“三农”工作的主题和主线。作者团队把握住了这条主线，把全书的主基调放在了总结过去与规划未来的有机结合之上。从第二章至第十章，每一章都安排了总结与展望的内容，并在第一章就点明：从 2021—2035 年，“一场任务更艰巨、时间跨度更长、对乡村振兴目标实现具有决定性意义的连续性攻坚战役已经打响。为了把乡村振兴第二阶段的工作做得更加扎实有效……，深刻认识当下已经具备的基础与未来的发展目标，以便规划好切实可行的技术路线与优化路径。这就是本书的基本思考。”如此立意，确实提升了本书理论思考的实践价值，可歌可赞！

乡村振兴布局宏大，自然是任重道远。但“解民生之多艰，育天下之英才”正是万千中国农业大学师生铭刻于心的使命担当。我与作者团队同为农大人，对中国农业农村现代化的历史责任一样的尽心竭力，为乡村振兴鼓之，呼之，干之；作为他们的师辈，于其学术长进，才干增益，社会贡献，更是喜之，助之，赞之！

是为序。

2021 年 10 月 1 日　于北京

前　言

乡村振兴作为一项长期性、全局性的国家战略，其对我国未来农业农村的全面发展和现代化进程具有统领性的意义。

2017 年至 2021 年，作者团队先后主持和参与了近百项乡村振兴和乡村建设项目的规划设计、建设实施及评估审核。为了做好这些工作，我们认真研读习近平总书记关于乡村振兴的重要思想、指示精神，以及党中央和各级政府的相关文件，并对国内外农业农村现代化的理论与实践经验进行了全面梳理。

中国的现代化进程已进入重要的转型升级阶段，我国与西方发达国家的差距正在逐渐缩小。可是就农业农村现代化进程而言，我们虽然也取得了非凡的历史性成就，但与已经实现社会经济现代化的国家相比，差距要比其他方面大得多；而且，弥合差距的难度更大，需要付出更艰巨的努力。仅就农业劳动生产率而言，2018 年我国劳均农业产出尚不及美国、加拿大、新西兰、挪威、以色列等国家的 5%。而且即使在国内城乡之间，从人均农业劳动生产效率、人均可支配收入和公共基础设施建设与服务能力等方面考察，城乡的差距也十分悬殊。2020 年，我国城乡居民人均可支配收入之比为 2.56∶1，这与 20 世纪 80 年代的差距相比不仅没有缩小，而且扩大了近 40%，远远高于发达国家的水平。由此可知，农业农村现代化相对滞后的问题已成为中国整体性现代化中明显的短板，乡村振兴战略的提出有着巨大的现实需求与历史根由。

2018 年 1 月，中共中央国务院在《关于实施乡村振兴战略的意见》中提出：到 2020 年，乡村振兴取得重要进展，制度框架和政策体系基本形成；到 2035 年，乡村振兴取得决定性进展，农业农村现代化基本实现；到 2050 年，乡村全面振兴，农业强、农村美、农民富全面实现。应该说，乡村振兴第一阶段的目标已经基本实现，乡村振兴大业开局良好。

因此，围绕乡村振兴的总体战略，认真总结第一阶段的发展经验和建设成果，布局下一阶段的目标任务、工作重点和路径优化，就显得格外重要。这就是作者团队写作本书的主要思考与集体共识。

全书共十章，导论部分是本书的纲。该部分包括三个层次，一是对乡村振兴的时代背景与伟大意义从世界现代化发展历程和某些历史规律的维度上进行解析；二是对乡村振兴第一阶段的主要成果进行归纳、总结；三是对全书的主题与思考进行简要介绍。其后，从第二章到第十章，分别针对乡村振兴与国家粮食安全、北方旱作农业条件下的产业振兴、依托绿水青山打造金山银山、珠三角城市群中的乡村生态宜居建设、城乡融合发展与产业协同振兴、巩固脱贫攻坚成果与乡村振兴有效衔接、办好农业科技园区和产业园区、发展海岛经济振兴渔村等重大理论与实践问题展开探索性分析。每一章都包含了对该章主题的理论思考和具体区域与产业的实践总结。

本书的成果也包含了诸多项目参与单位和示范基地工作人员的智慧与贡献，更离不开中国农业大学出版社领导与编辑们的策划、指导、帮助，作者团队对此表示衷心的感谢。

著　者

2021 年 7 月 1 日

目　录

第一章

导 论

引言：乡村振兴战略的提出有着重要的历史背景和世界意义。因此，研究乡村振兴的发展思路与实施路径不能就中国论中国，就乡村说乡村；而要从世界范围内工业化发展规律以及现代化进程的风云变幻中考察和分析中国所面临的挑战与机遇。从而使人们对一百多年来，尤其是新中国成立70多年来的艰难奋斗经历、曲折发展道路和举世瞩目的伟大成就有更宽广的认识视角和全局性的历史思考。这样才能使人们对中国乡村振兴和农业农村现代化进程的时代价值产生深刻的理论思辨。

未来相当长一个历史时期内，乡村振兴和农业农村现代化都将是中国继续保持高质量发展和实现中华民族伟大复兴的重大主题。

第一节 乡村振兴战略提出的历史背景与意义

从世界范围内看，自18世纪英国兴起第一次产业革命以来，以工业化为主要特征的国家现代化进程已经走过了350多年的历史。迄今为止，完全或基本实现了现代化的国家仅有30余个，占世界国家总数的比例不足15%，若以人口数量计算，所占比例也不过15%多一点。从地理分布来看，亚洲国家仅有日本、韩国、新加坡和以色列4国；美洲、大洋洲国家有美国、加拿大、澳大利亚和新西兰4国；欧洲的数量最多，有20多个国家基本或全面完成了工业化及国家现代化的进程，主要有英国、法国、德国、爱尔兰、意大利、西班牙、葡萄牙、荷兰、奥地利、比利时、瑞士、挪威、瑞典、丹麦、芬兰、冰岛、希腊、塞浦路斯、马耳他、斯洛文尼亚、捷克和斯洛伐克等。出现这样的情况并不难理解，因为欧洲是工业革命的发源地，也是最早开始工业化和国家层面全面现代化进程的大陆板块。

概而言之，国家工业化和现代化进程是人类文明进步的历史方向，它反映了世界性的社会经济结构向高级化升级与发展的特质及其普遍性规律。在这个历史过程中，农业产业和农村地区代表的是工业化前的传统产业与地域空间，因此其现代化进程一般总是落后于依托工业化技术与管理体系成长起来的第二、三产业；同理，农村的现代化起步与完成的时间也大都滞后于城市。在工业化与现代化启动的早期，这一特征尤其明显。自18世纪中叶，欧洲工业化的先驱英国、法国等国就开始了工业化进程，但其大规模的农业农村现代化则到了20世纪前叶才正式启动，相差了近二百年的时间。美国由于其得天独厚的地理区位和农业发展条件，是世界上率先开启农业现代化的国家，也是最早实现农业农村现代化的国家。即使如此，其农业农村现代化也是在国家工业化启动了约150年后才完成的。进入20世纪后，农业农村现代化在欧美早期工业化国家的带动下出现了加速的势头，日本、加拿大、澳大利亚和新西兰等在19世纪中叶后才开启工业化的国家，在工业化起步100年左右的时间内基本实现了农业农村的现代化。第二次世界大战之后，少数得到欧美发达经济体庇护的新兴工业化国家和地区，如韩国、以色列、新加坡和我国的台湾地区，由于特殊的国际环境和世界经济发展格局的影响，获得了快速工业化和农业现代化进程的独特条件，因此大约在50年的时间内基本实现了局部区域性的工业化和农业农村现代化。

此外，国家工业化和农业农村现代化的历史进程及其实现的速度与难易程度，还与一个国家的综合体量、民族构成和经济区位特征有着密切关联。一个国家和民族的历史文化沿革及其与邻国的相处状态，也在很大程度上影响着其工业化和国家现代化进程。一般情况下，体量较小的国家和地区经济结构的转型升级相对容易，其国内的社会经济体系、实际上也无法形成内在平衡的完整结构，必须依赖外部的输入和介入式循环才能实现国民经济的平衡与转型驱动。因此，这些国家反而可以专注于某一个或几个经济部门，发挥其区位经济的比较优势，加快工业化进程，如新加坡、韩国、以色列和欧洲的相当一部分微小型国家皆属此类。相对而言，历史文化悠久的大国，尤其是人口和区域面积都很大的国家，其社会经济体系转型升级时必须保持强大的自我平衡能力，同时也受制于历史性原始状态的影响，特别是在传统的基础性产业部门和乡村广大地域空间上。如农业农村的社会经济结构由于具有巨大的历史惯性和战略性的地位，通常都无法通过外部循环和替代来实现转型升级。这样的国家其现代化进程较之微小型国家，有着巨大、超乎想象的难度。迄今，世界上超过1亿人口的国家共有13个，其中亚洲有中国、印度、印度尼西亚、巴基斯坦、孟加拉国、日本、菲律宾7国；北美洲有美国、墨西哥2国；南美洲有巴西1国；欧洲有俄罗斯1国；非洲有尼日利亚和埃塞俄比亚2国。但是在这13个国家中真正进入现代化经济发达国家行列的只有美国和日本，这在实践上佐证了大国现代化进程的艰巨性。加之当世界因社会制度、意识形态和经济体制形成相互竞争与对立的社会集团时，外部环境的矛盾对立会增加裹挟在其中的国家和地区内部发展与实现结构优化的困难。而中国恰恰是具有悠久历史文化、地域辽阔和人口规模超大的典型性的国家，其国家工业化和现代化进程的艰难程度更是超乎一般的区域性大国。

历史上，中国的工业化与现代化进程有过多次被外部势力入侵而打断的悲剧性经历。1840年中英鸦片战争之后，以英国为首的欧美先行工业化国家用炮舰敲开了中国的大门。当时的清朝政府在列强武力打击、强占国土的步步威逼之下，先后在广东、广西、福建、浙江、江苏、上海、山东、辽宁和河北等地陆续开放了多个贸易口岸，被迫打开了国门。那时的中国在受到割地赔款、资源被掠、商品市场被占和欺辱的同时，资本主义工业化国家的生产技术、贸易方式及其现代工业产品也随着鸦片传播到了中华大地，给这块厚重的古老文明之地带来了巨大的物质与精神冲击。这种突如其来的、令人窒息的变化，迫使当时一些有志于改造国家的仁人志士开启了“睁眼看世界”的学习历程。

肇始于19世纪中叶的洋务运动，被认为是半封建、半殖民地时期的中国向西方学习，开始现代意义工业化进程的起点。然而，洋务运动、变法改革和实业救国从19世纪60年代起，直至清朝政府在1911年辛亥革命中被推翻的近半个世纪时间内，不仅步履维艰，而且其成果也实在是乏善可陈，总体上看，是非常失败的。当然，造成这种局面的原因非常复杂，除了当时中国自身的体制、文化和经济结构等因素之外，西方列强的入侵掠夺、敲诈勒索也是不容忽视的根由。自1840年至辛亥革命，帝国主义列强通过战争和武力威胁，共强迫清朝政府签订了20余个不平等条约，勒索各种赔款总计超过13亿两白银，比当时清朝政府10年的财政收入还要多。即使在辛亥革命之后长达三十多年的中华民国时期，由于半封建、半殖民地的状态没有根本性改变，中国工业化的进程仍是一波三折、充满坎坷的，备受帝国主义列强发动的战争干扰与掠夺欺凌；加之国内各种错综复杂的矛盾和军阀势力间的相互倾轧，国家一直处于混乱落后的状态，人民生活贫苦不堪；中国的工业化水平、经济结构和综合生产能力亦长期处于非常低下的发展水平。

直到1949年，中华人民共和国的成立才使整个国家有了独立、自主的地位，人民的精神面貌有了巨大的改观，大规模的工业化建设开始进入了加速发展和全面升级的新阶段。1949年至20世纪80年代初期是新中国计划经济体制下的社会主义工业化时期，这个时期工业化发展的主要特征是政府作为投资主体、国家指令性计划作为配置资源的主要手段，优先发展基础性重工业和国防工业，轻工业则以满足国内最基础的需求为主要目标。

早在1953年，中国共产党就明确提出了过渡时期总路线，要加快实现国家的社会主义工业化。“一五”时期开始布局的156个重点工业项目初步奠定了新中国工业化的基础。其后，新中国经过近30年的工业化建设，逐步建立了独立且较为完整的工业体系和国民经济体系，形成了较好的工业基础，尤其是重工业基础。基于当时的国际格局，中国在辽阔的内陆地区和少数民族地区兴建了一批新的工业基地，历史性地改变了旧中国畸形化的工业化布局。国家的国防工业从无到有逐步建立并形成体系，以成功发射“两弹一星”为标志，真正意义上奠定了新中国的世界大国地位；工业化建设所需重要资源的勘探和建设工作成绩斐然，为构建自主全面的现代工业体系打下了坚实的根基；以铁路、公路、水运、航空和电力、通信、邮电等为主的现代化基础设施系统陆续建立并完善起来，逐步缩小了与经济发达国家的差距。1980年，全国工业固定资产按原价计算，达到了4 100多亿元，比20世纪50年代初增长了26倍多；棉纱产值增长了3.5倍，达到293万t；原煤产量增长了8.4倍，达到6.2亿t；发电量增长了40倍，达到3 000多亿kW·时;原油产量达到1.05多亿t；钢产量达到3 700多万t；机械工业产值增长53倍，达到1 270多亿元。总体上看，这一时期的社会主义工业化建设，为改革开放后中国的快速工业化进程建立了非常重要的起飞条件。

从20世纪80年代中期开始，中国的工业化进程开始进入社会主义市场经济体制下的发展模式，国家现代化的发展模式也逐步转向发挥市场作用，走低成本出口导向、建设开放型经济和促进产业结构优化升级的道路，并进入工业化和现代化进程全面加速的新阶段。世人皆曰：中国特色的社会主义工业化道路取得了巨大成功。2009年，中国经济总量超过日本，成为世界排名第二的经济大国；2010年，中国发电量超越美国，排名世界第一，并一直保持至今。在这一阶段，中国工业生产能力在很多领域都走到了世界的前列，成为综合生产能力十分强大的国家。从“十二五”后，中国开始强力推动工业化和信息化深度融合，国家工业化发展逐步向中高端迈进；从2011年至2014年，装备制造业和高技术产业增加值年均分别实际增长13.2%和11.7%。2014年，装备制造业和高技术产业增加值占规模以上工业增加值的比重分别达到30.4%和10.6%，比2010年提高了0.8%和1.7%。事实上，2010年中国工业生产能力就已超过了美国，成为全球制造业第一大国。2013年底，在世界500种主要工业品中，中国有220种产品产量位居全球第一，几乎是世界上唯一拥有完备工业体系的国家。因此，从传统意义的工业化标准来讲，中国已经是名副其实的工业化大国了。

但是，用综合现代化水平的许多社会经济发展指标衡量，中国的现代化进程距离完成国家全面现代化、进入经济社会发达国家的行列还有相当的差距。虽然差距在不断缩小，但这剩下的差距却又是追赶起来最为艰难的一段距离，说其艰难，难就难在农业农村这个板块。

对于如何才算建成现代化国家，无论在经济学、社会学、管理学还是人类学层面上，现行的理论并没有形成统一的标准。但人们对已经实现现代化的国家和地区及其具有的共性特征是有基本认知的。认定一个国家是否达到了现代化国家的标准，对其在人均国民收入水平、平均劳动生产率、产业结构和就业结构状态、科学技术的普及应用程度、社会发展与国家综合治理能力，以及社会福利普惠的范围和水准等方面都有着规范的发展指标要求。特别是那些已经完成工业化和基本实现现代化的国家和地区，在上述方面所达到的实际水平和状态，本身就是现实的参照系，具有鲜明的可比性和强大的示范性。

中国在改革开放后，曾多次在不同发展时期郑重提出过全面建设小康社会、实现国家现代化及到 21 世纪中叶达到中等发达国家水平的发展目标。事实上，到“十三五”规划初期的 2016 年，中国人均国民生产总值已经达到 8 147.9 美元；产业结构中，第一产业占比为 8.6%，第二产业占比为 39.8%，第三产业占比为 51.6%；按常住人口计算，城镇化率达到了 58%左右；科技进步贡献率逐年提高，达到了 56.2%。可以看出，中国在国家整体实力和实现现代化的主要指标上，与通行的现代化国家和经济发达国家标准越来越接近。2019 年，中国生铁产量达 8 亿 t，占全球生铁产量的 60%以上；中国煤炭产量长期居世界第一，2019 年达到了 38.46 亿 t，约占世界总量的 47.3%；造船完工量达到了 3 672 万 t 载重，居世界第一；其他如化肥、水泥、大量轻工和生活日用产品等，中国均为世界第一产量大国。中国甚至是目前世界上唯一拥有完备工业体系的国家，工业增加值占全球工业增加值的 24%，超过日本和美国两个工业大国之和。在很多人的眼中，尤其是相当一部分外国人心目中，中国俨然已经是一个实现了现代化的国家。但是，当人们把目光转向占国土面积近 80%的农村，看一下 6 亿多农民的生产、生活状态与日常生存环境，对比一下中国农业劳动生产率和农业人均收入与经济发达国家的巨大差距，便会深切地感到中国现代化进程在城乡间的巨大落差。

表 1-1 给出了几个具有代表性国家在 2017 年的人均国民收入、劳动生产率、农业劳动生产率、就业结构等方面的数据。从中可以发现：①中国在人均 GDP、农业 GDP 占比方面来看，与美国、德国、日本、韩国这些发达国家相比仍然差距较大，说明整体上中国的工业化与现代化进程尚未完成；②仅以人均 GDP 和农业产出占比来看，中国已经非常接近现代化国家的入门水平，比泰国和印度这些国家高出不少；③从农业劳动生产率和农业就业结构状况来看，与发达经济体呈现出更大的差距，即使与马来西亚这样相对发达一点的发展中国家对比，中国也有较大的落差。究其原因，就在于中国的农业农村人口占比过大，农村就业条件和资源利用的空间尚未充分打开，农业劳动生产率提高和产业结构升级之路还异常漫长与艰难，这也就是困扰当代中国的所谓“三农”问题。

表 1-1　2017 年相关国家 GDP 及经济结构数据

国家	平均劳动生产率/美元	农业劳动生产率/美元	人均 GDP /美元	农业人均 GDP /美元	农业 GDP 占比/%	农业就业占比/%	农业就业人口/万
中国	15 634	4 343	8 879	1 584	7.5	27	2 033 286
日本	72 311	24 863	38 387	5 442	1.2	3.5	22 818
韩国	57 774	22 448	31 617	3 248	1.9	4.9	13 246
美国	118 769	64 392	60 062	3 012	0.9	1.7	26 078
德国	84 864	52 629	44 553	1 567	0.8	1.3	5 375
泰国	11 855	3 212	6 593	1 090	8.4	31	118 368
印度	5 250	2 015	1 982	489	16.4	42.7	1 997 997
马来西亚	21 045	16 446	10 259	3 593	8.6	11	16 116
墨西哥	21 019	5 497	9 288	1 569	3.4	13	69 239

数据来源：世界银行，国家统计局。

为了更清晰地说明中国农业农村发展滞后的状况，对比一下与中国地理区位、人口、劳动力与土地资源禀赋类似的日本与韩国两国在基本完成工业化和农业农村现代化时的状况（表 1-2）便一目了然。日本于 20 世纪 80 年代、韩国于 90 年代相继跨越了人均 GDP 为 1 万美元的门槛，也在其后不久的时间内基本实现了农业农村的现代化。2019 年，中国的人均 GDP 水平开始超过1万美元，经济总量连续十年位居世界第二。但在农业劳动生产率和农业农村现代化的水平上却远远落后于日本、韩国当时的水平。尤其在农业劳动生产率和农村就业结构与社会发展水平上，与日本、韩国相比，在相同阶段上的城乡不平衡、产业不平衡程度要大得多。其中一个重要原因是日本、韩国在20世纪60年代和70年代，分别开启了加强农业农村现代化的“改造乡村”运动（韩国称为“新村运动”）。相对日本、韩国而言，我国地域辽阔，人口规模和区域发展不平衡的负担更为严重，因此就需要在农业农村现代化的投入与建设上倾注更大的力量和采取更为全面的综合性推进措施。

表1-2 日本和韩国基本完成工业化和农业农村现代化时的GDP及经济结构数据

国家	年份	平均劳动生产率/美元	农业劳动生产率/美元	全国平均GDP/美元	农业人均GDP/美元	农业GDP占比/%	农业就业占比/%	农业就业人口/万
日本	1981年	21 374	6 305	10 400	1 288	3.0	10	55 720
	1982年	19 889	5 864	9 578	1 160	2.9	10	53 836
	1987年	40 877	11 721	20 745	2 143	2.4	8.3	49 937
	1990年	49 048	14 238	25 359	2 339	2.1	7.2	45 022
韩国	1990年	16 537	6 889	7 524	1 981	6.0	16.4	31 439
	1994年	21 794	9 890	10 206	2 580	5.7	12.6	25 606
	1995年	25 989	11 703	12 333	3 004	5.3	11.8	24 667
	1996年	27 436	12 471	13 138	3 079	5.0	11	23 488

数据来源：世界银行，国家统计局。

由此可见，解决中国的“三农”问题不仅是中国全面现代化建设必须完成的历史任务，也是现实经济社会发展所面临的无可回避的严峻挑战。正是基于这样的历史背景，2017年，党的十九大郑重提出了“乡村振兴战略”，从较长的历史跨度和社会经济与生态环境协调发展的高度上对中国农业农村现代化的方向、道路进行了全面规划。

乡村振兴战略立足从根本上解决我国城乡差别和农业农村发展不平衡、不充分的问题，对农业农村现代化的阶段目标、发展方向、主要任务、实现路径和措施保障进行了全面部署。其格局之宏大、体系之全面、任务之明确、内涵之深刻，都是前所未有的。作为一个整体性概念，乡村振兴也是一个层次分明的政策与规划体系，其内在的逻辑建构十分清晰明确，即农业农村现代化是总目标；农业农村优先发展是总方针；产业兴旺、生态宜居、乡风文明、治理有效、生活富裕是总要求；建立健全城乡融合发展体制机制和政策体系是制度保障；产业振兴、人才振兴、文化振兴、生态振兴和组织振兴是总任务。它所展示的战略全景与建设路线与以往的“三农”工作方针政策相比，既有继承性，又有扩展性。其中，一个较大变化是：乡村振兴把对涉农领域的发展要求和实现现代化的目标任务，从过去主要偏重农业产业为主，扩展到了农村经济社会发展的全域和全局；把解决“三农”问题的资源依托从过去的耕地、草场、养殖水面等经济资源层面，扩展到了整个乡村国土空间；把推进传统农业改造的历史任务和责任范围，从过去以生产和经济领域为主，扩展到了农村生产、生活、生态的全领域与全过程；把农业产业化和乡村城镇化的发展路线从传统的工商业向农业、城市向农村的单向转移，转变为一二三产业融合，城乡协同发展；把以经济发展为中心的农业农村管理体系，拓展为经济、社会、生态综合协调的现代治理体系与治理结构建设。如此广泛而深刻的重大战略调整和宏大发展格局，其历史和现实意义都是空前的，这是一个新的发展阶段开始的重要标志。

第二节　三年探索实践，筑基、搭台、创新

乡村振兴战略一经提出，便成为了指导全国“三农”工作的总纲领。2018 年 1 月，中共中央、国务院印发《中共中央 国务院关于实施乡村振兴战略的意见》，明确提出乡村振兴战略的实施将分阶段、有重点逐次推进，并具体划分了至 2020 年、2035 年、2050 年三个阶段的目标任务。该意见要求，到 2020 年，乡村振兴取得重要进展，制度框架和政策体系基本形成；到 2035 年，乡村振兴取得决定性进展，农业农村现代化基本实现；到 2050 年，乡村全面振兴，农业强、农村美、农民富全面实现。

应该说，经过 3 年多的努力，2020 年的目标任务已经完成，乡村振兴大业开局良好，基本制度框架和政策体系已经形成。3 年来，全国人民代表大会常务委员会修订或制定了多部与乡村振兴有关的法律，并于 2018 年以后逐渐施行。其中最具标志性的制度建设成果就是《中华人民共和国乡村振兴促进

法》的出台。

2018 年 7 月，全国人民代表大会常务委员会牵头启动了乡村振兴促进法的立法相关程序，到 2020 底基本成文；2021 年 4 月 29 日，中华人民共和国第十三届全国人民代表大会常务委员会第二十八次会议通过；自 2021 年 6 月 1 日起，《中华人民共和国乡村振兴促进法》正式施行。这是一部指导乡村振兴战略实施的基础性法律文件，它为我国全面实施乡村振兴战略，促进农业全面升级、农村全面进步、农民全面发展，加快农业农村现代化，全面建设社会主义现代化国家，提供了法律指导与制度保障。

围绕乡村振兴战略的推进，国家还相继出台了一系列支撑性法规与制度。2017 年 12 月 27 日，第十二届全国人民代表大会常务委员会第三十一次会议修订通过《中华人民共和国农民专业合作社法》。新修订的法律不仅扩大了农民合作的范围，还增加了“农民专业合作社联合社”一章，对合作社之间的联合与合作进行了规范。

2018 年 12 月 29 日，第十三届全国人民代表大会常务委员会第七次会议通过关于修改《中华人民共和国农村土地承包法》的决定，对 2014 年中央一号文件，即中共中央国务院印发的《关于全面深化农村改革加快推进农业现代化的若干意见》提出的农村土地所有权、承包权和经营权“三权分置”的政策思路与决定提供了明晰的法律支撑；并把党的十七届三中全会提出的“赋予农民更加充分而有保障的土地承包经营权，现有土地承包关系要保持稳定并长久不变”的承诺落到了实处，进一步夯实了乡村振兴战略的土地制度基础。

2019 年，第十三届全国人民代表大会常务委员会第十二次会议通过修改《中华人民共和国土地管理法》，对农村耕地占补平衡等问题进行了法治规范。

2020 年，第十三届全国人民代表大会第三次会议通过《中华人民共和国民法典》，把农村集体经济组织和合作经济组织界定为特别法人。这一法律规定对于乡村振兴战略的贯彻实施，特别是对农村现代治理体系和治理能力的建设具有重要意义。

党的十九大以来，中共中央、国务院也先后在不同层面上印发了大量政策与指导性意见，全方位地支持乡村振兴战略的实施。其中，2018 年 2 月 5 日，中共中央办公厅、国务院办公厅印发了《农村人居环境整治三年行动方案》，对不同地区的农村人居环境整治进行了具体部署，提出“到2020年，实现农村人居环境明显改善，村庄环境基本干净整洁有序，村民环境与健康意识普遍增强”的行动目标。这为乡村振兴战略要求的农村居住条件“生态宜居”的任务目标提出了基础性规范。经过3年多的整治，全国农村人居环境得到了明显的改善，为实现第二阶段乡村振兴战略相关目标铺垫了示范与完善的基础。

2019年2月21日，中共中央办公厅、国务院办公厅印发《关于促进小农户和现代农业发展有机衔接的意见》，提出了提升小农户发展能力、提高小农户组织化程度、拓展小农户增收空间、健全面向小农户的社会化服务体系和完善小农户扶持政策等具体措施。针对我国的具体国情，该文件为解决农业农村现代化中服务好农民这一关键问题指明了方向。

2019年4月15日，中共中央、国务院发布《中共中央 国务院关于建立健全城乡融合发展体制机制和政策体系的意见》，进一步落实党的十九大提出的城乡融合理念，为重塑新型城乡关系、走城乡融合发展之路、促进乡村振兴战略和农业农村现代化提供了政策方向与制度保障。

2019年6月17日，国务院印发《国务院关于促进乡村产业振兴的指导意见》，着重解决乡村中现存产业门类不合理、产业链条较短、要素活力不足和质量效益不高等问题。指导意见对乡村振兴战略“二十字”任务目标总要求中“产业兴旺”的相关问题明确了具体落实的方向。

2019年6月23日，中共中央办公厅、国务院办公厅印发《关于加强和改进乡村治理的指导意见》，对于推进乡村治理体系和治理能力现代化建设进行了部署。这是对乡村振兴战略“二十字”总要求中有关“治理有效”任务目标的具体指导与任务落实的明确指示。

2019年9月1日，中共中央印发《中国共产党农村工作条例》，明确了党对农村工作全面领导的基本理论、基本路线、基本方略，对深入实施乡村振兴战略、提高新时代党全面领导农村工作的能力和水平具有十分重要的指导意义和推动作用。

2018年9月26日，中共中央、国务院印发《乡村振兴战略规划（2018—2022年）》，按照“产业兴旺、生态宜居、乡风文明、治理有效、生活富裕”的总要求，对实施乡村振兴战略做出阶段性谋划；分别明确至2020年全面建成小康社会和 2022 年召开党的二十大时的目标任务，细化、实化了相关工作重点和政策措施；部署了关键性的重大工程、重大计划、重大行动，确保乡村振兴战略落实落地。这个文件已经成为指导各地区、各部门分类有序推进乡村振兴规划实施的重要依据。

上述法律、政策和有关指导性意见涵盖了党的十九大提出乡村振兴战略的各个方面，形成了比较完整、系统的乡村振兴制度和政策框架。

3 年多来，乡村振兴战略实施取得的成就是多方面的。除了法律制度和政策体系的重大成果，中国在乡村振兴第一阶段的一项永载史册的伟大成就是全面完成脱贫攻坚目标，消除了困扰中华民族数千年的部分农村地区的绝对贫困问题。民族要振兴，乡村必振兴；乡村欲振兴，脱贫是前提。脱贫攻坚与乡村振兴是中国农业农村现代化进程中两个相互关联的核心内容与重大历史任务，也是农村全面发展所必然经历的相互衔接的历史阶段。

党的十八大以来，以习近平同志为核心的党中央把脱贫攻坚摆在治国理政的突出位置，团结带领全党全国各族人民，采取了一系列具有原创性、独特性的重大举措，组织实施了人类历史上规模最大、力度最强、惠及人口最多的脱贫攻坚战。到 2020 年，经过 8 年持续奋斗，终于实现了在现行标准下 9 899 万农村贫困人口全部脱贫，832 个贫困县全部摘帽，12.8 万个贫困村全部出列，书写了人类发展史和世界减贫史上的伟大奇迹。

脱贫攻坚战的目标非常明确与具体，就是到 2020 年确保现行标准下的农村贫困人口全部脱贫，贫困县全部摘帽，全面消除区域性局部绝对贫困。乡村振兴战略则是新时代全面做好“三农”工作的总抓手，在任务目标上也把 2020 年全国农村同步实现全面建成小康社会作为关键性内容，二者是相互融合、协同一致的。一方面，打赢脱贫攻坚战，是实施乡村振兴战略的优先任务，也是全面建成小康社会不可或缺的重要组成部分。另一方面，乡村振兴战略更着眼于从根本上解决农业、农村、农民问题，以实现农村“产业兴旺、生态宜居、乡风文明、治理有效、生活富裕”为主要任务，通过城乡融合、产业融合和资源整合，全面调动不同利益主体、社会组织的创新活力，激发农民增收致富的内生动力，形成稳定减贫的长效机制。

从党的十八大提出打赢脱贫攻坚的人民战争，到十九大乡村振兴战略的郑重推出，再到 2020 年脱贫攻坚战的全面胜利和乡村振兴战略第一阶段任务目标的圆满实现，集中彰显了中国共产党务实解决“三农”问题和全力推进农业农村现代化的决心之巨大、部署之周全、措施之有力、成果之丰硕。由此，中国农村的扶贫助困工程开始进入了与乡村振兴战略有效衔接的新阶段。

以下几个方面的工作从不同侧面折射出了乡村振兴战略在第一阶段取得的重大进展和巨大成绩：一是全国普遍建立了五级书记抓乡村振兴工作的领导机制；31个省（区、市）均成立了实施乡村振兴战略工作领导机构；普遍建立了乡村振兴实绩考核制度，强化了对目标任务工作进展的考核监督。二是各地基本形成了规划先行、梯次推进的工作局面；31个省（区、市）均科学编制了上下衔接的地方规划，加强了对县域村庄布局完善优化工作的推进，一些有条件的乡村编制了“多规合一”的实用性村庄规划。三是在已经出台的乡村振兴制度和政策指导下，细化、实化落地实施的措施，相关部门先后制定了有针对性的支持政策；城乡基础设施统一规划、统一建设、统一管护机制加快构建，城乡基本公共服务按照标准统一制度、并轨执行的目标加快推进。四是一批标志性重大工程启动实施，围绕“抓重点、补短板、强弱项”，3年来先后实施了农村人居环境整治、高标准农田建设、农业科技创新、国家现代农业产业园建设、东北黑土地保护性耕作、农产品仓储保鲜冷链物流设施建设等一批基础性、长远性的工程项目，进一步夯实了农业农村发展和乡村振兴的物质基础。

这期间农业基础设施建设方面的成就尤为突出：一是大规模建设高标准农田。到2020年底完成5 333.33万hm^2（8亿亩）旱涝保收、高产稳产的高标准农田建设任务，亩均粮食产能提高约100 kg。实施耕地地力保护与提升行动，2019年全国耕地平均等别达4.76等，较“十二五”有了较大提高。二是国家良种生产保障能力显著提升。建设以海南、甘肃、四川三大国家级育制种基地为核心，52个国家级制种大县和100个区域性良种繁育基地成为骨干的种业基地“国家队”，农业用种供给保障能力显著提升。三是农业机械化全面发展。全国农业机械总动力达10.28亿kW，已建成453个主要农作物生产全程机械化示范县，农作物耕种收机械化率超过70%，畜牧养殖和水产养殖机械化率分别达到34%和30%。四是畜牧水产养殖设施加快升级改造。畜禽圈舍、自动饲喂、疫病防控等设施设备加快建设，畜禽养殖规模化率达64.5%，规模养殖场粪污处理设施装备配套率达93%，奶牛规模养殖比重达

64%，创建国家级水产健康养殖示范场超5 400个。

在这一阶段，针对农村社会综合发展水平提高和人居环境改善的需要，综合整治农村人居环境，并取得了重大阶段性成效。首先，2018年，中央农村工作领导小组办公室、农业农村部等18个部门启动实施了村庄清洁行动，集中整治村庄“脏乱差”问题。据统计，95%以上的村庄开展了清洁活动，村容村貌明显改善。其次，农村“厕所革命”扎实推进，各地在工作中坚持因地制宜、分类施策、好字当头、质量优先，确保好事办好，让群众满意。到2020年，全国农村卫生厕所普及率达65%以上。最后，统筹推进农村生活垃圾污水治理等工作。目前，农村生活垃圾收运处置体系已覆盖全国90%以上的行政村，农村生活污水治理水平有新的提高。

3年多的乡村振兴实践，上至中共中央、国家最高权力机构的全国人民代表大会常务委员会、国务院及其所属各部委，下到各省、市、县、乡（镇）、村，各级政府、社会组织、民间团体，特别是亿万农民，真抓实干，取得了多方面的伟大成就，为未来乡村振兴第二阶段目标任务的实现打下了坚实基础。

第三节 思考与架构

2021年是我国第十四个五年计划正式开启之年，乡村振兴战略进入了第二个发展阶段。2020年，习近平总书记在经济社会领域专家座谈会上指出：“十四五”时期是我国全面建成小康社会、实现第一个百年奋斗目标之后，乘势而上开启全面建设社会主义现代化国家新征程、向第二个百年奋斗目标进军的第一个五年，我国将进入新发展阶段。这是以习近平同志为核心的党中央对“十四五”时期我国所处历史方位做出的新的重大论断，体现了习近平总书记和党中央对深刻变化的国内外环境的清醒认识和科学把握；也为我们党和国家在新阶段谋划新发展、开拓新局面提供了根本遵循。乡村振兴进入新阶段，其目标任务是十分宏大和艰巨的，2021年3月出台的《中华人民共和国国民经济和社会发展第十四个五年规划和2035年远景目标纲要》对新阶段乡村振兴的基本思路和发展重点做了如下概括：“走中国特色社会主义乡村振兴道路，全面实施乡村振兴战略，强化以工补农、以城带乡，推动形成工农互促、城乡互补、协调发展、共同繁荣的新型工农城乡关系，加快农业农村现代化。”这标志着一场任务更艰巨、时间跨度更长、对乡村振兴目标实现具有决定性意义的连续性攻坚战役已经打响。

为了把乡村振兴第二阶段的工作做得更加扎实有效，有必要对前一阶段的工作进行深入地回顾总结，深刻认识当下已经具备的基础与未来的发展目标，以便规划好切实可行的技术路线与优化路径。这就是本书的基本思考。

在乡村振兴第一阶段的实践过程中，已经有相当一部分地区结合本地区的实际，致力于探索因地制宜推进农业农村现代化的发展之路；按照“产业兴旺、生态宜居、乡风文明、治理有效、生活富裕”的目标任务和五大振兴的全面要求，制定规划，明确方向，配置资源，实施项目，快速推进，总结提高。这些区域的实践过程和发展经验，既是全国实施乡村振兴战略丰富实践过程的一个缩影，也是对实现第二阶段乡村振兴目标任务发展路径的努力探索。基于总结过去、开辟未来、提炼经验、不断深化，以利提高的目的，本书作者团队把自己亲身经历的乡村振兴实践进行了梳理；在近百个不同类型的试点案例中，选择了具有代表性的乡村振兴规划和建设示范实体，汇集成这本《中国乡村振兴——产业发展促进战略实施模式及实践案例》，力图通过对乡村振兴不同侧面的思考与实践经验的总结，为已经开始的乡村振兴第二阶段的攻坚作战提供现实的借鉴与参考。

全书共分十章。第一章为导论，本章着重对乡村振兴战略提出和实施的重要背景与重大意义进行宏观层面的解析；从工业化和城乡现代化的发展规律上，分析中国作为发展中大国农业农村现代化的重点与难点；集中表达了作者团队对乡村振兴战略的总体性思考与重大意义的认识。

第二章为乡村振兴之要，确保粮食安全。粮食安全问题在乡村振兴战略中既是重中之重，也是难中之难。其“重”体现在“洪范八政，食为政首”。保障粮食安全是国家治理的根本所在，也是国家总体安全的基石。其难则难在以下 4 个方面：①我国粮食需求将持续刚性增长，而粮食增产的资源约束却日趋紧张。所谓需求刚性增长主要来自中国庞大的人口数量和增长趋势，中国是世界上人口最多的国家，预计未来 10 年每年新生人口仍多达 500 万以上。同时，“十四五”期间，我国城镇化将进一步加快，每年新增城镇人口

1 000 多万人，从而带动粮食消费进一步升级。由于人口增加和消费结构升级，预计到 2030 年前后，我国的谷物需求将超过 7.1 亿 t，即每年需增产 50 多亿 kg。另一方面，进一步提升我国粮食综合生产能力的资源环境约束日趋紧张。从耕地方面讲，随着工业化、城镇化的推进，我国现有 1.2 亿 hm^2（18 亿亩）耕地将继续减少，“占优补劣”的问题更加突出；在水资源方面，城镇、工业、生态保护等几个方面用水需求不断增加，农业用水空间缩小；在基础设施方面，农田水利设施建设欠账较多，抗灾减灾能力亟待加强，距离到 2022 年完成 6 666.6 万 hm^2（10 亿亩）高标准农田建设的目标还存在诸多困难；在技术进步方面，粮食在较高单产水平上进一步突破的难度越来越大，种业发展仍然存在投入不足、创新能力不强、低水平同质化竞争问题；此外，农业生产方式与生产手段的现代化水平总体不高，抗灾和抵御风险的能力急待提高。因此，我国粮食和主要农产品的供求将长期处于紧平衡状态。②我国粮食供给结构性矛盾突出，质量安全隐忧众多。一是从品种结构看，稻谷产大于需，仓储矛盾大；专用优质小麦供给不足，每年需进口几百万吨；玉米产需不平衡，自给率不足 90%；大豆目前对外依存度超过 80%，产需缺口有进一步扩大趋势。二是从区域结构看，粮食产销区域不平衡矛盾加剧，我国辽宁、河北、山东、吉林、内蒙古、江西、湖南、四川、河南、湖北、江苏、安徽和黑龙江 13 个粮食主产地中，粮食净调出地已减少到 6 个；11 个产销平衡地区中，有 9 个粮食自给率从 2003 年的平均 97%下降到当下的 58%；7 个主销区粮食自给率从 21 世纪初的 61%下滑到目前的 24%，粮食主产区增产压力越来越大。三是从质量上看，我国粮食生产始终存在数量与质量间的矛盾，提高复种指数、使用高产品种、大量使用化肥农药等方式虽可以提高单产，但同时也造成了生态环境隐患。③粮食生产比较收益低，生产成本越来越高，这是确保我国粮食安全的突出难题。从 2004 年到 2014 年，我国三种主要粮食作物（水稻、小麦、玉米）亩均总成本从 395 元上升到 1 069 元，增加了 1.71 倍，年均增速高达 10.5%。其中，人工成本和土地成本年均增速分别达到 12.2%和 14.2%。近年来，这三种主要粮食的收购价格总体上呈下行趋势，而亩均成本仍在高位处缓慢上升，这自然导致了亩均收益明显下降。2019 年，我国 3 种粮食的产值为 14 986.5 元/hm^2（999.1 元/亩），比 2015 年下降了 10%，总成本上升了 1%，净收益除水稻微利外，小麦、玉米、大豆等均由正转负。由于粮食生产比较利益偏低，不少地方农民种粮的积极性下降，甚至个别地方出现抛荒现象。④我国国际贸易环境恶化，把饭碗端在自己手上的紧迫性加重。由于资源禀赋的原因，我国农业的基础竞争力先天不足，通常中国的粮食安全亦需统筹考虑国际和国内两个市场。但最近一个时期以来，开放条件下的粮食贸易面临严峻挑战，不确定性增加。特别是新冠肺炎疫情在全球的蔓延以及疫情防控转为常态化之后，全球粮食供应秩序面临严峻挑战，各国增加粮食储备的倾向加强，提高了国际粮食贸易的成本并带来严重的不确定性。因此，在乡村振兴战略的实施过程中必须始终绷紧粮食安全这根弦，把中国人的饭碗牢牢端在自己手中。

正是基于上述分析与认识，本章以产粮区河南省宝丰县为例，解析了该县加快高标准农田建设，改善农业生产条件，通过科技提升粮食生产能力，靠发展多产业融合提高粮食生产效益，建设现代农业产业体系的探索之路。

第三章为有机旱作农业，兴农富民之路。我国北方旱作地区范围广阔，是玉米、小麦和杂粮及多种特色农产品的主产区。其涉及的区域包括西北内陆干旱绿洲灌溉农业区、黄土高原旱作农业区、内蒙古高原农牧交错沙化旱作农业区、东北旱作农业区、黄淮海平原旱作区等，这一类区域乡村振兴的方向与道路具有多种选择性。本章以山西省长治市为例，总结其做精、做优特色农产品产业，统筹推进杂粮、蔬菜、干鲜果品、中药材、畜牧养殖和乡村文旅产业融合发展的经验，为北方旱作地区的乡村振兴多元化发展模式提供参考与借鉴。

第四章为依托绿水青山，打造金山银山。人与自然和谐共生思想是乡村振兴战略的哲学基础之一，实施乡村振兴战略其核心要义就是要在保护好自然生态环境的大前提下，坚持绿色生态发展导向，摒弃过去单纯依靠过度消耗农村农业资源的发展方式，探索一条绿色可持续的循环经济发展之路。近年来，全国各地涌现出许多把绿水青山变成了金山银山的成功案例。本章选择了一个经济发展尚在起步阶段，但对绿色发展理念却非常执着的山区小县——江西省抚州市资溪县，介绍当地人民依托绿水青山打造金山银山，发展生态有机农业和乡村休闲康养产业的探索实践。

第五章为珠三角城市群，兴乡村保生态。乡村振兴战略提出的“产业兴旺、生态宜居、乡风文明、治理有效、生活富裕”二十字总要求是相互联系的有机整体。产业兴旺是乡村振兴的经济基础，没有乡村产业的兴旺，乡村振兴无从谈起。产业兴旺包含了丰富的内涵，通过现代科技创新夯实粮食生产能力，提高农业劳动生产率是产业兴旺的体现；着力推动城乡产业统筹发展，促进一二三产业融合，建设功能多样的乡村产业体系，切实提升全要素生产率，也是产业兴旺的重要发展方向。把产业兴旺与生态宜居有效衔接，打造健康的产业体系与优美、生态、整洁、宜居宜养的农村社区，使两者相得益彰更是乡村振兴战略追求的重要目标。

在工业化、城镇化加速发展的背景下，如何加大农村生态治理资金的投入，建立健全有利于农村生态治理的生态补偿机制，尊重自然、顺应自然、保护自然，统筹山水林田湖草系统治理，增加农业生态产品和服务供给，推动乡村自然资本加快增值，实现"产业兴""农民富"和"生态美"的多赢是经济发达地区乡村振兴的重大课题。本章以广东省佛山市三水区西南街道（镇）为例，介绍了当地振兴产业，统筹城乡，优化环境，建设宜居、富裕和文明之乡的经验与思考。

第六章为城乡融合发展，产业协同振兴。城乡融合发展是推进农业农村现代化和乡村振兴的重要途径，这是世界现代化演进广泛实践所证实的一条规律。乡村振兴战略明确提出了重构城乡关系，走城乡融合发展之路的思想，但如何做到、做好并取得成效，并没有统一模式。世界各国的发展经验证明，乡村建设、产业兴旺仅靠农村单方面的资源、资金和人力投入是远远不够的，必须把城镇的科技、资本和人才引入农业农村现代化进程中才能实现快速、高效和可持续的发展。因此，如何通过推动市民下乡、能人回乡、企业兴乡，带动资金、技术和人才持续进入乡村的产业发展，形成城乡融合发展的合力是一个重要课题。本章以广西壮族自治区南宁市青秀区刘圩镇为例，解析其推动城乡要素互动、城乡空间共融，建设市民农庄的发展经验，为城郊型地区的乡村振兴提供了有益的借鉴参考。

第七章为保护传统村落，促进乡村振兴。在乡村建设过程中，既要加强乡村基础设施的改造与现代化建设，做好村容村貌等人居环境整治；也应注重保护好传统村落的乡土文化与特色风貌，让乡村历史文化的根脉得到传承，留住看得见的乡愁。这是乡村振兴的题中应有之义，更是产业兴旺、生态宜居、乡风文明、生活富裕的宝贵物质文化基础。本章以福建省漳平市赤水镇香寮村为例，分析其在传统村落保护和开发利用中的探索实践和成功经验，以期对乡土文化和传统村落保护与乡村振兴相互促进、共兴共荣的关系提供参考。

第八章为依托科技园区，助力产业兴旺。在实施乡村振兴战略的过程中，建设好、发挥好现代农业科技园区作用至关重要。这是因为科技引领与产业示范是实现乡村产业兴旺的重要支撑，建设现代农业科技园区可以在一定区域范围内集聚现代生产要素和经营主体，实行创新发展和全链条开发，带动区域乡村产业强基筑魂、做大做强。

当前，我国社会经济已由高速增长阶段转向高质量发展阶段，农业也必须向高质量发展迈进。近年来，我国农业发展成就巨大，但部分地区产业链条较短、大而不强、质量效益竞争力不高等问题仍比较突出，推动农业高质量发展，必须唱响科技兴农、质量兴农、绿色兴农、品牌强农的主旋律，推动农业由增产导向向提质导向转变，增加优质绿色农产品的有效供给。

建设现代农业科技园区，有利于在更深层次上吸引和聚集现代生产资源要素，打造集生产、加工、流通、销售于一体的全产业链，推进农村一二三产业融合发展，把产业链尽可能留在县、乡、村。同时，农业科技园区一头接着城市、一边连着农村，是城市人才、技术、资金等要素流向农村的重要载体，也是返乡、下乡优秀人才干事创业的重要平台，更是联工促农、联城带乡的桥梁纽带。可以说，现代农业科技园区是新时代推进乡村振兴的重要平台和载体，需要在前期建设与开发的基础上，总结经验、持续赋能，开创发展新格局。本章以内蒙古自治区兴安盟农牧业科技园区为例，归纳总结其闯新路、开新局的探索实践经验，以期与其他地区和农业科技园区分享经验、共同提高。

第九章为巩固脱贫成果，对接乡村振兴。脱贫攻坚战取得胜利后，标志着中国“三农”工作在各地都统一进入了全面推进乡村振兴战略的新阶段。在乡村振兴第二个发展阶段中，使脱贫攻坚的胜利成果与乡村振兴有效衔接始终是一个重大课题。这既是巩固前期脱贫攻坚成果的必然要求，也是实施乡村振兴战略，全面推进农业农村现代化必不可少的重要内容。如何做好两者的全面对接，需要重点抓好以下几方面的工作：①工作机制的有效衔接。脱贫攻坚与乡村振兴既有相通之处，又有不同之点。在脱贫攻坚实践中，各地探索建立了许多行之有效的做法，如“五级书记”抓扶贫，“中央统筹、省负总责、市县抓落实”，大数据监管等。这些措施使脱贫攻坚构建了组织领导、驻村帮扶、政策支持、社会参与的一系列责任制链条，起到了“压舱石”的关键作用。这些好的工作方法和机制，需要在接下来的乡村振兴工作中进一步坚持推进。②做好产业扶贫与城乡融合、产业融合的衔接。产业发展是摆脱贫困的根本之策，也是乡村振兴的长远之计。脱贫攻坚任务完成后，仍然要把产业振兴摆在重要位置，并且要按照乡村振兴的目标要求，利用已经形成的产业基础优势，加快形成贫困地区具有市场竞争力的优势特色产业体系。同时，发挥市场力量，搭建农产品网络销售平台，以城乡统筹、一二三产业融合发展，为贫困地区可持续的产业振兴注入强劲动力。③搞好乡村建设项目的衔接。在脱贫攻坚过程中，实施了一大批补短板项目，农村的基础设施和公共服务得到了极大改善。下一步，要由集中解决贫困地区基础设施和公共服务短板问题，转向系统治理山水林田湖草，进一步强化农村生态治理，大力发展循环农业模式，因地制宜发展乡村文旅、康养等新产业新业态，全面推进原贫困地区的“产业兴旺、生态宜居、乡风文明、治理有效、生活富裕”任务目标的完成。④做好扶持与发展政策的衔接。对刚刚脱贫的原贫困县、贫困村和贫困人口，还要继续坚持现行主要的减贫政策，避免因政策取消出现返贫的现象。同时，厘清工作思路，调整扶贫工作方式方法，由从解决绝对贫困转向缩小相对贫困，打牢当地村民持续、有保障的致富基础；把临时性帮扶政策转成常态化支持政策；实施精准帮扶，使之在乡村振兴的道路上，依托政策支持快步赶上来。⑤做好中长期全面发展规划的转接，将脱贫攻坚规划与乡村振兴总体规划对接，将贫困治理框架纳入乡村振兴的框架下统筹推进，构建稳定持久、以城乡融合为导向的发展机制；综合高标准农田建设、产业培育、居民点建设、人居环境整治、生态保护和历史文化传承等要素，科学编制“十四五”规划和到2035年中长期规划，真正形成城乡融合、区域一体、多规合一的规划体系。本章以广西壮族自治区南宁市上林县为例，以其脱贫攻坚的实践为基础，以脱贫攻坚与乡村振兴有效衔接的发展规划为主线，展示其发展理念，科学规划、实施方案和相关措施。

第十章为抓好渔村建设，发展休闲渔业。我国拥有辽阔的海域和绵延万里的海岸线，沿海农村地区尤其是海洋渔村的农业农村现代化进程既有其特殊性，也是乡村振兴战略中不可或缺的重要组成部分。本章以福建省福清市江镜镇柯屿村为例，解析传统海洋渔业村在乡村振兴战略背景下的发展方向与优化路径。

本章小结

乡村振兴不仅前景壮阔，而且任重道远。这是实现中华民族伟大复兴历史使命中，我们必须完成的光荣任务，也是当代中华儿女接续前贤所必须承担的历史责任。因此，为了实现这一伟大目标，不仅需要全国人民同心协力，城乡各业融合发展；更需要我们在发展与探索中，不断总结经验；在改革与创新中，笃定前行。这必将在人类现代化的史册上谱写出中国特色农业农村现代化的独特篇章。

第二章

乡村振兴之要 确保粮食安全

引言：中国的粮食安全从来就不是一个简单的问题，而是一个非常复杂，且攸关国本的大问题。进入新时代以来，随着粮食生产能力和供需形势的变化，我国的粮食安全观已被赋予了新的内涵与目标：一是确保粮食生产数量安全，这是粮食安全的核心；二是必须保障粮食稳定供给安全，这是使人们能够“买得到、吃得起”的基础；三是确保粮食的营养、品质和质量安全，这是社会经济发展的必然趋势，也是对粮食安全提出的更高要求。

第一节 发展背景

2020年我国粮食生产获得“17连丰”，连续5年保持在6 500亿kg以上。中国以不到10%的耕地面积成功养活了世界22%的人口，实现了谷物基本自给、口粮确保安全的目标。可以说，目前我国粮食价格总体平稳，农业生产收益逐渐改善，恩格尔系数从2016年的30.1%降至2019年的28.2%，粮食安全形势保持总体稳定、持续向好，为我国经济发展和社会安定发挥了“压舱石”和“稳定器”的作用。

但是，我们也必须看到，以建设现代化强国的长远目标及乡村全面振兴的标准衡量，我国粮食安全的基础仍不太稳固、结构性矛盾和数量不足、质量不高的挑战与压力将长期存在。2020年我国粮食进口量超1.4亿t，同比增幅28%。而且，作为人口大国和粮食消费大国，中国对于粮食需求的增长呈逐年上升的趋势。在全面推进乡村振兴和乡村建设的新形势下，也出现了一些值得注意的苗头，一方面，随着工业化和城镇化的快速推进，部分粮食产区为了追求本地区经济发展与乡村建设各项指标达标，不惜挤压耕地红线，造成耕地面积持续减少；另一方面，在农业产业结构调整过程中，由于粮食种植比较效益普遍偏低，部分地区追求发展特色农业、高效农业、养殖业与农产品加工等，出现了基础农业退化与过度“非粮化”等问题。我国农业资源禀赋本就先天不足，人均耕地、淡水资源分别仅占世界平均水平的2/5和1/4；耕地质量总体偏差，中低产田面积约占总面积的67%；相当长一段时间以来，主要通过依靠过度投入化肥、农药等提高粮食产量，这对农业生态环境造成了愈加严重的污染，已经威胁到粮食质量安全和农业可持续、健康发展的能力。随着经济增长、社会发展和城镇化范围的扩大，国民膳食结构会不断转型升级，无论在数量增长和质量改善上，粮食供给与安全保障的压力都将呈现持续增强的趋势，这对我国粮食安全的总体格局和长远目标构成了严峻挑战。

当前中国采取的基本对策是：巩固和提升粮食产能，实施“藏粮于地、藏粮于技”战略；坚决保护耕地，大规模开展高标准农田建设，保护、提升耕地质量；提高农业良种化、机械化、科技化、信息化水平；加快划定和建设粮食生产功能区和重要农产品生产保护区，健全粮食主产区利益补偿机制，调动地方政府重农抓粮和农民务农种粮的积极性。此外，在保障粮食稳定供给的措施上，将重点构建现代农业产业体系、生产体系和经营体系三大体系；促进农业产业转型升级和与二、三产业融合发展，用现代生产方式改造传统农业，提高农业经营集约化、组织化、规模化、社会化和产业化水平；进一步强化质量兴农、品牌强农，推进农业标准化生产、全程化监管，把增加绿色优质农产品产量放在突出位置；全面提升农产品质量安全水平，建立更高层次、更高质量、更有效率和更可持续的国家粮食安全保障体系。

近年来，13个粮食生产区粮食播种面积一直保持占全国70%以上，贡献了约75%的粮食总产量和90%以上的商品粮。因此，其粮食生产状况直接影响着我国的整体产能，在国家粮食安全保障方面起着至关重要的作用。但是，由于经济区位、工业化发展历史及国家产业布局等多方面原因，粮食主产区中“粮食大省、经济弱省、财政穷省”的现状至今并未得到根本性改善。部分粮食主产区受限于规模化和产业化程度较低，农业基础设施较弱，科技水平、机械化程度不高，农业劳动力老龄化、农业生产风险补偿机制滞后等综合因素影响，面临着农业投入成本上涨，难以继续增加粮食产量及平衡粮食增产与经济增收矛盾等突出问题。

乡村振兴战略在各地实行以来，部分粮食主产区将乡村产业振兴的思考较多集中在开发二、三产业上，有意无意地忽视了农业的基础性地位和优先发展粮食生产的原则。河南省农业资源丰富，又地处中原，是传统的粮食生产大省和商品粮调出省份，在我国粮食安全保障中占有举足轻重的位置。本章以河南省平顶山市宝丰县作为研究对象，总结和分析其作为重要的农业大县和产粮大县，在乡村振兴的实践中，把确保粮食生产放在优先地位的发展经验。近年来，宝丰县坚持以绿色可持续发展理念为指导，通过开展山水林田路综合治理和中低产田改造，有效改善农业生产条件，增强了耕地综合生产能力；通过提高农业科技含量和人才队伍建设，大幅度提升粮食生产效益，提高土地产出率、资源利用率和劳动生产率；通过生态循环农业发展思路，把保障粮食安全的重大责任扛得稳、落实好，取得了非常显著的效果。

第二节 产粮大县河南省宝丰县的探索实践

提高农民种粮的生产积极性，改善粮食生产效益，确保增收是关键。河南省宝丰县在推进乡村产业振兴过程中，积极拓展农业产业链，推进农业与二、三产业的深度融合，开发粮食生产、加工、物流、研发、示范、服务等全产业链。为了构建现代农业产业体系，当地以规模化种养基地为依托，以科技人才队伍为支撑，以资源高效利用为导向，通过产业化龙头企业的带动，建设起了一批以绿色农业为基底的现代农业产业集群，有效提升了农业发展的质量与效益。宝丰县的探索与实践，为我国粮食主产区现代农业高效发展及实现乡村产业振兴提供了值得借鉴的有效模式。

1. 基本情况介绍

宝丰县隶属于河南省平顶山市，地处河南省中西部，属豫西山区向豫东平原过渡地带。北宋宣和二年（公元 1120 年），因“宝货兴发，物宝源丰”，奉敕得名“宝丰”。宝丰县东和东南与平顶山市郊区接壤，南和西南与鲁山县、平顶山市区及石龙区相连，西北与汝州市交界，北和东北与郏县毗邻。地处东经 112°43′～113°18′，北纬 33°47′～34°02′。县域东西长 54 km，南北宽 27 km，总面积 722 km^2，其中城区面积 12.7 km^2。全县总人口约 52 万人，下辖城关、周庄、闹店、杨庄、张八桥、大营、商酒务、石桥 8 个镇，李庄、前营、赵庄、肖旗 4 个乡，以及铁路办事处、观音堂林站，县委、县政府驻城关镇。当地区位优势明显，交通便捷，地处郑（郑州）、洛（洛阳）、宛（南阳）、漯（漯河）中心地带，方圆百里之内有新郑机场、南阳机场、洛阳机场、鲁山机场 4 个民用机场。焦枝铁路纵穿南北，漯宝铁路横贯东西，南水北调中线干渠穿境而过；县内的平顶山西站为国家二级编组站；郑万高铁从县城东南通过，在宝丰县高铁商务区设站；宁洛高速、郑尧高速交会于县城东南；规划建设的呼南高铁（呼和浩特到南宁）、汝唐高速（汝州到唐河）

途经当地。民航、铁路、公路共同构筑起了四通八达、高效快捷的立体化交通网络，为城乡联动发展创造了广阔的空间。

宝丰县属于北亚热带向暖温带过渡地带，为暖温带半湿润大陆性季风气候。当地光照充足，气候温和，四季分明，以春旱多风、夏热多雨、秋温气爽、冬寒少雪为特征。冬春季多西北风，气候干燥、寒冷，雨雪少；夏秋季偏南风居多，炎热多雨，湿度大，气候条件适合多种作物生长。年平均气温 14.5 ℃，平均降水量 769.6 mm，日照 2 183.7 小时，无霜期 215 天。由于降水偏少，时空分布又不均衡，因此干旱成了当地的主要灾害性天气，每年均有季节干旱，平均 4～5 年出现一次大旱，12 年出现一次重旱年。另有干热风、大风、雨涝和冰雹等灾害性天气。

宝丰县全境地处豫西山地与黄淮平原两大地貌过渡地带，总体地势西高东低，东、西部多山，中部平原与丘陵相间，有大小山峰 85 座。当地土壤类型属南方黄红土壤向北方的褐土过渡区域，有潮土、砂姜黑土、褐土、粗骨土与石质土，适合多种生物繁衍生息。境内水资源较为丰富，属淮河流域，有沙河、汝河支流，其中面积在 10 km^2 以上的河流有 18 条，中小型水库 17 座，天然水资源总量约为 2.2 亿 m^3。其中地表水约 1.4 亿 m^3，地下水约 0.8 亿 m^3，可控制开采利用的水资源约为 1.3 亿 m^3，已开发利用水资源量约为 0.9 亿 m^3，低于全省、全市平均水平。宝丰县的地表水主要由大气降水和地表径流形成；地下水层主要有洛浴群、寒武系、石灰系等各种裂隙岩溶水，二叠系、第三系砾石、砂石等构造裂隙水，第四系砂砾岩石层中的潜水和承压水等，补给来源主要为河水入渗、灌溉渗漏和沟道侧渗等。经测定，境内由西往东水质为重碳酸钙型、碳酸钙镁型和碳酸钙镁钠型过渡，水质情况较好，符合工农业及人畜用水标准。地下水质尤为良好，境内已发现 10 处天然泉水，其中李庄乡有日流量为 2 800 t 的天然优质矿泉水源。

当地历史悠久，文化底蕴厚重，生物种类繁多，旅游资源丰富。县域东部有汉化观音祖庭香山寺，西部有五大名窑之首的清凉寺汝官窑遗址，南部有马街书会，北部有享誉全国的赵庄魔术，中部有久负盛名的宝丰酒文化。同时，作为解放战争时期中共中央中原局、中原军区司令部驻扎地的中原地区红色首府，当地遗存着刘邓大军“宝丰会议”旧址、中南财经政法大学创办地等多处红色文化遗迹，是中国传统建筑文化旅游目的地和中国最具影响力的文化旅游名县。

2018 年，宝丰县经济综合实力位居“全国三百强”第 294 位、“中部百强县”第 88 位，是中原城市群规划建设的平顶山市新区核心区、全市唯一列入国家重点开发区域的县，拥有中国曲艺之乡、河南省书法之乡、魔术之乡、民间文化艺术之乡、观音文化之乡、汝瓷文化之乡、酒文化之乡、长寿之乡、孝文化之乡等 10 多张特色文化名片，先后荣获国家可持续发展实验区、全国文明城市县级提名城市、国家级说唱文化（宝丰）生态保护实验区、国家卫生县城、园林县城，全国文化建设先进县、科技进步先进县、义务教育发展基本均衡县、河南省首批文化改革发展试验区等荣誉称号。

2. 社会经济条件

2019 年，宝丰县实现地区生产总值 324.08 亿元，较 2018 年同比增长 8%（图 2-1），一二三产业结构之比为 5.4∶51.5∶43.1。全年地方财政总收入 32.36 亿元，较 2018 年同比增长 24.78%。全县一般公共预算收入 14.34 亿元，同比增长 11.86%，其中税收收入 11.25 亿元，同比增长 27.97%，税收占一般公共财政预算收入的比重为 78.49%。规模以上工业增加值增长 9.4%；固定资产投资增长 0.3%；社会消费品零售总额增长 11.2%；居民人均可支配收入增长 8.8%。

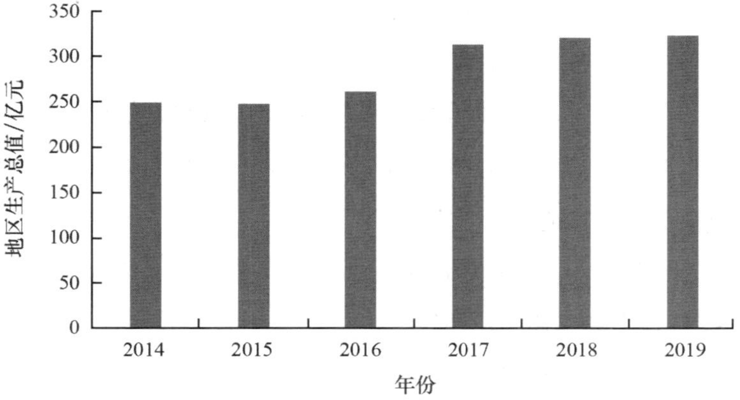

图 2-1　2014—2019 年宝丰县地区生产总值趋势图

2019 年末全县总人口 53.02 万人，常住人口 48.88 万人，城镇化率为 45.16%，居民人均可支配收入为 23 691.3 元（全国居民人均可支配收入 30 733 元），同比增长 8.8%，其中城镇居民人均可支配收入为 34 205 元（全国为 42 359 元），同比增长 7.5%，人均消费性支出为 18 741.6 元；农村居民人均可支配收入为 17 323 元（全国为 16 021 元），同比增长 9.8%，人均生活消费支出为 9 501 元。其产业的总体结构及情况见表 2-1。

表 2-1　2018—2019 年宝丰县三产结构占比

年份	第一产业/亿元	第一产业占比/%	第二产业/亿元	第二产业占比/%	第三产业/亿元	第三产业占比/%
2018	20.4	6.4	172.1	53.7	128.1	39.9
2019	17.5	5.4	166.7	51.5	139.7	43.1

第一产业：2019 年全县完成农林牧渔业增加值 17.58 亿元，按可比价格计算比 2018 年同期增长 2.3%。粮食种植面积为 51 935 hm^2，粮食总产量 28.2 万 t，油料总产量 1.47 万 t，蔬菜瓜果类总产量 30.2 万 t，烟叶总产量 0.3 万 t，肉类总产量 2.6 万 t，生猪存栏 22.24 万头，羊存栏 7.1 万只，牛存栏 1.69 万头。成功创建粮食绿色高产高效示范方 59 个，规模为 1 600 hm^2，22 个蔬菜品种通过绿色认证。全年新增有效灌溉面积 680 hm^2，新增节水灌溉面积 670 hm^2，新增治理水土流失面积 7 km^2，新打机井 7 眼，年末农业机械总动力 47 万 kW，同比增长 4.4%。

第二产业：2019 年第二产业增加值 166.78 亿元，同比增长 8.4%。工业完成增加值 148.18 亿元，同比增长 9.5%；其中年主营业务收入 2 000 万元以上的工业企业实现增加值同比增长 9.4%。不锈钢、装备制造业，新型建材业，新型煤化工业，食品加工业加快发展。新培育入库规模以上工业企业 16 家，全年 89 家规模以上工业企业实现主营业务收入 242 亿元，同比增长 3.1%；实现利润 15.43 亿元，同比增长 62.4%；全年规模以上工业中，增加值增速较高的行业为黑色金属冶炼和压延加工业，同比增长 39.6%；酒、饮料和精制茶制造业同比增长 18.4%；非金属矿物制品业同比增长 12.4%。其主要工业产品及产量情况见表 2-2。

表 2-2 2019 年宝丰县主要工业产品及产量

产品名称	产量	同比增长/%
瓷质砖/万 m^2	2 359	94.16
水泥/万 t	386.3	14.27
小麦粉/万 t	2.3	43.34
饮料酒/千 L	20 160	29.74
钢材/万 t	105.1	−8.06
砖/万块	217 586	23.74
天然花岗石建筑板/万 m^2	255.5	14.27
乳制品/万 t	4.8	6.69
石墨及碳素制品/万 t	3.4	−13.42

第三产业：2019 年第三产业增加值增长 8.7%，实现社会消费品零售总额 81.34 亿元，同比增长 11.2%。全年接待游客 380 万人次，文旅产业实现收入 35 亿元，成功创建了河南省旅游标准化示范县，荣获“全国百佳旅游目的地”荣誉称号。住宿和餐饮业零售额 16.65 亿元，同比增长 18.8%。建成农村电商服务站点 190 个，荣获河南省农产品电商十强县。批发和零售业实现增加值 18.02 亿元，同比增长 6.8%；在限额以上企业商品零售额中，粮油、食品、饮料类零售额比 2018 年增长 5.1%，交通运输、仓储和邮政业增加值 14.76 亿元，同比增长 5.1%。

3. 乡村产业基础

作为农业大县和产粮大县，宝丰县粮食生产连续 14 年丰收，2020 年粮食总产量达 28.99 万 t，承担着国家粮食安全保障的重要任务，当地连续 5 年保持省“奶牛大县”称号，基本形成了乳品、酒品、养殖和肉品等 7 大产业集群，并有康龙、伊利等 10 大农业品牌。近年来，当地“一乡一业、一村一品”乡村建设工程加速推进，成功创建了全国主要农作物生产全程机械化示范县、省级农产品质量安全县，2017 年被农业部评为第一批 55 个畜牧业绿色发展示范县之一。到 2019 年，全县市级以上重点农业产业化龙头企业达到 27 家，其中国家级 2 家，省级 5 家；省级农业产业化集群 3 个，培育农民专业合作社 472 家，发展家庭农场 206 家；全县通过省级以上认证无公害生产基地 7 个，无公害农产品 12 个，绿色食品 9 个；“众口”牌小米和“冯异”牌银杏醋获得第21届中国农产品加工业投资贸易会优质奖。

随着乡村振兴战略的推进，当地乡村基础设施已日趋具备。在村内交通道路方面，已形成了骨干道路硬化网络，但现有农业生产道路系统仍不完善，田间道路多数为土路，等级普遍较低，布局交错凌乱，由于长期缺乏养护，已经破损严重，雨天时泥泞不堪，无法适应农业机械化作业，在很大程度上影响了当地农业的发展，亟须整修提高。由于降水量偏少且季节分布不均匀，干旱为主要灾害气候，多雨季节易形成涝灾，地表水利用率较低，通过水资源分析，当地水资源供给量大于需求量，但现有灌溉设施仍主要以机井为主，且由于数量较少，尚不能满足灌溉需求；现有的排水设施均为天然排水沟，排水体系已基本成型，可满足农业生产排水需要。农业基础设施方面，县域内部及周边均有高低压输电线路通过，电力骨干基础设施已经初具规模，自然村实现全部通电，变电所电网运营状况良好。现有农田防护林网尚不完善，林网网格面积过大且缺乏统一规划，因此抵御自然灾害能力较差。宝丰县域内农业科技服务体系基本健全，形成了以县农技中心为中枢、乡农技站为骨干、村农技员为基础、科技示范户为辐射点的农技服务体系网络。

总体来看，宝丰县自然资源及地理区位优势突出，农业产业基础良好，当地现代农业蓬勃发展，第二产业和新型工业异军突起，第三产业方兴未艾，全县经济社会发展总体平稳，并保持稳中有进，形成了较为完善的现代产业体系。但是，宝丰县仍处在快速工业化发展阶段，第三产业质量不高，结构不优，资源型服务产业占比较高，现代服务业占比低，产业创新发展能力不强。作为农业大县，当地农村地区种植结构单一，产业融合发展水平仍然较低，生产的粮食大多直接外运，粮食及农产品加工业的增值比例不高，未能给乡村本地创造更多经济价值。县内青壮年劳动力大量外流，务农人员文化水平较低，各类人才极为缺乏。当地农地流转水平较低，耕地田块大小不一，造成机械耕种不便，农田水利、灌溉、交通等各项基础设施尚不配套，田、水、林、路尚未形成综合生产配套能力，整体水平远远不能满足现代农业发展的需要。总体上，宝丰县域内乡村自然环境的原始性保存较佳，生产潜力有很大提高空间，结合乡村振兴战略的推进，必须升级发展理念，全面规划建设发展。

第三节　宝丰县现代农业产业振兴规划

河南省是全国第一人口大省、第一农业大省、第一粮食生产大省和第一肉制品生产大省。近年来，河南省委、省政府坚持在推进工业化、城镇化进程中不以牺牲农业为代价，始终把粮食生产摆在经济工作的重要位置，采取了一系列积极有效的措施，狠抓粮食生产不放松，全省粮食产量屡创新高；先后迈上 400 亿 kg、450 亿 kg 和 500 亿 kg 三个大台阶，连续 10 年居全国首位；粮食总产连续四年超过 500 亿 kg，用占全国 6%的耕地生产了全国 10%以上的粮食和 25%的小麦。2018 年，河南省面粉产量达到 2 692.5 万 t，占全国面粉总产量的 30.34%，小麦加工业年加工转化能力、年产量均居全国同行业首位。2019 年，河南省入统成品粮加工企业 774 家，粮油食品加工企业 304 家，实际日产成品粮达到 0.505 亿 kg，粮油食品 0.11 亿 kg。河南省通过加强粮食生产，不仅解决了近亿人口的吃饭问题，每年还调出 150 亿 kg 的原粮及加工制品，农产品出口遍及 137 个国家和地区，为维护国家粮食安全和丰富世界餐桌做出了突出贡献。2010 年，《河南省粮食生产核心区建设规划（2008—2020 年）》中提出，建设河南粮食生产核心区，到 2020 年，在保护全省 0.069 亿 hm^2（1.03 亿亩）基本农田的基础上，粮食生产核心区粮食生产用地稳定在 500 万 hm^2（7 500 万亩），使河南省粮食生产的支撑条件明显改善，抗御自然灾害能力进一步增强，粮食生产能力达到 650 亿 kg，成为全国重要的粮食生产稳定增长核心区、体制机制创新的试验区和农村经济社会全面发展的示范区。这不仅是国家粮食战略工程的重要组成部分，更是实现乡村振兴、全面建设小康社会、奋力实现中原崛起的现实机遇。

作为农业大县和产粮大县，宝丰县亦承担着国家粮食安全保障的重要任务。在乡村振兴推进过程中，宝丰县提出了稳定粮食生产，实施质量兴农、绿色兴农、品牌强农，推动优势产业由单纯扩大规模向提质增效转变的农业发展战略。当地以国家农业可持续发展试验示范区和国家农业绿色发展试点先行区“两区”建设为抓手，选定了县域内分别位于不同方位的赵庄镇、周庄镇、商酒务镇、肖旗乡 4 个乡镇共 24 个行政村，统一规划建设 2 666.67 hm^2（4 万亩）高标准农田综合体建程。建设项目所在地块无污染、远离工业区；空气质量、土壤条件和其他配套设施条件十分优越。当地以种植小麦和玉米主要粮食作物为主，延伸加工产业，整体形成以绿色可持续发展理念为指导，以绿色生态农产品生产为核心的绿色生态农产品产业链。在此基础上，积极发展规模种植业和农产品加工业等产业，将其打造成粮食生产、加工、存储、销售为一体的现代农业三产融合的示范载体；并引导和示范带动周边区域产业发展，推进农业结构调整升级，提高农业整体效益，增加农民经济收入，形成产业竞争力。

通过高标准农田建设和产业链延伸升级，宝丰县形成了“一区四园八大产业支撑体系”的总体构架（图 2-2）。其中，“一区”即赵庄智慧农业核心区，“四园”即肖旗生态循环示范园、商酒务优质小麦示范园、周庄优质小麦示范园和石桥粮油产业园。“八大产业支撑体系”即可持续发展的组织体系、统分结合的运营体系、基础设施体系、农技支撑体系、农机化服务体系、农业智能化体系、节水灌溉体系和产后服务体系。

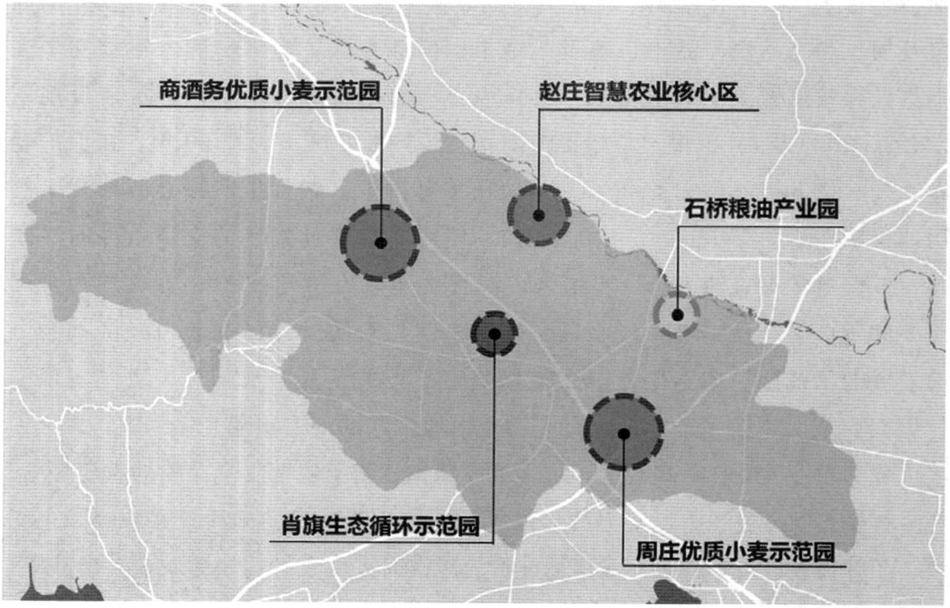

图 2-2　宝丰县项目建设分区图

项目整体建设为参与其中的各乡镇乡村产业振兴和粮食生产能力的提升奠定了良好发展条件。其中，县域北部的赵庄镇已初步形成农副产品加工业、畜牧养殖业、魔术文化产业、林业生产“四大产业”及优质商品粮基地、畜牧养殖业基地、魔术文化产品加工基地、农副产品加工基地、林业基地“五大基地”，经济社会发展进入了新的快速发展轨道。赵庄镇的闵庄村、娄庄村、任寨村、小黄庄村、白店村、大韩庄村、岳袁庄村 7 个行政村开展了面积为 800 hm^2 的高标准农田配套设施建设。新项目引进信息化技术，支撑现代化农业生产及管理体系，建设了智慧农业核心区，配套建设智慧农业中心，建立“互联网＋”现代农业示范项目。赵庄镇学习智能大数据农业的发展理念，利用无人机、直升机、病虫害监控智能系统、水肥一体化智能灌溉系统等技术和设备手段，形成智慧农业数据体系、管理体系、诚信体系和核算体系，实现了精准作业、科学管理。赵庄镇还建设了智慧粮油产业示范小区，动态监测生产环境，智能控制生产要素，高效利用生产资源，并通过开展覆盖全农田区的生产要素、田间管理、用工管理、产后处理、销售管理等相关数据的采集与处理系统，形成农业产品全层次的质量追溯体系。

县域北部的肖旗乡抓住高标准农田建设的契机，发展种养一体化产业模式，形成了以畜牧养殖业为重点，食用菌种植、大棚及蔬菜种植、林果种植、红薯及油料种植、豆腐豆芽加工等为主导的农业产业链，并建成了万亩红薯、万亩优质小麦、万亩烟叶和万亩小杂粮种植基地。乡政府在肖旗乡的韩店村、大白庄村 2 个行政村范围开展了面积为 266.67hm^2 的高标准农田设施建设，并建设肖旗生态循环示范园；配套建设农业气象服务站、农业科研服务站、农业技术推广站和博士后工作站等。当地以“生态农业、循环经济”为发展理念，引进应用生态技术和新能源技术，与周边生态养殖项目紧密结合，形成“资源—产品—废弃物—再生资源”的种养循环利用模式，展现出了良好的发展前景。

宝丰县依靠商品粮基地县的资源优势，延长产业链，创新价值链。在乡村振兴过程中，着力打造了一批一二三产业融合发展的示范基地。其中，县城东部的周庄镇建成了畜牧养殖、食用菌种植、蔬菜种植、林果种植、红薯油料种植、农产品加工等六大主导产业；西北部商酒务镇的畜牧业、林果业、酒业产业及多种形式的非公有制经济发展迅猛。当地在周庄镇的林营村、西黄庄村、东庄村、周庄村、刘湾村、陆庄村、王子孟村、杨岗村8个行政村和商酒务镇的张洛庄村、大王庄村、石岗营村、扈庄村、焦楼村、梁庄村、商酒务村7个行政村，建设了商酒务优质小麦示范园和周庄优质小麦示范园，总规模1 600 hm^2，两处园区均配套农业植保服务站和农机服务站等，以小麦优质新品种引进和专用小麦生产加工为主，配套种植玉米及特色优质粮油作物种植示范，为产业链延伸加工提供优质原料。

我国粮食生产要解决的问题不仅是保持产量的稳定提升，还包括品种结构和加工能力的提高。近年来，国内面粉市场企业竞争日趋激烈，受上游小麦产量下降及国内去库存进程进一步加快的影响，面粉产量持续下降，小规模制粉企业持续减少并逐步向规模化和集团化转变。根据有关部门发布的《中国粮食行业研究报告》显示，我国人均面粉消费量由2012年的约0.07 t/年下降至2018年的约0.06 t/年，行业整体处于供过于求的状态（图2-3，图2-4）。但作为国民粮食安全的传统行业，面粉市场有着稳定的需求量，预计2020—2024年我国面粉复合增长率约为5%，到2024年我国面粉产量将达到11 893万t。且从面粉零售价格走势来看，整体仍呈现上行趋势。随着消费者对高营养面粉产品和主食产品需求的调整与提升，小麦产品的品种和面粉加工产业链整合等是发展的必然趋势，高端产品将迎来巨大的发展前景。

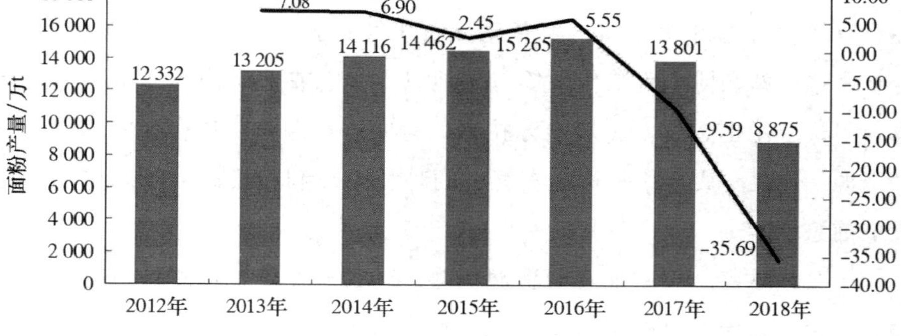

图2-3　2012—2018年中国面粉产量增长趋势

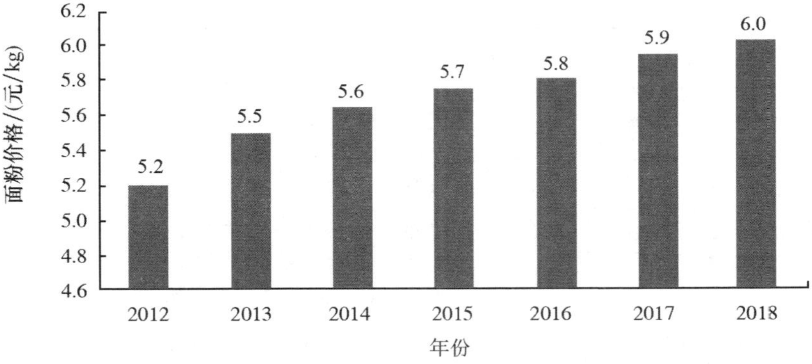

图 2-4 2012—2018 年中国面粉价格趋势

除面粉消费市场波动和变化外，食用油也面临着类似的情况。自 2011 年到 2017 年，我国食用油产量由 4 446.1 万 t 增长至 6 475.6 万 t，年增长率为 6.5%。在食用油种类中，2016 年大豆油和菜籽油的产量分别达到 2 512 万 t 和 1 630 万 t，占比分别为 38.79%和 25.18%，合计占比高达 63.97%，处于绝对的优势地位。目前中国的人均食用油消费每年仍保持 5.7%的增长比率，但与世界人均消费相比还有较大的市场空间。伴随着中国经济的飞速发展和人民生活水平的大幅度提高，健康、营养、多样化的食用油产品是市场发展的必然选择，有着广阔的市场空间，这是粮食生产大县在农业生产结构调整过程中必须注意的问题。

宝丰县在推进乡村产业振兴和确保粮食生产产量增值与效益提高的过程中，认识到了市场变化的形势，并作出了相应的产业发展规划。针对区域产业特色和市场需求，当地不断完善农业产业拓展体系建设。宝丰县现有面粉加工厂 4 家，供应能力为 570 t/天，年供应量为 20.8 万 t，但并无大型粮食加工企业和食用油加工企业，甚至当地居民和村民调剂小麦面粉品种和购买食用油还需从外地调入（表 2-3）。因此在宝丰县建设规模化的面粉加工企业和大型食用油加工企业既是保证宝丰县以及平顶山各县市面粉与食用油供应的必然选择，也是乡村产业振兴延伸农业产业链条的重要机遇。

表 2-3 宝丰县面粉厂现状

序号	名称	供应能力 /（t/天）	主要供应产品	销售渠道
1	宝丰县裕嘉面粉厂	20	特精粉、特一粉、馒头粉、特二粉、次粉、麸皮、小麦胚芽等优质面粉	零售和经销商
2	宝丰县肖旗乡豫伟面粉厂	220	特精粉、馒头 1 号、馒头 2 号、馒头 3 号、面条面粉、黄粉、次粉、麸皮、小麦胚芽等优质面粉	销往平顶山周边、南阳、湖南等地
3	宝丰县商酒务北街面粉厂	30	特一粉、馒头粉、特二粉、次粉、麸皮、小麦胚芽等优质面粉	销往附近乡镇、平顶山周边、南召等地
4	金麦穗面业	300	精粉、馒头粉、特一粉、专用粉、麸皮、小麦胚芽等优质面粉	销往宝丰周边、鲁山、湖南等地

根据对未来国内粮油市场的预测分析和乡村振兴发展规划，为保障宝丰县及周边城乡居民的最基本的生活需要，降低居民的生活成本，宝丰县在石桥镇紧邻省道处建设了规模为 6.67 hm^2 的石桥粮油产业园，稳定粮油生产和提高农业生产效率。产业园建设项目针对区域农业产业特色，延伸产业链条，主要以面粉、油料等加工产业为主，开发加工品种，集中建设粮油加工产业集群，提高产地粮油类农产品的附加值。按全县每人每年 0.11 t 面粉和 24 kg 食用油需求量计算，宝丰县年均需求约 5.72 万 t 面粉，1.25 万 t 食用油；平顶山市现有人口 552.6 万人，年均需求约 60.8 万 t 面粉，13.26 万 t 食用油。以此为项目规划建设的规模基础，当地建设占地面积 2 hm^2 的面粉加工厂项目和占地 1.33 hm^2 的食用油加工厂。面粉加工厂配套建设综合办公楼、职工生活楼、生产车间、成品仓库等，购置磨粉机、清粉机、高方筛等面粉加工设备。整个厂区设备工艺先进，功能齐全，能满足生产各种专用粉的需要，达到年加工小麦 15 万 t，日产面粉 500 t，年生产各类面粉 11.25 万 t（包括面包专用粉 3.75 万 t，馒头专用粉 3 万 t，挂面专用粉 2.25 万 t，饼干专用粉 2.25 万 t)，次粉 0.75 万 t，麸皮 3 万 t，面粉加工的原材料小麦主要来自宝丰县高标准农田的优质小麦示范园和周边小麦种植基地。食用油加工厂购置了先进的食用油加工生产线，配套建设生产包装车间、成品及原料库房、化验室、办公室和职工宿舍等辅助设施。其中，油料原料以菜籽、大豆和花生为

主，菜籽主要是来自宝丰县龙王沟油菜基地，大豆主要来自宝丰县及周边县市，花生主要来自李庄乡花生基地。当地油料作物产量高、品种好、出油率高，并可直接就近加工，减少物流成本。食用油加工厂每年可处理菜籽 700 t、花生 1 200 t、大豆 1 500 t，食用油产量可达 1 200 t。同时，宝丰县以石桥粮油产业园为依托，建设了占地 3.33 hm^2 的 5 万 t 粮食储藏库，建立预收储系统和产销系统，进行农产品代收代储和优质小麦专收专储，配套恒温库房、烘干房、地磅房、吸粮房、综合办公设施等建筑，购置粮食储备、环流熏蒸等相关设施设备，畅通当地粮油产品流通渠道，形成了区域内的粮油储备和商贸交易的中心。宝丰县重视粮食生产，利用当地资源优良，发展农业产业化，把乡村产业振兴与搞好粮食安全保障的责任有机结合，其发展方向与成效是值得称道的。

第四节 宝丰县乡村振兴的保障措施

目前，我国共有农用地 64 545.68 万 hm^2，其中耕地 13 499.87 万 hm^2（20.25 亿亩）。根据国土资源部发布的《2019 年全国耕地质量等别更新评价主要数据成果的公告》，截至 2018 年末，全国耕地质量等别调查与评定面积为 13 462.4 万 hm^2（20.19 亿亩），全国耕地平均质量等别 9.96 等（1 等耕地质量最好、15 等最差）。其中，优等地面积仅占全国耕地评定总面积的 2.9%；高等地面积占 26.59%；中等地面积占 52.72%；低等地面积占 17.79%。另外，我国农田基础设施总体较为薄弱，农业抗御自然灾害能力较低，农业机械化水平较低。2019 年全国农业机械总动力为 10.28 亿 kW，农用大中型拖拉机数量为 443.8 万台，平均 67 hm^2（1 000 亩）地不到 3 台；小型拖拉机 1 780.4 万台，平均 67 hm^2（1 000 亩）地约 8 台，远远不能满足规模化农业生产的需求。

为实现我国基本农田数量基本稳定、质量稳步提高的目标以及“中国饭碗”装“中国粮食”要求，我国从 2011 年起开始实施高标准农田建设工程，具体要求是建成土地平整、集中连片、设施完善、农电配套、土壤肥沃、生态良好、抗灾能力强，与现代农业生产和经营方式相适应的旱涝保收、高产稳产，划定为永久基本农田的耕地。2019年，中央一号文件《中共中央国务院关于坚持农业农村优先发展做好“三农”工作的若干意见》提出：“确保粮食播种面积稳定在16.5亿亩，严守18亿亩耕地红线，全面落实永久基本农田特殊保护制度，确保永久基本农田保持在15.46亿亩以上。巩固和提高粮食生产能力，到2020年确保建成8亿亩高标准农田。加强资金整合，创新投融资模式，建立多元筹资机制。实施区域化整体建设，推进田水林路电综合配套，同步发展高效节水灌溉”。同年，《国务院办公厅关于切实加强高标准农田建设提升国家粮食安全保障能力的意见》（国办发〔2019〕50号）文件提出：“到2020年，全国建成8亿亩集中连片、旱涝保收、节水高效、稳产高产、生态友好的高标准农田；到2022年，建成10亿亩高标准农田，以此稳定保障1万亿斤以上粮食产能；到2035年，通过持续改造提升，全国高标准农田保有量进一步提高，不断夯实国家粮食安全保障基础。”

截至2020年，我国累计建成高标准农田0.533亿hm^2（8亿亩）。数据调查显示，通过高标准农田建设，农业抵御自然灾害的能力显著增强，质量和产能明显提升，亩均粮食产量可提高100 kg左右，亩均可节水和节电达24.3%和30.8%，化肥和农药的施用量可减少13.8%和19.1%，在降低农业投入成本的同时，可有效减少农业面源污染。可以说，高标准农田建设是切实落实“藏粮于地、藏粮于民、藏粮于技”农业发展战略的重要措施，对于有效保护和高效利用耕地资源，提高土地综合生产力、改善农业生产条件、保障粮食安全以及促进乡村战略实施等均具有重要意义。

1. 加快推进高标准农田基础建设，巩固和提高粮食综合生产能力

宝丰县在落实粮食生产责任和建设高标准农田的过程中，首先提高了对国家粮食生产大局观的认识。为此，当地政府对国家和河南省推进乡村振兴和确保粮食安全的有关政策文件进行了深入学习，在学好领会相关国家政策文件的基础上，结合自身实际，紧抓国家农业“两区”试点建设机遇，制定高标准农田建设规划，强力推进高标准农田建设工作，将农田基础设施建设作为产业发展的基石，不断提升本县粮食安全的保障能力，助力乡村振兴战略的实施。2019年以来，该县先后投资1.53亿元，新建涉及5个乡镇43个村0.46万hm^2规模的高标准农田，每年可增收粮食1 050万kg，惠及农户

15 236户，增加农民收入2 310万元。

宝丰县本次的高标准农田项目建设包括在赵庄镇、周庄镇、商酒务镇、肖旗乡4个乡镇范围，按照《高标准农田建设通则》(GB/T 30600—2014) 和《农业农村部关于做好当前农田建设管理工作的通知》(农建发〔2018〕1号) 建设要求，先期开展了以土壤改良、水利设施、道路建设、电力改造、生态屏障、清洁工程等措施为主的2 666.67 hm^2 高标准农田基础设施建设，夯实农业现代化基础。项目选定的24个行政村，土地地块都较为平整，满足了高标准农田的基本要求。各参与项目的乡镇，根据原有耕地情况，从耕作层地力保持、土壤增肥等方面进行土壤改良工程，有针对性地提高耕地质量等别。项目按照每亩增施商品有机肥40 kg标准，遵照国家农业行业标准《有机肥料》(NY 525—2012) 要求，即：有机质含量不低于45％（烘干质量比），总养分含量（氮＋五氧化二磷＋氧化钾）不低于5％（烘干质量比），酸碱度5.5～8.5的规格，全面增施微生物发酵有机肥2 666.67 hm^2，计160万kg。在耕作层地力保持方面，各地块采用农艺、工程及生物措施整合发力的办法，提高地力保持的效果，包括聚土垄作或横坡耕作等方式以增厚土层，从居民点采集农家肥培肥地力，实行保持性耕作以减少水土流失，以增施畜肥、腐殖酸肥、秸秆还田、施用磷肥等改造中低产田不良性状、限制性条件和障碍因子，确保提高土地利用率和产出率。

高标准农田建设，水利条件改善必不可少。由于降水量分布不均，汛期降水利用率不高，河流与水库水量较少，宝丰县农业长期依靠地下水进行灌溉。在高标准农田建设项目的实施中，当地结合当地水文气象、水土资源、灌溉方式等多方面条件因素，根据《灌溉与排水工程设计标准》(GB 50288—2018)、《水利水电工程等级划分及洪水标准》(SL 252—2017) 及《灌溉与排水渠系建筑物设计规范》(SL 482—2011) 等有关水利工程规范要求，科学进行水资源供需平衡分析，确定灌溉与排水工程建设标准。据实地考察，宝丰县选定的24个村域范围共有可用于灌溉机井126眼，并均已配套供电设施；在充分利用原有机井的基础上，综合考虑项目区道路、沟渠、地块分布、土地权属以及机井优先沿路布置的原则，各项目参与单位（乡镇）以行政村为单位统一规划，按照单井控制面积5.67 hm^2/眼，井距249 m/眼的标准，新打井深分别为60 m、80 m、90 m和100 m的机井共计384眼。项目要求管道系统与当地道路、林带、供电、农业耕作措施及行政区划等密切结合，统筹兼顾，以利于农业耕作和管理；同时，要充分利用地形落差实施重力输水，即按照梳齿型布置管线，实现了灌溉保证率达到75%，灌溉水利用系数0.855。在排水系统改造方面，各乡镇充分考虑农田分布耕种以及排水沟现状，在疏浚排水沟上布置进地管涵14座，达到“五年一遇，一日暴雨一日排出”的排水标准。随着灌排设施、机电井和农机等设备增多，为保障生产生活安全用电需求，各乡镇还遵照农网改造技术原则，延伸和拓展了电力配套设施。

同时，为了满足农业物资运输、农业耕作和其他农业生产生活方面的需要，当地充分考虑周边的环境和原有道路系统，合理规划田间道路体系，使其适应农业机械化生产的要求。为此，各项目实施单位一方面要求道路的道路坡度、转弯角度等指标符合相关技术要求；另一方面，要求道路与周边田、林、村、沟等协调布局。各建设环节严格参照《公路水泥混凝土路面设计规范》（JTG D40—2011）、《公路水泥混凝土路面施工技术细则》（JTG/T F30—2014）、《公路路面基层施工技术细则》（JTG/T F20—2015）等相关规范，共修建4 m宽水泥路计25 475 m，使得平原区道路通达度达到100%。

高标准农田建设中，农田防护网是必不可少的配套条件。研究数据表明，有无防护林网农田农作物产量可相差10%左右。宝丰县历来非常重视农田生态屏障的建设，但由于过去当地农田防护林网网格面积过大且缺乏统一规划，抵御自然灾害效果不佳；农田周边的县乡道路虽有绿化，但田间主道护路护沟林普遍缺乏，部分田间路渠的林木为断档护路护渠林，且属于成熟林与过熟林，亟须提质改造。借高标准农田建设项目实施之际，宝丰县本着“适地适树、生态优先、群众自愿、经济效益”的原则，结合当地乡村发展战略规划，将农田防护与产业振兴发展紧密结合，选择了兼具花材和果材用途的两用树种，在田间主道两侧种植护路护渠林，配套防护林共6 800余株，打造了“春天观花，秋天收果”的美丽乡村农业景观，以此增强农作物抵御自然灾害的能力，同时达到了粮田建设助力产业兴旺与生态宜居的多赢效果，成为项目建设的一道亮景。

2. 持续完善产购储加销产业链，推动一二三产业融合发展

从宝丰县产业构成可以看出，当地第二产业占比虽然较高，但是多以资

源型产业为主，如何引导全县产业转型和推进乡村振兴全面发展是下一阶段的重要任务。对此，宝丰县立足农业资源禀赋，提出了稳定粮食生产，实施质量兴农、绿色兴农、品牌强农战略，旨在推动优势产业由单纯扩大规模向提质增效转变。宝丰县委、县政府要求各乡镇通过建设规模化种养基地，拓展农业产业链，提升价值链，挖掘农业产业的多项功能，促进农业生产、加工、物流、研发、示范、服务等相互融合，构建起粮食作物“产购储加销”的全产业链模式。

2016 年，我国稻谷加工产能利用率仅为 43%左右，小麦加工产能利用率也只有 60%左右，加工业发展滞后已成为我国粮食产业的突出短板，粮食初级加工产能过剩问题亟须解决。据测算，宝丰县年种植小麦在 2.67 万 hm^2 左右，年产小麦大约在 20 万 t，2 666.67 hm^2 高标准农田可年产 2 万 t 优质小麦；年产大豆 300 t；宝丰县的龙王沟 333.33 hm^2 油菜基地可年产菜籽 1 500 t；李庄乡的花生基地可年产花生 2 500 t。当地以市场需求为导向，原料在石桥镇粮油产业园直接进行就近加工，这不仅可以提高当地农产品的附加值，还可减少物流成本，可实现低价优势以快速占领市场。同时，当地还建设了粮食储藏库和销售集散地，畅通了当地粮油产品的流通渠道。通过粮食全产业链运营模式的开展，宝丰县从产品流通到生产物资供应提供了全方面优质保障，实现了粮食流通的渠道畅通，充分了保障粮食生产的优质性和高效性，提高了当地农业生产性收入。

宝丰县依托粮食生产，建设农业全产业链优化升级模式的实践，重点抓住了开拓本地市场这个“牛鼻子”。当地政府和参与企业将“开拓市场、促进产品销售”工作视为关键环节。首先以当地及平顶山各县市人群为目标市场，展开了多种富有成效的销售模式。根据测算，全县各机关单位食堂经常就餐人数合计约 90 650 人，分别为教育系统经常就餐人数约 7 万人，卫健系统经常就餐人数约 3 650 人，乡镇机关经常就餐人数约 5 000 人，县直各单位经常就餐人数约 12 000 人。这些就餐人员年均需求面粉约 1.5 万 t，食用油约 720 t。为此，宝丰县新建的各类加工企业与为宝丰县政府机关、学校、医院等机构提供餐饮经营服务的物业公司签署了采购合作协议，为其提供所需的面粉与食用油；同时，与中国储备粮管理集团有限公司、中国储备粮管理集团油脂销售有限公司达成合作协议，实现全年采购企业面包专用粉及挂面专用粉

5 万 t，食用油 500 t。除本地市场的开发外，宝丰县的粮油加工企业还与销售商展开合作代销模式，采取相关措施支持其快速占领宝丰县以及平顶山各县市的粮油市场。

有了市场保障，必须通过提高产品质量，才能稳定市场占有率，并开拓更广阔的发展空间。因此，宝丰县积极促进新建粮油企业的产品提档升级，对接消费者对于营养健康粮食制品的新需求；以市场占有率高、竞争力强的优质农产品为核心，实现产品标准化和经营产业化。当地在项目建设的周庄镇和商酒务镇的 15 个行政村，以小麦新品种引进与种植产业为主，建设了总规模为 1 600 hm^2 的优质小麦示范园。下一步，项目将以扩大优质粮食作物品种种植面积，提高绿色有机农产品的比例，增加营养健康、品种多样、绿色优质的粮食制品供给为目标，力求“品种新、品质优、结构佳、投入低、效益高”，实现粮食产业的高质量发展。同时，当地通过发展地域特色粮食产品，打造粮食地理标志品牌，开展粮食品牌培育行动，加快国家级绿色食品原料标准化生产基地创建、省级农产品质量安全县创建及绿色食品认证等行动，持久提高市场竞争力，助推乡村产业振兴。

3. 大力提高粮食生产科技水平，多措并举开展技术推广服务

过去，宝丰县农业经济发展不平衡与农业生产发展缺乏后劲主要受限于农业科技创新水平较低、科技支持力量不足、农民科技意识较差等因素。针对这一问题，当地积极创新农业科技示范的体制机制，在选定区域内实施现代农业科技高端示范与适用技术推广相结合的“双核”战略，增强农业的科技含量和科技投入水平，带动相关产业发展。具体做法包括：通过开展土地改良、测土配方施肥、农业机械化等手段，增加农业科技支撑能力，培育企业和农户的农业科技意识，带动区域及乡村产业振兴项目农业科技水平的提高，通过“以点带面”的方式促进农业全产业链全面可持续发展。

在高标准农田建设的基础上，宝丰县以“互联网＋现代农业”为依托，在赵庄镇成立智慧农业中心，实现农事管理数字化与智慧化，提升农产品质量，大大降低了生产成本。宝丰县推进农业科技进步，提高农业信息化和智能化水平的效果是非常显著的，其智慧农业系统通过依托部署在农业生产现场的各种传感器节点和无线通信网络进行实时监测，利用云计算、数据挖掘

等技术进行多层次分析，实现农业生产环境的智能感知、智能预警、智能决策、智能分析及专家在线指导等。这些措施的实施和支撑体系的建设极大提高了农业生产对自然环境风险的应对能力，使弱势的传统农业成为具有高效率的现代产业。

此外，宝丰县的智慧农业系统还配套了土壤墒情监测系统、智能虫情监测系统、气象环境监测系统、视频监控与联动系统、智慧农业云平台及水肥一体化联动系统等，助推了农业生产过程的精准化种植、可视化管理与智能化决策。其中，土壤墒情监测系统通过现场远程监测设备自动采集土襄墒情实时数据，并利用 GPRS 无线网络实现数据远程传输，监控中心自动接收、自动存储各监测点的监测数据到数据库，可实现全天候不间断监测，异常情况快速预警。智能虫情监测系统则主要利用现代光、电、数控技术、无线传输技术、互联网技术构建出一套害虫生态监测及预警系统，实现远程掌握田间虫情，无公害诱捕杀虫。气象环境监测系统以空气温度、空气湿度、紫外线强度、太阳总辐射、风速、风向、风力、降雨等要素为监测对象，实现农场气象实时监测，遇到极端气象会及时预报。智慧农业云平台把各类数据集中收集展示到平台，实现对项目区内农业实时环境数据、病虫害数据、苗情数据的可视化展示，同时可以实现数据的集中化管理及农产品生产全过程溯源功能，大幅度提升了农产品生产全过程的精细化管理和智能控制水平；通过智慧农业云平台还可设定环境数据预警值，将预警事件通过手机短信及网页报警提示及时发送至管理人员或工作人员，进行实时管理和控制，并可将园区空气温度、湿度、二氧化碳浓度等监测数据以及环境预警事件信息以图表形式或曲线图形式形成统计报表，供管理人员做出适当的作物生长管理与决策。水肥一体机联动系统将视频监控系统进行整合，为管理人员和消费者提供查看和监管基地生产环境的平台，可以进行园区基础信息查询、生产区环境视频监控，联动项目基地内水肥一体机进行工作。

宝丰县还在肖旗乡建设了农业气象服务站、农业科研服务站、农业技术推广站和博士后工作站等，以农业绿色配套技术为支撑，开展技术创新集成推广，为农业产业化和粮食生产提供关键技术和发展模式创新支撑。其中，农业气象服务站负责农业气象预测，农作物气候分析、灾情预警等信息发布，进一步提高气象服务能力和气象防灾减灾水平，为农业增产、农民增收和新农村建设发挥积极的作用。农业科研服务站负责引进农业科技人才，为项目提供技术与人才支撑；农业技术推广站负责农业科技推广人员技术培训、技术攻关与试验；博士后工作站负责与相关科研院所合作，开展博士后培养和科研攻关工作；以农机服务站为依托建立农机化服务体系，开展购买各类种、收、管、护大型农机设备。肖旗乡还根据改进和完善农业生产技术的要求，采用集中培训与分散培训相结合方式，通过举办各种技术培训班、开展农业科技服务、专家现场咨询、示范基地观摩、图片样品展览展示、发放宣传技术资料等活动，不断提高当地农技人员和农民的技能水平。

参与项目建设的宝丰县各乡镇、各企业通过提升和强化引进、集成、运用、示范推广新品种、新技术和新装备，促进农业和企业发展方式转变，使得选定的区域成为当地先进适用农业科技成果的密集应用区和辐射源，加速了农业科技成果转化应用，推动了农业技术进步、产业结构优化和组织管理创新，大幅度提高了土地产出率、资源利用率和劳动生产率，也极大改善了全县农业发展的质量和效益。

4. 促进资源的高效利用和生态环境建设，实现绿色发展和生态宜居

根据党的十九大报告提出的“乡村振兴”的总体规划，宝丰县按照“产业兴旺、生态宜居，建设资源节约型、环境友好型社会”的要求，以绿色可持续发展理念为指导，以提高能源利用效率、推进农业废弃物有效转化、减少污染物排放为重点，制定和调整了原农业产业的生态规划体系，建设了“多级转换、良性循环”的产业融合拓展体系，示范“种-养-加-能-肥”五位一体产业发展模式，促进资源的高效利用和生态环境建设，走出了一条高效、生态、可持续的农业绿色发展之路。

当地坚持模式创新，以生态农业建设为重点，引进应用先进的生态技术和新能源技术，形成“资源-产品-废弃物-再生资源”的种养循环利用模式；整合了“百亩千头生态方”、粪污协议消纳异地利用、食用菌全产业链发展等模式。其中，“百亩千头生态方”以6.67～13.33 hm^2（100～200亩）耕地为一个单元，建设了占地约0.2 hm^2、年出两栏2 000头生猪的养殖生产线，养殖粪便无害化处理后可直接就地利用，为高产良田提供了绿色的有机肥，形成了产业振兴新的增长点和生态宜居的外部环境。目前，全县已建设“百亩

千头生态方”生产线 100 余个，覆盖种植面积达 3 333 余 hm^2。

围绕生态循环废弃物资源化利用这一关键问题，宝丰县还开展了农牧结合生态循环、秸秆基料化利用、沼肥监测与精准施用、全量粪肥还田、菌渣有机肥等技术的开发、试验和推广。在项目实施中，各乡镇收集农牧结合现代生态循环农业的关键数据，打造全产业链的配套技术，为全县推进农业绿色发展提供相应技术支撑。同时，当地积极推进农业耕作制度改革，建立节能高效的耕作制度，大力推广资源节约型种植技术，提高了种养业的综合效益，取得了良好的效果。通过加强农业种养殖措施的集成配套、减少高能耗和低效率的生产环节，宝丰县探索出了促进农艺与工程技术的配套节能、提高种养效益和生态节能的新模式。这种新模式包括：秸秆还田，因地制宜保障还田质量；根据土壤生产能力和作物目标产量配方施肥，做到农家肥、化肥混合使用，氮、磷、钾、微肥合理搭配，从而实现了在提高产量，增加有机物库容的同时，减少土壤养分的直接消耗。此外，当地还十分注重推广先进的农业节水灌溉技术和现代化的管理措施，开发配套恒压水肥一体化智能灌溉系统，将渗水严重的土渠改造成不透水的石渠，实现高产粮田的喷灌化，仅此一项就可节水达 30%。当地的滴灌系统总体可节水 40%，节能 50%～70%。总体上，通过实施畜禽粪污资源化利用、测土配方施肥、水肥一体化、病虫害绿色防控、作物秸秆综合利用等工程项目，大大减少了种养殖污染和资源过度消耗。目前，宝丰县畜禽粪污综合利用率达 83%以上，秸秆综合利用率达到 92.3%，绿色防控面积比重达到 60%以上，实现水肥一体化种植面积达到 0.67 万 hm^2。

宝丰县合理利用区域资源，在建设高标准农田工程中注重生态环境建设，把农田水利配套设施建设、土地平整、田间建设与农田林网打造等工程紧密结合在一起，不仅在当地土壤结构改善，水土流失面积控制，减轻农业面源污染及风蚀和风沙危害等方面发挥了重要作用，而且极大促进了区域温度、湿度和风力等生态环境因素的有利变化，形成了有利于当地农业生产的农田小气候，减轻了自然灾害对于农业生产的影响，实现了高效农田生态系统的良性循环。当地高标准农田建设按“田块平整规范化，农田耕作机械化，田间管理科学化”的目标进行工程改造，亦能明显地改善项目区的生态景观，发挥着产业振兴和生态振兴的多重功能。

5. 构建现代化生产组织管理体制，实现乡村高质量发展

宝丰县农业发展过程中存在的突出矛盾之一，就是农业产业化发展对现代化组织模式的要求与农民分散化生产不协调之间的矛盾。过去，由于缺乏区域性的产业规划和专业性的生产组织管理，当地供给侧改革推进乏力，高质量农产品的有效供给不足，难以形成稳定的产业链条。在乡村振兴战略的推动下，宝丰县实行“政府引导、市场导向、龙头带动、农民受益”的运行机制，将现代企业制度和管理理念引入农业生产组织管理，在政府的引导和科研机构的支撑下，建立了良好的乡村产业振兴耦合机制，实现了乡村产业融合发展和全面繁荣。

宝丰县充分发挥市场主体在产业发展、投资建设、产品营销等方面的主导作用，建立了完善的法人治理架构及领导层、支撑层、管理层、生产层四级组织体系。在项目建设过程中，运用公司制、科技承包制、联结农户合同制等形式，形成了多元化的农业主体；同时，建立健全相关技术选择、资金筹措、土地流转、组织管理、人才利用、技术扩散和市场开拓等方面的体制机制。各参与主体通过基础性制度、特殊性制度和辅助性制度相互协调，从根本上实现了生产要素投入、粮食生产、流通加工等现代化农业产业的生产组织与管理。

推进乡村产业振兴同样离不开资金的支持。宝丰县采取了“政府投入＋社会资本配套”相结合的模式，多管齐下，积极筹措乡村产业发展资金。由当地政府负责，积极争取各项扶持政策，包括财政方面的支持及土地、税收、基础配套项目等方面的费用减免，并多渠道撬动社会资本参与建设，缓解了建设项目的资金难题。同时，政府在推进土地规模经营、提高农民组织化程度、标准化生产、生态环境整治等重点工作中充分发挥着引领与指导作用，为当地乡村振兴提供了坚强的组织保证和有力的保障措施支撑。在建成 2 666.67 hm^2 高标准农田后，宝丰县还将农田建成后的后续管理作为关键和重点工作，按照“谁所有、谁受益、谁管护”“以工程养工程”的原则，进一步完善监管方式，落实管护主体，制定切实可行的管护措施和规章制度，确保整体项目发挥最大效用和效益。为此，当地推行拍卖制、承包制、租赁制、协会制、业主制等多种管护形式，进一步明确产权主体、受益主体和管护主

体，做到“不打无主路，不修无主桥，不种无主田”，实现了权责结合，效益与公益相互链接的机制。

在推进乡村产业振兴的工作中，宝丰县充分发挥市场配置资源和政府有效调控的双重作用，引入龙头企业牵头产业发展，将其作为提高当地生产组织化程度的重要基础；采用多方合作、招商引资等方式，引入国内外具有先进生产运营理念的企业，负责高标准农田、粮油产业园、粮油储备库等项目的建设、运营与管理工作。政府对种植基地内的农业科技示范、基础设施、农业机械配套维修、产品稳定购销服务等环节给予支持，使基地、园区内的产业融合、市场拓展和产业附加值提升得到有效支撑。同时，龙头企业与农户和周边农户形成利益共同体，相互之间通过“订单收购＋分红”“土地流转＋优先雇用＋社会保障”“农民入股＋保底收益＋按股分红”等多种订单合同、服务协作协议等，把各方的利益联结起来；组织分散的农户参与到全产业链生产和产业扩展中，让农民卖农（产品）金、挣薪金、收租金、分红金、得财金，从而大大增加农民跨界增收、跨域获利的有效渠道。

我国农业总体上人多地少、资源不足，因此更需要科学整合土地资源，实施土地集约化和规模化经营，这是提高农村土地利用效率和提高农业生产经济效益的重要途径。土地流转不仅是发展现代农业，推进农业产业化的必由之路，也是乡村产业振兴的必然选择和基础保障。宝丰县通过构建和规范农村集体土地流转机制，为高产农田建设、实现规模化经营和推广机械化作业等现代化农业生产经营方式形成了良好的铺垫。当地通过将各村零散土地重新规划和整理，新增了 80 hm^2 集中连片的耕地，为全县提供了相应面积的可置换土地指标。同时，宝丰县注重加大土地要素的市场化配置，按照“群众自愿、承包关系不变、土地性质不变”的原则，在当地推行“土地流转＋农户托管”的方式。通过这种模式，培育了乡村的资本市场，激活了闲置土地和农业剩余劳动力的转移，使得农民获得了更多财产性增收，并为当地农业规模化、集约化、高效化经营提供了基础性条件，为提高粮食生产潜力和增加农业综合生产能力与效率奠定了牢固的基础。

第五节 总结与展望

宝丰县在推进乡村振兴过程中，始终不放松粮食生产，按照资源共享、优势互补、联村共建、抱团发展的思路，打破行政区域限制，建设高标准农田综合体项目，建立了农业产业化和多产业融合发展的乡村产业振兴示范区。所谓“抱团发展”，就是指通过优化土地格局，推进农地整合开发与建设；引入市场机制，实现农工商各行业融合创新，二、三产业联动共进。宝丰县的高标准农田综合体建设项目就是在这样的发展思路指导下实施的。项目开发既包括高标准农田规划、整理与配套设施建设，也涵盖规模化、规范化的主粮种植生产，以及相关农产品加工业、仓储、物流等多项内容，从而形成了粮食增产和产业增收的综合效应。项目建成后，各类农产品销售收入可达45 575.00万元/年，主要包括：①通过高标准农田连片规划与整治，可形成2 666.67 hm^2 规模化的高标准农田；通过新品种引进、基础设施改善等，可显著提高粮食作物的产量与质量，其中仅玉米就可增加收入4 320万元/年。②通过延伸农产品产业链条，可实现加工处理小麦15万t/年，生产各类面粉11.25万t，次粉0.75万t，麸皮3万t，实现年收入37 575万元；生产食用油1 200 t/年，其中菜籽油300 t，大豆油300 t，花生油600 t，实现年收入1 980万元；年储备粮食4万t，实现收入1 400万元。另外，在高标准农田建设中，当地还新增了80 hm^2 土地，提供可置换为相应面积建设用地的土地指标，国家共奖补10 000万元，分5年补贴，每年可获得补贴收入2 000万元。

可见，抓好粮食生产的综合效益潜力，也能实现乡村产业振兴。宝丰县做好高标准农田建设这篇文章，在粮食主产区发展现代农业，对于实现乡村产业振兴具有很强的示范指导意义。高标准农田综合体建设项目以绿色可持续性发展理念为指导，突出特色、绿色、生态品牌，发展规模化主粮种植业，延伸农产品加工业；从良种繁育、畜禽废弃物资源化利用、科技创新与产业融合、产品质量安全检测监测、产业电子信息平台、资源与生态环境保护、社会化服务与管理等各方面形成联动效应，实现了粮食增产和农民增收，也带动了周边区域农业产业化发展。

宝丰县以建设绿色生态农产品基地为依托，以小麦、玉米等主粮种植业为基础，牵动粮油加工业的产业链延伸；高起点、高标准建设成片高产粮田，形成规模化、标准化和产业化程度较高的主粮种植基地；打造支撑有力、布局合理、功能齐全、城乡统筹、人才集聚、产业链互融的产业振兴平台，从而把粮食生产的产业链大大延长，使其成为一二三产业协同发展，生态、经济和社会效益显著的农村产业融合发展的综合体。这种产业融合模式对于充分发挥当地资源优势，提高耕地综合生产力，改善农业生产条件、优化调整区域产业结构，延伸农业产业链条，推进农村三产融合发展，保障粮食安全和区域农产品有效供给，加快传统农业向现代农业转变，实现粮食主产区农业的跨越式发展具有十分重要的意义。

本章小结

发展农业产业化，夯实粮食生产基础，既要注重发挥资源优势，增加基础性投入，也要充分调动市场、企业与农民的积极性，为主粮生产注入市场活力，为企业和农户架起连通产业融合的桥梁，为农业增收、农民增收和乡村振兴提供全面、坚实的保障。从而改善农民的生产和生活条件，为粮食主产区持续高标准农田建设与产业融合发展提供强有力支撑，也为当地乡村振兴提供多元化发展条件，打牢可持续和高效发展的基础。

第三章

有机旱作农业 兴农富民之路

引言：乡村振兴战略把“产业兴旺”放在首位。相对而言，沿海地区、发达城市郊区、物流中心及交通枢纽等具有地理区位优势的地区，发展乡村二、三产业的条件比较优越；而山区及城市带动、辐射效应较弱的地区，乡村产业振兴则需要更多地依托区域资源特色，从推动农业产业化上着力。这类地区需要通过挖掘本地特色产业的潜力，延伸农业产业链，促进多产业融合，探索多元化的乡村产业振兴发展道路。

第一节　发展背景

我国地域辽阔，区域之间自然、经济和文化基础存在巨大的多样性与差异性。在实现乡村振兴和发展农业产业化的整体格局中，各个区域具有不同的发展重点和多样性的道路选择。尤其在实现农业产业振兴与发展现代产业模式上，区域产业资源、产品特质和产业链结构特色具有显而易见的重要性。为确保粮食安全，全国大多数地区的乡村产业振兴也都把加强农业基础地位和改善农业产业效益、提高农业劳动生产率放在了突出地位。

本章以山西省长治市发展旱作农业的实践为例，探讨北方旱作地区乡村产业振兴、发展特色农业的道路与模式。众所周知，为了确保国家粮食安全，我国确定了 1.2 亿 hm^2（18 亿亩）耕地的红线，其中又分为水田、水浇地和旱地。目前，全国旱地总面积达 0.673 亿 hm^2，占全国耕地总面积的 50%以上，主要集中在西北、华北、东北和西南地区，除西南的旱作区域外，北方地区旱作农业的面积最大。其中，西北旱作农业区包括山西、陕西、甘肃、宁夏、青海和新疆维吾尔自治区及内蒙古中西部地区，耕地面积约 0.24 亿 hm^2，占全国耕地总面积的 18.1%。此类地区属于无灌溉条件的半干旱地区，主要依靠天然降水支撑农作物生产的循环，其亩均水资源只有 764 m^3，仅为全国平均水平的 48.9%，且降水时空分布严重不均衡，蒸发量较大。旱作农业地区地域广袤、物种多样、光热充足，却由于自然降水偏少，灌溉条件缺乏，农业产量长期处于较低水平，没有发挥出应有的生产潜力。因此，提高这一区域农业生产综合能力和总体效率不仅是此类地区乡村振兴的必然选择，也是提升我国粮食安全保障能力的重点方向和主要任务。

新中国成立以来，国家十分重视农业基础建设，先后在北方旱作地区实施了广泛且长期的中低产田改造建设工程，并取得了明显的成效。近年来，北方旱作农业基础条件明显改善，农业种植结构不断优化，诸如全膜覆盖、膜下滴灌、水肥一体化等节水旱作技术集成推广明显加快，促进了旱作地区综合生产能力的提升。在乡村振兴战略推动下，长治市通过实施“旱作农业＋绿色发展”工程，推进“抓质量、强特色、上规模”的现代农业发展战略；同时进一步调整优化农业产业结构，进行农业供给侧改革，重点突破农业发展质量和效益提升的瓶颈。面向经济发展新格局，长治市从过去主要追求农产品产量增长和拼资源、拼消耗的粗放式经营方式，向数量质量效益并重、提高特色产品竞争力、可持续集约发展、环境友好的现代农业转型。

通常，有机旱作农业是在顺应雨养农业规律的基础上，以增施有机肥料，提高土壤有机质和土壤肥力，配套以水土保持、作物轮作、实行深耕等一系列工程和农艺抗旱耕作措施，实现增强土壤纳雨蓄水的功能、提高农业水资源利用率和生产率的目的。这种生产模式的特点表现为：充分利用有限的水资源，实现节水高产；同时，注重农业与生态环境的互动关系，本着生态优先、绿色发展的理念，控制农业化学产品（化肥、农药、生长素、添加剂等）投入，减少农业面源污染，确保农产品质量安全，在保障农产品和有效供给基础上实现农业的可持续发展。

山西省全境处于黄土高原区，山多地少，地形复杂，土壤贫瘠，水资源匮乏，年降水量仅为 470 mm 左右，旱地面积占全省总耕地面积 70%以上。早在 20 世纪六七十年代，山西省就开始实践并探索旱作农业发展，形成了“坡改梯”和“海绵田”等旱作技术规范，后期又推广地膜覆盖技术，选育农作物抗旱品种，实施“农艺农机一体化”的旱作技术体系。

2017 年习近平总书记在山西省视察时指出：“山西的现代农业发展，要打好特色优势牌，要立足优势，扬长避短，突出‘特’字”。因此，山西发展现代特色农业，就要根据当地自然资源特色和传统优势，坚持走有机旱作农业和绿色发展的路子，把生态经济和有机旱作农业技术体系相结合，使之成为乡村产业振兴的基础性支撑。

长治市的主体位于上党盆地，其地貌整体特征是“八山少水二分田”，属于典型的雨养农业和旱作农业区。实施乡村振兴战略以来，长治市立足自然条件和旱作农业的优良传统，进一步完善和确定有机旱作农业发展的布局任务、发展目标和重点工程；以农业供给侧结构性改革为主线，践行“创新、协调、绿色、开放、共享”五大发展理念；按照山西省建设有机旱作农业发展的总体部署，以原料基地化、生产标准化、产品品牌化、监管全程化、生态优良化、经营产业化、综合信息化为抓手，以提高水资源利用率和增强农业抗旱综合生产能力为重点，集聚生产要素、完善发展机制，统筹推进“杂粮、中药材、蔬菜、干鲜果、畜牧养殖、农旅休闲”六大产业，着力构建具有鲜明区域特色的“绿色有机旱作农业技术体系＋特色农业产业经营体系”。在此基础上，通过提高有机旱作农业科技贡献率，长治市及所属各县区注重完善绿色有机农业标准体系，加强农产品品牌建设，做精做优特色产业；同时积极打造优势产业集群，多渠道拓展农产品消费需求，推进乡村一二三产业深度融合，培育宜居宜业特色村镇，让农民深度参与并分享乡村产业振兴全产业链的增值效益。

第二节　山西省长治市发展有机旱作农业的探索实践

长治市通过充分发挥区域资源优势，扎实推进有机旱作农业提升工程，提高了农业现代化水平；实现了绿色生产、农旅互动和富民兴业；使农业生产方式更加绿色化，农业产业体系更加健康、生态，形成了良性循环、可持续发展的新格局；打造了全要素、全产业、全过程、全区域的新型有机旱作农业发展模式。其务实、创新的探索，为广大北方旱作农业区发展农业产业化，实现乡村产业振兴，延伸产业链，创新价值积累了经验；为同类地区推进农业供给侧结构性改革、发展现代农业和实施乡村振兴战略提供了可资借鉴的创新理念和宝贵经验。

1. 基本情况介绍

长治市位于山西省东南部，太行山南段，素有“与天为党”之说，史称“上党”。其东倚太行山，与河北邯郸、河南安阳交界，西屏太岳山，与临汾市接壤，南部与晋城市毗邻，北部与晋中市相接；地处北纬 35°49′～37°07′，东经 111°59′～113°44′。全境东西长 150 km，南北宽 140 km，总面积为 13 955 km^2，占全省总面积的 8.90％，市辖区面积 2 631.3 km^2。长治市下辖 4 区、8 县、1 个经济开发区，包括潞州区、上党区、屯留区、潞城区、襄垣县、平顺县、黎城县、壶关县、长子县、武乡县、沁县、沁源县以及高新技术产业园区，共 132 个乡镇，14 个街道办事处，3 385 个行政村和 152 个居民委员会。全市总人口约 345.5 万人，其中农业人口 162.6 万人，非农业人口

182.9 万人。2020 年全市城镇化率为 52.93%。

长治市地处连接晋冀豫三省的重要通道，是京津冀城市群和中原城市群的交会点。境内现有 6 条高速公路，207、208 国道纵贯南北，309 国道横穿东西，通车总里程 1.2 万 km；已建成的瓦日、太焦、邯长铁路与国家大动脉京广、陇海线相连，太郑高铁正在建设当中。近年来，随着国家航空交通的快速发展，长治市已有直通北京、上海、广州等地的多条航线，通航城市达到 17 个，高速公路、铁路、民航总体形成了长治市的立体交通网络。长治市北连京津、南达澳门、东接沿海、西通新疆，是环渤海经济圈、中原经济区、陇海经济带的交会点，具有连南接北、承东启西的优越区位。

长治市地处被誉为“黄金人居带”的北纬 36°～37°，属典型的暖温带半湿润大陆性季风气候。全年冬无严寒、夏无酷暑，雨热同季，被誉为“北方的南方，南方的北方”和“夏季的无扇之城”；年平均气温为 9.7 ℃，年平均最低气温为－3.9 ℃，年平均最高气温为 22.5 ℃，极端最高温为 37.6 ℃，极端最低温为－29.3 ℃，年平均积温为 3 278.4 ℃；年降水量为 622 mm，月平均降水日数为 14.8 天，由东北向西南递增，山区多于平川，降水日数多集中在夏季，尤以 7 月份为最多；年日照时数 2 500 小时，无霜期为 188.5 天；自然灾害主要有干旱、冰雹、洪涝等。

长治市地处黄土高原东南缘，太行、太岳两山之间，主要由长治盆地及其周边山区两个截然不同的地貌单元组成。从全市整体地貌来看，山峦起伏、地形复杂，总体呈盆地状，地貌大致可分为山地、丘陵、盆地和河谷 4 种类型；境内海拔最高点为沁源县北西太岳山主峰，海拔 2 541 m，最低点为平顺县浊漳河出境处，海拔 380 m，最大切割深度 2 131 m。境内水系属海河、黄河两大流域，现有水资源总量 19 亿 m^3，人均占有水量 611 m^3。其中，海河流域主要有浊漳河、卫河，面积为 11 103 km^2，占全市流域总面积的 79.9%；黄河流域主要有沁河、丹河及汾河支流，面积为 2 793 km^2，占全市流域总面积的 20.1%。全市有流域面积在 5 km^2 以上的河流 97 条，最大的河流浊漳河是上党的母亲河，全长 133.5 km，流经 11 个县市区，流域面积为 10 035 km^2，占全市流域总面积的 72.2%。沁河是长治市第二大河流，为黄河一级支流，流域面积 2 283 km^2，占全市流域总面积的 16.4%。辛安泉为山西省第二大岩溶泉，水量丰沛，水质优良，泉域面积 10 950 km^2，是长治市重要的水源地。

当地有漳泽、后湾、关河 3 座蓄水 1 亿 m^3 以上的大型水库和 105 座中小型水库，总库容量 10 亿 m^3。境内生物种类繁多，矿产资源丰富，有陆生野生动物 243 种；森林面积 44.47 万 hm^2，森林覆盖率达 31.92%，植物资源主要以针阔混交林为主，夹杂有灌木和草本植物，经济林木主要为木本粮油和水果林；现有矿产资源共 40 种，最具优势的是煤炭、铁和石灰石，为国家重点产煤城市之一。

长治市是中华民族华夏文明的发祥地之一。据沁源县华坡遗址考古证明，旧石器时代这里已经有人类繁衍生息，新石器时代中后期，仰韶文化、龙山文化在这里充分发育。当地农耕文化悠久，历史底蕴深厚，始祖炎帝神农氏曾在上党一带“种五谷、教稼穑、尝百草、疗民疾”，开华夏农耕文明之先河，启中华医药文明之先声，推动了人类由原始游牧民族生活向农耕文明转化。自秦朝始置上党郡，已有 2 300 多年的建城史，历朝历代为郡、州、府所在地。抗日战争时期八路军总部和中共中央北方局在长治长期驻扎，解放战争的第一仗、闻名中外的“上党战役”在此打响，当地红色文化贯穿全域，为“太行精神”的孕育之地。潞安大鼓、民间社火、上党八音会和上党梆子等被列为国家级非物质文化遗产。境内旅游资源丰富，囊括长治国家城市湿地公园、太行山大峡谷、老顶山国家森林公园等自然景观；上党门、八路军将领组雕、潞安府城隍庙等历史人文景观和堆锦、襄垣鼓书、襄垣庙会民风民俗三大景观类型。

近年来，长治市紧紧抓住首批国家老工业城市和资源型城市产业转型升级示范区的重大机遇，推动城乡经济转型升级，当地老工业基地调整改造工作连续 3 年受到国务院通报表扬；是全国首批国家智慧城市试点市、首批国家公共文化服务体系示范区、首批全国全民健身示范市、首个中国曲艺名城；也是山西省唯一的全国文明城市，山西省第一个国家卫生城市、国家园林城市和国家森林城市。

2. 社会经济情况

2020 年，长治市地区生产总值为 1 652.1 亿元，比 2019 年增长 6.0%。其中，第一产业增加值为 63.6 亿元，下降 3.7%；第二产业增加值为 874.9 亿元，增长 4.8%；第三产业增加值为 713.6 亿元，增长 8.2%；一二三产业结构之比为 3.8∶53.0∶43.2，人均地区生产总值为 47 569 元，城镇常住居民人均可支配收入为 34 426 元，比 2019 年增长 7.5%；农村常住居民人均可支配收入为 15 151 元，比上年增长 9.6%。城镇居民家庭恩格尔系数为 25.0%，农村居民家庭恩格尔系数为 34.7%。全年全市公共财政预算收入为 161.9 亿元，增长 7.5%，税收收入为 124.7 亿元，增长 8.3%，一般公共预算支出为 354.8 亿元，增长 11.4%。其中，科学技术支出增长 18.1%，社会保障和就业支出增长 5.0%，卫生健康支出增长 5.2%，文化旅游体育与传媒支出增长 25.1%，节能环保支出增长 66.7%。图 3-1 给出了长治市“十三五”期间产业结构变动情况。

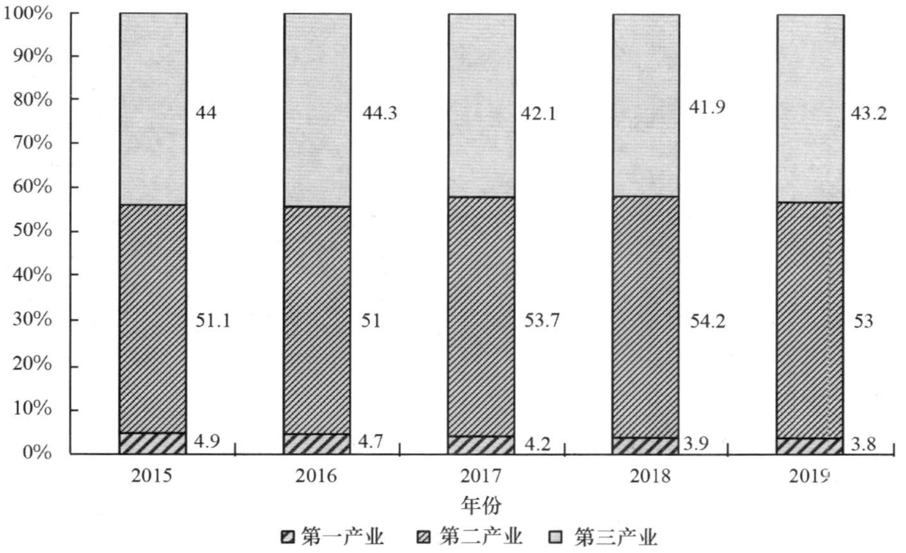

图 3-1 2015—2019 年第一二三产业增加值占全市生产总值比重

第一产业：2019 年，长治市粮食种植面积为 25.27 万 hm^2，全年粮食产量为 107.4 万 t。其中，油料种植面积为 0.36 万 hm^2，棉花种植面积为 30 hm^2。在粮食种植面积中，玉米种植面积为 21.27 万 hm^2，小麦种植面积为0.42 万 hm^2；畜禽饲养量达到 6 581 万头（只），肉、蛋、奶产量分别达到 14.9 万 t、11 万 t 和 1.16 万 t（表 3-1）。全市农业机械总动力为 122 万 kW，综合机械化水平达到 75.5%，机械耕地面积为 22.9 万 hm^2，机械播种面积为 21.8 万 hm^2，机械收获面积为 12 万 hm^2（图 3-2）。

表 3-1　长治市各区县畜牧养殖存栏量汇总表　　万头、万只

	猪	牛	羊	驴	家禽
全市	62.355	5.208	79.12	0.677	13.683
潞州区	3.782	0.268	1.436	0.002	1.041
上党区	15.245	0.200	3.599	0.006	3.774
屯留区	4.580	0.420	9.771	0.005	1.037
潞城区	5.560	0.211	3.298	0.105	0.516
襄垣县	3.402	0.363	5.231	0.014	0.455
平顺县	3.470	0.237	3.033	0.213	0.298
黎城县	4.362	0.377	5.096	0.049	0.439
壶关县	8.382	0.038	3.125	—	1.160
长子县	8.639	0.485	7.491	0.012	3.875
武乡县	2.500	0.825	11.971	0.069	0.207
沁　县	1.832	1.474	6.873	0.079	0.630
沁源县	0.602	0.320	18.194	0.114	0.253

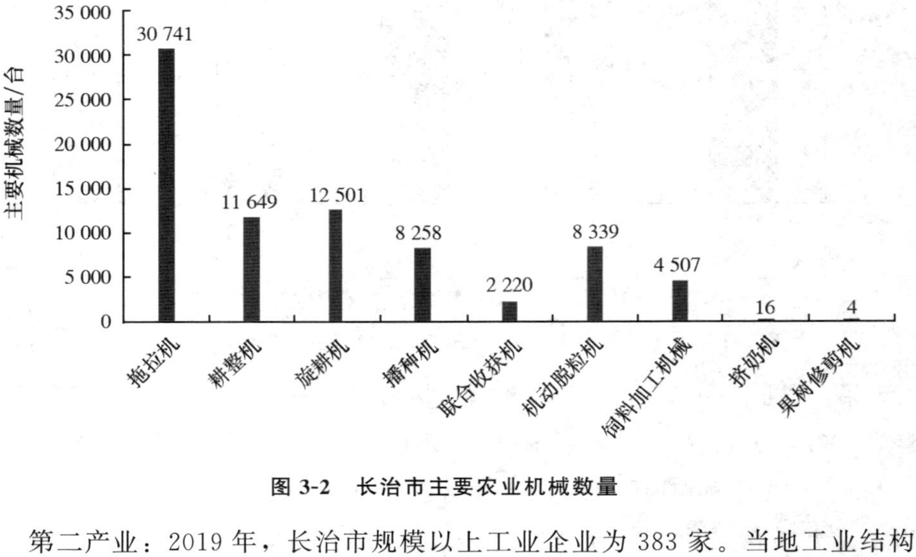

图 3-2　长治市主要农业机械数量

第二产业：2019 年，长治市规模以上工业企业为 383 家。当地工业结构转型呈现良好态势，通过改造提升传统产业，压减钢铁产能 35 万 t、焦炭产能 354.4 万 t，煤炭先进产能占比达到 67％；战略性新兴产业、高技术产业增加值增速快于规上工业，非煤工业、制造业增速快于煤炭工业，煤炭产业占

工业增加值比重降低1.1%，制造业占比提高1.3%。其中，煤炭工业实现主营业务收入1 266.1亿元，增长41.8%。炼焦工业实现收入251.3亿元，下降1.2%。钢铁工业实现收入243.4亿元，增长0.2%。电力工业实现收入87.7亿元，下降4.3%。化学工业实现收入139.7亿元，下降4.2%。建材工业实现收入46.3亿元，增长17.9%。装备制造业实现收入97.2亿元，增长23.6%。医药工业实现收入29.5亿元，增长24%。食品工业实现收入51.1亿元，增长7.8%；规模以上工业实现利税340.7亿元，下降11.6%。实现利润185.6亿元，下降12.6%；全年全市建筑业实现增加值50.3亿元，比2018年增长5.5%。

第三产业：2019年，长治市社会消费品零售总额为715.1亿元，增长7.6%。其中，城镇消费品零售额为579.6亿元，增长7.6%；乡村消费品零售额为135.5亿元，增长7.7%。服务业增加值完成713.6亿元、增长8.2%，高于GDP增速2.2%；旅游收入、旅游人数分别增长19.4%和13%。

3. 农业发展基础

长治市农业发展整体较为平稳，当地耕地面积为34.85万hm^2，其中丘陵山地面积高达84%以上，旱地占80%以上，有“八山二分田”之称，是典型的旱作农业区。2017年，全市农林牧渔业总产值115.5亿元，其中农业及牧业占总产值的91.5%，比重较大。全市全社会从业人员总计182万人，其中第一产业70万人，占比约38.4%。在工商部门注册的农民合作社总数为1.1万个，以农业生产经营或服务为主的农民合作社2 716个，全市农业经营户65.7万户，农业经营单位4 307个。农村中灌溉机电井数量9 392眼（表3-2），灌溉耕地面积9.675万hm^2，节水灌溉面积达到7.684万hm^2，其中有喷灌、微灌设施的耕地面积0.806万hm^2；灌溉用水主要水源中，使用地下水进行灌溉的面积占44.77%，使用地表水进行灌溉的面积占55.23%。

表3-2 长治市农田水利设施情况 眼、个

设施名称	数量	设施名称	数量
自流灌区（不含机电灌站）	30	机电排灌站	196
排灌站机电井	9 392	可供灌溉用的塘坝和水井	216

当地农作物以玉米种植面积较大，占农作物总播种面积的 72.78%，另有小杂粮播种面积占比 11.61%（图 3-3）。全市蔬菜播种面积为 1.948 万 hm^2，蔬菜总产量 110.84 万 t，食用菌总产量为 1.96 万 t。各区域的特色蔬菜生产布局初步显现，已成为全市农业结构调整和农民增收的重要途径（图 3-4）。全市现有干果经济林种植面积为 1.43 万 hm^2，总产量为 1.82 万 t；园林水果

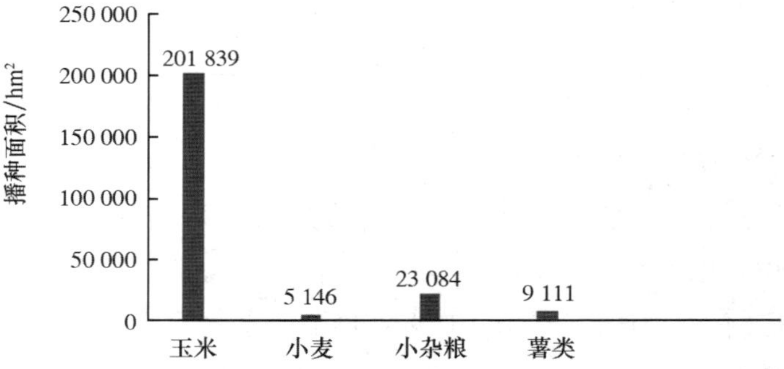

图 3-3　长治市粮食作物种植汇总表

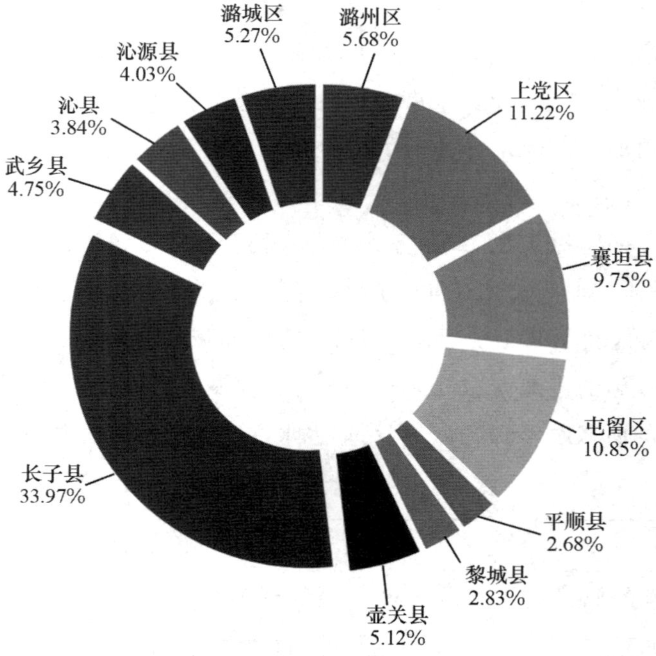

图 3-4　长治市 2017 年各区县蔬菜种植面积分析图

种植总面积 0.38 万 hm²，总产量为 3.96 万 t（图 3-5）；中药材种植面积为 1.381 万 hm²，产量为 1.21 万 t，总产值达 2.1 亿元，品种及蕴藏量达 300 余种，饮誉国内外的“潞党参”已有百余年种植历史；农业设施面积占地 0.316 hm²，生产以蔬菜、瓜果类、花卉苗木及食用菌四大类为主。至 2018 年 6 月，全市共有 37 个养殖企业、合作社申报绿色有机畜牧养殖示范园建设，规模养殖场（小区）配套畜禽粪污处理设施的比例为 81.53%。

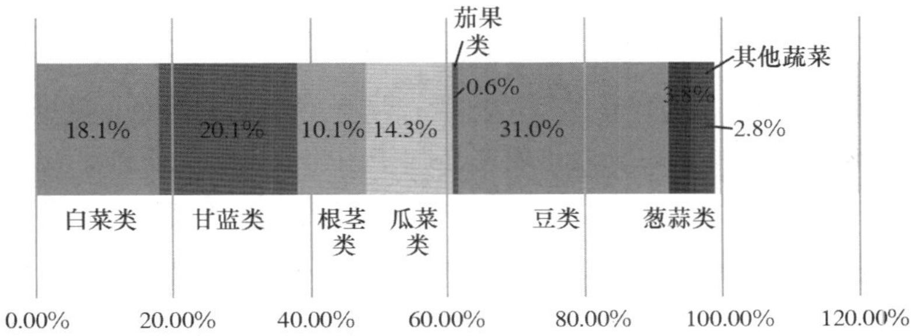

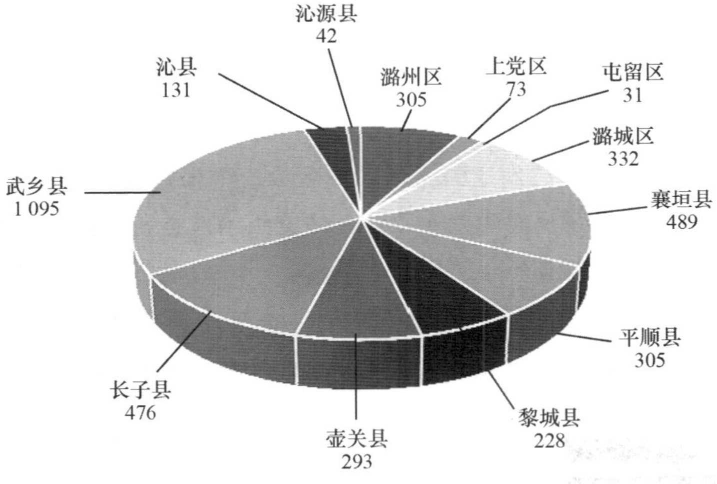

图 3-5 长治市 2017 年各区县果园面积分析图

当地谷子种植面积 1.67 万 hm²左右，总产量为 5 000 万 kg，具有巨大开发潜力；现有 36 家小米生产加工企业，良种覆盖率达 98%以上，可年加工谷子 2 万余 t；有“无公害农产品，绿色食品，有机农产品”认证面积为 1.45 万 hm²，占到谷子种植总面积的 87%。长治市为全国小米的重要核心产区，在山西素有“中国小米之都”“山西省优质小米强市”之称，以专业从事谷子育种、栽培及产后加工的山西省农科院谷子研究所作为技术依托，形成了从品种选育、基地种植、产品研发到初加工产品、深加工产品的完整的产业链条，沁县产的“沁州黄小米”、武乡产的“红星杨小米”、屯留产的“珍珠黄小米”、黎城产的“三皇小米”等品牌都具有较高的市场知名度和占有率，“沁州黄小米”排中国四大名米之首。

全市现有规模以上涉农企业 296 个，其中国家级农业产业化重点龙头企业 2 家，省级重点龙头企业 45 家，市级重点龙头企业 136 家。8 家企业入选圣农产品加工“513”工程省级梯次企业，27 家农业产业列入长治市“千企百强”企业名单。2017 年，长治市农产品加工销售收入完成 222.3 亿元，农产品精深加工企业完成销售收入 45.7 亿元，销售额实现连续增长，加工业发展潜力巨大、前景广阔。长治市是上党中药材、沁州黄小米中国特色农产品优势区和太行有机小米省级特色农产品优势区；有首个地级市农合区域公用品牌，长治神谷、上党高粱、上党党参、上党连翘等市域公用品牌和武乡小米、长子大青椒、黎城核桃、壶关旱地西红柿、平顺花椒、沁源马铃薯、平顺中药材等多个县域农产品公用品牌等。全市认证“三品”农产品 289 个，全市农产品地理标志认证数量 12 个。

2017 年，长治全市已创建潞州区、平顺县 2 个国家级休闲农业示范县，长子方兴，襄垣富阳绿盈现代农业园 2 个国家级示范点，平顺白杨坡村、神龙湾村 2 个中国最美休闲乡村，上党区振兴村 1 个全国 5 星级休闲农业园区，长子方兴、襄垣林盛 2 个全国 4 星级休闲农业企业及 15 个省级示范点。现有 10 条休闲农业精品线路和 100 个精品景点，并打造了“长治振兴春节嘉年华”“黎城县迎春花海”等特色乡村旅游活动。

4. 现状及问题分析

近年来，长治市社会经济发展迅速，产业结构逐步优化，财政收入快速增长，为乡村振兴战略的推动奠定了良好基础。但与东部沿海发达地区相比，其工业化进程仍处于中段水平，总体上产业结构转型升级的道路还很漫长，综合实力有待进一步加强；特别是经济社会发展还面临不少困难和挑战，发展不平衡不充分的问题还比较突出。尽管当地经济总量已跃居全省第 2 位，但在中部地区 87 个城市中仅排第 49 位。目前，长治市存在的主要问题是：①区域产业结构和农业经济结构不合理，2017 年第一产业 GDP 占比已降至 3.8%，但其就业结构占比却超过 30%，说明农业产业化程度和劳动生产率过低；②战略性新兴产业、装备制造业尚未形成规模效应和对区域经济转型升级的有力支撑；③第三产业发展滞后，层次较低，其 GDP 占比低于全国和全省平均水平；④对外开放水平不高，主导产业科技创新力不强，产业缺乏竞争优势，2020 年全市科研经费投入强度只占全国平均水平的 50%左右，新动能严重不足。这些问题不仅使长治市整体经济的增长后劲乏力，也制约了乡村振兴和城乡统筹发展要素聚集效应的释放。

推进乡村振兴，尤其是乡村产业振兴，需要立足实际，做好特色农业和绿色产业这篇文章。实施乡村振兴战略以来，长治市充分利用当地光照资源充足，旱作农业基础雄厚，区位交通条件优越等得天独厚的优势条件，使特色农产品产业形成规模并能够“走出去”。长治市根据自身资源条件和发展目标，采取了很多措施推进乡村产业建设，使有机旱作农业综合生产能力得到较快提升，发展态势良好。

自 2018 年以来，当地大力发展种养结合的产业模式，畜牧业产业化水平稳步提高；深挖杂粮、绿色果蔬、中药材等特色农产品产业优势，并初步实现了规模化经营、标准化生产、区域化布局的有利格局。明确未来乡村产业振兴的发展方向后，还必须解决产业的合理布局和资源合理配置问题，做好旱作农业产业的长远发展规划。因此，长治市针对以往发展特色农产品产业存在的主要短板，把解决问题的重点集中在以下几个方面：①标准化、规范化特色农产品生产技术体系；②加强科技支撑能力，形成系统性的科技服务体系；③健全公共服务体系，增加设施农业技术推广，提高农业机械化和节水灌溉能力；④扩大畜牧业规模化养殖，提高加工转化能力，控制环境污染和废弃物减排；⑤做强特色农产品品牌和涉农企业品牌，充分发挥品牌价值形成区域产业聚集；⑥延伸特色农产品生产、加工及销售产业链条，提高一二三产业融合度。

第三节　长治市有机旱作农业产业规划

随着我国整体经济水平和消费能力的提高，人们对食品安全的重视程度伴随着经济收入和消费能力的增长而持续上升，有机农业及其特色农产品迎来了巨大的消费市场。有机农业不仅能够提供更加健康、安全的食物，也为农产品带来了更大增值空间。《自然》杂志最新研究表明：有机农业在经济效益、环境影响、社会效益等方面都超过传统非有机农业，其在提供营养、适应气候变化、增进土壤健康、保护生物多样性、增加就业和创造新的经济模式等方面有着积极而全面的贡献。实施乡村振兴战略以来，我国先后出台多部加快推进生态文明建设、推进供给侧结构性改革、促进乡村产业振兴的政策文件，重点支持发展有机农业和绿色农产品生产。2017 年，中央一号文件《关于深入推进农业供给侧结构性改革加快培育农业农村发展新动能的若干意见》明确提出，支持绿色有机农业的发展，并五次重点强调“有机农业”；2019 年，中央一号文件《关于坚持农业农村优先发展做好“三农”工作的若干意见》进一步提出，调整优化农业结构，大力发展紧缺和绿色优质农产品生产，推进农业由增产导向，转向提质导向；2020 年，农业农村部制定了《2020 年农业农村绿色发展工作要点》，文件明确提出，要加强绿色食品、有机农产品、地理标志农产品认证和管理。这些政策法规对于有机农业的发展起到了积极的推动作用，也为长治市发展有机旱作农业和特色农产品产业体系提供了指导和规划方向。

长治市自然气候和地理区位，形成了一个相对独立的生态环境。其土壤有机质含量高，环境污染小，光热资源充足，气候特征有利于生物的多样性。当地农耕文化历史悠久，传承沿袭了旱作农业丰富的技术体系与生产模式，为发展有机旱作农业和特色农产品生产提供了得天独厚的资源基础及技术支撑。长期以来，当地的有机旱作农业体系已形成了玉米、蔬菜、水果等 13 条绿色有机农产品加工产业链条，并在市场上形成了良好的口碑。但是由于缺乏系统性的有机农业品牌理念，生产者的有机旱作农业生产技术体系仍存在标准化不足、规范化生产技术普及实施率较低、品牌粗糙、混乱等问题，尚未形成有机农业的产业优势。

2018年之后，长治市以习近平总书记视察山西重要讲话精神为指导，以农业供给侧改革为主线，践行“创新、协调、绿色、开放、共享”五大发展理念，按照山西省建设有机旱作农业发展的总体部署，将有机旱作农业作为全市经济转型的战略支柱产业，做出有重点、分阶段的全面规划，着力构建具有鲜明区域特色的有机旱作农业技术体系、产业体系和经营体系。

按照长治市乡村振兴发展战略目标，各乡镇积极探索有机农业发展新模式，围绕农业提质增效、绿色发展的原则，带动全市农业产业的转型升级。当地明确了杂粮、中药材、蔬菜、干鲜果、畜牧养殖、农旅休闲“六大产业”类型，根据有机旱作农业和特色农产品产业发展基础及定位，将六大产业划分为基础保障产业、品牌战略产业和培育提升产业的“三级产业体系”（图3-6），以粮食、蔬菜、畜牧养殖为代表的基础保障产业；以杂粮、中药材、干鲜果为主导的品牌战略产业；以农产品加工物流、农旅休闲为代表的培育提升产业，全面推进全市有机旱作农业的战略转型。各区县还通过做精做优特色产业，全面提升了农业现代化建设水平，按照“接二连三进四”的发展思路，延长产业链、融合地域文化、拓展销售渠道，实现农产品向旅游产品、休闲产品、文化产品和健康食品的转化升级。全市上下着力打造全要素、全产业、全过程、全区域的有机旱作农业发展新格局，实现绿色生产、农旅互动和富民兴业，使乡村产业兴旺的发展目标落地落实。

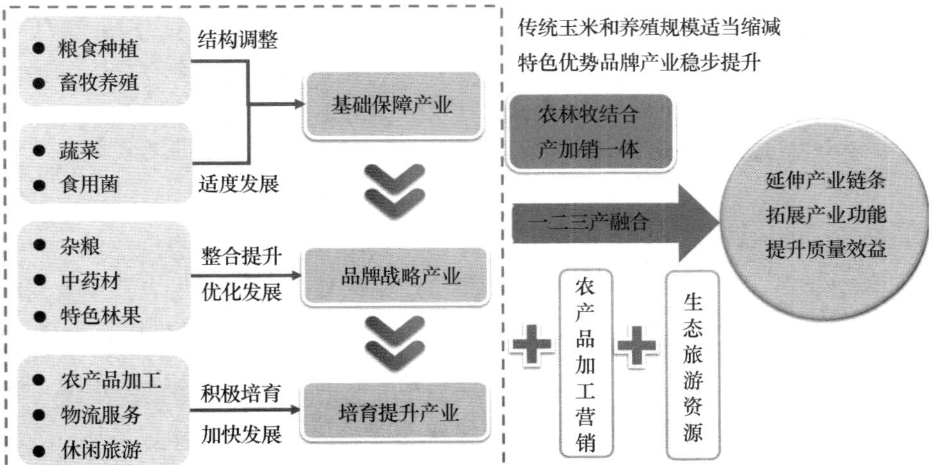

图3-6　长治市有机旱作农业“三级产业体系”

围绕谋划乡村振兴和农业产业发展的蓝图，长治市将推动乡村有机旱作农业和产业振兴发展视为一项系统工程，从整体上进行规划，通过优化产业功能和空间布局，总体构建起了“一核、一环、多带”的有机旱作农业发展战略布局（图 3-7），为当地乡村振兴的实施提供了有力保障。

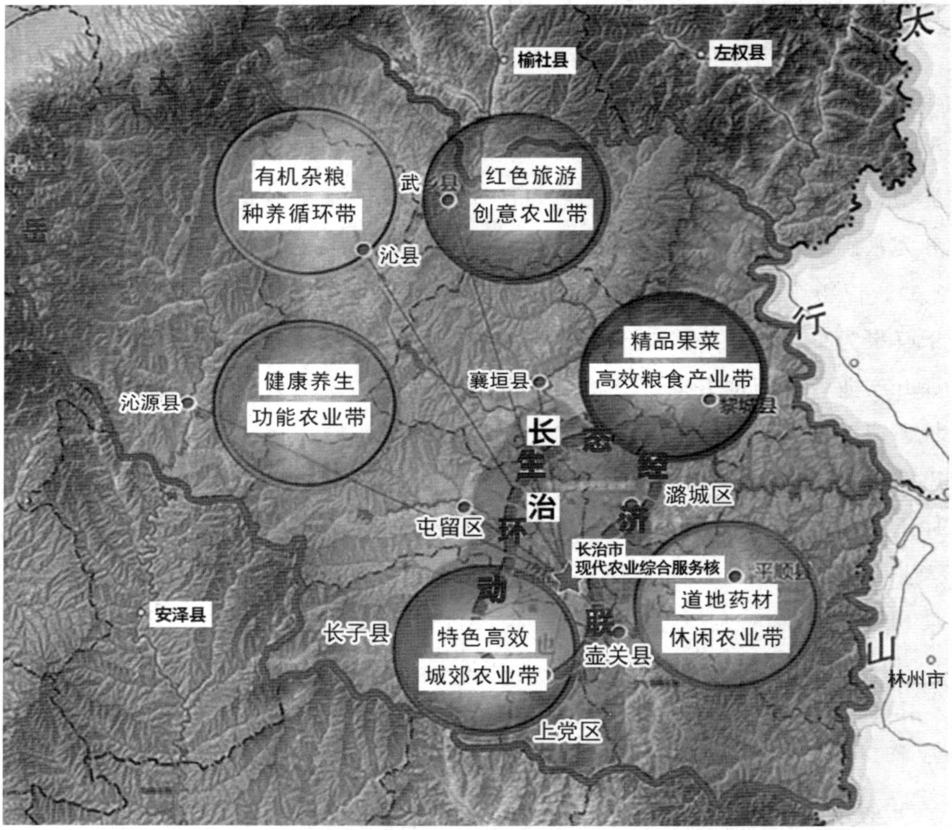

图 3-7　长治市“一核、一环、多带”总体战略布局

其中，“一核”为现代农业综合服务“核”，布局在长治市的市区。现代农业综合服务“核”集中了科技、政策和产业优势，配套现代农业产业孵化平台、品牌农业建设平台和有机旱作农业研究院，承载着有机旱作战略研究、科技研发、信息化建设、品牌建设和电子商务培育等功能。其中，现代农业产业孵化平台承担着全市农业关键科学技术的示范推广、农业信息化、智慧农业物联网示范工程以及农产品电子商务平台功能（图 3-8）。品牌农业建设平台主要承担着长治市有机旱作产业品牌化战略任务，通过建设品牌农业展

示馆，举办绿色有机农产品展销博览会等，强化长治特色农产品的品牌影响力，扩大长治农产品的消费市场。有机旱作农业研究院设置相应的技术研发机构和配套辅助部门，针对长治有机旱作产业发展的关键科学技术问题开展联合攻关。现代农业综合服务“核”从政策扶持、人才培育等方面推进机制创新，发挥着服务全域乡村振兴和农业发展的综合服务功能。

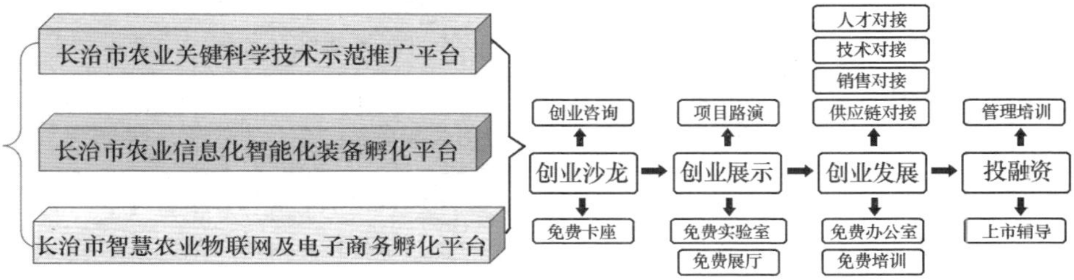

图 3-8 现代农业产业孵化平台功能示意图

“一环”即生态经济联动“环”，布局在长治市的郊区。生态经济联动“环”承接服务核的辐射作用，以休闲度假和农耕创意文化为开发重点，承载着科技研发、文化创意、休闲度假、生产加工的功能。通过实现农业龙头企业的空间集聚，将当地生态优势转化为经济动能；打造在功能上相互补充、空间上相互呼应、基础设施上相互依托、发展时序上协调推进、产业上各具特色的多产业融合项目集群。

“多带”即各地区根据产业定位，发展形成有机杂粮种养循环“带”、红色旅游创意产业“带”、健康养生功能产业“带”、精品果菜高效粮食产业“带”、特色高效城郊农业“带”、道地药材与休闲产业“带”等 6 个产业集聚“带”。各集聚“带”根据产业特性和发展需求建设了设施蔬菜生产示范基地、农产品加工物流综合园区、农旅休闲观光产业园、山区天然氧吧体验园、有机健康食品生产园区、健康养殖循环农业示范区、沁州黄小米标准化种植基地、有机旱作杂粮封闭示范区、高效种养结合产业示范园区、名优特干鲜果种植加工园区、精品园艺蔬菜生产基地、高效粮食综合生产基地、道地中药材标准化基地、观光旅游与休闲农业带、特色果菜休闲采摘园区、农耕文化创意体验园、红色旅游精品休闲带、种养结合生态循环园区等 18 类园区基地（表 3-3）。各基地依托创新农业生产及管理制度，推动乡村产业的高质量发展，形成了长治市乡村产业振兴和现代农业发展的新高地。

表 3-3　长治市 6 个产业带和 18 类园区基地情况

序号	6 个产业带	18 类园区基地
1	特色高效城郊农业带	设施蔬菜生产示范基地
2		农产品加工物流综合园区
3		农旅休闲观光产业园
4	健康养生功能农业带	山区天然氧吧体验园
5		有机健康食品生产园区
6		健康养殖循环农业示范区
7	有机杂粮与种养循环带	沁州黄小米标准化种植基地
8		有机旱作杂粮封闭示范区
9		高效种养结合产业示范园区
10	精品果菜与高效粮食产业带	名优特干鲜果种植加工园区
11		精品园艺蔬菜生产基地
12		高效粮食综合生产基地
13	道地药材与休闲农业带	道地中药材标准化基地
14		观光旅游与休闲农业带
15		特色果菜休闲采摘园区
16	红色旅游与创意农业带	农耕文化创意体验园
17		红色旅游精品休闲带
18		种养结合生态循环园区

在推进乡村产业兴旺发展过程中，长治市以稳定粮食产能、保障当地粮食安全为基础，通过推进高标准农田建设，积极推广节水灌溉技术，提高单位主粮面积产量产值；通过推广优良作物品种，适当减少传统籽粒玉米面积，扩大饲用玉米的种植面积，调整优化作物种植结构，使当地的良种覆盖率达到了 97%以上；通过采用农牧种养结合循环模式，建立起高效粮食种植产业；通过推广标准化生产模式，提高种植业废弃物利用率，实现农业产业绿色生产，秸秆综合利用率达到了 90%以上；通过发展玉米深加工行业，提高主要农作物附加值，实现增产增收。当地以设施蔬菜、露地蔬菜和食用菌种植 3 个方面为重点，培育长治市的绿色蔬菜种植产业，围绕长子青椒、潞城大

葱、壶关旱地西红柿等当地特色优势品牌，以壶关县、屯留区为重点建设绿色有机蔬菜封闭示范区，在沁源县建设绿色有机马铃薯封闭示范区，在上党区建设绿色有机蔬菜（食用菌）封闭示范区等。将“五化六统一”生产标准贯穿全过程，即模式化种植、标准化生产、品牌化销售、商品化处理、产业化经营和统一品种、统一购药、统一标准、统一检测、统一标识、统一销售；同时通过大力推广水肥一体化、有机肥替代化肥等技术加强绿色防控，推动当地蔬菜产业绿色发展。在畜牧养殖方面，长治市遵照生态循环的发展理念，以环境承载力为基础，充分利用当地牧草资源和种植秸秆资源，以生猪、家禽、肉羊、肉牛、肉驴等畜牧养殖为依托，将传统放养模式转变为山地围栏放牧，实现了畜牧养殖业与传统种植业的生态循环生产模式。同时，当地积极构建“龙头企业＋合作社/家庭农场＋基地”的经营模式，培育屠宰加工企业，延伸畜牧产业链条，实现畜牧养殖产业化。长治市良种普及率达95%以上；畜禽产品质量安全合格率95%以上；粪便综合利用率达到100%；病死畜禽无害化处理达到100%；畜禽产品加工转化率达70%以上，全面提升了当地的农业现代化整体建设水平。

对于长期形成的有机杂粮、中药材和林果3个特色优势产业，长治市通过优化整合，培育龙头企业、发展精深加工、形成优势品牌等方式推动其产业的升级发展。杂粮在长治市的种植历史悠久，由于本地气候、水质、土壤等各方面条件非常适宜，所产的小杂粮涵盖了谷子、荞麦、莜麦、大豆、马铃薯、豇豆等12大类作物的60个品种，粮食颗粒饱满圆润，香甜适口且营养丰富。这些传统品种整体技术基础扎实，但存在品种老化、退化严重，机械化水平不高，种植效益低，全产业链开发滞后等突出问题。长治市以“沁州黄小米”“武乡小米”等优质小米品牌打造为核心，以沁县、武乡县等绿色有机谷子封闭示范区建设为依托，通过强化杂粮品种科技创新，调优种植品种结构，扶持培育龙头企业，重点打造长治市小米杂粮产业品牌，持续培育沁县酿造高粱等特色杂粮产业，提升传统特色杂粮品牌影响力和竞争力。作为全国仅有的两个中药材特优区之一，长治市以上党党参和平顺连翘、苦参、黄芩等“道地中药材”品种为主导；依托平顺、沁源、黎城、武乡、屯留、沁县、长子、壶关等8个中药材产业基地，发展培育党参、连翘、柴胡、黄芩、苦参、板蓝根、金银花、白芍、知母、地黄等10余种中药材品种；推动当地中药材标准化和规范化种植，形成了“道地中药材”品牌中药材优势产业种植带。在特色林果种植方面，当地以武乡梅杏、玉露香梨等水果经济林和优质核桃、花椒、油用牡丹等干果经济林为主导，通过良种化、规模化、集约化、标准化生产，实现了产业的提质增效。

为进一步提升产业融合发展，长治市积极培育农产品加工业和特色农产品销售、物流产业，先后出台了一系列积极发挥加工产业在农产品转型升级中的扶持政策。当地通过依托原有的13条加工产业链，继续围绕蔬菜、林果、杂粮、畜禽、药材、粮食六大产业，延伸上下游产业链发展，精深加工；重点培育农产品精深加工产业和综合加工集群，提高产品综合利用率及产品附加值；进一步完善产品质量检测追溯体系，打造长治特色“网式”农产品加工产业体系。以冷冻干燥蔬菜、脱水蔬菜、脱水菌菇等为主延伸蔬菜及食用菌加工产业，以“高效、优质、环保”为理念，全力提高蔬菜加工业水平；依托现有品牌，研发功能性保健品及生物提取有效成分，延伸干果、木本油料、畜牧产品及果蔬等精深加工产业链；加大果皮废弃物、畜禽废弃物的综合利用率；在中药材领域，长治市以“加工产品＋文化服务”为引领，实现“中药材加工＋文化传承”（中药材炮制工艺）的发展模式；通过引进现代酿造生产技术及设备，研发有机保健醋、养生醋、低浓度醋、奶醋、果醋、醋膏、醋食品等衍生产品，延伸酿造加工循环产业链，提高酿造产品的品质和市场竞争力。当地还在农产品交易市场附近建设了农产品加工物流园，通过构建市、县、乡、村四级农产品流通网络体系，为长治农产品“走出去”提供了配套支持。

依托区位优势、自然禀赋、历史文化、民俗风情等资源，长治市以创建全国休闲农业与乡村旅游示范市为契机，开发了一批集农耕体验、田园观光、教育展示、休闲养生、文化传承等为一体的休闲农业产品品牌，打造“有机旱作农业＋农旅休闲产业”融合发展的新模式。目前，长治市通过整合资源，在原有10条旅游线的基础上，重点打造了4条精品路线，以省级推荐的24个精品景点作为重点项目，做到各个景区亮点不同，风格迥异；同时完善旅游服务功能，推动核心景区提档升级，快速推动全域旅游产业发展，并以“旅游＋”带动有机旱作农业可持续发展，形成了乡村产业振兴新的增长点。图3-9给出了长治市种养结合、有机循环的农业绿色发展模式。

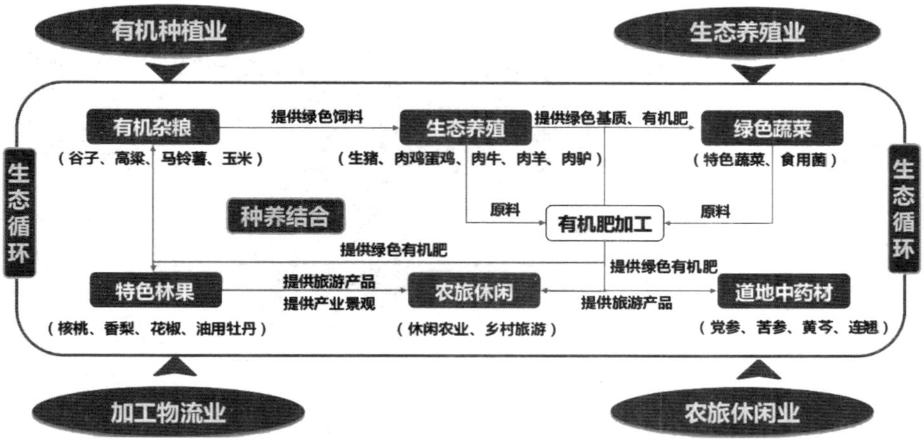

图 3-9　长治有机绿色农业产业发展模式

第四节　长治市乡村产业振兴和发展有机旱作农业的保障措施

长治市聚力乡村振兴，发展旱作农业，建设特色农产品生产、加工基地和休闲农业基地，形成了体系性的支撑和保障能力，其主要特点有以下几个方面。

1. 因地制宜推进“一县一特”，发展各区县特色主导产业

根据各个区县的产业基础和发展重点，长治市因地制宜规划布局了所辖各区县的主导产业、发展规模、配套基地及建设项目。以建设上党中药材、沁州黄小米、长治小米、特色蔬菜和生态养殖5个特色农产品优势区为重点，形成沁县和武乡县有机小米产业项目，长子县和壶关县特色蔬菜产业项目，平顺县和黎城县道地中药材产业项目，潞城区、屯留区和襄垣县特色果蔬产业项目，沁源县生态养殖产业项目，潞州区和上党区城郊休闲观光农业产业项目等，由此构建出“一县一特”产业发展新格局，高质量发展支撑各区县乡村振兴整体发展（图3-10）。

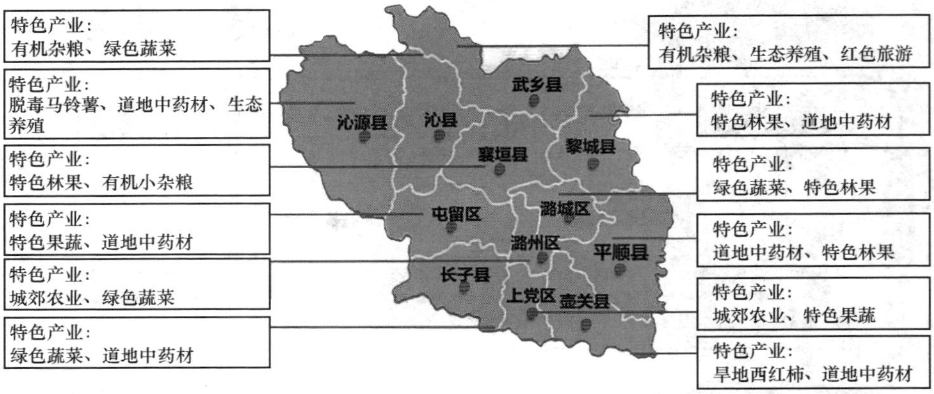

图 3-10　长治市“一县一特”产业布局

长治市的潞州区为近郊区，其所处区位条件和农业基础好、城镇化水平较高。依托潞州区的区位优势、自然禀赋、历史文化、民俗风情等资源，当地以城郊农业为发展重点，建设绿色有机蔬菜核心示范区，种植绿色有机蔬菜 0.33 万 hm^2。同时，以大型设施农业为基础，以新、奇、特等高档农产品生产为重点，打造了两条农旅休闲带和多个农家特色体验点，开发了一批集农耕体验、田园观光、休闲养生、文化传承等功能的城郊农业和一二三产业融合的品牌，将潞州区建成集农产品生产、休闲观光、生态环保功能三位一体的综合性休闲农业园区，示范引领全市休闲农业发展。

上党区结合农业“3111”战略部署，在上党区打造了设施农业、城郊休闲农业和特色农业三大农业产业集群；重点建设有机特菜（药菜）生产基地、有机旱作药材生产示范园区、道地药材生产基地、农产品加工物流园、绿色有机现代农业产业园和农业废弃物综合处理中心。

屯留区在现有玉米种植产业集中优势的基础上，发展优质玉米种植 2.33 万 hm^2，示范制种 133.33 hm^2，并在当地建设玉米制种批发物流市场；围绕中药材产业和特色果蔬产业规划目标，种植道地中药材 0.267 万 hm^2，绿色蔬菜 0.13 万 hm^2，特色林果 0.33 万 hm^2，打造了 0.67 万 hm^2辣椒特色林果加工园区和全省最大的板蓝根 GAP 种植基地。

潞城区以现有地标品牌“潞城大葱”特色产业为基础，发展特色蔬菜与林果种植。当地重点投入种植绿色蔬菜 0.4 万 hm^2，特色林果 0.13 万 hm^2；在此基础上，积极创建特色高产果园，开展净菜加工与物流产业，打造潞城绿色蔬菜和特色林果产业链。

壶关县重点依托旱地西红柿、花卉（油用牡丹）、中药材、乡村旅游等特色产业，打造山地西红柿有机旱作示范园区、道地药材生产加工基地、农产品加工物流园、益草金银花种植加工园和山地农业休闲观光园。

平顺县重点围绕党参和连翘两个品种为主的道地中药材产业，打造道地中药材基地1.067万hm^2；发展大红袍花椒种植产业，建设大红袍花椒交易中心，投入了优质花椒种植0.33万hm^2，特色林果种植0.67万hm^2，配套建设长治市农旅休闲生态观光旅游带。当地还通过荒山改造和退耕还林，种植了连翘0.4万hm^2，核桃0.4万hm^2。

此外，黎城县基于现有的核桃种植区基础，以干果经济林产业为主导，重点打造“中国核桃之乡”，同时加强本地中药材品种的选育与改良，大力发展有机中药材产业。

长子县以有机旱作农业封闭区、高效园区和特色示范区为基础，依托设施蔬菜产业核心区；建成长子县中国大青椒知名种植基地，创建集中连片、规模超万亩的绿色有机农产品标准化生产基地，将当地打造为有机旱作农业技术开发、技术集成示范、休闲观光、科普宣传等多功能为一体的综合性示范主体。

武乡县基于“武乡小米”农产品地理标志品牌，以谷子种植为特色产业，培育壮大新型经营主体，围绕绿色有机谷子、蔬菜等开展标准化生产，将绿色产品有机认证工作作为重点推进。同时，大力推广武乡红色旅游休闲带创建工程，形成产业融合、相互促进的发展新格局。

沁县围绕“沁州黄”优质小米品牌，结合谷子高产示范片建设工程，形成以“龙头企业引领，合作社参与，基地带农户”的发展模式，开展了万亩杂粮（小米、高粱）创建工程，并重点突破山区旱作节水技术，推动绿色有机谷子、绿色蔬菜等标准化生产，打造“沁县中国小米之乡”。

沁源县以创建绿色有机旱作农业封闭示范区为抓手，发展脱毒马铃薯、道地中药材、生态养殖和绿色蔬菜产业。当地以“龙头企业（合作社）＋基地＋农户”“合作社＋科技服务组织＋农户”等发展模式，推行标准化生产，通过整合资源，打造特色休闲旅游和田园综合体项目，促进当地一二三产业融合发展。

襄垣县以绿色有机蔬菜和特色林果封闭示范区为依托，重点发展特色林果产业和设施蔬菜产业，培育发展生态循环养殖和农产品加工物流，建设成为带动当地有机旱作农业提质增效的示范区。

根据不同县区特色产业发展定位，长治市将全市的有机旱作农业区域分为重点发展区和协同发展区，共同打造了“多县一特”的协同发展格局（图 3-11）。特色优势农产品的核心主产区为重点发展区，这些区域产业基础扎实，整体水平较高，农产品特色突出，承担着主要农产品的核心保障功能，是全市形成有机旱作农业优势产业和主导产业的保障。协同发展区是全市特色优势农产品的重要产出区，该区域产业基础较好，自然资源和土地资源具备规模化、产业化发展的条件，其发展事关全市特色农业产业的综合竞争力和有机旱作农业的整体发展进程。长治市将核心主产区和协同发展区统一进行规划布局，形成在产业、产品和业态上的组合配套优势，培育整体产业竞争力。各区县通过共同推进，已初步建成优质玉米产业板块 16 万 hm^2、小杂粮产业板块 5.33 万 hm^2、特色蔬菜产业板块 3.3 万 hm^2、食用菌产业板块 0.067 万 hm^2、道地中药材产业板块 4.67 万 hm^2、特色林果产业板块 4.67 万 hm^2，养殖生猪 120 万头、家禽 4 000 万只、肉羊和肉牛 80 万头、肉驴 1 万头的规模，有效推动了全市和各区县村振兴战略实施，取得了显著成效。

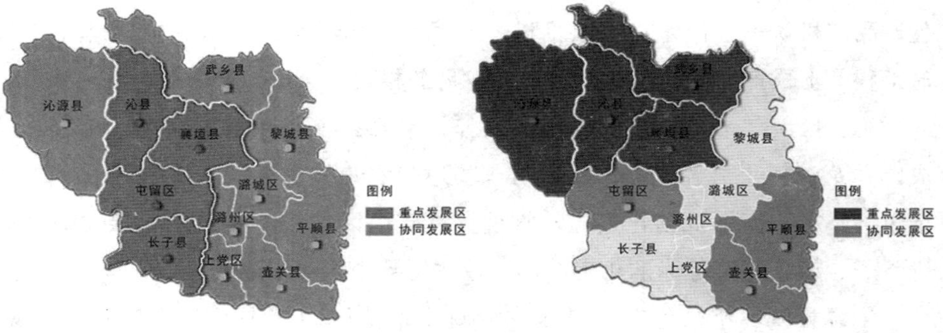

(1) 优质玉米产业分布区　　(2) 小杂粮产业分布区

图 3-11　长治市有机旱作农业分布区域

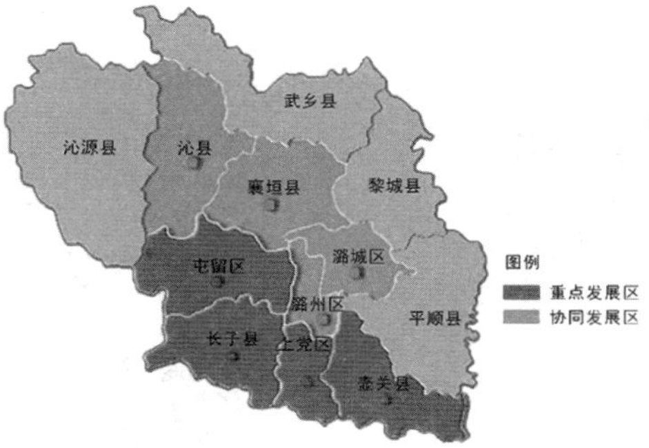

(3) 特色蔬菜产业分布区

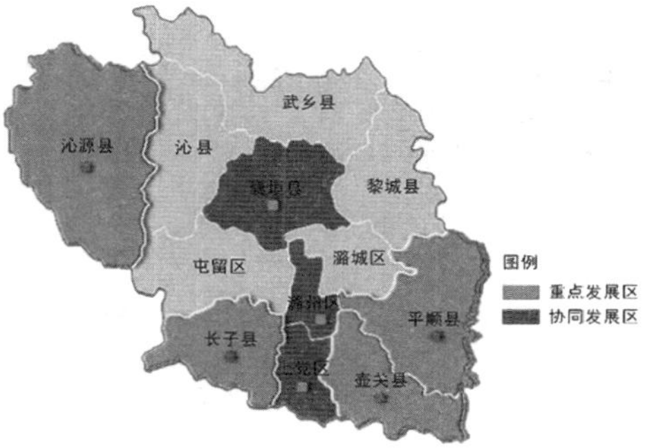

(4) 食用菌产业分布区

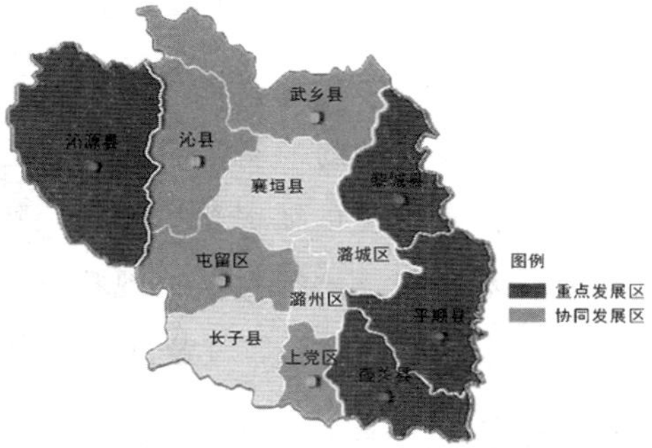

(5) 道地药材产业分布区

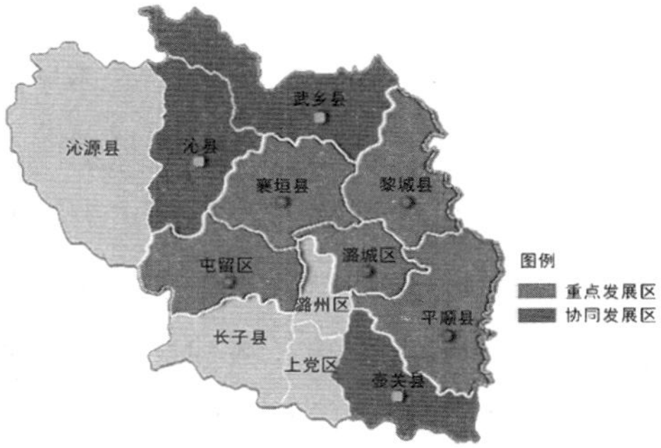

(6) 特色林果产业分布区

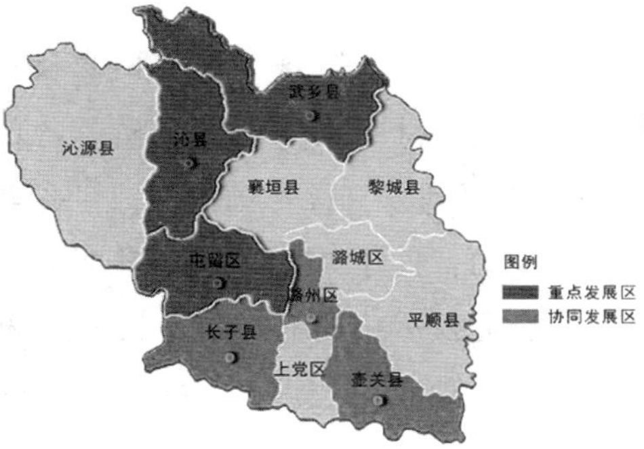

(7) 家禽养殖分布区

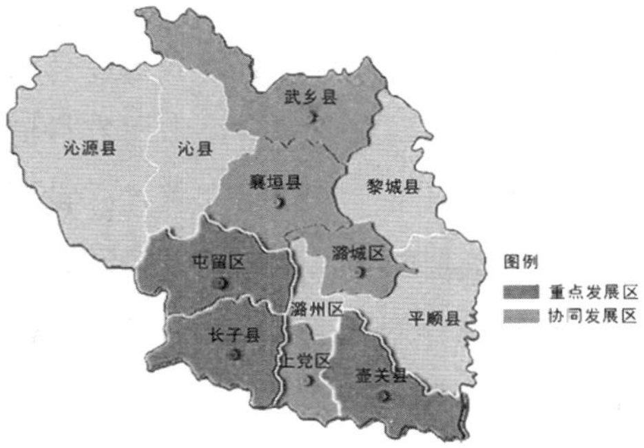

(8) 生猪养殖分布区

续图 3-11

(9) 肉牛、肉羊养殖分布区

(10) 肉驴养殖分布区

续图 3-11

2. 健全科技创新保障体系，推动技术集成创新应用与产业转型升级

众所周知，依靠天然的生态环境和传统的有机标准化工艺生产出的有机旱作农产品，虽然能较好地满足城乡居民对优质农产品的消费需求，但普遍存在着产量较低等弊端。长治市原有传统旱作农业科技贡献率总体偏低，特色、绿色农产品生产存在许多突出的生产或技术等问题。针对这一现状，当地整合科技创新资源，搭建了“政、产、学、研、推”平台，建立了旱作农业特色农产品生产技术开发与科技协同创新机制，形成了一批农科教、产学研深度融合的农业科技创新中心；并通过持续优化有机旱作农业的技术体系研究，加强新品种及配套新技术的引进、推广与应用，以科技手段增加优质有机农产品供给，推动质量兴农、绿色兴农持续、有序与高效发展。

当地依托长治市已有的有机旱作科研院所，引进中国农业大学、西北农林科技大学、山西农业大学、山西农科院等高等院校及科研单位的优质资源，建设长治市有机旱作产业研究院，并设置相应的技术研发和配套辅助部门，在政策支持、资金配套、基础设施建设等方面精准施力，打好“组合拳”（图 3-12）。

有机旱作产业研究院针对长治有机旱作产业发展中的高产抗旱抗逆生物育种技术、有机旱作栽培管理技术、农业机械化信息化技术、食品加工物流技术以及农牧综合生态循环技术等关键科学技术问题开展联合攻关，加快引进和转化了一批集示范、引导于一体的农业科技成果项目。围绕长治市有机旱作农业特色，当地积极推广抗旱抗病抗逆良种繁育技术、耕地质量提升技术、高效旱作节水技术、化肥农药减施增效技术、病虫害绿色防控技术、农

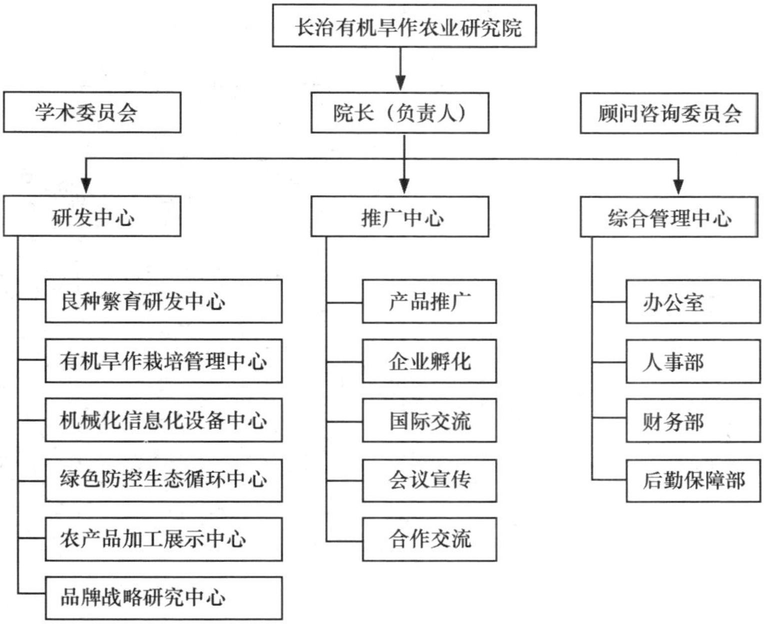

图 3-12 长治市有机旱作产业研究院组织机构与运行模式

业废弃物综合利用技术、种养结合生态循环技术和农产品精深加工技术等为主的“八大有机旱作技术体系”。同时，为了建立健全以政府为主导，市场为主体，以农业服务企业和农业经营主体为依托的“一主多元”农业科技服务体系，当地还设立了市、县级农业科技服务中心和县、乡级农业科技服务机构，以政府公益性机构、教育科研院所、涉农企业、农业科技服务组织、农业行业联合体或其他民办组织等农业科技服务系统为主，组成农业科技服务平台，为农户、农民合作社、家庭农场、涉农企业等提供管理组织、信息处理、科技培训、成果转化等试验及示范、推广等多种服务（图 3-13）。

当地政府通过选聘国家级、省级农业专家组建长治市有机旱作农业发展专家咨询委员会，专门研究解决长治有机旱作农业发展中的重大技术问题，并遴选市域内农业专家成立长治市有机旱作农业发展专家指导组，承担全市有机旱作农业发展中的技术咨询指导工作。长治市大力支持农技推广人员与新型经营主体开展技术合作，广泛动员各类社会力量参与有机旱作农业技术的推广工作，以科技人才创新助力当地绿色有机特色农产品产业和乡村振兴发展。

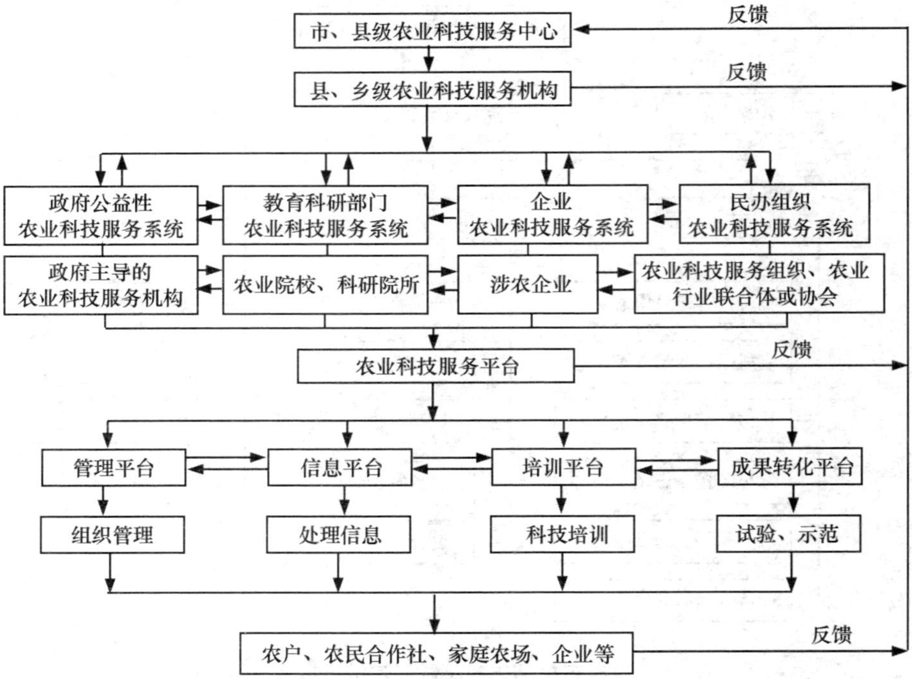

图 3-13　长治市农业科技创新与服务体系

3. 强化农业资源与生态环境保护，推动农业绿色发展

发展有机旱作农业，建设和维护适宜的生产环境很重要。有机农产品生产通常要求其生产基地应远离城区、工矿区、交通主干线、工业污染源、生活垃圾场等；环境质量应符合相应的土壤、水质和空气质量要求。长治市自然生态环境条件良好，立足本地资源禀赋特点和生态环境优势，在科学检测土壤、空气、灌溉水等产地环境条件后，长治市建立了与之相适应的生态环境保护体系和经济体系；统一规划有机农业发展区，以绿色生态为导向，以降低资源利用强度、改善产地环境、发展绿色产品为目标；实施了严格的有机农业生产环境保护制度，建立了完善的农业资源与生态环境保护体系；当地坚持农业资源综合治理与生态系统修复"双管齐下"，积极推广立体种植、林下经济等生态循环的农作制度和种养结合创新模式；坚持走好产品安全、资源节约、环境友好的现代农业发展和乡村振兴之路。

在保障措施方面，长治市建立了以农业资源环保体系建设工程、基本农田环境质量监测工程、农业面源污染现状调查及治理工程、野生动植物资源调查和保护工程、生态循环农业建设工程为主的农业资源与生态环境“五大工程”保护体系。农业资源环保体系建设工程主要为各县市区配备相应检测设备，提高基层农业资源环保监测机构硬件建设和监测手段；基本农田环境质量监测工程是摸清全市基本农田保护区环境质量现状、发展趋势及污染物动态变化规律的有效途径，为全市生态环境修复和农业生产管理提供了重要的科学依据；农业面源污染现状调查及治理工程则通过在全市开展重点实施农药残留降解工程、农业生产及生活废弃物无害化处理工程、化肥面源污染控制工程、监测体系建设等重点工程措施，发展各类生态农业技术模式，有效治理当地农业面源污染；野生动植物资源调查和保护工程通过对国家重点保护农业野生植物原生地环境进行保护和动态监测，建立天然的野生动植物资源库，以保护当地生物的多样性；生态循环农业建设工程则是通过优化资源利用的技术方法，依靠科技创新和制度创新，进一步降低农业废弃物排放，培育和构建符合长治市实际的、循环效率更高的有机绿色农业产业链。

近年来，长治市坚持把“绿水青山就是金山银山”理念落到实处，不断加大当地大气、水域、荒山植被、土壤、生态林网等方面保护和治理力度，在大气环境保护与治理方面谋长远、干实事，推出了系统性的环境整治与生态保护措施。主要工作包括：①围绕控制主要污染物排放总量，对加工企业污染实行全防全控，确保污染物排放稳定达标。②加快城乡能源结构调整，推进农作物秸秆资源化利用，推广清洁能源代替传统燃煤。③在水域环境保护与治理方面，综合污染控制和资源化并举这一思路，要求当地生产加工企业严格遵循排放标准，对排放环节、中间处置环节、转化环节等全过程和多来源进行循环调控。④通过采用全系统数字化管理平台进行实时监控和核查，形成一体化管控与运行维护的智慧网络体系，并对饮用水源地周边环境进行综合治理。⑤在矿山采空区植被恢复方面，当地针对矿区开展限期治理试点和生态恢复治理工程，加强水土流失综合治理，矿区的土地复垦初始阶段采用工程重构，工程重构过程中或结束后通过土壤改良技术、污染土壤恢复技术、植物品种筛选与植被工艺等增加土壤有机质，提高土壤生产力。⑥对有较强萌蘖能力的乔、灌木覆盖区，进行带状或块状除草、破土整地，实现人工促进生态环境修复更新。⑦对郁闭度和盖度低的地块，通过检测土壤成分，确定对土壤肥力改良效果好的园艺作物，大力开展相关园艺作物的种植。⑧在生态林网建设方面，通过人工造林、封山育林、退耕还林等植被恢复措施，增加森林资源总量，加强主要交通干道沿线重点生态区域的林业生态建设与森林资源、野生动植物资源等的保护。⑨完善城市公共绿地功能结构，形成城乡一体化的绿色纽带。⑩在土壤环境保护与治理方面，通过生物方法培肥土壤，提高有机质含量；推广测土配方施肥技术和生物农药，实现化肥、农药零增长，建立农药减量增效控污示范区；开展典型区域、典型类型污染土壤修复试点工作。

同时，长治市在各区县设立农业废弃物综合处理中心，制定相应的规范、技术标准与补贴政策，推广农业生产清洁工程。当地建立了完善的废弃农膜和农业投入品包装废弃物回收机制，重点解决传统粮食产业发展过程中的种植废弃物利用以及标准化生产问题，提高农业废弃物及加工副产物的综合利用率；科学划定畜禽禁养区、限养区和养殖区，通过发展沼气、生产有机肥和无害化粪便还田等措施，实现养殖废弃物的减量化、资源化和无害化，支持养殖重点县开展生态养殖循环示范园、畜禽养殖废弃物集中处理中心和畜禽粪污资源化利用等试点建设。长治市所属各区县均制定了加大环境保护的地方性政策规定和宣传引导政策，以提高乡村人民环保意识，实现百姓富和生态美的统一。

4. 公用品牌授权机制增加影响力，多种营销推广模式拓宽销售渠道

长治市有机旱作农业历史悠久，特色农产品也有一定的影响力，但大都尚未形成知名的产业品牌。因此，在乡村产业振兴的过程中，长治市围绕实施乡村振兴战略，以市场需求为导向，将发展品牌农业作为推进农业供给侧结构性改革的突破口，着力强化农业品牌顶层设计和制度创新，重点培育了一批具有较高知名度、美誉度和富有市场竞争力的有机旱作农业和绿色特色农产品品牌。

长治市和所辖各区县按照“政府引导、企业自愿、品牌共享、规范自律”的原则，实行抱团发展，提出了优势互补的品牌发展战略。其主要做法包括：实行“政府背书的区域公用品牌＋企业自有品牌”双商标运营模式；打造“企业品牌—市域品牌—省域品牌”的金字塔结构模式；以区域公用品牌为母品牌，加强品牌使用监管力度，建立公用品牌授权使用机制；吸纳县及区域内生产商、

经销商等企业品牌；运用区域公用品牌的影响力，保持企业自主品牌鲜明的个性，带动企业并借助经销商拓宽发展渠道，形成商业品牌、企业品牌与地域品牌的相互支撑。以当地小米品牌建设为例，长治市小米生产加工经营主体众多且分散，缺乏创建品牌的实力和公信力。当地政府充分发挥“中国小米之都”的市域品牌效应，高标准建设绿色有机谷子封闭示范区，推进“长治小米”品牌建设；通过公用品牌在理念塑造上的优势，植入“延续旱作传统，塑造有机典范”的有机旱作技术的概念及品牌建设诉求；瞄准中高端消费市场，提升“长治小米”品牌效益，扩大市场占有率。在省域品牌建设方面，长治市积极加入“山西小米”产业联盟，申请“山西小米”品牌标识使用授权，制定和执行严格的产业标准，以“天然有机旱作，地道山西小米”的理念，提高“山西小米”的品牌内涵，扩大其知名度和市场竞争力。

标准化运作是打响品牌建设的基础。当地以种植规模化、生产标准化、销售品牌化、处理商品化和经营产业化，品种统一、购药统一、标准统一、检测统一、标识统一和销售统一的“五化六统一”模式，实施有机旱作标准化生产及产后全过程；通过加快标准化示范区建设，完善质量监管和追溯体系；对于农业投入品实行“以质量为先，多级监管”的方式，由各级农业行政主管部门明确归口管理机构；以 12 个区县的农产品质量安全检验监测站为重点，以乡镇农产品质量安全检测点为基础，以村级和企业自检为补充，建立长治市农产品质量安全全程检验监测体系。同时，长治市在加强农产品品牌建设的过程中，重视全市农产品溯源系统的建设与应用，从整合生产、流通、消费各环节信息入手，实现农产品“从田地到餐桌”的全程监控。此外，当地还建立了农产品质量安全诚信建设规范和标准，把企业依法守信生产与其他社会信用状况有机结合，建立农产品生产档案记录制度，对不履行追溯义务、不准确填报信息的生产经营主体提出警示，对拒不改正者做移出质量追溯信息平台的处理。

在区域品牌建设的引领下，长治市现有产业发展平台和龙头加工企业实行“线上＋线下”“传统媒体＋新媒体”的多种营销推广模式，实现了线上线下的相互引流和发展。线下方面，依托有机旱作农业研究院资源优势，按期举办有机旱作农业永久论坛，参与中国粮食交易大会、山西粮食产销衔接会和优质粮油产品展销会等特色农产品活动，利用节庆假日举办山货节、“长治神谷”年货节，提高品牌的线下曝光度；采用经销商、代理商等经营模式，在长治及省会城市设置农产品直营门店，推广农超和农企特供等产销对接，并鼓励新型农业经营主体在市区或近郊区县设立鲜活农产品直销网点。线上方面，推进大数据、物联网、移动互联网等新一代信息技术向农业生产、经营、加工、流通、服务领域的渗透和应用，加强电子商务公共平台建设，推广电子商务新业态新模式；打造“数据平台＋企业＋市场”模式，培育新兴小微电商企业、壮大已有电商企业，促进农业商务与互联网的深度融合。按照“县有中心、乡镇有服务站、村级有服务点”的三级公共服务网络建设目标，长治市所属各区县以竞争力较强的优秀企业作为重点培养对象，以强带大、多点开花；带动农村产业结构升级优化，吸纳贫困人口就业脱贫，实现电子商务扶贫；同时创建一批大型综合性电子商务平台，依托加工物流园，建设电子商务集聚区，推进新型农业经营主体对接京东、淘宝等全国性和区域性农业电子商务平台；加快电商平台中“长治特产馆”建设，进而打造有机旱作精品网销品牌；探索区域公共品牌的短视频平台、直播等线上营销模式，切实提高农村电子商务在农特产品销售和区域经济发展中的贡献率。当地还结合可操作的订单农业、农业对接社区、“后备箱工程”模式等多种营销供给模式，通过“公司＋基地＋合作社＋农户”的模式，吸引广大种植户加入订单式农业产业链；农民组织生产经济合作社与消费者组成的社区对接，形成公平交流的平台，可以有效规避市场风险，扩宽销售渠道，实现农民增收。

5. 培育新型农业经营主体，促进农业增效和农民增收

长治市立足资源禀赋和产业发展优势，充分发挥龙头企业的引领示范效应。当地以农业龙头企业为核心，农业专业合作社为纽带，专业大户和家庭农场为基础，建立龙头企业、合作社、家庭农场与农户的多种利益联结机制，形成一批龙头带动、合理分工、联合发展的产业集群。通过积极探索家庭农场、股份制专业合作社、有机社区等新型经营主体培育工作，形成了资源共享、要素互动、利益均沾、风险共担、多方共赢的新发展格局。

根据中央、省市有关精神，长治市将家庭农场作为自主经营、自负盈亏、自我发展和自我约束的市场经营主体，建立与现代农业发展相适应的农业经营机制和土地流转机制，发展农村土地股份合作社，推动土地集约化经营和提

质增效。在扶持农民合作社方面，各区县围绕当地的主导产业和特色产品，探索同类产业合作社之间的同行业联合和不同行业合作社之间的横向合作；将生产领域的合作社与加工、服务领域的合作社有效联合，通过建设股份制专业合作社，推动“一村一品一合作社”和“一县一业一联合社”的发展。当地还大力提高合作社的标准化、规模化和产业化发展水平，提升特色农产品的整体市场竞争力。通过引进大型电商企业，与本地企业联手打造集资本、生产、销售、技术为一体的跨区域联合体，实现技术相互支撑、内容相互共享、市场相互开放和资本相互融合，进一步推动了长治市农产品市场的全方位发展。一些经济强村、城郊村和发展较好的村庄，按照合作制原则，借鉴股份制形式，把农村集体经济组织改造为经济专业社，培育壮大了当地农村集体经济发展。

长治市跳出传统农业经营思维，探索“有机农业＋生态旅游＋美丽乡村”的产业发展模式，立足当地自然生态资源优势，由重点龙头企业投资牵头，选取生态资源优良、有一定产业基础的 2～3 个村组成 1 个发展社区；依托有机农业综合开发项目，对有机农业种植、有机畜牧养殖和生态旅游等领域进行综合开发；建设生态旅游设施和新型民居，发展形成“有机社区”乡村生态旅游的新模式；通过农村产权制度改革，地方政府与企业联手积极探索工商资本进入农村建设的新路径，展开村企合作，变生态资源优势为产业优势和经济优势；促进城乡产业融合，全力推进一二三产业联合发展。同时，农户可通过土地流转、旅游服务、劳务收入、公司盈余分红等多种途径获取收益，促进农业增效和农民增收。预计到 2030 年，将实现每个县建设 3～5 个“有机社区”的目标。

6. 加强基础设施建设，推进基地、产业园区及封闭示范区建设

长治市特色农产品产业发展规划提出：到 2030 年，使全市旱作农业、有机农业以及绿色农产品产业具备完善的技术质量标准和健全的配套体系，稳步进入有机化生产、品牌化经营、市场化运作、产业化开发、全程化控制的发展轨道。长治市以提升基本农田生产能力为目标，开展了以山水田林路为重点的农业基础设施建设及综合开发工程；通过加强与邮政、交通、商务、农业等部门合作，构建市、县、乡、村四级农产品流通网络体系；通过完善物流仓储设施体系建设，打通农村物流服务的“最后一公里”。同时，结合乡

村旅游功能需求，当地政府对乡村环境整治、设施完善、产业培育、服务升级等方面进行了改造升级，推动民宿、餐饮、体验等项目的开发，加强旅游服务配套设施建设，完善旅游服务功能，积极推动核心景区提档升级。

长治市各区县结合特色农产品优势区、农业标准化示范县、现代农业示范园区的创建，构建有机旱作现代化的农业产业体系、生产体系和经营体系；通过梯次推进全市农业转型升级，为推进有机旱作农业示范市的创建提供了有力的支撑。长治市以长子县、襄垣县为示范，以屯留区、黎城县为试点，以农业专业合作社或协会为牵引，实现分户生产、统一指导和统一销售，以此强化农产品质量安全和标准化生产。有关企业和农民合作组织积极与农业院所、高等院校开展产学研项目合作，促进农业科技成果转化，实现农业高水平、高质量和高效益产出。结合当地产业发展，长治市重点推进建设“7个100”示范园区的建设，即100个有机现代农业产业园、100个有机旱作示范村、100个有机旱作粮食高效种植示范片、100个有机蔬菜（食用菌）示范园、100个中药材示范园、100个特色林果经济林示范园、100个有机畜牧水产养殖示范园。这些项目涵盖村、片、县（区），通过以点带面推进整村整社发展。同时，各园区突出主导产业发展，将先进的种植技术、机械装备、管理经验等进行集中示范，充分发挥带动和引领作用。由市农业农村局、畜牧局等单位分批遴选确定有机旱作农业示范项目，并开展有机旱作农业示范园的督导工作，保障园区的顺利建设与持续推进。园区和基地建设立足区域生态特点和产业发展现状，以县为单位，以乡、村或新型经营主体为基本单元，按照“龙头企业＋科技＋新型经营主体＋基地＋农户”的产业化经营模式，打造了12个区域稳定、技术成熟、生产规范、有注册品牌的绿色有机旱作农业封闭示范区。下一步，各园区将做好农业生产环境治理、农业标准化生产、农机农艺配套融合、有机肥替代化肥等技术攻关工作。

7. 强化组织机制和资金等保障措施，确保有机旱作农业建设取得成效

长治市把有机旱作农业作为乡村产业振兴的重要基础，并提出了较高的发展目标。为了实现这些目标，当地成立了长治市有机旱作农业发展领导小组，由分管农业的副市长担任组长，成员由相关部门负责人及各区县一把手担任，主要负责有机旱作农业试验示范区建设的组织、协调、实施和监督等

工作。领导小组围绕重点工程建设、谋划了一批体系化的有机旱作农业发展重点项目。这些项目建设过程中，当地政府综合运用税收、金融、价格、补贴等措施，优先落实项目建设有关土地、水电等基础条件，开展农业 PPP（Public-Prirate Porthership，公共私营合作制）项目的建设；同时，充分利用报纸、电视、广播、网络及其他现代公共多媒介渠道，广泛宣传旱作农业在缓解水资源矛盾、保障国家粮食安全和生态安全、促进农民增收的战略地位和作用；认真总结和深入挖掘各地推进有机旱作农业建设的成功典型，通过宣传有机旱作农业发展政策、理念、技术和模式，提高广大公众的认知度。针对各类项目建设的需求和形成的成功经验，领导小组对参与项目建设的各村级组织和各类农业生产经营、服务主体等开展专题培训和现场观摩，形成各级政府支持、全社会积极参与、各经营主体相互联通，协力推动项目建设的良好氛围。

在机制保障方面，长治市不断创新和落实乡村产业振兴及有机旱作农业发展的政策，加大绿色农业生产模式推广力度，在落实各项补贴政策的同时采取积极有效的项目支持政策；如推动农业政策保险“提标、扩面、增品”，逐步将杂粮、干鲜果、蔬菜、食用菌、中药材等特色产业纳入政策性保险范围。各区县政府也积极培育新型农业经营主体，扶持和引导建立农业专业合作社，加大农业绿色发展人才的引进与培训力度，鼓励和支持人才回乡、下乡、返乡创业创新，把节约利用农业资源、保护产地环境、提升生态服务功能等内容纳入农业人才培养范畴，培养一批具有绿色发展理念、掌握绿色生产技术技能的农业人才和新型职业农民。同时，为促进各类绿色有机旱作农业示范区和基地建设，当地将创建绿色有机旱作农业封闭示范区、有机社区等工作列入年度目标责任制考核范围，制定主要考核指标，对各封闭示范园区实行“目标考核、动态管理、能进能出”的管理机制；建立重点工作督查考核制度，采取日常监督和年底考核相结合的办法，将督查考核结果作为对项目发放奖补资金的依据。

在资金保障方面，当地充分发挥财政资金引导功能，积极引导金融资本和社会资金加大投入力度，按照“统一规划、集中投入、渠道不乱、用途不变、各负其责、各计其劳、形成合力”的原则，重点投入绿色有机农业生产基地和各类特色产业示范园区；重点加强生产加工企业废弃物综合利用和环境整治，推进二、三产业融合发展等关键环节，探索有机肥替代化肥、统防统治、秸秆还田等补贴政策，推进农业信贷担保体系建设，积极扶持农业适度规模经营，创造有利于生态环境改善和乡村产业振兴持续推进的有利条件与牢固基础。

第五节 总结与展望

长治市紧密结合当地资源禀赋、区位特点、产业基础等，因地制宜，精准施策；坚持粮经饲统筹、农林牧结合、种养加产销一体、一二三产业融合的发展理念推进乡村产业振兴，其发展创新的历程与经验是非常有价值的。当地各级政府在总结前期工作进展和成效的基础上，提出了下一阶段“动力创新、产业融合、品牌提升、模式创新”的新思路，重点突破制约旱作农业发展的技术瓶颈，加强以生物和农艺节水为重点的有机旱作农业技术创新，努力提升有机旱作农业的科技贡献率，为有机旱作农业增产、提质、增效打开了新的发展空间。具体措施包括：坚持以绿色发展引领有机旱作农业发展；突出特色主导产业，科学匹配生产要素；将现代农业、智慧农业的技术有效集成引入有机旱作农业的产业链中；继续打好多功能农业这张牌，推进特色优势农业产业向高端化方向发展。“十四五”期间，相关企业和农民合作组织将在培育绿色品牌，全面挖掘有机旱作农业发展潜力方面，加强有机旱作产业与其他关联产业融合创新；进一步延伸产业链，提升价值链，大力发展产地初加工和精细加工；并深度挖掘农业多种功能，发展乡村特色休闲产业，促进一二三产业深度融合，构建有机旱作农业和乡村振兴发展新格局。

本章小结

推进乡村产业振兴，从农业产业化切入，提高农业产业的综合效益，延长产业链，提升价值链，是大多数农业区发展的必由之路。而通过绿色、健康、生态赋能农业产业化，打通城乡融合、产业叠加的通道，则是北方旱作农业地区发展农业农村现代化，实施乡村振兴战略的可贵探索。

第四章

依托绿水青山　打造金山银山

引言：“绿水青山就是金山银山”，这是迄今为止在乡村振兴战略实施过程中，流传最广，且最具影响力的一句话。这一思想体系的形成，有其深厚的哲学思考与学术内涵，它至少涵盖了以下几层重要含义：一是绿水青山的自然性、珍贵性和巨大的经济与生态潜质；二是人类社会发展过程中，实现经济价值、社会价值和生态价值的和谐统一不仅必须，而且至关重要；三是对绿水青山的开发利用与建设保护是一种对立统一的关系，具有多重性、系统性和复杂性。

第一节 发展背景

以“绿水青山就是金山银山”为核心理念而形成的理论分析与概念拓展已经被人们形象地概括为“两山”理念。

“两山”理念用极为简洁的语言指明了人与自然的关系应该从对立与利用的矛盾冲突中，向和谐与统一的“生态文明”方向转化的道理。这一理论体系的提出与深化，将是人类经济社会进入工业文明时代后发展理论的又一次重大升级与重塑；也是关于构建人类社会与自然界健康关系的理念创新，具有划时代的意义。

我国地域辽阔，区域发展不平衡的问题不仅长期存在，而且有着复杂的自然条件与历史文化背景。因此，实施乡村振兴战略在不同地区有着不同的发展方向和资源依托条件。如何利用好和保护好每一个地方的“绿水青山”，并且合理有序地挖掘和释放其巨大的经济潜力，因地制宜地找出适合本地区健康和可持续的发展方向与具体优化的技术路径，才是实现乡村振兴目标的最现实且最智慧的方案选择。

在这方面的探索与实践中，近年来全国各地涌现出了一大批示范性很强的典型，有些地区正在把“绿水青山”变成“金山银山”，开始走上了丰富多彩的产业融合、城乡联动的发展之路；有些则仍然在努力探索之中，从较低的起点上刚刚起步，正在全面规划未来的产业振兴和走上富裕、文明与生态和谐的新型农业农村现代化发展道路。江西省资溪县近年的探索实践属于后者，守着难得的“绿水青山”，其乡村振兴和农业农村现代化之路该如何走？这是摆在资溪县各级政府和群众面前重大且十分现实的问题。

第二节 江西省资溪县“绿水青山”的探索实践

随着乡村振兴战略的实施，“两山”理念日益普及，资溪县委、县政府和当地广大群众深刻认识到：资溪县发展的关键就在于如何把这种独特的自然环境优势转化为社会经济发展的资源，让“绿水青山”变成“金山银山”。因此，他们聘请专家为其长期发展和中近期的乡村振兴规划出谋划策，完成了乡村产业振兴规划。在专家的指导下，当地政府和有关社会组织进行了充分的调查研究与发展条件的系统分析，坚持用生态文明和“两山”理念统领高质量发展，提出“生态立县·旅游强县·绿色发展”的乡村振兴战略，把资溪县乡村产业振兴的重点集中在发展生态有机农业与乡村休闲文旅康养产业两个重点方向，利用其“绿水青山”的独特自然条件优势，生态资源纯净多样的区位特征，努力走出一条发展绿色有机农业和乡村休闲、文旅产业的乡村振兴之路。其在“十三五”期间做出的乡村产业振兴规划与多样性的探索实践，颇具启发性和借鉴意义。

1. 基本情况介绍

资溪县隶属江西省抚州市，位于江西省中部偏东，抚州市东部；东邻福建省光泽县，南交黎川县，西与南城县毗邻，西北接金溪县，东北界贵溪市，位于东经116°46′～117°17′，北纬27°28′～27°55′，是“江西省东大门”和由赣入闽的重要通道。资溪县域总面积为1 251 km^2，辖区内共有2乡、5镇和5个生态公益型林场，包括鹤城镇、马头山镇、高阜镇、嵩市镇、乌石镇和高田乡、石峡乡，县人民政府驻鹤城镇。资溪县为移民城市，现约有总人口13万，其中1/3为本地人、1/3为浙江移民、1/3为全国其他地区移民。2019年城镇化率为58.37%。资溪县虽地处偏僻，但随着近年来我国东南地区交通基础设施建设的加强，交通与物流条件已有了极大改善。现其境内有济广高速、抚吉高速、316国道和鹰厦铁路穿境而过，整体交通运输条件仍在加速发展之中（图4-1）。

资溪县地处赣闽交界的武夷山脉西麓，是典型的山区县。当地地形地貌总体上为东南高西北低，可分为山地、丘陵两大地形，其中山地主要分布在东北部、中部和西南部，占总面积的83.1%，丘陵主要分布在西北部、中部地区，占总面积的6.5%；当地属宁都地层小区地质，出露的地层有震旦系、寒武系、侏罗系、白垩系和第四系。境内土壤多为沙性红壤土，土壤pH为4.5～6.5，其中山地部分土层较厚，丘陵多为缓坡宽谷，土壤较肥沃。当地属亚热带湿润季风气候，夏季温暖湿润、冬季寒冷干燥。全年均匀气温为

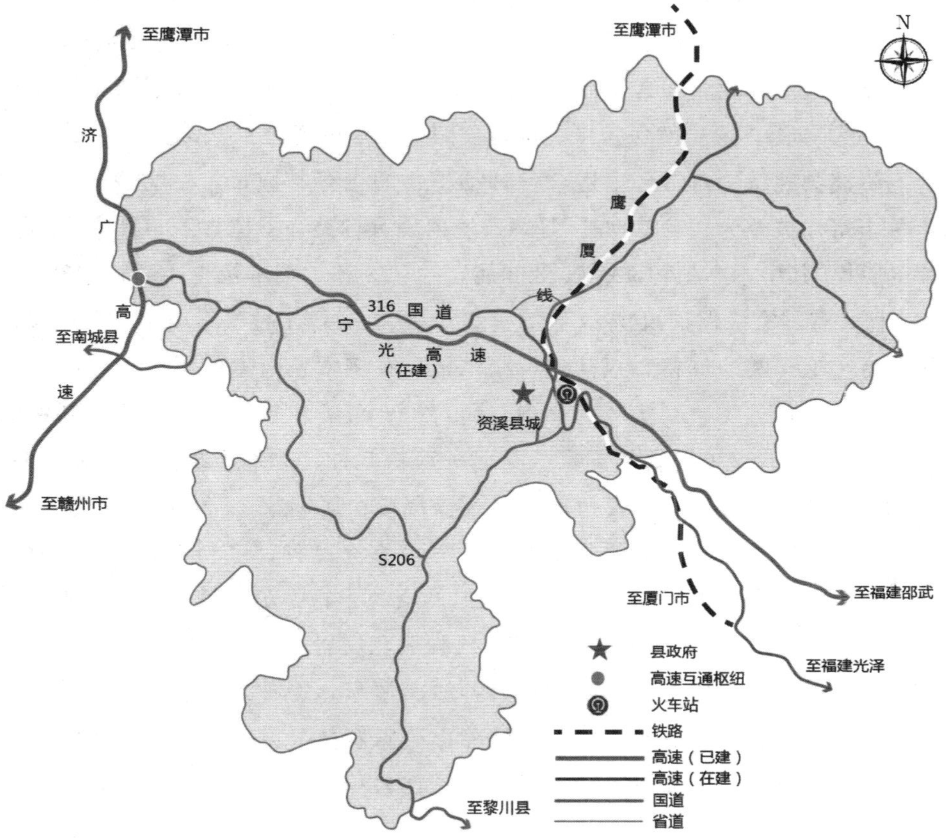

图 4-1 资溪县交通区位情况

16.9 ℃，年相对湿度平均 83%；年均降水量为 1 929.9 mm，年平均日照 1 595.7 小时，无霜期 270 天，年均雾日 88 天。资溪县虽无大江大河，但境内水系十分发达，水资源总量丰富，矿泉水水质极佳，法水温泉可浴可饮。县境内有一条隆起的地带，把全县分成东、西两部分，故河流亦分为两部分，分别属于信江流域和抚河流域。东部属信江以及支流白塔河流域，占全县流域总面积的 60%；西部及南部属抚河流域，占全县流域总面积的 40%。现有水资源总量为 8.75 亿 m^3，由于河床坡降较陡，山区溪流落差较大，水能理论蕴藏量高达 61 149 kW，目前仅开发 670 kW，还可供开发的水能达 34 618 kW。

资溪县森林植被繁茂，植物区系丰富，是江西省的重点林业县，森林覆盖率达 87.3%，居全省前茅。全县有林地 10.8 万 hm^2，疏林地面积 12.9 hm^2，灌木林地 718.1 hm^2，未成林造林地 1 187.5 hm^2，无立木林地 1 066.4 hm^2，宜林地 17.8 hm^2，全县活立木蓄积 7 319.6 亿 m^3；其中，天然林地占 48.5%，人工林地（含其他林地）占 18.6%，主要景区的森林覆盖率平均达到了 90%以上，而自然保护区、森林公园所在地更高达 98%以上。

资溪县独特的自然环境适合各种动植物的生存与成长，生物多样性资源十分丰富，被誉为“动植物基因库”。境内现有各类种子植物 163 科，767 属，1 666 种，其中木本植物 90 科，328 属，约 828 种，草本植物 73 科，439 属，838 种；有国家级保护植物 27 种（一级 1 种、二级 11 种、三级 15 种）；珍稀树种有美毛含笑、红椿、福建柏、鹅掌楸、花榈木、南方红豆杉等；野生动物资源中有哺乳类、鸟类、两栖类、爬行类、鱼类、软体动物、浮游动物等 35 目，158 科，770 种；属国家一类保护动物 7 种，分别为华南虎、金钱豹、云豹、梅花鹿、金猫、黄腹角雉、白颈长尾雉；属国家二类保护动物 37 种；水生动物资源以内陆淡水鱼类为主，现有 40 多个品种，已利用的有 30 多种，其中重要的经济鱼类有 20 余种。当地矿产资源丰富，蕴藏铁、锌、稀土、花岗岩等 20 多种金属和非金属矿，其中已探明花岗岩总蕴藏量达 5 亿 m^3。

资溪县境内群山连绵，山清水秀，河溪遍布，物种繁多，空气清纯，拥有江西马头山国家级自然保护区、清凉山国家森林公园、九龙湖国家湿地公园、华南虎野化放归基地等国家级自然景观名片。更难能可贵的是资溪县空气中的负氧离子含量高，且水质如泉，是名副其实的“天然氧吧”。资溪县历史悠久，多元文化交织，1927 年中国共产党曾在此处成立了基层支部，是革命的红色摇篮；另有始建于东晋的大觉古寺，始修于明朝的高云古塔等众多名胜古迹。当地自然风光集“奇秀美”特色于一身，人文景观融“山水田林村”于一体，更有数千年百越文化遗存洒落乡间。现可开发的旅游资源达 120 余个，已建成大觉山国家 5A 级旅游景区、真相乡村、御龙湾、大觉溪等多处国家 4A 级旅游景区。该县先后被评为国家级生态示范区、国家重点生态功能区、国家生态文明建设示范县，江西省旅游强县、全国森林旅游示范县、首批国家生态综合补偿试点县、首批国家森林康养基地和首批国家全域旅游示范区，享有“纯净资溪”的美称。

2. 社会经济情况

2019 年，资溪县完成社会生产总值为 43.21 亿元，较上年增长 7.6%。

其中，第一产业实现增加值 4.34 亿元，增长 3.4%；第二产业实现增加值 11.9 亿元，增长 8.8%；第三产业实现增加值 27.02 亿元，增长 7.8%，一二三产业结构之比为 10.05∶27.43∶62.52，人均生产总值为 37 354 元。全县财政总收入为 5.65 亿元，同比增长 5.1%，其中公共财政预算收入为 3.16 亿元，上升 3.1%；固定资产投资增幅 10.2%；外贸出口为 6.47 亿元，上升 240.53%；社会消费品零售总额为 13.66 亿元，增长 10.8%；农村居民人均可支配收入为 14 987 元，增长 8.9%，城镇居民人均可支配收入为 28 053 元，增长 7.8%。

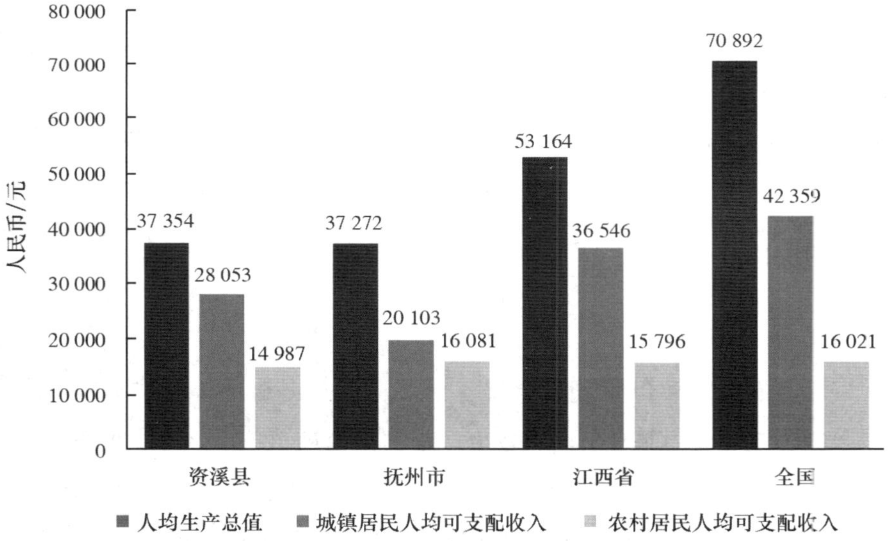

图 4-2 资溪的经济情况对比图（2019 年数据）

由图 4-2 中的主要经济指标数字可以看出，资溪县的总体经济发展水平不高。城乡居民人均可支配收入低于江西省和全国的平均水平。以 2019 年为例，其各项经济产出虽增长较快，但整体水平仍处在较低发展水平。

第一产业：全县绿色产业加快升级，农村经济稳步发展。2019 年实现农业总产值 7.26 亿元，同比增长 3.11%，粮食播种面积 0.57 万 hm^2，粮食总产量 3.68 万 t，蔬菜产量 4.07 万 t，茶叶产量 68 t，水果总产量达 522 t，生猪出栏 3.01 万头，肉类总产量 2 643 t，家禽产蛋量 344 t，水产品总产量 5 946 t。

第二产业：2019年全县规模以上工业增加值增长8.2%，实现主营业务收入170 975万元，同比增长9.2%；工业产品销售率100.26%。当地按照“一园三区”布局，即资溪（抚州）工业园区、资溪（抚州）工业集中区、高阜工业集中区和鹤城工业集中区，着力培育低碳工业，加速推进产业集聚。其中：资溪（抚州）工业集中区主动对接市高新区主攻产业发展，高阜工业集中区重点发展竹木精深加工产业，鹤城工业集中区重点发展绿色（有机）食品及面包产业。2019年面包食品产业城完成投资近8亿元，产业集聚效益正在形成；竹科技产业园入驻企业11家，竹科技产业链条初步形成。

第三产业：2019年全县实现社会消费品零售总额136 639万元，比上年增长10.8%。分地域看，城镇消费品市场实现零售额185 488万元，增长10.8%；乡村消费品市场实现零售额61 829万元，增长10.8%。批发和零售业是社会消费品零售市场的主导力量，实现零售额197 328万元，增长10.2%，占全县社会消费品零售总额的79%。2019年，旅游综合收入占全县GDP比重的65%，接待游客人次、旅游综合收入分别同比增长10.1%和10.9%。

3. 农业产业情况

资溪县农业主要以水稻、蔬菜、白茶、毛竹、烟叶、油茶等种植为主，其中水稻、毛竹和白茶种植面积较大，全县规模种植茶叶达2 450 hm^2、优质稻2 800 hm^2（图4-3）。现有果蔬面积800 hm^2、主要以小规模种植为主。中草药、赣陶菊、草莓、烟叶和油茶产业正处于迅速发展阶段，打造了面积超过200 hm^2的中草药产学研示范基地。养殖业中，猪、禽类（鸡）养殖规模较大，水产养殖品种繁多但规模较小，基本以传统养殖模式为主。目前，资溪县从事农业经营的主体共有专业大户、农业企业、合作社及家庭农场四大类，专业大户和农业企业占70%以上，但平均规模普遍较小，51%经营主体经营规模在6.67 hm^2（100亩）以下。近年来，资溪县发展以有机竹笋、石蛙、竹林鸡、中草药等为主的特色种养业，积极发展林下经济；规划打造有机林下经济区，以“专业合作社+村集体+农户”的模式，在发展村集体经济的同时增加村民收入。全县已创建市级以上龙头企业26家，其中省级6家、市级20家；农民专业合作社567家，其中国家级3家、省级2家、市级8家。

全县有机农产品认证企业 10 家，共获得 20 个证书；无公害农产品认证企业 12 家，认证产品 12 个，获得产品认证证书 16 个；5 家企业注册商标获评“江西省著名商标”。“资溪白茶”获国家地理标志保护产品，进入全国名茶品牌 100 强，品牌价值达 3 亿元，当地茶博城茶叶交易市场基本建成。资溪县生态旅游加速发展，大觉溪风景区业态规模不断提升优化，真相乡村成功创建国家 4A 级旅游景区，野狼谷景区试营业，新月村入选国家乡村旅游重点村。

图 4-3 资溪有机农业发展现状

总体上看，资溪县经济发展仍处在较低水平，当地农业产业基础薄弱，产品附加值较低，缺乏有效的深加工，产业结构低端比重较大，第二产业处于起步初期，服务业有待提升，虽然近年来当地主要经济指标实现了稳步增长。但资溪县人均 GDP 仍低于全国平均水平，排在抚州市中下游，而抚州在江西亦属于经济相对落后地区。

资溪县的优势是本地自然环境好，天然无污染，且水土条件好，有利于农作物生长；但当地农田山地多、平地少，且农田质量不高、种植不便；目前种养殖业管理技术落后；由于地理位置的特殊性，农村基础设施建设滞后，特别是交通条件严重制约发展；青年劳动力大量外流，造成了本地劳动力资源缺乏。当地大多数农业企业仍处于初期发展阶段，资金以自筹为主，约占 83%，销售模式仍以传统直销为主，比例达 65%，订单农业比重仅占 16%，只有 22.5%的农业经营主体注册了品牌。农业经营者文化水平偏低，高中及以下学历占比 85%，市场意识比较淡薄，重生产、轻经营的观念普遍。相当长一段时期内，资溪县乡村产业结构调整缺少明确的方向与有力的技术和政策支撑，守着绿水青山却一直处于经济落后的状态，当地人戏称为“生态高地，经济洼地”。因此，资溪县的发展需要找到新的方向和推动经济转型升级的新动能。

第三节　资溪县绿色有机农业发展规划

对资溪县生态环境条件及经济发展状况的分析可知，资溪县发展绿色有机农业的物质基础和自然条件是非常优越的。所谓绿色有机农业，是以健康、生态、公平、关爱为原则；遵从自然界发展规律，注重经济、社会和生态效益的协调统一；践行生态文明，秉持绿色、资源循环利用和可持续发展理念的生产与经营模式。在世界范围内，由于全球石化资源近于枯竭，大气污染、土地和人类生存环境破坏严重，传统的工业化模式受到严重挑战和不可持续的广泛置疑。在这样的大背景下，发展生态有机农业不仅可为人类提供安全性更高的农产品，而且更有利于保护修复生态环境、减少农业面源污染、降低对不可再生资源的消耗。目前，全球有机产业发展趋势良好，有机农地、有机农产品销售额持续增长。截至 2018 年，全球有机农地面积达 7 150 hm^2，在欧洲有超过 280 万有机生产者，有机农产品销售额达到了 967 亿欧元。从 2005 年开始，国际市场有机产品市场需求的增速一直高于实际生产面积增速。从我国来看，截至 2019 年，有机植物面积达 375.2 hm^2，总产值计 1 672 亿元，销售额为678.21亿元，整体呈增长趋势。近年来，随着国民生态环境意识的增强和经济收入水平的提高，对于有机农产品的消费需求空间也呈现出不断扩大的趋势。党的十八大以来，我国先后出台了关于加快推进生态文明建设、供给侧结构改革及乡村振兴战略等一系列政策法规，为有机农业的发展提供了更为优惠的政策环境和技术支撑。这些举措对我国广大农村欠发达地区，特别是山区的农业产业化和乡村振兴无疑是重要的推动力量，也为像资溪县这样绿色资源优势显著的山区经济体指明了乡村产业振兴的方向。

发展生态有机农业不仅需要与之匹配的自然资源条件，而且需要与之相对应的十分严格的生产及管理程序。例如，有机农业产地认证标准就对产地环境要求非常苛刻，标准中明确规定有机生产基地应远离城区、工矿区、交通主干线、工业污染源、生活垃圾场等。根据我国有机产品国家标准（GB/T 19630—2011），对发展有机农业的产地环境质量应达到如下要求：土壤环境质量符合GB 15618中的二级标准；农田灌溉用水水质符合GB 5084的规定；环境空气质量符合GB 3095中二级标准和GB 9137的规定。资溪县由于独特的地理区位，其整体生态环境完全达到了有机农业生产的环境要求标准，有利的地形构造，即群山环绕、水系净化系统发达等，使资溪县形成了一个相对独立的生态系统，可以有效阻断、防止外来污染；而且当地水土丰美，植物品种资源极为丰富，森林覆盖率极高，野生动植物种类繁多，发展有机农业的外部环境得天独厚。通过专业机构检测，资溪县的土壤、水、大气环境数据表明，其土壤环境质量完全达到了绿色食品产地环境技术条件NY/T 391—2000的一级清洁标准；农田灌溉水检测指标优于有机认证要求，几乎所有基础性环境条件指标都高于有机认证的规定；全县大气环境达到国家《环境空气质量标准》（GB 3095—1996）二级标准，同时达到了有机农业空气质量要求①。

发展生态有机农业生产，除了自然环境条件的要求，作为产业化的生产系统，还需要科学规范的技术保障支持，这是资溪县比较欠缺的方面。目前资溪县生态有机农业发展的主要问题是生产过程的规范性不足，有机农业的产品质量和品种与市场对应性不强；由于无区域品牌导致主导产业优势不突出，产品销售渠道和市场知名度不高；农业产业融合度不够，有机农业生产、

① 数据来自资溪县环境监测站。

加工等环节的技术支撑能力不足。在乡镇层面，各乡镇有机农业发展基础参差不齐。其中，马头山镇、鹤城镇和嵩市镇发展相对较快；其他地区则处于尚未起步或正在起步阶段，且这些乡镇之间有机作物品种重复，基本都是以有机白茶、大米和竹笋为主，缺乏区域规划的统一指导，没有形成特色明显的产品结构与布局，需要制订合理的科学方案和建立规范的生产流程及质量保障系统来加以完善。针对这些问题，资溪县各级政府结合当地的乡村振兴任务目标，对发展生态有机农业进行了全面规划。相应的系统分析结果表明：资溪县的优势在于自然环境好，天然无污染，且水土条件优越，有利于多种农作物生长；各乡镇由于地形隔离，农业用地相对分散，有效地避免了病虫害扩散，非常有利于因地制宜发展有机农业；资溪县有机白茶具有悠久历史，已经初具规模，具有一定品牌影响力；部分有机农产品已进入全国甚至国际市场，为有机农业进一步发展提供了良好的基础以及技术。因此，下一步的发展重点是整合科技、优质农产品品种和市场信息与资金资源，形成品种多样、特色突出的有机农业生产经营体系，做大做强当地优势有机农产品产业，把“绿水青山”变成“金山银山”。

资溪县乡村产业振兴规划提出：以种养循环作为有机农业发展基础，将有机农业作为特色驱动县域经济发展；大体经过 10 年的建设，使资溪农业从传统业态和模式向生态有机农业转型，把建设成“国家有机产品认证示范县”和“全国有机农业示范基地”作为资溪县实现乡村产业振兴的阶段目标。以资溪县现有农业基础和资源禀赋为基础，依据市场需求、产业关联度、特色化和经济效益等多方面的条件，当地选取了有机白茶/红茶、有机笋菜（竹笋＋果蔬）、有机水稻以及有机肉牛作为资溪县有机农业的支柱产品，并在县域内形成合理布局，提出“1＋4＋N”发展模式（图 4-4），即发展有机休闲旅游农业 1 个主导产业；做强白茶/红茶、有机笋菜（竹笋＋果蔬）、有机水稻以及有机肉牛 4 大支柱产业；开发竹鼠、罗汉果、红豆杉、金线莲、中草药、铁皮石斛、赣陶菊、蜂产品、鳗鱼、娃娃鱼、胭脂鱼等 N 类新兴特色农业的产业振兴模式，非常具有创新意识。现已实现各类有机农作物播种面积达到 2.6 万 hm^2，其中：以高田乡、马头山镇等乡镇为主，种植有机水稻 0.467 万 hm^2；以马头山镇、嵩市镇、高阜镇等乡镇为主，种植有机白茶和有机红茶各 0.23 万 hm^2；以马头山镇、石峡乡等乡镇为主，种

图 4-4　资溪县乡村有机产业发展分区布局

植有机竹笋 1.33 万 hm^2；以鹤城镇、高阜镇、马头山镇等乡镇为主，种植有机果蔬 0.33 万 hm^2；以高阜镇、嵩市镇等乡镇为主，养殖有机肉牛 2 万头。根据乡镇产业分布情况和资源禀赋，当地打造了高效有机种植区、特色有机养殖区、有机休闲农业区、有机林下经济区 4 个分区。在地形相对平坦、耕地面积相对较大的高田乡建设高效有机种植区，发展有机稻田养蟹、有机油茶种植、有机设施果蔬种植和有机食用花卉种植等产业。在已有养殖基础的高阜镇建设特色有机养殖区，发展菌草养牛、娃娃鱼和鳗鱼养殖以及设施养殖等产业。当地九龙湖、大觉山等人气旅游景点位于鹤城镇，该镇旅游接待设施比较完善，因此将其规划为有机休闲农业区，重点发展有机果蔬采摘、有机食用花卉观光与采摘、农家乐等产业。东部马头山镇、石峡乡以及乌石镇等区域竹林、阔叶林等森林资源分布较广，适宜重点发展林下经济，因此将其列为有机林下经济区，重点发展包括有机竹笋、林下中药材以及林下仿生食用菌种植等产业。通过全县域有机特色农业的整体规划，使资溪县所属各乡镇明晰了产业发展的主攻方向，为乡村产业振兴提供了发展蓝图。

资溪县的绿水青山不仅秀美，其最大的特点是纯美干净。经测定，其生态环境综合评价指数列全国第 7 位、全国中部 580 个县区第 1 位，有“华夏绿舟、休闲圣地”的美誉。首先，资溪县是全国富氧离子含量最高的地区之一，平均达到 3 万个/cm^3，最高值马头山林场达到了 36 万个/cm^3。这比全国闻名的“长寿之乡”广西壮族自治区巴马县的 2 000～5 000 个/cm^3高出许多，比黑龙江省号称“林都”的伊春的 2.7 万个/cm^3高出了 10%，甚至比曾成功申报上海大世界基尼斯纪录负氧离子含量最高的湖南省桂东县负氧离子含量（平均为 2.5 万个/cm^3，最高值 16 万个/cm^3）还要高。其次，资溪县优厚的生态资源和纯净的水土环境是康养的人间天堂。按中国长寿之乡评审要求的三项必备指标：①百岁老人占总人口的比例要达到 7.5/100 000；②人口平均预期寿命要高于全国平均水平 3 岁；③80 岁及以上的老人占总人口的 1.4%。资溪县目前共有百岁老人 21 人。以全县总人口 12.6 万人计算，百岁老人占总人口比例为 17/100 000，远超国家长寿之乡标准。其三，资溪县还是全国的稀有动植物基因库，当地原生态的农居村落环境、先天纯净的农业生产基地都适合发展休闲农业。这些难得的环境条件构成了发展乡村休闲产业的独特优势，特别是与生态有机农业和特色农产品加工业结合，将使资溪县乡村产业链条形成了一二三产业融合发展的有利格局。

休闲农业具有多元集聚功能，集循环农业、创意农业、农事体验于一体，是在资源环境硬约束背景下加快转变农业发展方式、推进生态文明建设的新兴产业形态。资溪县在独特的自然资源和生态环境下，发展休闲农业可带动全县农业产业链条的优化和延伸，有助于促进农业提质增效、拓宽农民增收渠道、传承中华农耕文明和建设生态宜居乡村，助力实现农业产业结构转型升级和全面乡村振兴。依托资源环境优势发展本地特色生态经济是实现乡村振兴的关键和根本，资溪县优越的生态环境和绿水青山不仅是发展生态有机农业的资源支撑，也是乡村休闲文旅康养产业的独特优势，因此当地将有机休闲农业作为资溪县乡村振兴未来发展的主导产业，主要做法是以《资溪县全域旅游发展总体规划》为指引，实现当地特色有机农产品和“一镇一景”标识景观的有机结合；通过建设组团式有机农庄和休闲农业建设基地，培育创建以“庄园经济”为特色的资溪县休闲农业模式和区域品牌；形成全资溪县网络组团式的有机休闲农业发展体系。

基于综合分析，资溪县对全县的乡村休闲、文旅和康养产业进行了全面规划，在原有各乡镇休闲文旅康养产业的基础上，又确定了9个重点建设的休闲山庄项目（图4-5）：白鹭岛（高田乡）、畲族民俗园（乌石镇）、七彩竹楼（高阜镇）、竹海山庄（石峡乡）、御龙花海（马头山镇）、一亩茶园（嵩市镇）、法水贡鱼休闲山庄（嵩市镇）、台湾风情园（鹤城镇）和清音农业度假山庄（高阜林场）。其中，高田乡的环水白鹭农庄，内设观鹭塔、滨水小屋、滨水

图4-5　资溪有机休闲农业分布图

木栈道、白鹭岛、景观亭、稻田步道、景观木平台及茅草亭等，通过投放小鱼吸引白鹭栖息，形成了白鹭成行的美丽景观；乌石镇新月村的畲族民俗园，通过对现有畲族庙宇、畲族文化广场、畲族文化建筑的修建完善，建设牌楼、畲族民居、畲族文化馆、畲族小院、休闲平台、苗木基地、景观亭和畲族廊桥等，改变现有建筑畲族文化元素缺失和庙宇规模小、空间局促的现状，以此强化当地畲族文化，突出了乡村振兴中的文化振兴（图 4-6）；高阜镇狮子

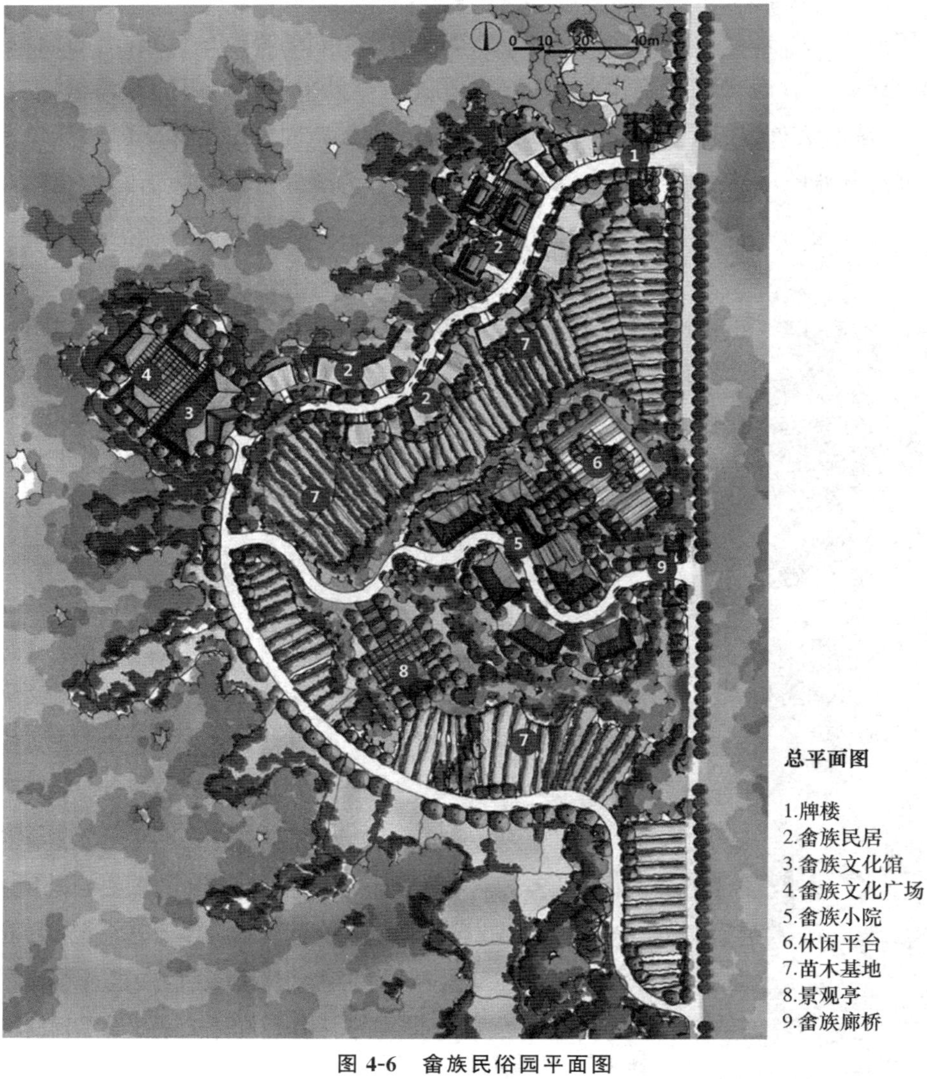

图 4-6　畲族民俗园平面图

山下泸溪河畔的七彩竹楼，通过建设多个竹楼，形成当地最具标志性的集休闲度假、拓展体验、水上游乐、有机餐饮、田园采摘为一体的旅游度假建筑群；在石峡乡现有闲置空地规划建设了竹海山庄，村庄与竹林景观相映成趣，风格独特，环境优雅、风景宜人，并充分利用石峡乡美毛含笑、红椿、福建柏、鹅掌楸、花榈木、南方红豆杉等珍稀树种，打造集温泉洗浴、休闲康养、度假娱乐于一体的综合性竹海生态养生度假区；在马头山镇依托中国农业大学食用花卉育种技术，打造兼顾观赏休闲与经济效益的御龙花海等。

资溪县在大力推进有机农业基地建设的基础上，通过扩大规模、改善基础设施，重点建设了鹤城采摘及民俗休闲风光带、鹤城赣陶菊休闲观光基地、马头山御龙湾四季花海休闲基地、马头山有机蔬菜基地、高阜特色水产养殖基地、高阜有机草莓采摘基地、高田白鹭岛有机水稻观鸟基地、嵩市镇一亩茶园休闲基地、嵩市镇法水贡鱼养殖基地、石峡竹文化休闲基地、乌石畲族珍稀苗木科普与民俗文化基地 11 处休闲农业建设基地，形成连片并各具特色的休闲农业集群，把有机农业产业和休闲、文旅产业有机结合，延长了产业链，形成了多产业融合发展的良好格局。

第四节 资溪县乡村振兴的保障措施

1. 实施“六大”有机农业增效工程，促进乡村产业兴旺

资溪县发展有机农业产业的条件优势显著，其水质、土壤、空气等自然环境均达到有机农业的环境条件标准，而且其山区多样性的生物资源有利于病虫害的有效控制，有着天然的环境优势。因此，当地将有机农业发展放在首位，重点打造“有机休闲旅游农业 1 个主导产业＋有机白茶/红茶、有机笋菜、有机水稻、有机肉牛 4 个支撑产业＋N 个新兴特色农业产业”的产业链条。项目通过大力推行有机稻-菜轮作工程，有机白茶产业综合开发工程，有机种养循环工程，竹产业综合开发工程，有机鸡养殖工程、有机牛养殖工程等六大有机农业工程项目，加快形成特色产业格局，打造全国有机产业发展核心区域，促进乡村特色农产品产业增值增效和农民持续增收。

(1) 有机稻-菜轮作工程：资溪县现有稻谷种植面积 5 651.73 hm^2，具有良好的水稻耕作基础。相比蔬菜等其他作物生产方式，稻谷种植的机械化程度高，适合当地劳动力短缺的特点。对比中国南部水稻主产区普遍存在重金属污染的现状，资溪县有着种植有机水稻的天然环境优势。但是，当地长期以来形成的“烟叶-晚稻”轮作种植习惯制约了有机水稻的发展，稻谷品种老旧；由于部分乡镇土地流转率不高，稻田仍主要集中在小农户手中；农户自行堆置的农家有机肥，存在着肥料来源、堆置方法、质量不达标等不确定因素，不利于有机水稻的品质控制。对于这些问题，资溪县在乡村振兴的产业规划中提出了明确具体的解决方案。方案提出，在“十四五”期间，资溪县达到种植有机水稻种植面积 0.33 万 hm^2（5 万亩）的近期目标，总面积 0.5 万 hm^2（7.5 万亩）的远期目标，最终在全县域范围内推广有机水稻种植，力争成为南方最大的有机水稻产地，打造“南方第一有机米”品牌。项目实施范围内的各乡镇贯彻落实“绿色、优质、高效、生态、安全”现代农业发展的要求，开展了有机稻—菜轮作工程，即采用有机水稻与大棚蔬菜轮作、水旱轮作的方式，冬春季在大棚种植辣椒、西红柿等茄瓜类蔬菜，夏季将大棚移走，种植中晚水稻；为减轻和防治病虫害及持续培肥土壤，同时开展稻蟹、稻鱼、稻鸭种养结合的生态循环种养模式（图 4-7）。这样总体可实现亩均纯收益达 1.5 万元以上，提高了亩均经济产出，推动了农业高质量发展。对于有机水稻品种的筛选，当地以食味优的水稻品种为主，同时发展功能型、加工型、饲用型多样化的水稻品种，如选择富硒水稻、红米、黑米等功能型水稻，为扩展稻米加工业提供发展条件；选择适合婴儿米粉加工、米粉面包加工、米粉面条加工等新型功能型优质籼米品种。

(2) 有机白茶工程：白茶属低温敏感型作物，资溪县气候冷凉、高负离子的自然环境十分适宜其生长。2015 年，资溪县有机白茶年产量就已突破 10 万 kg，产值达 1.56 亿元，被中国茶叶学会列为茶叶科技示范基地，跻身江西省茶叶生产十强县。目前，资溪白茶已获“江西省首届茶博会金奖”，并获得地理标志产品保护，具有了一定的品牌效应，在国内有机白茶产业优势非常明显，发展白茶种植产业已辐射带动了当地 3 000 户农民的就业增收。但是，资溪白茶在国内白茶行业市场的认可度并不高，存在规模小、价格高、

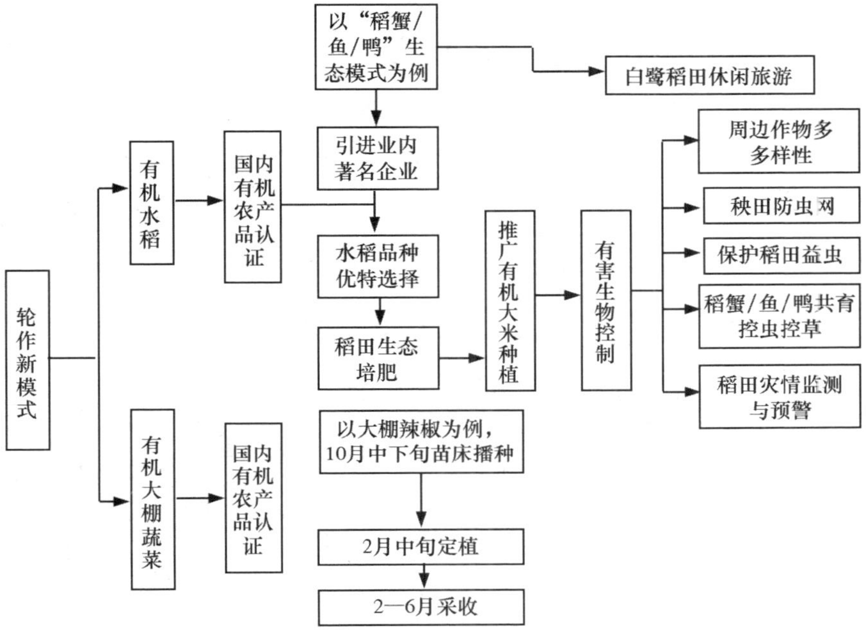

图 4-7 资溪县有机稻—菜轮作新模式

需求量低、品牌建设和市场开拓尚未成形，综合开发滞后等风险。在种植方面，白茶亦存在抗逆性差、生产成本高、病虫害防治难度较大等问题，且资溪县内适宜种植白茶的山林资源十分有限，未来可扩张空间不高。根据这种情况，资溪县确定了突出“优”“特”的白茶产业发展战略，依托全县域有机产业发展规划，以有机、纯净、无污染为特色和卖点，将资溪县打造成中国有机白茶主产区和白茶文化体验区。规划明确提出：种植有机白茶规模 0.23 万 hm^2，同时坚持茶旅一体化发展战略，将其打造成为国内唯一的全县域有机白茶、中国有机茶出口重要基地及茶产业休闲旅游目的地“白茶之城”。

资溪县通过实施“六个重点”发展策略，推动白茶产业发展，具体措施为：①在品质保障方面，搭建全县统一的白茶综合技术服务平台，完善县、乡、村、户四级科技推广服务网络；按照欧盟有机农业标准进行管理，建立有机白茶品质保障体系；在品牌建设方面，按照“母子商标”的模式管理创建资溪县白茶品牌，母商标主要用于树立产业品牌形象，子商标主要用于质量追溯，由此强化了有机白茶品牌战略体系建设；②在市场拓展方面，项目实施区借力其他成熟的茶叶流通渠道拓展国内外市场，建立完善的白茶流通体系；在科技支持方面，当地完善有机白茶科技创新体系建设，进一步开发价廉、新型的白茶品种，探索白茶深加工及衍生产品的开发；③在防灾建设方面，探索白茶设施化栽培及套种苗木技术，推进白茶综合防灾体系建设；④在文化建设方面，挖掘茶叶文化内涵，办好各类茶文化节，以白茶文化为中心打造全县域白茶城景观，丰富有机白茶文化的旅游体系（图 4-8）。

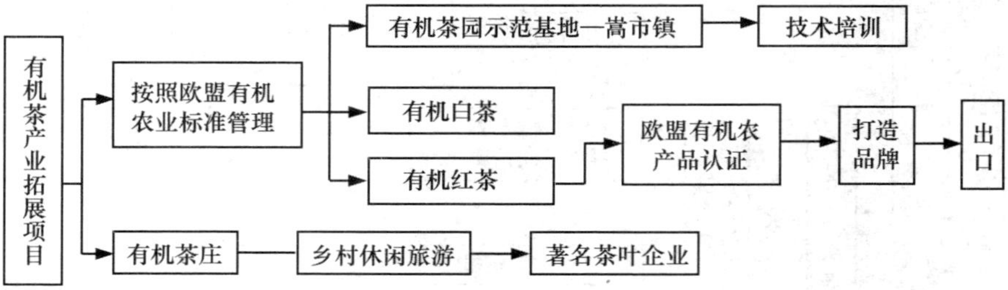

图 4-8　有机白茶产业发展思路

（3）竹产业综合开发：目前资溪有毛竹林面积 3.33 万 hm^2，有机竹笋面积 1.33 万 hm^2，但长期存在农产品加工业层次水平不高、产业链条较短、精深加工产业链缺乏、综合利用率普遍较低等突出问题。为解决这些问题，资溪县提高并延长竹笋深加工产业链，如将竹笋废弃物深加工为膳食纤维粉，通过竹笋水煮浸可作为高档调味品，竹笋提取甾醇可应用于医药产业；利用好竹笋废弃物开发手工艺品和竹生物质能，如竹笋壳可以作为食用菌的栽培原料。资溪县通过发展竹全产业链条，提高有机竹产业综合开发利用率和利润率；在获得经济效益的同时变废为宝，减少了竹笋加工废弃物对环境的污染。在有机竹笋深加工方面，当地积极对接和开拓国际市场，引入应用良好农业规范（good agriculture protices，GAP）以及申请国际有机认证的企业，形成有机竹笋加工基地；因地制宜开发竹笋休闲食品、方便食品、罐头等系列产品和精深加工；同时，通过举办资溪挖笋节、笋竹美食节等活动，开发竹笋文化旅游产业，进一步提高竹笋产业的经济效益（图 4-9）。

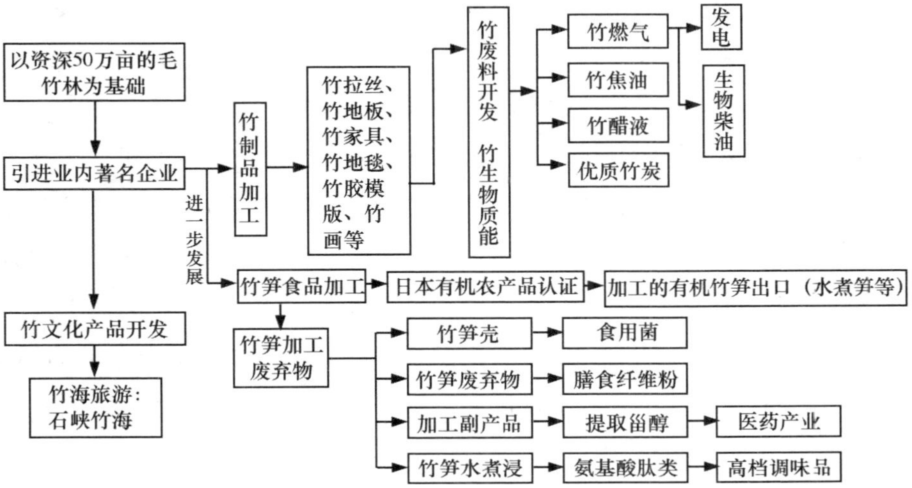

图 4-9　资溪县竹产业拓展项目

据预测，到 22 世纪世界能源消费 40%将来自生物质能，因此发展生物质能是优化能源结构、确保能源安全的战略性新兴产业。有关数据显示，生物质成型燃料锅炉供热的大气污染物排放浓度执行标准非常接近天然气。在国家政策和补贴的支持下，发展生物质能产业大有可为。目前国内外关于竹行业的生物质能开发技术较为成熟，国内浙江安吉等地已经率先开展了利用竹废弃物进行生物质发电的实践。以浙江安吉竹废料发电联产项目为例，该项目总投资 2.67 亿元，年产值 2.66 亿元，年创税收 1.2 亿元，不仅经济效益可观，环境效益也十分明显，利用竹肥料发电后，当地可减少 14.5 万 t 煤燃料对大气排放的二氧化硫、氮氧化合物以及粉尘等污染物，每年单二氧化硫排放就可减少 1 000 t 以上。江西省生物质开发主要集中于能源树种植，竹生物质开发还属空白。资溪县竹资源丰富，废料价格低廉，具有发展竹生物质开发的先天优势。按照竹加工 50%的损耗率，资溪县全境理论年产竹废料 12.5 万 t，废料价格低廉，为 100 元/t。12.5 万 t 竹废料可气化产生 1.6 亿 m^3 可燃气体，保守计算可发电 7 500 万 kWh，发电收入是原材料成本的 3 倍，发电量可替代煤 9 万 t，液化石油气 1.4 万 t。按照资溪县工业能源年消费量 1.3 万 t 标准煤、年消耗液化石油气 1 663.15 t 测算，开发竹生物质能完全可以满足资溪县工业需求，带来明显的经济效益和巨大的生态环境效益。

（4）有机鸡养殖工程：资溪县山林资源非常丰富，林下闲置空间较多。

当地土鸡养殖的历史较长，并在马头山镇、嵩市镇、石峡乡、鹤城镇等形成了一定的产业基础。根据乡村产业振兴规划，资溪县充分发挥林地资源优势，推动林下经济规模化、产业化和集约化发展；当地积极引导农民在林下放养土鸡，生产市场畅销的有机畜禽产品。林下养殖土鸡的优点是可实现林下除草除虫以及养分还林，促进农林牧产业资源共享、优势互补、以短养长，形成了良性立体化的生态循环体系，提高林地的综合经济效益。资溪县的有机鸡养殖工程选择在鹤城镇靠近林业经济发达的地区，建设占山林面积约 6.67 hm^2 的有机鸡养殖示范基地；在马头山镇、嵩市镇、鹤城镇、石峡乡、高田乡、乌石镇等林下资源丰富区建设 100 处占地 6.67hm^2 的有机鸡养殖基地。全县共养殖林下鸡 20 万只、竹林鸡 80 万只、有机散养油茶鸡 10 万只，并进行统一蛋鸡的育种、标准化养殖和分割屠宰（图 4-10）。在销售方面，各养殖场以抚州市域范围内的直营店为主，满足周边市场需求，并通过外部集团的大宗采购及电商的网络化经营满足全国范围内对高端有机鸡肉的需求；

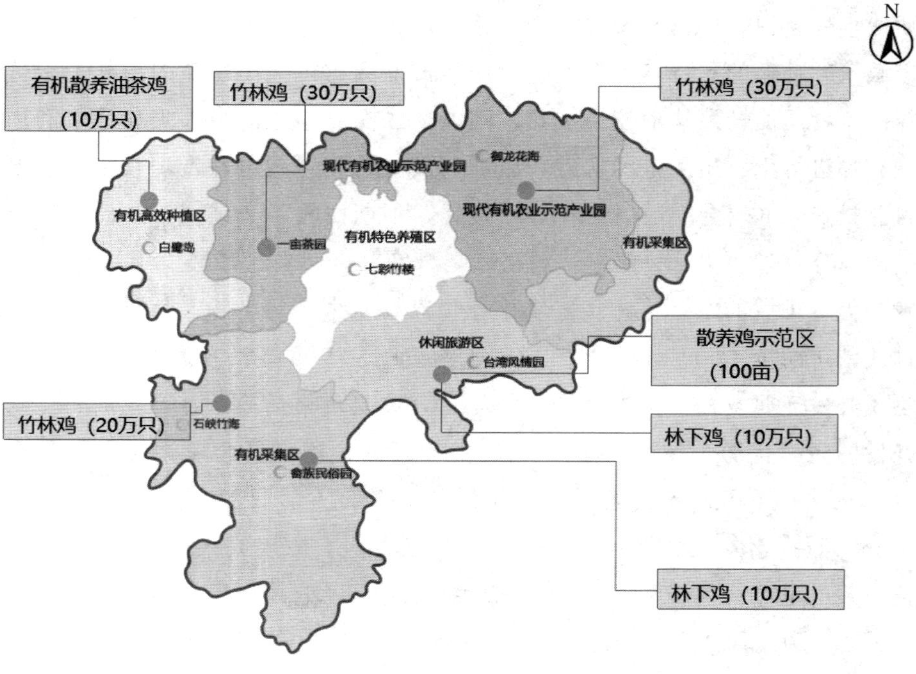

图 4-10　有机鸡养殖工程分布情况

同时与当地的旅游体验、餐饮行业相结合，将土鸡养殖体验模式嵌入进当地的农家乐、山庄酒店等人流集中区域，形成第一产业与第三产业的有机结合。据测算，该工程的鸡舍建设共需投资 5 000 万元，鸡、饲料、人工、水电等生产成本为 5 374 万元左右，总投入约 1.037 4 亿元，可实现年利润 2.32 亿元以上。

(5) 有机牛养殖工程：资溪县是一个相对封闭的生态圈，对于发展生态有机养殖农业极为有利，并在高阜镇及嵩市镇形成了一定的肉牛养殖基础。当地实行“种植菌草-秸秆回收-生物饲料-肉牛扩繁-粪肥加工-商品销售”的有机肉牛生态循环农业养殖模式，选择鲁西黄牛以及鲁西黄牛与国外优良肉牛品种的杂交种等优良牛种，建设繁育核心场、集约化/标准化育肥基地、肉牛产业技术研发与培训服务中心、精料补充饲料加工厂等，同时配套了物流中心、生物天然气（沼气）生态工程及废弃物燃烧发电厂等，形成了农、工、贸紧密衔接，集养殖、屠宰、加工、制品、农产品种植、科研等相关产业为一体的多功能肉牛产业集群，整体将资溪县有机牛养殖打造成南部沿海发达城市的高端牛肉供应基地。全县共养殖 2 万头肉牛，项目总投资 2.11 亿元，预计 5 年后全部投入市场，其精品率控制以 10%计，仅其精品牛肉的产值可达 1 亿元，普通牛肉的产值 2.83 亿元，总产值约 3.83 亿元。

2. 科学评估生态资源基础，做好近期长远环境规划

对于像资溪县这样的山区小县，依托资源环境优势发展本地特色生态经济是实现乡村振兴的关键和根本出路。资溪县立足本地资源禀赋特点和生态环境优势，建立了与之相适应的生态经济体系，通过把“绿水青山”的生态价值转化成经济价值，实现绿色富民惠民，让“绿水青山”变为“金山银山”。同时，资溪县坚持底线思维和区域生态经济规律，通过一系列科学方法，准确评定当地生态资源“家底”，科学认识和全面确定本区域的生态环境承载能力，做好近期和长远环境规划，为制定乡村长期经济规划、产业布局提供了科学依据；把经济发展建立在自然环境可持续利用的基础之上，努力走出以生态优先、绿色发展为导向的高质量乡村振兴之路。

在乡村产业振兴的发展中，资溪县综合考虑生态产品的类型、生态保护与产品开发成本、市场需求等因素，建立了包括资溪县生态产品数据库、资

溪县生态资产和生态产品目录清单及生态产品价值核算指标体系、标准和规范（图 4-11），形成了生态产品价值定期核算与发布制度等内容的生态产品价值核算体系。核算工作主要分 3 类：一是以农林牧渔产品、生态能源（水电）以及水资源为主的生态物质产品核算；二是以水源涵养、土壤保持、洪水调蓄、水质净化、固碳释氧以及气候调节为主的调节服务产品核算；三是以旅游人次及旅游收入统计数据为主要内容的文化服务产品核算。根据生态系统生产总值（gross ecosystem product，GEP）核算技术规范，结合资溪县统计、土地利用、气候、经济社会数据，经初步核算，资溪县 2018 年生态产品价值约为 274 亿元。

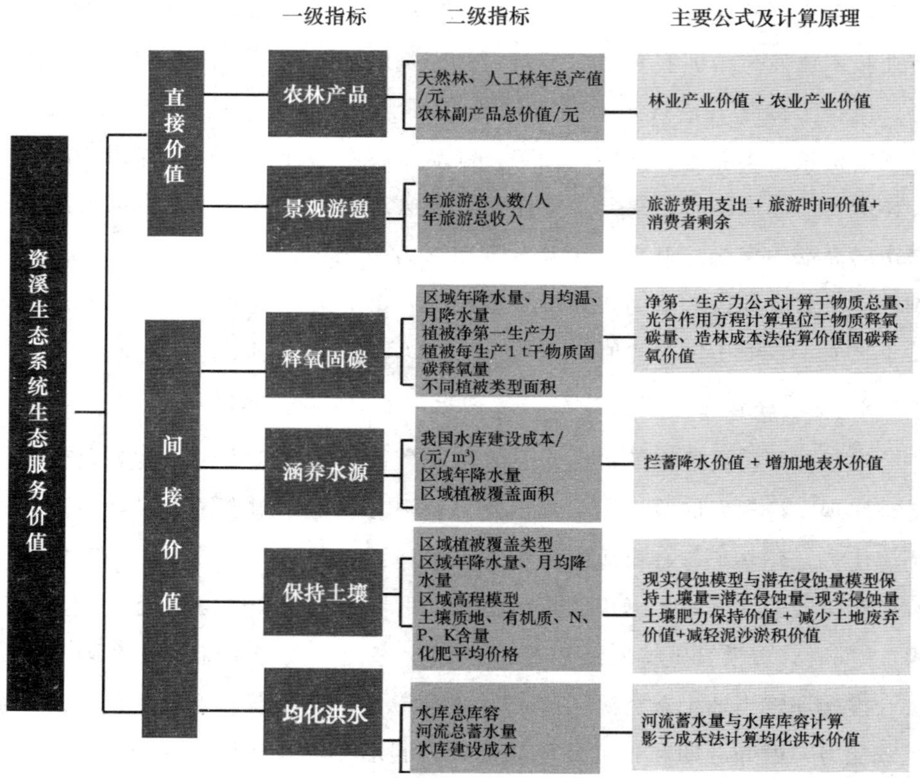

图 4-11　资溪生态系统服务价值核算体系

为了保持资溪县宝贵的生态资源和自然风光，当地运用遥感/地理信息系统（geographic information system，GIS）技术，选择土地利用类型、高程、坡度、植被覆盖4个因子，采用因子加权叠加法（表4-1），对资溪区生态敏感性进行分析，将东部山区森林作为资溪县的生态敏感地区进行重点保护（图4-12）；运用景观安全格局方法，基于土地利用、地形和坡度等因子模型，建立全区MCR模型，对全区的生态安全网络进行分析（图4-13）；针对资溪县域内存在4条明显的阻力线加强生态廊道建设，完善生态安全格局；通过生态承载力和生态足迹的比较，对资溪土地生产能力进行定量评价；根据分析结果，资溪县人均生态足迹为1.18 hm^2/人，处于较低水平；人均生态承载力为1.29 hm^2/人，高于全国大部分地区；生态盈余0.11 hm^2/人，盈余主要源于极高的森林覆盖率，对周边地区有很大的生态补偿作用。

表4-1　敏感因子选择及其指标体系

指标	权重	等级	等级得分
土地利用类型	0.32	建设用地	1
		耕地	3
		林地	5
		湿地及水体	7
高程/m	0.24	101～258	1
		258～415	3
		415～572	5
		572～729	7
		729～886	9
坡度/%	0.24	0～8	1
		8～15	3
		15～25	5
		25～35	7
		＞35	9
植被覆盖/NDVI	0.20	0～0.2	1
		0.2～0.4	3
		0.4～0.6	5
		＞0.6	7

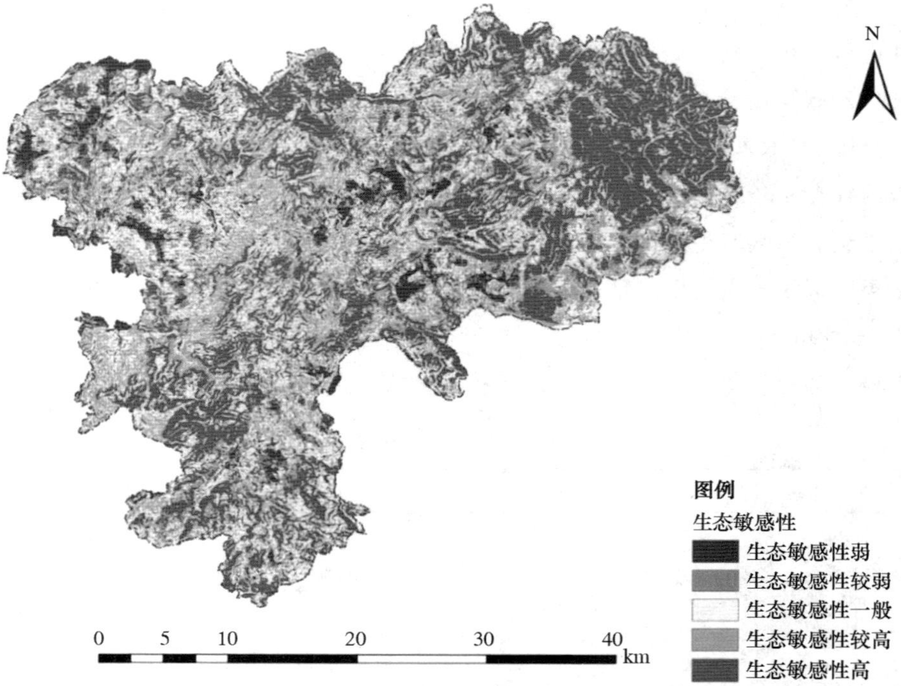

图 4-12　资溪县区域生态敏感性评价图

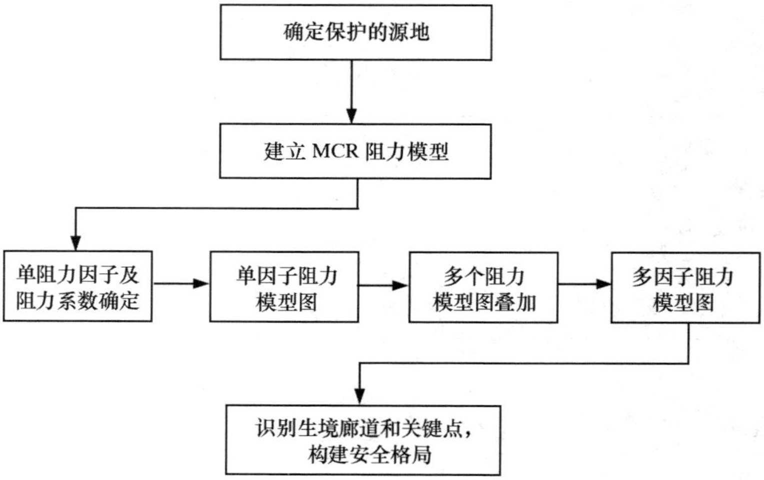

图 4-13　景观安全格局方法

资溪县还将全县的山、水、林、田、矿、茶、民居和集体用地等自然生态资源录入数据信息系统，形成生态资源资产信息化管理平台，投资机构可依托信息管理平台与银行、保险公司、实业公司开展抵押贷款和流转交易活动；在全县范围内开展自然资源资产负债表编制工作，及时了解资源变动情况，并将有关指标数据作为领导干部政绩考核、离任审计的重要内容。

3. 搭建“两山银行”高水平转化平台，创新生态金融

近年来，资溪县积极学习闽、浙等地探索建立生态产品价值实现机制的成功经验，在建立生态资源信息化管理平台的基础上，通过搭建由生态资源收储中心、绿色金融服务中心和生态通运营中心组成的“两山银行”平台，对县域内碎片化资源资产进行摸底、确权、评估，通过资源收储、资本赋能和市场化运作，实现生态资源向资产、资本的高水平转化，构建了“生态资源-资产-资本-资金”的转化机制。当地运用遥感技术将全县的山、水、林、田、茶、集体用地、农村闲置住房等海量生态资源数据录入信息系统，形成资溪县生态资源资产“一张图”的信息化管理平台；实现了自然资源资产存量、质量、价值、负债及流向变化情况的随机提取，为生态产品市场化交易提供大数据支撑；通过与中国科学院合作编制生态资产和生态产品价值核算体系，将全县生态资源的资格权和使用权集中流转到政府成立的自然资源管理经营公司，将分散化资源进行规模化收储、整合和优化；结合资溪现有产业体系，引入市场化资金和专业运营商，负责专项集合资源的整体运营，形成规模化、专业化的产业运营机制；由运营商进行资源的统一运营，建立完善生态资源收储机制，防范抵押贷款风险。到 2020 年 10 月底，“两山银行”金融支持生态产品价值实现的贷款余额达 18.56 亿元，为森林抚育改造、绿色产业发展提供强有力资金保障，使资溪县绿色产业实现产值占全县 GDP 的 90％以上。

在建立和完善生态产品价值核算评估体系的基础上，资溪县积极探索林权、农地经营权、养殖权、河权、水面经营权、采砂权、采矿权、公益林和天然林收益权等生态资源的抵押贷款模式；扩大抵押融资规模，积极推动生态金融服务创新。其主要做法包括：一是推进林地经营权抵押贷款，率先落地林权收益权质押贷；落实延长林地承包期，释放林地经营权抵押贷款潜力，

实现资源变现；印发《资溪县公益林和天然林补偿收益权质押贷款管理办法（试行）》，在全县率先举行林权收益权质押贷款授信仪式。二是有序推进农地经营权抵押贷款；采取抵押或增信的方式，为全县农村土地承包经营权流转（超过 6.67 hm^2）农户办理贷款，促进实现农业规模化生产经营。三是推出特种养殖证抵押贷款；紧紧围绕当前特种养殖发展新趋势，聚焦养殖场特种养殖的金融需求新特点，推出特种养殖抵押贷款业务，用于发展旅游产业。四是着力推动“竹木产业链融资”；高标准推进全省首个竹科技产业园建设，面向竹木抚育的林业企业、林农发放贷款。资溪县以资源抵押质押贷款为突破口，打通了生态资本融资渠道，引进了金融资本和社会资本，形成多元化投融资格局。金融机构按照“一行一品”的要求，对接全县生态资源开发利用成果，推出一系列创新性金融服务产品，助力全县生态产品价值试点，并成立专门机构，为全县生态产品价值实现提供融资担保服务。

4. 建立绿色产业和环境保护体系，打造“纯净资溪”金字招牌

资溪县把山水治理、土地利用、城乡建设、产业发展、环境保护有机结合起来，不断提升域内生态系统的质量和稳定性，持续提升生态品质，增强生态产品的生产能力和生态产品价值。当地严格按照“生态立县、绿色发展”的要求，关、停、并、转、淘汰山羊养殖、化工、石材、天然林加工等传统产业；全县年商品材采伐量从过去的 8 万多 m^3，减少到 2018 年不足 8 000 m^3，森林蓄积量得到显著提升；关闭了农药厂、造纸厂、精细化工厂等有污染企业；关停高耗材、低附加值的木竹加工小企业 100 多家；整体构建起生态旅游业、面包食品和竹科技产业、有机农业和现代康养业为重点的绿色产业体系，努力把“纯净资溪”打造成“金字招牌”。

资溪县通过开展最美森林、最美溪河、最美山城、最美乡村四大工程，努力改变全县的自然生态面貌和人民群众的生产生活条件，进一步提升资溪县县域范围内的生态产品价值，优化营商环境，为资溪县经济社会可持续发展创造更加有利的条件。当地率先推行“山长制”，并提升为“林长制”，大力实施封山育林、天然林保护、城市绿化、森林质量提升、矿山植被恢复、创建乡村森林公园等生态工程。全县实现封山育林 8.27 万 hm^2，建成各类保护区 1.787 万 hm^2、生态公益林 3.65 万 hm^2，森林“四化”造林 267 hm^2；

全面推行“河（湖）长制”，扎实开展“清河行动”，推进“河权到户”改革，引进社会资本参与美丽岸线建设和水环境综合治理，推动实现“活水变活钱”；突出山水特色，推进产、城、景融合规划建设，把森林和景区搬进城市，加快建设美丽田园县城；按照“生态美、村容美、庭院美”的要求，全面推进“厕所革命”，实行城乡环卫一体化和生活垃圾分类处置；建立了“四级”环境管护有偿服务体系，打造了大觉溪“省级乡村旅游综合示范区”和真相乡村国家4A级旅游景区，建设了20余个乡村旅游精品村、40余个美丽宜居示范村、3 000余个示范庭院，塑造出了一番“绿水青山”、产业兴旺、产业融合的美丽乡村风貌。

同时，作为全国首批50个生态补偿试点县之一，资溪县委、县政府高度重视、精心编制了《资溪县国家生态综合补偿试点实施方案》，建立多领域生态保护补偿机制；立足资溪实际，实现了森林生态和流域生态重点领域保护补偿的突破。其中，森林生态效益补偿办法包括：根据林分质量、生态区位、管护状况等，将全县公益林划分为重点和一般两类；重点生态公益林按照397.5元/hm^2予以补偿，一般生态公益林为322.5元/hm^2；积极探索建立商品林反哺公益林新机制，国有林场发展产业取得的收入全额反哺林场；并将停止商业性采伐的天然起源商品林纳入森林生态保护补偿范围。在流域生态保护补偿方面，当地争取信江、抚河流域地区更多横向生态补偿资金，以境内主要河湖监测断面水质为依据，探索建立水环境保护激励与惩罚机制，对断面水质考核超标和优于考核的乡镇分别进行资金扣缴和奖励。

同时，资溪县财政每年安排3 000万元绿色发展资金，通过鼓励各类经营主体参与生态建设，支持生态保护补偿领域项目实施，累计撬动社会资金20亿元用于发展林业养护与培育，并吸引社会资金20多亿元进入休闲旅游产业，有力地支撑了当地乡村产业振兴。资溪县还将环境及资源保护纳入党校培训、中小学教育、志愿者宣传和文明创建活动中，提高群众环境保护意识，倡导绿色消费、低碳生活、绿色殡葬，推动全民参与环境保护和治理，打造政府、社会和学校共同参与的具有资溪特色的生态文明宣传教育体系。

5. 强化科技支撑和园区示范，推动产业转型升级

资溪县现有的农业科技贡献率总体偏低，有机农业发展仍存在许多突出

的生产、技术等瓶颈问题。因此，当地围绕资溪县有机农业特色，与中国农业大学、北京市农林科学院等科研机构展开紧密合作，在有机水稻、有机茶、有机蔬菜、有机果树生产模式与技术集成、食用花卉种植技术、鲜蛋综合储藏保鲜技术研究、散养鸡养殖技术及鸡饲料研发、有机肉牛养殖全套技术、畜禽屠宰加工设备与骨血产品开发及产业化、方便牛肉食品加工技术、“三结合”种养循环设施专利技术、有机生物肥料技术、富硒蛹虫草技术、生物纳米硒及生物硒肥技术、竹综合利用开发等方面，广泛开展相应的技术研发，提升资溪有机农业科技含量，以科技手段增加优质有机农产品供给和建立可持续发展机制。

为此，资溪县整合科技创新资源，搭建了“产、学、研、推”平台，展示有机农业科技成果，加速农业科技成果转化。当地以抚州市有机农业科技园为核心，将其打造成为省级有机农业科技示范园，并最终实现国家级有机农业科技示范园的建设目标。抚州市有机农业科技园包括马头山有机农业科技示范园和嵩市有机农业科技示范园，面积共计 0.13 万余 hm^2。该农业科技示范园不仅承担着现代农业生产、技术示范、教育培训、创新转化、产业培育、创业服务、企业孵化等多重功能，而且在当地发挥了高新科技引进、示范创新和本土化的作用。更为重要的是，当地实现了以园区为载体，拓展农业产业向精深加工产业、生态农业、旅游观光、休闲养生等相关产业的不断延伸。园区在生产、管理、营销等各个环节上辐射带动广大农民参与，提高农民的科学意识和科技素养，达到了持续致富增收目的。

马头山镇现已形成有机猕猴桃、有机葡萄、有机蔬菜、有机水稻以及有机白茶等有机产业基础。因此，资溪县将马头山有机农业科技示范园（A 园）集中展示稻田养蟹（鱼）、娃娃鱼、食用花卉、红豆杉等高端农业产业技术成果，通过与正在建设的御龙度假区联动发展，将原始村庄改造为特色有机餐饮农家乐，将原空闲地打造为可食用花卉品种的特色花海。马头山有机农业主题公园规划和建设了包括有机果蔬采摘、有机白茶采摘、有机垂钓、竹林摸蛋、竹林挖山笋等特色有机休闲活动，意在将该园区打造为以有机富硒水稻、有机果蔬与休闲旅游为特色和主导的有机农业园区（图 4-14）。嵩市有机农业科技示范园（B 园）已形成以高陂村、法水村、杜兰村及抚地村 4 个主要核心村为支撑点，突出“一村一品”，配套形成有机农产品物流及深加工中心为规划重点。其中，将高陵村打造为有机白茶种植区、有机食品加工区、有机食品研发基地、有机食品展示及物流区的综合示范基地；将法水村打造为有机果蔬种植区、法水温泉罗非鱼养殖基地、有机竹笋培植基地、农家乐一条街；在杜兰村规划竹林鸡养殖基地、有机竹笋培植基地、有机水稻种植基地和鳗鱼养殖基地；在抚地村打造有机果蔬种植区、抚地河清水鱼养殖区、一亩茶园（农庄）、孙家村小组竹林鸡养殖区和惠光寺休闲旅游，整体打造以有机白茶、有机种养及深加工为主导产业的科技示范园，通过示范带动，发展特色农业产业，助力当地的乡村振兴（图 4-15）。

图 4-14　马头山有机农业科技示范园（A 园）平面图

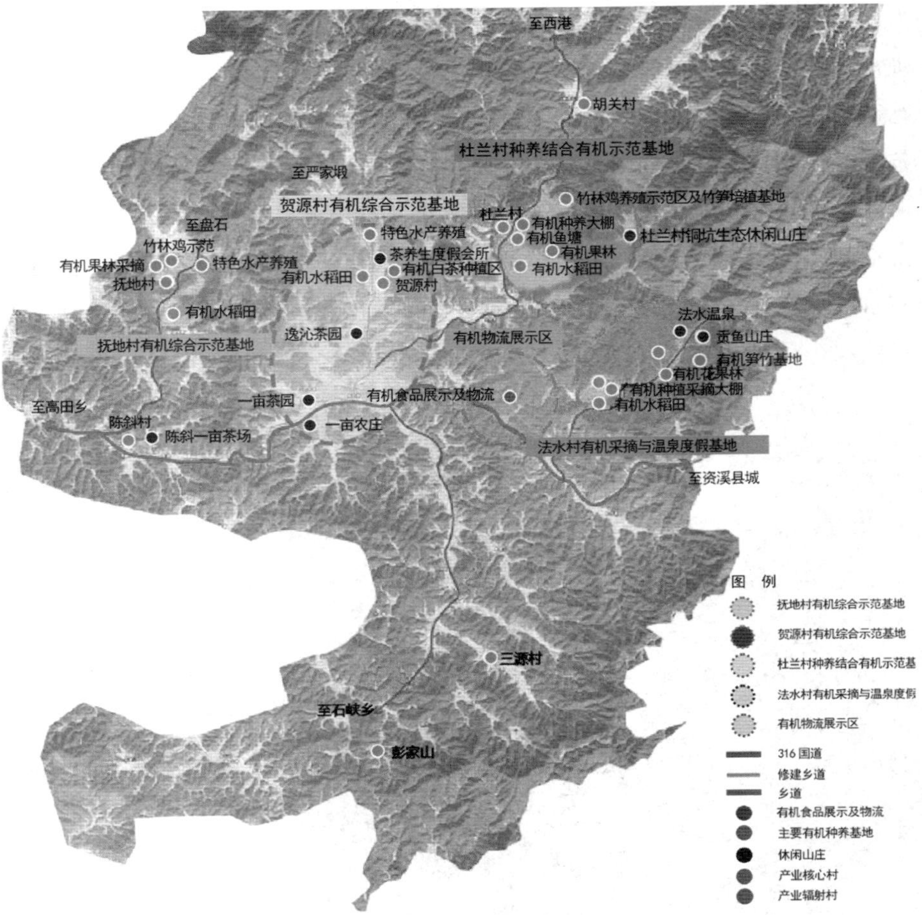

图 4-15　嵩市有机农业科技示范园（B 园）功能及分布示意图

6. 引入乡村视觉识别系统，打造区域公用品牌

为了让资溪县生态资源形成的产业优势走出大山，走向市场，资溪县以“纯山净水、资源资溪”为主题，统领“资溪面包”“资溪白茶”“资溪山泉”“资溪山珍”等各类产品品牌，结合现有的资溪县白茶城，在资溪县城建设了中国南方有机农产品交易展销城；打造农业购物节，并举办交易展销大会，带动有机农产品的集散和销售。为树立区域性公共品牌，助力乡村振兴发展，当地率先引入乡村形象设计和视觉识别系统建设，高标准编制品牌战略规划及实施方案；全力打造覆盖全区域、全品类、全产业链的“纯净资溪”区域公用品牌。资溪县的乡村形象设计理念尝试发挥乡村视觉识别系统在实现乡村产业发展中

的作用；通过乡村视觉识别系统宣传产业形象、表达产品特色和优良品质，将产地综合优势与产品特质相融合，形成强大的广告效应，整合自然条件与社会发展的系统优势，塑造了资溪县规范的标志性乡村形象和品牌。当地把“绿水青山变成金山银山，山常青水常绿，金山银山持续发展”作为视觉识别系统的核心理念，并根据这样的理念，设计了由山、水、茶、田、竹 5 个核心元素组成的区域品牌标识。其中，山代表了资溪县境内山区面积占近 90%的自然资源特征；水代表其水资源丰富，与山共处，表达了绿水青山相得益彰；茶既是资溪县的主要有机农产品，又是休闲健康绿色有机产业的代表；田则代表了乡土与文化，更表现其土壤肥沃，勃勃生机；竹表达资溪县盛产毛竹，但更寓意其未来发展持续不断，节节升高。整体系统的设计风格展现了资溪县的纯净、天然和绿色；通过采用圆滑的曲线烘托出了资溪县梯田蜿蜒、青山翠竹和充满活力的山水特征。资溪县从生态有机农业和休闲文旅康养产业的产品类型与市场特性出发，因地制宜进行乡村视觉识别系统的实际应用功能开发，主要将其应用在宣传系统、环境系统、产品包装和办公系统等 4 个方面；同时编写了《资溪县有机农业整体视觉识别系统（VIS）设计应用手册》，以指导视觉识别系统的规范化和标准化使用并保护知识产权（图 4-16）。

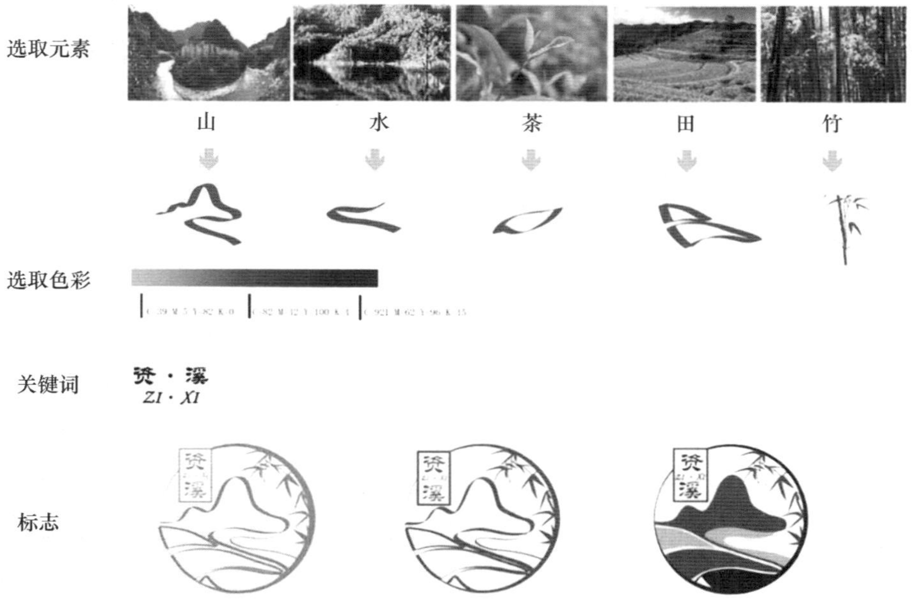

图 4-16 资溪县视觉识别系统（VIS）设计方案

续图 4-16

资溪县通过上述发展建设规划的实施和政策、措施的支撑保障，已经迈出了依托“绿水青山”，打造“金山银山”，发展乡村产业振兴的坚实步伐。尽管前进道路上还有许多困难与挑战，但当地人民已经充满信心地在不断创新与探索，其前途必然是光明的。

第五节　总结与展望

虽然资溪县的乡村振兴仍在起步阶段，但其立足“两山”理念，抓住“绿水青山”这个宝贵资源，走发展绿色有机农业和休闲康养与文旅产业的方向无疑是正确的。特别是当地各级政府和广大农民依托自身的生态区位和资源禀赋特征，把保护环境质量、建设“美丽资溪”作为乡村振兴的主攻方向，其发展站位和对新型农业农村现代化发展路径的理解是充满智慧与前瞻性的。

可以看出，资溪县在较低的经济发展起点上，正在通过发展种养循环型有机农业，延伸乡村产业链条，实现价值链创新；并将其上升为推动全县经济社会发展的“总引擎”；通过建设组团式有机农庄，打造优良人居环境，培育创建以“庄园经济”为特色的资溪县乡村产业模式和区域品牌；进而推动一二三产业深度融合，实现生态保护与经济发展互促共进，一步一个脚印地践行“绿水青山就是金山银山”的发展理念。根据发展规划，全县域总投资15.9亿元，净投入产出比预计为1∶3.1（表4-2），经济效益显著，同时产业对于环境保护、带动当地消费与就业起到了积极作用，可以实现巨大的生态效益和社会效益。

表4-2 资溪有机农业产业投资与利润估算

	规模	投资估算/万元	净利润估算/万元
有机水稻	7万亩	13 350	88 432
有机蔬菜	2.5万亩	26 130	45 000
有机水果	2.5万亩	25 000	125 000
有机竹笋	20万亩	6 000	23 226
林下鸡	100万只	10 374	11 000
有机肉牛	2万头	21 100	17 200
有机白茶/红茶	3.5万亩	21 000	84 000
休闲山庄	8处（新建）	36 000	101 000

资溪县推进乡村产业振兴的实践证明：发展经济、做强乡村产业基础的道路是多元化的。建设美丽乡村，保护和利用好绿水青山，同样可以实现经济增长和产业兴旺。这比传统工业化“先污染，后治理”的发展道路更具普适性和先进性。进入新的发展阶段，必须要有新的发展思路和发展理念。对传统农业的改造，不仅仅是发展大工业和大规模农业产业化一条路，依托丰富的自然资源和田园风光，建设好乡村文旅、休闲观光、保健康养、文化创意等新兴产业的前景也是十分广阔的。这些新业态的出现突破了传统的农业农村发展产业布局的体系架构，把乡村生产生活生态整体空间作为乡村产业振兴的资源依托，使产业融合、业态叠加的空间得到扩展。

本章小结

近年来，在乡村振兴中出现的多产业叠加、多业态融合的态势日渐普遍，并呈现出多元化趋势。其显著特征是自然山水、乡土文化、传统民俗技艺、民族风情和历史性建筑等都构成了新经济形态下的资源要素。这些新要素与原有的资源要素相结合，便会产生出内涵丰富多彩、形式多种多样的新经济形态。“绿水青山就是金山银山”的发展理念正在成为我国广大乡村探索新发展路径和创新产业链和价值链的重要指导思想。

第五章

珠三角城市群 兴乡村保生态

引言：党的十九大报告指出，我国社会主要矛盾已经转化为人民日益增长的美好生活需要和不平衡不充分的发展之间的矛盾。这种不平衡、不充分包括很多方面，其中城乡之间的不平衡、农村发展的不充分等问题尤为突出。特别是乡村公共基础设施建设的落后与发展不充分，社会公共事业和环境建设欠账过多、居住条件脏乱差等问题表现得十分严重。整体上看，农村生产生活方式粗放、服务设施短缺的问题，不仅影响农村居民的生产生活，更直接制约乡村产业、社会事业和现代化的发展。

第一节　发展背景

通常情况下，城乡工业化的快速发展，必然会带动农村地区经济的增长，但在一定时间内工业化会对乡村生态环境带来较大的冲击与扰动，导致乡村生态环境逐渐恶化。据统计，全国有1/3的村庄生活垃圾没有得到有效收集和处理，80％的行政村生活污水没有得到治理，30％的村庄道路还没有实现硬化。整体上看，农村生产生活方式粗放、服务设施短缺的问题，不仅影响农村居民的生产生活，更直接制约乡村产业、社会事业和现代化的发展。

乡村振兴既要产业兴旺，又要生态宜居，在让老百姓富裕起来的同时，人居环境也要变得更好，两者缺一不可，这是一个大课题。这个课题该如何破解？简而言之，就是要立足不同地区资源禀赋特点、区域产业结构和生态环境，大力推进产业生态化和生态产业化，实现生态环境保护与经济发展的有机统一。乡村振兴战略明确了农业农村现代化的总要求和总目标，其中“产业兴旺”是关键，“生态宜居”是重点；加上“乡风文明、治理有效、生活富裕”，共同构成了一个完整的乡村振兴的愿景。按照乡村振兴战略的总体要求，实现农业农村的全面现代化，必须立足对乡村现实的系统分析，进行整体规划；坚持生态保护与乡村建设有机结合，在保护生态环境的基础上，根据乡村的自然资源禀赋、区位优势、历史传统和未来布局，因地制宜地选择乡村产业振兴和生态宜居相得益彰的发展模式。

现实中，我国乡村类型复杂多样，由于自然资源禀赋、地理区位、产业发展定位及经济基础等因素的不同，决定了在实施乡村振兴过程中各地产业振兴路径、村落布局调整、生态环境保护和乡村社会发展协调共进的方式存在着丰富的多样性。本章以广东省佛山市三水区为研究对象，总结和分析其推进乡村产业振兴，整治辖区居住环境和实践城乡融合发展的经验。

改革开放以来，东部沿海地区的大部分乡村，特别是城乡结合地带，基于地缘优势，吸引了大量外部投资和劳动力聚集，乡村工业化进展迅速。比较典型的代表就是珠三角地区，依托紧靠港澳和与海外联系紧密的优势，这部分地区率先推行以市场为导向的发展道路，外向型经济蓬勃发展，成为我国重要的经济中心区域和世界性的制造业基地。这类地区的原农村部分因城镇化扩展和产业转型，迅速实现了由农业主导型经济向加工制造业主导型经济的转型。其农业产业和围绕农业生产相关的活动比重不断下降，二、三产业占比越来越大，当地农民收入水平远高于偏远的乡村地区。因此，当地农民的就业取向呈现多元化格局，而且吸引了大批欠发达地区农村劳动力跨区域转移就业，原有村镇成了外来人口和经济要素高度聚集区域。但是，相当一部分村镇在经济发展和人均收入水平提升的同时，村镇空间布局和生活环境、公共设施的发展却没有跟上，处于长期无序混乱的状态；而且，农业产业结构升级进程缺乏有效组织，农业产业发展动能和新增长点缺失；村镇布局混乱，生态环境污染问题突出，空气、水资源和土壤环境受到较严重的污染和破坏。总体上讲，这类村镇（街道）乡村环境治理大大滞后于经济发展；农村基础设施和公共服务水平与美丽乡村的要求差距巨大。更为严重的是，一些具有深厚文化底蕴的村庄建筑、村落形态等文化载体被肢解和破坏，优秀传统文化被遗失和扭曲，甚至逐步消失。在这样的地方，凸显出来的城乡发展不平衡、不充分的深层次矛盾，已成为制约当地乡村全面振兴与发展的严重负面因素。

第二节　佛山市三水区西南街道（镇）抓产业兴旺促生态宜居的探索实践

2018 年，广东省根据乡村振兴战略的总体要求，以佛山市三水区为乡村振兴综合改革区级试点，探索部分村镇（街道）、街区和民居环境改造、推动城乡融合、促进产业转型升级的发展方向、方式和方法。三水区又以西南街道（镇）为重点建设示范区，围绕美丽乡村建设，打造产业兴旺、生态宜居、城乡融合和产业布局优化的乡村振兴试验基地。概而言之，其背景是：近年来，当地经济增长很快，区域国民生产总值年均增长 10%左右；农业生产总值保持年增长 3%左右。2017 年，当地人均 GDP 已达到了 24 852 美元，经济总收入中，农业 GDP 占比仅为 2.5%，其工业化水平和国民收入明显高于国内平均水平。从经济总量和人均经济发展指数上看，当地已接近甚至超过中国台湾地区的工业化水平，接近韩国的状况。但当地农业劳动力就业人口仍然保持在15%，乡村面貌和社会综合发展指数与其经济水平对比悬殊；特别是其农业劳动生产率远低于世界人均GDP相近国家或地区的水平。可以说，西南街道（镇）的状况在珠江三角洲地区有很强的典型性，即工业化进程迅猛，产业结构中第二产业占比很高；作为原乡村地区，仍然保留较大面积的农田和散落的村庄；工业区与农业区交错分布，基础设施较差，农业仍处于粗放的生产方式；村民、居民生活区杂乱，公共设施缺乏。这种状态造成当地虽富却不美，生态资源环境日益恶化，农业产业萎缩，发展动力严重不足。经过充分调查摸底，当地政府按照乡村全面振兴的要求，下决心改变这种城乡要素流向畸形、城乡发展缺乏规划、空间布局凌乱、文化建设缺位、农业产业退化的问题。三水区对西南街道（镇）的乡村振兴发展做了全面部署：通过对当地乡村产业、就业结构、人居环境、组织体系、生态环境等各方面情况的调查研究和系统分析，明确了在新的发展时期，以乡村振兴战略总体要求为指导，科学规划农业农村发展的空间建设布局、产业调整升级、村镇人居环境、乡土文化振兴、城乡统筹发展等方面的具体改造方案；有针对性地提出了实施“生态西南、渔产西南、都市西南、文化西南、科创西南”的五大战略。在此基础上，西南街道（镇）实施了加快乡村产业结构优化升级，打造乡村产业兴旺与生态宜居和谐发展模式的试验建设，为沿海经济发达地区乡村振兴发展提供了探索实践和改革示范。

1. 基本情况及社会经济条件

西南街道（镇）隶属于广东省佛山市三水区，位于三水区中南部，是当地最大的镇（街）和中心城区，三水区委、区政府驻地。该地东接广州，南达港澳，距广州市及佛山市中心城区不足1小时车程，属于都市圈资源辐射范围。现总面积149.68 km^2，辖社区12个，行政村8个，自然村120个（图5-1）。现有常住人口28.07万人，户籍人口19.2万人，常住人口城镇化率近80%，高于全国平均水平。西南街道（镇）地处于粤港澳大湾区、珠三角一体化、广佛肇经济圈、广佛都市圈、珠江—西江经济带等重大战略叠加区域，具有核心的地理区位，是广西、湖南、四川等省人流、物流资源进入粤港澳中心城市群的重要节点，也是佛山市“1＋2＋5＋X”西南组团的主要组成部分。境内水、陆、空交通网络发达，现有广昆高速、沈海高速及二广高速

3 条高速路线和 2 条省道，物流货运基础良好，交通极为便捷（图 5-2）。

图 5-1　西南街道（镇）规划俯瞰图全貌

西南街道（镇）属亚热带季风性湿润气候，气候湿润，雨量丰富，太阳辐射强，季节交替不甚明显。全年有 285～365 天日平均气温≥10 ℃，年平均气温为 23.3 ℃；全年总日照时数为 1 651.9 小时；年降水量为 1 794.1 mm；汛期短时强降水、大风等极端灾害性天气多发、频发。其地形以平原和低山丘陵为主，多为泥沙冲积平原和河网地带，低山丘陵多发育红壤、赤红壤，平原则为水稻土、堆叠土，土壤相对肥沃（图 5-3）。境内水质优良，水源充足。拥有陶土、玻璃砂、稀有金属等多种矿产资源。西南街道（镇）拥有深厚的历史文化底蕴，宗族理念深厚，辖内西南武庙、河口魁岗文塔、河口半

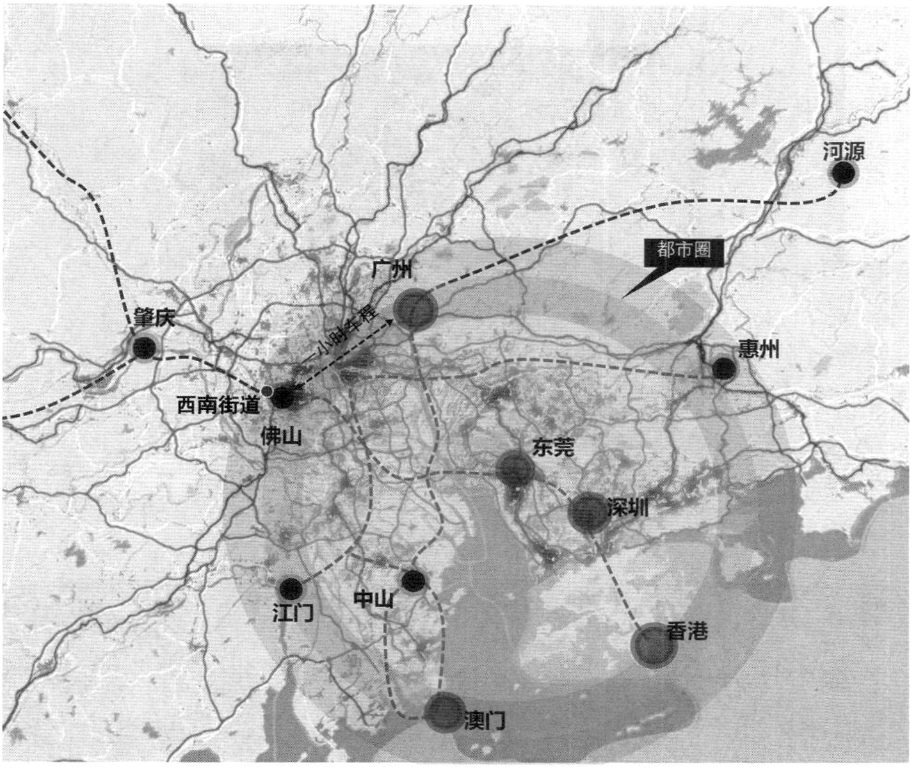

图 5-2　西南街道（镇）地理区位图

江桥、清代海关遗址、五显古庙、思贤滘、昆都山、三江汇流等自然与人文景观资源非常丰富（图 5-4）。

2019 年，西南街道（镇）地区生产总值为 402.6 亿元，其中第一产业增加值为 6.88 亿元，第二产业增加值为 203.61 亿元，第三产业增加值为 192.13 亿元，第一二三产业结构之比为 1.7∶50.58∶47.72，人均地区生产总值为 15.6 万元，远高于全国平均水平，固定资产投资为 180 亿元。2019 年农民人均可支配收入已突破 3 万元，连续 2 年增速全市第一、全省前列。当地经济实力雄厚，食品饮料、金属制品和建材、新材料为三大支柱产业，占有三水区 1/3 以上的经济总量，为全国传统工业千强镇之一、中国饮料名镇、广东省教育强镇，先后获得广东省产业集群升级示范区、省市共建循环经济产业基地、全国功能性饮料产业知名品牌创建示范区等殊荣。

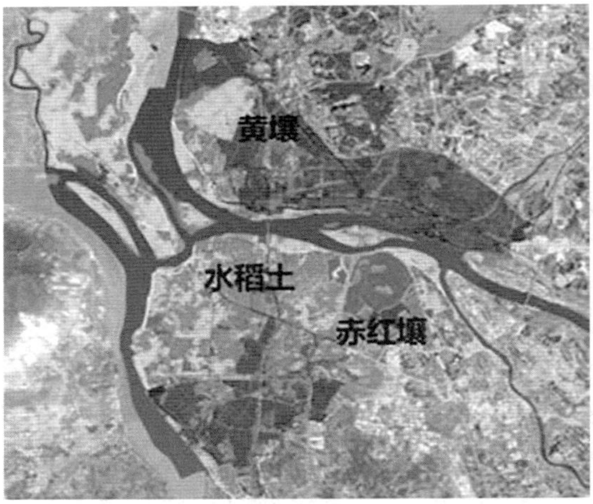

图 5-3　西南街道（镇）土壤分布情况

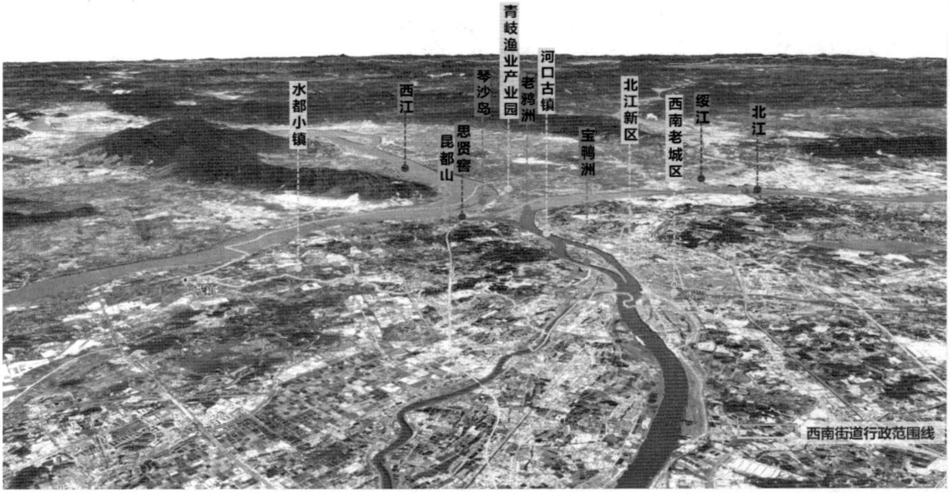

图 5-4　西南街道（镇）标志性地区示意图

2. 农业产业基础

西南街道（镇）位于华南地区闽南粤中农林水产区内，这是我国为数不多的适宜发展热带作物的地区。现有耕地面积 1 186.47 hm^2，鱼塘面积 1 545 hm^2，林地面积 801.2 hm^2，园地面积 314.27 hm^2。2017 年当地农业总产值为 7.753 2 亿元，占西南街道（镇）国民生产总值的 1.47%，其中种植业产值 9 388 万元，占比 12.11%；林业产值 170 万元，占比 0.22%；牧业产值

35 279 万元，占比 45.50%；渔业产值 26 898 万元，占比 34.69%；农林牧渔服务业产值 5 797 万元，占比 7.48%。

西南街道（镇）耕地资源较为紧缺，人均耕地面积仅为 0.006 7 hm^2。共有农作物播种总面积 3 050 hm^2，以粮食、蔬菜和水果种植为主。其中粮食生产面积 1 980 hm^2，产量约为 2 万 t，主要粮食作物不能满足自给；蔬菜面积 1 077.6 hm^2，产量为 2.41 万 t，无公害种植面积 240 hm^2，占比 40.23%，有黑皮冬瓜、椰菜、菜心、芥蓝、小白菜等作物，“三水黑皮冬瓜”为佛山首个地理标志保护农产品；水果种植面积 211.5 hm^2，产量为 5.24 万 t；另有无花果、菊花、百合、杜鹃花等果品花卉（表 5-1）。

表 5-1 西南街道（镇）主要粮食种植面积及作物产量

种类 村委	农作物播种总面积/hm^2	耕地面积/hm^2	粮食面积/hm^2	粮食产量/t	蔬菜面积/hm^2	蔬菜产量/t	水果面积/hm^2	水果产量/t
董营	266	157.13	165	2 233	100.3	2 184	1.97	24
南岸	497	202.27	224	3 647	202.9	3 999	0.2	2
五顶岗	364	177.4	185	3 285	136	3 665	0	0
洲边	330	119.8	316	297	144.7	3 284	0	0
江根	680	204.33	460	4 813	205.9	4 498	18.67	430
木棉	133	48.53	90	1 044	45.3	993	0	0
大塱山	110	45.27	50	463	61.1	1 358	7.06	92
青岐	550	120.33	410	3 489	140.1	3 352	165.6	4 279
河口	120	62.93	80	765	37.3	811	18	416
合计	3 050	1 138	1 980	20 036	1 077.6	24 144	211.5	5 243

西南街道（镇）养殖业以畜禽和水产养殖为主，产值占比达 80%。2017 年，畜类年存栏量为 13.26 万头，年出栏量为 22.9 万头，主要分布在青岐村（图 5-5）；禽类年存栏量为 108.336 万只，年出栏量为 494.645 万只，主要分布在洲边、江根等南部片区（图 5-6）。为有效治理环境，当地禽类实行限量养殖；2018 年，重新划定了限养区和禁养区边界，生猪养殖业于 2019 年全面退出。水产以四大家鱼养殖为主，另有鳜鱼、生鱼、黄骨鱼、花鳗鲡、黑鳗等品种，以陆基推水养殖模式为主，共有 7 000 余台增氧机，其中规模化水产养殖面积为 222.07 hm^2，规模化养殖率为 14.31%，无公害水产养殖面积占

4.61%（图 5-7）。2017 年，当地的青岐村现代水产园区荣获“广东现代渔业产业示范园区”称号，并成功引入 3 家规模渔业企业。2018 年，中国水产科学研究院珠江水产研究所三水试验基地进驻产业园，依托珠江水产研究所、广东省农科院及中国农业大学、华南农业大学等科研院所力量共同打造了“智慧渔芯”，形成华南地区知名水产优良品种孵化的服务平台；中国工程院院士林浩然团队工作站作为入驻三水的首个农业领域院士工作站，重点建设广东省水生经济动物良种繁育重点实验室和名优淡水鱼种质创新中心。

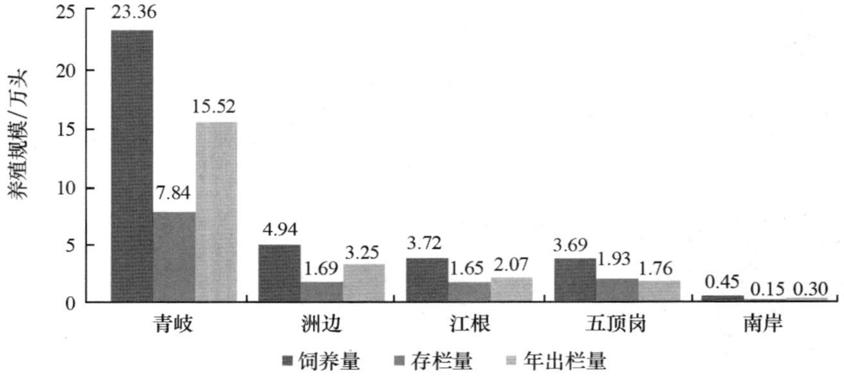

图 5-5 西南街道（镇）畜类养殖规模

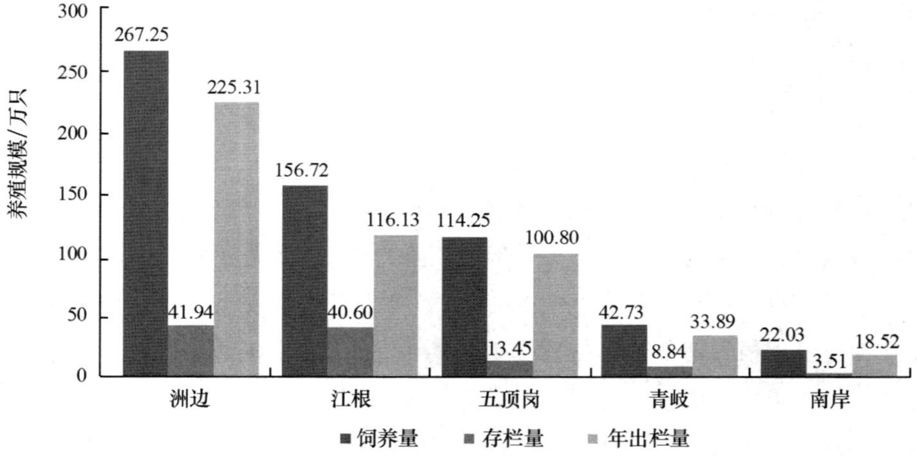

图 5-6 西南街道（镇）禽类养殖规模

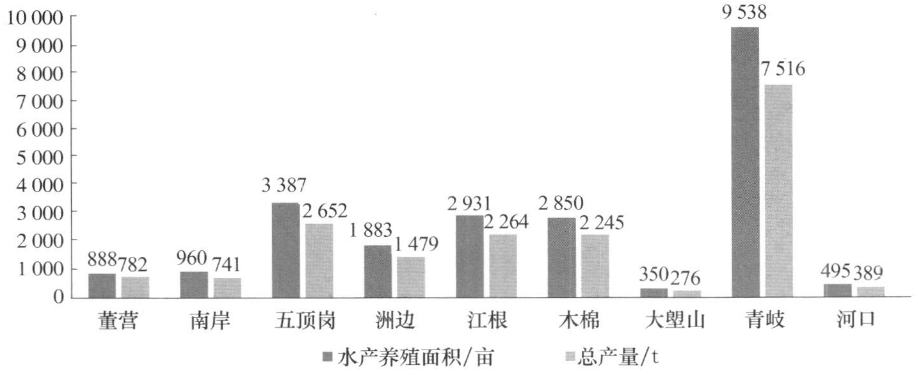

图 5-7　西南街道（镇）水产养殖规模与分布

西南街道（镇）各行政村的农业组织化程度和土地流转率较高，但土地流转周期普遍较短。各行政村组建了村级股份经济合作社对村集体资产进行经营管理收益分配，将村集体资产折股到人、确权到户，赋予农民对集体资产股份占有、收益、有偿退出、继承 4 项权能。2017 年，全街道有 54 766 位农民作为股东参与分红，共分配各种收入 9 545 万元。目前，全街道（镇）共培育发展家庭农场 15 家；农民专业合作社 9 个，合作社中有水产 5 家、种养结合 2 家、蔬菜种植 2 家，2018 年有 1 家被评为省级示范社，5 家被评为市级示范社，合作社成员关系仅限于信息分享，不存在利益联结，机制较为松散；有农业龙头企业 9 个，包括 3 个省级龙头企业、2 个市级龙头企业和 4 个区级龙头企业。在休闲农业领域，各村具有发展休闲农庄的资源和环境优势，周边消费者对休闲农庄有着旺盛的需求，但各村休闲农庄发展模式较为原始，数量与规模均较小，基础设施建设较差，且由于地区建设管理政策收紧，休闲农庄的发展存在较大制约。

总体看来，西南街道（镇）地处中国最富裕地区之一，当地资源禀赋优良，区位优势突出，工业发展超前，经济实力雄厚，人文积淀丰富。但是长期城乡要素的单向流动造成当地乡村问题较多，城乡发展不均衡，社会发展还面临不少困难和挑战，乡村发展不平衡不充分的问题还比较突出，主要表现为：①当地农业生产仍处于较传统阶段，产业布局不合理，结构失衡；生产组织化相对薄弱，现代农业产业体系尚未健全，生产组织化水平相对薄弱。②长期粗放的生产和生活方式造成生态环境破坏加剧，环境日益恶化。③村内老龄化问题严重，农业青壮年劳动力较少，缺乏人才队伍支撑，整体技术层次偏低，创新动力不足。④由于文化体系相对分散且以碎片化的方式存在，造成传统文化逐渐淡化与弱化。⑤当地工业区与农业区交错分布，空间分散破碎，乡村民居环境整体风貌不美观，服务功能缺失，配套设施不完备，等等。因此，其农业产业发展亟须转型升级，乡村环境亟须整治与改造。

第三节　西南街道（镇）现代都市农业产业振兴规划

2018 年，习近平总书记在广东省视察期间指出，城乡区域发展不平衡是广东省高质量发展的最大短板，并寄语广东努力把短板变成“潜力板”。广东省将实施乡村振兴战略作为乡村发展解决不平衡不充分问题、实现“四个走在全国前列”的战略举措，分别出台印发了《关于对标三年取得重大进展硬任务扎实推动乡村振兴的实施方案》《广东省实施乡村振兴战略规划（2018—2022 年）》等，推动乡村地区在高质量发展中实现振兴发展，为农业农村发展提供了政策方向的引导、机制创新的动力和突破的保障。

西南街道（镇）地处中国最富裕地区之一的珠三角地区，当地城镇化率高，城市群规模较大，具有城乡结合的显著特点。在经济全球化和区域一体化深入发展的背景下，一方面，拥有较高的对外依存度的珠江三角洲地区在面对外需减弱的压力下，必须以扩大内需调整经济发展方式，以城乡融合发展促进农业产业的业态创新，稳定和促进经济发展；另一方面，粤港澳大湾区的全面建设也带来了高度协同的基础设施需求和城市集群扩大的外部条件，给当地产业要素流通带来了新机遇和高效集约化的要求，由此极大地促进了城市间资源互补和分工合作。这在区域层面对西南街道（镇）的经济社会发展格局产生了深远影响，也为当地乡村振兴提供了前瞻性的路径导向和发展机遇。总结和借鉴具有类似情况的纽约湾、旧金山湾、东京湾区等国际性区域城市群发展和这些区域城镇化与农业农村现代化的经验，三水区和西南街道（镇）认识到，这类地区的乡村发展应围绕周边市场需求，依靠城市，服务城市，推动乡村振兴战略全面实施。粤港澳城市群大规模的食品与服务需求及消费水平升级，给西南街道（镇）推进城乡融合发展和乡村产业转型升级带来了巨大的发展机遇。粤港澳大湾区城市群的发展势必会在资金、产业和消费需求等方面提出更高的要求，这对于地处其间的三水区和西南街道（镇）而言，特别是乡村产业和社会经济环境治理方面，既是巨大的压力，也是难得的机会。

三水区作为珠三角冲积平原的发源地，是粤港澳大湾区一级生态河流的交汇点、下游水生态和生活用水的源头。西南街道（镇）同样地处一级水源保护区内，被划定为广东省第二层生态保护屏障的关键节点之一，对于环境保护提出了非常严格的要求（图 5-8）。西南街道（镇）自 1984 年起就进入了城镇化发展阶段，快速工业化和城镇化在一定程度上突破了当地的生态红线，使冲积平原形成的连续山林廊道、斑块多处被隔断、缩小与破碎。尤其在 2016 年以来，城乡建设用地的大规模扩展与蔓延，造成了耕地产量流失严重，导致原有山水格局的严重破坏。因此，西南街道（镇）的乡村振兴发展必须立足长远，统筹城乡产业、生态环境、村落格局及村民社区和宜居环境，适应生态环境整治需求发展产业，积极探索有效路径，实现生态宜居与产业兴旺的协调一致发展。

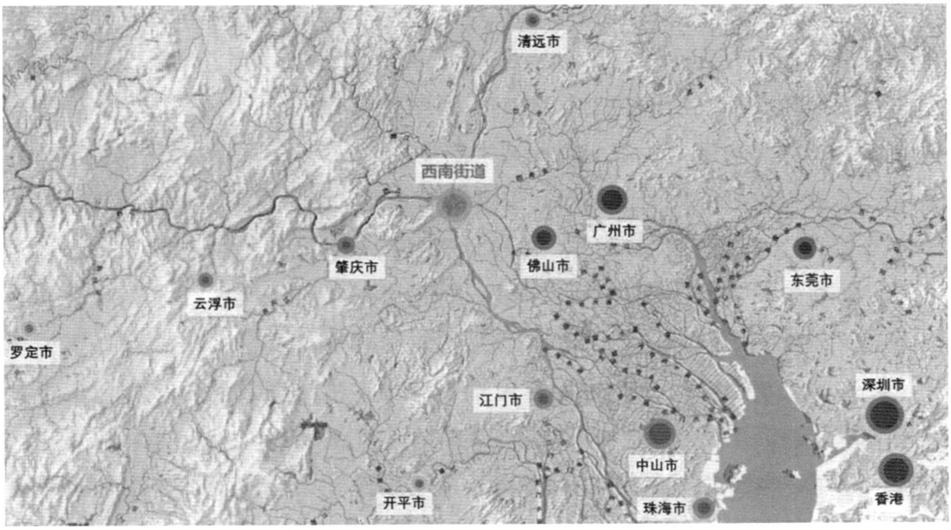

图 5-8 西南街道（镇）周边区域水域体系情况

产业兴旺是乡村振兴的重点，生态宜居是乡村振兴的关键。西南街道（镇）将生态资源作为乡村振兴最重要的宝贵资源和内生动力；将生态宜居环境作为促进城乡融合发展、促进人才和产业等多种资源要素在城乡之间流动的必要前提，以生态宜居的美丽乡村环境重构西南街道（镇）湾区城市群生态门户的品牌。当地科学定位生态和经济发展的关系，促进各类产业由传统的高耗能转变为绿色环保的可持续性发展模式；立足本地资源禀赋特点和区位地理环境优势，注入农业科技创新发展动能，引导农业农村产业结构转型升级；把生态优势转化为经济优势，大力推进产业生态化和生态产业化，将西南街道（镇）打造成粤港澳大湾区绿色产业示范区、智慧农业科技创新基地和广佛都市圈宜居宜游后花园，实现生态环境保护与经济发展的有机统一、协同联动。

据统计，2017 年我国 35 个大城市蔬菜、肉类、禽蛋、水果等自给率稳定在 80%左右，这部分农产品普遍来自都市农业产业。都市农业是将农业的生产、生活、生态等“三生”功能结合于一体的产业模式，是指在都市或其延伸地区，紧密依托城市的科技、人才、资金与市场优势，利用田园景观、自然生态及独特的环境资源，结合农林牧渔生产、乡村社区打造、农村文化及农家生活习惯，为城镇居民提供日常农副产品供给以及良好的生态环境。这种农业产业模式在承接城市经济资源要素回流方面具备先天优势，很容易形成城乡融合互促、城市与乡村间良性互动体系，为实现城市及周边地区乡村振兴提供了广阔的空间和有效的途径。

改革开放以来，西南街道（镇）城镇化发展速度较快，水平较高，周边都市群消费需求旺盛，具备了发展都市农业的先决条件和基础。但截至目前，当地的都市农业发展规模较小，相关基础设施无法满足都市休闲产业的需求，总体处于较为初级的发展阶段。通过对当地区位、交通、生态环境、土地条件等方面的系统分析，西南街道（镇）的产业振兴路径定位在发展现代都市农业，服务粤港湾区域城市群、生产优质农林牧渔产品、提供城镇休闲娱乐环境的方向上。当地政府通过整合优质资源，不断巩固发展都市农业取得的丰硕成果，将当地从为城市提供农副产品的传统生产性业态提升为向周边广佛等大都市深度融合，发展加工物流、休闲旅游、文化传承、艺术创意等多种产业的高级业态，带动乡村振兴战略高质量发展与实施。

西南街道（镇）通过综合国内外都市农业发展经验，重点参照了和中国农情更为接近的日本模式。众所周知，日本的都市农业从人才、科技、体系、服务上都有一整套的成熟模式，通过小规模的“农户＋专业化”社会化生产体系，利用 2%的农地提供了 8%的农业总产值，以质量制胜实现了货畅其流、城乡两利和乡村富裕。西南街道（镇）自然风光优美，特色渔业产业发达，历史文化底蕴深厚，在都市农业产业升级发展过程中坚持因地制宜，以发展“产品的高品质、活动的高体验度、组织的高效率”三高现代都市农业为突破口，抢抓粤港澳大湾区重大战略机遇，以生态农业和科技农业生产为基础，有效提升了绿色、安全、放心农产品的供给保障能力；在推动“农业＋服务业”的深度融合方面，当地以农业供给侧结构性改革和“都市农业＋”融合发展为主线，坚持拓展农业多种功能，利用自然环境、农业景观、文化资源和美丽乡村建设成果，大力发展城乡互助农场、蔬菜供应、休闲渔业、健康养老、旅游民宿和农业研学等“都市农业＋”新业态，推进了农业农村特色发展、转型发展、融合发展和绿色发展。

西南街道（镇）重点规划建设和重构了传统渔业空间、文化资源空间、城乡特色空间和田园山水空间四大区域空间格局，并分别进行了丰富多样的农业产业形态设计（图 5-9）。其中，传统渔业空间为渔业养殖产业的集聚区，在发展渔业产业、提供优质水产品的基础上，当地依托该区域的鱼塘景观，建立了以休闲垂钓、路亚基地、垂钓大赛、观赏渔业等为主的渔业休闲型产业基地；文化资源空间为西南街道（镇）的百年文化、乡贤文化、民居文化

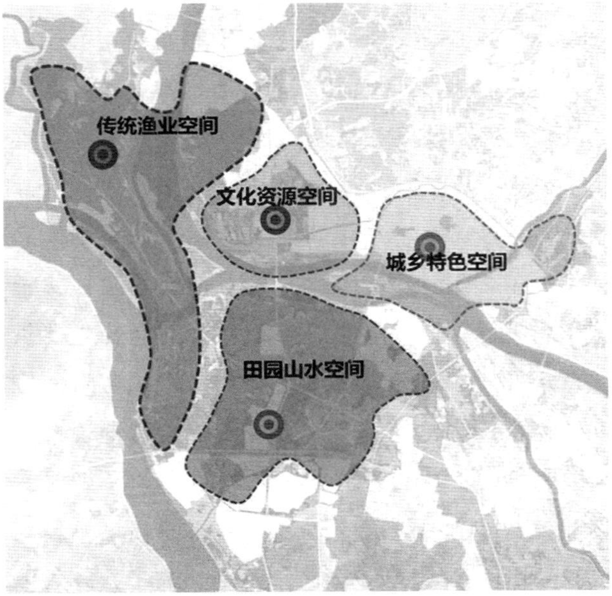

图 5-9 西南街道（镇）四大区域空间格局

的重点分布区域，依托丰富多样的文化习俗和传统民居建筑等资源，将该区域打造成了精品旅游度假民宿、农耕文化节、文化游乐公园等独具特色的乡村文化体验基地；田园山水空间则依托当地自然绿水青山格局，通过景观改造，建立游憩画廊、花海田园等特色自然景点，形成田园山水的观光基地；城乡特色空间是城乡空间结合最紧密的区域，在该地建设优质高端的农产品种养基地，以扩大绿色、有机、无公害农产品供给为重点，加快转变农业生产方式，推广应用成熟的技术和品种，从数量、质量和生态的角度推动当地向现代高效都市农业转变；建立亲子教育、休闲采摘、有机市集和认养乐园等新型业态，促进农业与旅游业的深度融合。西南街道（镇）通过打造“三江水韵”都市农业品牌，以更新更强的推动力，融合农村生产、生活和生态功能，激发农村创业创新，提升城市生活品质，加快了城乡资源要素的双向流动和产业融合，有效地改善了乡村生态环境和农业产业素质，初步实现了农业强、农村美、农民富的美好愿景。

西南街道（镇）气候适宜，水质优良，北江和西江水质常年维持在地表水二类的水质标准，符合生活饮用水源地一级保护区标准，为当地优质渔业产业提供了先天的资源保障。目前，当地已形成了连片鱼塘面积约 866 hm^2，拥有众多大中小型养殖场户，渔业基础设施较为完善，水产养殖技术相对先进；西南街道（镇）的渔业种业占全省总量近半数，生产、加工、种业、科研、销售等各个环节都有着较好的发展基础，已成为广东省重要的水产品养殖基地和渔业产业发展示范区。但是，当地渔业产业亦存在许多突出问题，如：个体养殖散户占比较多，养殖品种与技术缺乏统一标准和规范；产业规模化、组织化程度低；与发达国家和地区比，渔业养殖模式较为粗放，品种有待更新，资源利用率总体水平较低，环境污染问题比较严重；渔业销售仍以鲜活产品为主，产业链条较短，品牌带动效应微弱，附加值普遍较低；部分鱼塘由于年久失修，出现池塘坍塌、池底淤积老化等现象，且渔业设备原始，尾水处理不健全等问题突出。这些问题严重制约了当地渔业产业结构和技术水平的优化升级，影响了水产品质量和效益的提高。

针对这种情况，西南街道（镇）利用制定乡村产业振兴规划的时机，全面调整渔业生产格局，以青岐村为试点，围绕“渔业增效、农民增收、乡村振兴、产业兴旺”的目标，按照生态优先、科学利用、创新机制、融合发展的原则，改造了标准化鱼塘 1 333.33 hm^2；通过进一步优化渔业产业硬件基础设施，在科技创新、产业化经营管理上升级软件发展条件，推动渔业产业标准化、智能化和品牌化，建成了“生产＋加工＋科技＋销售＋品牌＋休闲”的现代渔业全产业链条（图 5-10）。同时，当地还推广水产品质量安全溯源系统应用，开发高端渔业产业品牌，打造了“三水鱼”地域品牌，提出了渔产品全程绿色生产和产品安全优质的发展目标；在产业融合发展和资源节约利

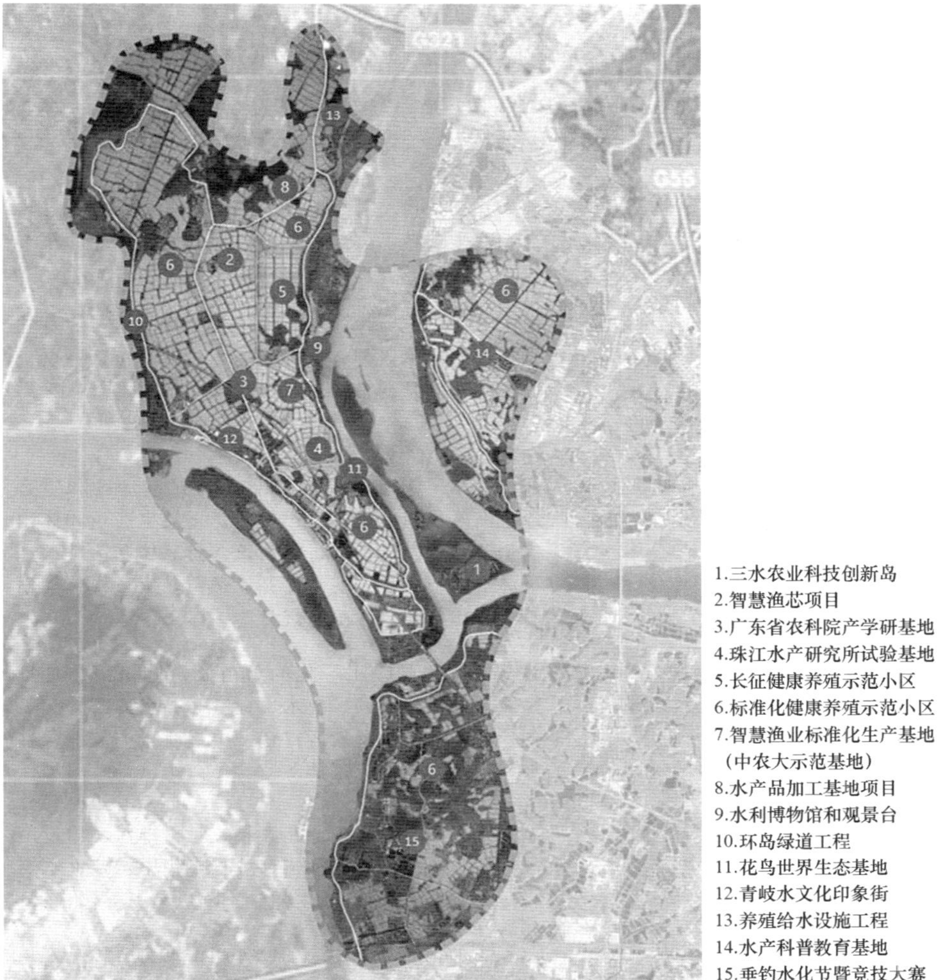

图 5-10　西南街道（镇）渔业产业项目布局图

用方面，西南街道（镇）围绕调整产业布局，重点推进了功能区建设，包括三水农业科技创新岛、智慧渔芯项目、广东省农科院产学研基地、珠江水产研究所试验基地、长征健康养殖示范小区、标准化健康养殖示范小区、智慧渔业标准化生产基地（中国农业大学示范基地）、水产品加工基地、水利博物馆和观景台、环岛绿道工程、花鸟世界生态基地、青岐水文化印象街、养殖给水设施工程、水产科普教育基地和垂钓文化节暨竞技大赛等 15 个项目（表 5-2）。在省级现代渔业产业园区的基础上，西南街道（镇）积极创建三水·国家现代生态渔业生产产业园，将其打造成为佛山市农业科技创新孵化中心、广东省绿色水产养殖引领样板和全国生产镇园一体化发展示范试点。

表 5-2　西南街道（镇）渔业产业重点项目

序号	项目名称	建设地点	建设内容
1	农业科技创新岛	老鸦洲	占地 66.67 hm^2，建设教授工作站和实验研究基地，成为农业生态技术创新、交流合作和人才培养的核心基地
2	智慧渔芯	三水白金水产种苗有限公司	占地 13.33 hm^2，集渔文化展示、检测检验、信息共享、科技研发、双创孵化等功能于一体，包括：白金鱼类育种与繁殖研究基地、渔文化广场、培训中心、科创中心
3	广东省农科院产学研基地	广东省农业科学院青岐基地	占地 20 hm^2，建设高效养殖区、儿童活动区和生态湿地，高效养殖区推进水产养殖、蚕桑生态鱼和休闲采摘示范；儿童活动区进行人鱼共游等体验活动；现有沼泽地改造为生态湿地，开发稻鱼共生、摸鱼割稻体验等，集生产、体验与观赏于一体
4	珠江水产研究所试验基地	珠江水产研究所青岐基地	占地 52 hm^2，建设工厂化的鱼苗繁殖和鱼苗品种培育基地，包括繁育场、技术培训中心、水产苗种交易平台，为水产种苗经营者打造一个具有全方位综合性的水产种苗交易交流基地
5	长征健康养殖示范小区	长征水产公司	占地 71.13 hm^2，进行池塘整治、塘底排污，建设尾水净化系统，配套电力和道路工程，集中示范推水养殖、渔光互补生产技术、智慧渔业生产，打造生态健康品牌

续表 5-2

序号	项目名称	建设地点	建设内容
6	标准化健康养殖示范小区	集中成片的鱼塘	建设 10 个左右，每个 13.33 hm^2 以上，进行池塘整治、塘底排污，建设生态沟渠、水处理池尾水净化系统，配套小区道路和其他附属工程
7	智慧渔业标准化生产基地	中国农业大学青岐基地	占地 13.33 hm^2，建设环境监测控制系统，配置自动气象站、环境传感器、视频监控等设备，构建数据传输及存储系统，配置温度、湿度、光照等环境控制设施设备、生产过程质量管理设施设备和质量追溯系统
8	水产品加工基地	丰岗东（广东勇记水产有限公司）	占地 3.33 hm^2，设计年加工能力为 2 万 t 的流水生产线，包括冷藏库、鲜鱼分割等初加工生产线、鱼产品深加工生产线、物流配送等，并配套污水处理设施
9	水利博物馆和观景台	废弃的三岗水利站办公室	收藏、展陈文物和文献等，普及水利知识，开展水文化遗产发掘、研究和保护工作。水利站顶层修葺成观景平台，更好地展示园区自然环境和人文风光
10	环岛绿道工程	瑞岗围	全长 16.8 km，整治堤围，建设滨江步道、亲水平台、驿站、青岐码头等设施，打造江景、塘景、花景、鸟景融为一体的滨江生态景观带
11	花鸟世界生态基地	青岐岛东岸和南部滩涂	东岸建设鹭鸟保护基地，种植观赏性花卉，搭建临时构筑物，建成可摄影、可学习水文、生物知识的研究科教基地；南部建设花海世界，种植不同季节的花卉，形成具有人文特色的休闲旅游胜地
12	青岐水文化印象街	青岐旧圩遗址	打造渔文化、水文化的创作、展示、摄影于一体的文化主题创意街区；利用空置房屋，统一租用、设计、管理、经营，开发特色渔业餐饮和民宿体验文化街区
13	养殖给水设施工程	青岐岛东、西、南部及园区水网	新建 3 个泵站，对园区水网进行截污、清淤生态净化等，保障产业园养殖用水的水量和水质
14	水产科普教育基地	木棉村	占地 6.67 hm^2，以珠江流域渔业资源展示、保护和科普宣传教育为主，建设标本展示室、科普走廊、体验区、特色有机鱼品鉴区等。满足中小学生和公众参与科普活动及学习的需求，提高群众保护水资源，保护生态环境的意识
15	垂钓文化节暨竞技大赛	江根村	占地 13.33 hm^2，养殖基地举办垂钓文化节，开展垂钓技能大赛，包括服务区、钓台、钓鱼池、游船、分类养鱼区，搭建小草棚、亭台和走廊。鱼塘采用多孔板护坡

第四节　西南街道（镇）兴产业促宜居的保障措施

作为乡村振兴的示范区，西南街道（镇）把推进乡村产业振兴、生态宜居和周边环境整治作为本地区长期发展战略的重要组成部分，制订了中长期发展规划、年度实施方案和多项保障措施。

1. 构建六大生态廊道，实施生态振兴

在国家绿色发展战略指导下，西南街道（镇）对本地区生态文明建设、乡村振兴战略、国土空间适宜性评价规划等做出了全面部署，并对生态红线、建成区红线进行了划定，在政策、资金、资源配置等方面对乡村振兴项目给予支持。西南街道（镇）作为进入粤港澳核心城市群的生态门户和“三江汇流、湾区之源”，具有内在的生态价值潜力。在此背景下，西南街道（镇）紧抓国家生态绿色发展战略和大湾区建设带来的重大机遇，将生态文明建设作为发展的内生动力，坚持走生态发展带动乡村振兴的路径，坚持产业兴旺与生态宜居协调推进，寻求生态环境与经济增长的均衡发展。

一段时间以来，西南街道（镇）的快速工业化和城镇化曾导致了对原有山水格局的破坏。如今，当地从总结历史经验和推进生态文明与乡村全面振兴建设的维度上重构了产业布局发展思路，对生态格局进行整体优化和修复。针对现有城镇建设、乡村及山水林田湖草的土地利用规划，将西南街道（镇）打造成“一城三园，三江六岸”的“水生态”“水产业”和“水文化”体系（图 5-11）。其中“一城”为西南老城和北江新城；“三园”为西南城市农业公园、青岐渔业公园和江根岭南水乡公园；“三江”则为西江、北江和绥江；“六岸”为青岐渔业岛风光体验廊道、城市休闲渔业体验廊道、西南涌城乡滨水休闲廊道、沿江田园风光观赏廊道、山林游览观光廊道和田园水乡自然风光体验廊道。六大生态廊道结合优化当地生态景观及人居环境而构建：在沿江南侧周边近江根岭南水乡公园处，对现状的水域村镇居民进行减量疏解，并于城镇周边地区进行聚集，通过对山水田林、田塘格局及自然景观打造，

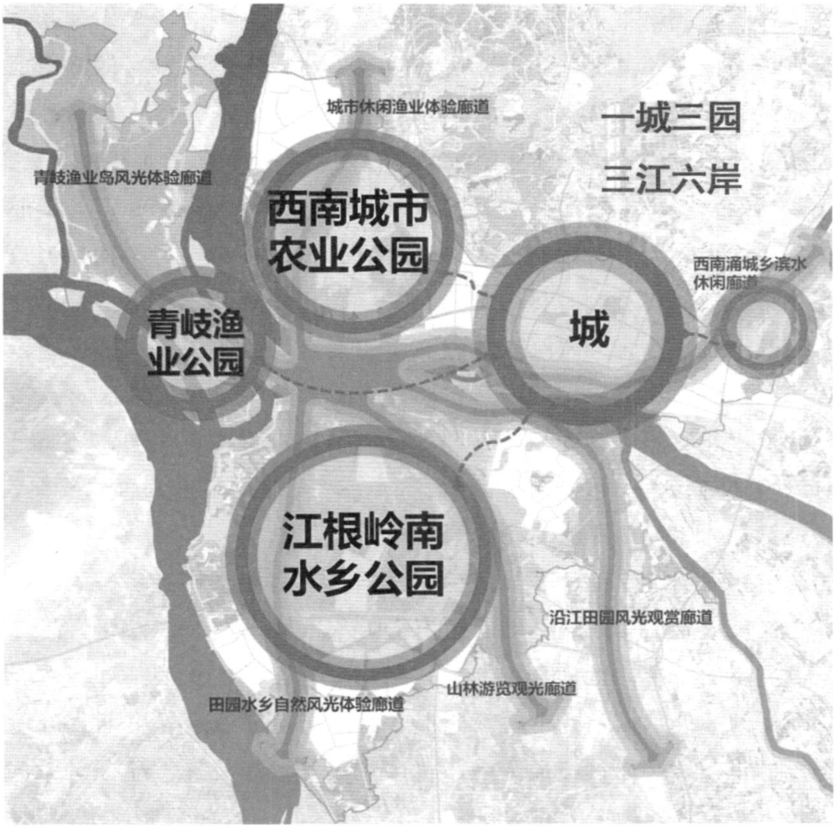

图 5-11 西南街道（镇）“一城三园，三江六岸”生态格局示意图

整体构建了田园水乡自然风光体验廊道；通过对内陆乡村民居进行疏解密度，改造山林生态环境，改善民居建筑风貌，同时联动东西山林，构建了山林游览观光廊道；通过对接近主城的沿江周边进行产业疏解，对江景、民居环境及田园风光进行优化改造与提升，构建了沿江田园风光观赏廊道；在主城东侧驳岸进行生态改造和局部产业疏解，重构了水岸绿廊与城市亲水界面，配合多元活动，构建了西南涌城乡滨水休闲廊道；通过西南城市农业公园积聚力量，构建了渔业产业集群，打造都市休闲渔业休闲产业格局，构建城乡休闲渔业体验廊道；通过以青岐渔业产业为核心，对渔业生产和生态环境进行提升，优化渔业景观体验设施，构建了青岐渔业岛风光体验廊道。西南街道（镇）通过空间重构，在优化景观设计和产业布局方面，既强调生态本底及生态格局，又顺应了现实农业产业结构优化、调整和升级的发展趋势。

在乡村振兴战略推进过程中，西南街道（镇）将生态振兴作为乡村振兴中实现经济与民居环境优化均衡发展的重要一级，以生态振兴促进当地产业转型，以生态建设引导村落发展方向，以生态绿色标准保障农产品品质和以生态文明、美丽乡村建设带动休闲文旅产业发展。在推动产业转型升级方面，西南街道（镇）在城市农业公园附近规划了工业园区，将原有工业企业集中转移，并提出了绿色可持续产业发展新要求；按照生态空间架构，当地在辖区内重构了五顶岗村委会片区、洲边村片区、南岸片区、江根下王山片区和董营片区 5 个村落片区；为保障农产品质量安全，西南街道（镇）还建设了江根—下王山田园片区、青岐浅滩田园片区、木棉浅滩田园片区、新沙村田园片区和南岸村田园区 5 处生态田园片区，推进有机绿色生产；为满足文旅需求，当地还结合生态治理建立沿河岸绿色观光旅游道和河涌口湿地公园，并以当地渔业休闲观光特色带动整体休闲文旅发展。

生态宜居环境不仅提高了村民的生活质量，也为乡村经济健康、持续发展和社会发展提供了良好的基础。西南街道（镇）坐拥三江六岸，河堤是陆地与河湖联系的纽带，也是乡村生态宜居环境建设中的重要一环。在综合治理以往河堤的污染、无序等问题基础上，西南街道（镇）提出了“治理＋景观打造”的新思路，通过疏通河道、清理垃圾等治理改造，配合当地自然环境，种植了适合当地条件的乔木、灌木和草本植物，全面开展河堤绿化工程；通过加强防汛建设，扩大了绿化防护林，也增加了具有经济效益的林业生产规模，引导周边农户采用生态循环农业生产模式，加强河堤防护能力，打造水清、岸绿、河畅、景美、田丰的“亲水生态六岸”。所谓亲水生态六岸分别是：健康都市江岸、山林观光江岸、十里画廊江岸、渔岛风光江岸、浅滩湿地江岸和郊野休闲江岸。其中，健康都市江岸以离主城区较近的河口古镇为起点，在该河岸建成城市滨水景观，建设滨水健身步道；山林观光江岸与昆都山相连，沿线有较多“林田”景观，岸边多为滨水缓坡，在该处重构乡村景观环境，营造人居和观光江岸；十里画廊江岸则以田园景观为主，江岸沿线多为自然缓坡，并散布多个人文历史资源，该处聚集了西南历史人文景观，通过疏解密集村庄格局，营造了文史江岸和游走村间的十里画廊；渔岛风光江岸主要以滩涂样貌为主，该处与琴沙岛隔江相望，岛上古村落和风貌保存良好，河岸两侧保留了当地原生态风貌，使游人可以体验当地民俗风情；浅滩湿地江岸位于渔业基地青岐岛东侧，沿线多为鱼塘和滩涂，在该处通过自然环境改造和衍生渔业产业链，打造渔业生态江岸风貌；郊野休闲江岸位于木棉村西侧，与青岐岛隔江相望，沿线多为滩涂，与成片鱼塘相接，在该处通过优化驳岸，重构水岸空间，打造出多元乡村环境以营造休闲亲水江岸。

2. 推行绿色生产方式，实现生态可持续发展

绿色生产是推进生态农业发展的基本方式和主要内容，也是乡村振兴战略中提升农村产业竞争力的重要抓手。西南街道（镇）认真贯彻落实农业农村部等 10 部委印发的《关于加快推进水产养殖业绿色发展的若干意见》（农渔发〔2019〕1 号），按照《意见》要求的鼓励创建水产健康养殖示范场/县，基本实现产品优质、产地优美、装备一流、技术先进的养殖生产现代化标准和佛山市出台的《佛山市水产养殖池塘标准化及生态健康养殖小区建设规范》，通过财政补助建设生态沟渠、人工湿地或水质净化池处理养殖尾水，实现养殖尾水达标排放或零排放；遵照建设水产生态健康养殖小区等文件精神，将鱼水和谐、绿色发展作为当地渔业可持续发展的抓手，推广水产养殖绿色发展模式，从而推动水产养殖业转型升级，实现了养殖鱼质量抽检合格率达到 99%，也符合农业农村部和省农业农村厅提出的 97%以上标准。

西南街道（镇）以“改善生产条件、提高养殖技术、完善服务体系”为切入点，按照“优质、高效、安全、生态”要求，以优质高效、生态安全为标准，依托省级水产健康养殖示范基地，开展水产生态健康养殖技术模式示范，实现了水产养殖全过程生态标准化，构建了绿色水产发展的空间格局和产业结构。在产前阶段，当地采取鱼塘进排水改造、生物净化、人工湿地等工程技术措施，保障了优质水产品的生产和优美水域生态环境。在生产过程中，养殖户和养殖企业采用规模化、组织化、数字化、标准化的现代渔业生产和管理方式，确保产品质量的提升和稳定；在各个生产环境，实行统一标准技术，科学布设网箱网围，加强投入品管理，从源头减少污染；采用智能控制方式进行精准饲喂。在产后环节，西南街道（镇）要求有关企业严格控制分级、加工、包装、冷链、物流等各环节，全程实行可追溯质量检测。西南街道（镇）还坚持推行养殖生产和生态环境保护协调发展，聚焦养殖尾水科学治理，制定尾水治理工作方案，明确治理目标和阶段性任务，组化推进

措施，落实责任到人。当地通过池塘底排污尾水处理技术，推广集中连片池塘养殖尾水处理、人工湿地尾水处理、“流水槽+”尾水处理、工厂化循环水处理等治理技术，推进养殖尾水资源化利用或达标排放，推动养殖水域环境持续改善。目前，西南街道（镇）以优质的生态和完善的设备为基础，通过统一的标准化生产和控制技术，严格的冷链加工、物流运输和环境治理要求，实现了辖区内水产养殖场、合作社全面达到健康养殖要求，促进了水产养殖业绿色高质量发展。

3. 强化科学技术引领，推动农业高质量发展

产业兴旺是乡村振兴的经济基石。实现农业农村现代化，关键是以农业科技创新促进农业发展方式转变，引导农业向绿色、优质、特色和品牌化发展，形成优质高效、充满活力的现代农业产业体系，促进科技与产业的深度融合。西南街道（镇）以市场需求和科技创新以及产业升级为驱动，按照“技术引进-内生转化-产品输出”的科学发展路径，与珠江水产研究所、中山大学、广东农科院、中国农业大学、华南农业大学、华南师范大学、佛山大学等农业科研院所展开合作，建立院士工作站，并成立由科研单位牵头的产业联盟，借力高端智库打造科创岛和智慧渔芯，形成了集生产示范空间、教育培训平台和科技研发平台一体化的产学研生产服务平台，引领渔业生产、水产品加工和绿色生态领域的技术进步和创新转化。

近年来，西南街道（镇）会同省农科院挂牌成立珠三角基塘农业研究中心三水工作站，全面推广塘基绿色复合种养模式。当地依托“智慧渔芯”平台，通过对先进育种、生态高效养殖、绿色生产、新型水产食品开发、加工储藏、数字化智慧渔业及塘基综合利用等技术的创新研发，将相关成果转化为新鲜安全鱼品、优质高值鱼苗、标准养殖技术、新型开发模式及高效生产组织方式等产品与技术。目前，已培育出采用工厂化模式繁育的适宜当地气候生长、抗性强的高值鱼品种。例如，由珠江水产研究所和白金水产共同研发培育的“优鲈3号”国家通过“水产新品种”评审，获评“2019年广东渔业种业10大名优品种”，形成了当地“三江鱼”独有品牌效应的拳头产品。依托科创岛平台，西南街道（镇）集成现代农业技术建立研发基地，展开了对中央厨房、植物工厂、鱼菜共生等新技术的研发与创新。同时，对于一批

有能力、有基础的养殖基地，帮助其改进提高养殖设施和装备水平，完善养殖尾水处理设施，推广生态健康养殖技术，发展形成标准化养殖小区；通过推进水产养殖与物联网、大数据等深度融合，实现自动化、精准化和智能化；通过开发塘基与果树、中草药种植等多业态叠加模式，优化养殖业整体生产布局，带动周边村庄实行标准化健康养殖。在技术推广环节，由西南街道（镇）的技术推广部门牵头组织技术推广体系，通过开展全产业链技术培训，引导水产养殖新品种和新技术的应用。当地通过“以点带线，以线带面，以培训加实践基地”的形式，形成了“科研单位/龙头企业-技术推广站-合作社/养殖户”的规范化三级教育培训体系，着力培养一批有文化、懂技术、会经营的新型职业农民带头人，造就了一支高素质的农业生产经营者队伍。

农业的高新技术推广和规范化、标准化、现代化管理不仅可以推动农业产业的快速发展，也是让城市居民了解农业、参与农业的重要突破口。西南街道（镇）高度重视农业高新技术前沿产品的研究，并将农业高新技术引入休闲农业，努力为游人创造身心愉悦的休闲农业游环境，同时达到科普教育、科技引导的目的。当地将虚拟农业、无人机、智能温室、智能机械等农业高科技与科普研学深度结合，形成了农业科技展示基地和农业科技教育体验基地。这些基地既具有产业功能，又具有特定科学技术知识传播普及和科技成果展示体验等功能，是城镇居民参与都市农业的新桥梁。农业科技展示基地也是集农业科技展示与科普教育于一体的开放性平台。基地可以展示农产品加工、无人机植保、VR 模拟、园艺花卉、农作物栽培、立体种植、动物养殖、微生物养殖等现代农业技术，开展“农业科技课程＋农业种植＋农业休闲”的研学项目。农业科技教育体验基地包括无人机、虚拟农业、动植物认知，植物播种、育苗、栽培、管理、采收、储藏、加工，植物的组培，无土栽培，微生物的观察，生物多样性与保护，生态系统的分析与设计，环境的污染与防治等体验活动，已逐步成为对市民和游客进行农业科普和休闲旅游的新天地。

4. 延伸生态农业产业链条，打造高附加值农产品

乡村振兴的关键是产业振兴。发展产业就要挖掘特色资源，强化科技支撑，打造农业全产业链的科技支撑体系，壮大特色产业集群，促进产业振兴

和经济活动提质增效。西南街道（镇）通过树立农业全产业链融合理念，从现代种养、加工流通、物流配送、电子商务、休闲旅游、健康养生等全产业链角度出发，培育特色农业新业态，开发拓展传统农业功能，将文化创意与特色农业要素相融合，深入挖掘特色农业的经济价值、生态价值、社会价值和文化价值，极大提升了农业产业化水平和特色农业附加值。

从前述特色渔业产业结构变化趋势可知，当地人工养殖规模、高端鱼类品种、工厂化生态养殖面积正逐步增加，但是在加工环节，尤其是高端产品方面几乎还处于空白。作为全省渔业特色资源地区，西南街道（镇）深挖特色渔业产业潜力，当地在鲜鱼分割初加工，鱼丸、鱼油等精深加工产品及冷链仓储运输等产后环节开辟新途径，打造集优育种苗、生态养殖、加工物流、品牌销售等上下游贯通的全产业链，在促进农民增收上获得了新的突破。西南街道（镇）具有发展乡村旅游和渔业文旅产业的先天资源环境优势，周边地区经济发展水平高，消费者也对高端精致休闲农业有着旺盛的需求。针对现有都市休闲农业业态较单一、数量和规模较小，农产品普遍低端，道路、体验环境不佳，配套设施条件较差等发展基础，西南街道（镇）提出了“轻资产、重活动”的理念，即顺应场地特点充分保留自然资源，以农业景观代替园林绿化景观，以生态技术为核心降低文旅休闲管理的成本，以本土材料结合现代建构，打造精品化和特色化的丰富活动，以此提升基础条件和服务体验，全面强化农产品和休闲农业的高价值和高颜值。

在景观打造过程中，有关企业通过以种植季节对接植物、温室水培技术、动物养殖结合各类文化活动等方式突破旅游淡旺季界限，打造多层次、全年度的度假体验，引导休闲农业朝着产品精品化、设施精细化、服务人性化的方向发展。当地通过创建诸如植物生产全过程、田园生活方式、自然环境景观及具有地方特色文化等多种体验场所，向游客提供了高附加值的农产品、相关衍生品、艺术品和度假产品。在休闲渔业产业发展中，西南街道（镇）通过不断完善农业旅游服务，丰富乡村休闲业态与产品，从岭南渔耕文化、粤菜饮食文化、塘基采摘、休闲垂钓及自然教育等方面发展“渔＋”文化、旅游和科普教育等相关产业，提升水产产业各产业链节点的软实力，提高全产业链的竞争力与综合效益。

西南街道（镇）因其独特的区位优势和产业基础，在推进乡村产业振兴中，催生出了不少具有其区域特点的产业模式。当地通过挖掘资源禀赋、强化科技创新、培育品牌优势、促进产业融合等一系列方式，推动了高附加值特色农业的发展。同时，当地也充分认识到了其农业资源的单一性和局限性。要做强农业产业，出路在于发展特色农业，在特色的基础上延伸产业链，创新价值链。因此，通过整合优质特色农业资源，促进产业上下游和关联企业协同发展，培育形成了一批全省乃至全国知名的农产品区域品牌和商标。在品牌打造过程中，西南街道（镇）建立了覆盖特色农业全产业链的标准体系；生产标准化特色产品，夯实品牌培育的产品品质基础。在宣传推广过程中，政府有关部门和企业联手，通过权威媒体宣传、人物形象推广、网络营销、品牌展会等多种形式，多种渠道塑造对外形象，形成以区域公用品牌为核心、企业品牌为支撑、产品品牌为基础的特色农业品牌体系，提升了当地特色农业品牌的认知度、美誉度，扩大了其市场影响力和竞争力。在西南街道（镇）整体品牌建设中，当地形成了独特生态环境和品牌影响共同促进的关系。同时，西南街道（镇）持续大力加强对环境保护的宣传力度，以提高企业和村民对于生态环境和保护，将生态品牌战略作为产业持久发展基础的总体意识，从而更好地推动了当地乡村产业振兴和特色农业健康发展。

5. 聚焦农产品销售新模式，多渠道助力乡村产业振兴

实现乡村振兴，必须促进农业全面升级、农村全面进步、农民全面发展。乡村振兴的最终落脚点是让农民实现富裕富足，生活更美好。西南街道（镇）辖区的工业园区企业以及外来人口众多，这些住区企业与外来人口对当地特色农产品以及休闲服务有旺盛的需求。在促进乡村振兴的过程中，西南街道（镇）将农产品营销作为实现解决农民增收的关键问题，通过整合多种营销模式，建立了多生产端与销售端的联结关系，全方位打通农业生产者与消费者的对接渠道，实现了农产品在城乡市场间的大循环，极大地拓展了当地特色农产品的销路和销量，帮助当地农户和外来务农人员实现增收。

在产品营销方面，西南街道（镇）采用“定向供应＋订单供应＋定点供应＋生鲜电商”多维营销模式，并通过博览会、展销会、电视、传统商超、园区企业等多种“线上＋线下”方式进行联产联销。在线下方面，当地改造和提升了传统产销渠道，在乡村范围成立了以村级为单位的村级农村协会，

各村小农户、合作社、专业大户等经营主体实行标准化种养生产，由协会负责本村农产品与周边消费者、工业园区等对接；通过签订产销协议或合同，与客户建立定向供应关系；整合养殖大户、企业或合作社、物流体系等组织，建立多种形式的产品供应平台；对接城区高端优质农产品消费人群，进行订单生产，实现了农民与消费者的收益共享、风险共担；以区域内高端农庄作为主要供应来源，引入新技术、新品种和资金，养殖高价值特品鱼类，进行定点供应；联合优质休闲农业和旅游网点，满足特定消费人群的需求。除针对以上工业园区、三水市区和休闲农庄的消费外，在线上方面，西南街道（镇）还积极吸引互联网电商企业入驻，充分利用数字信息技术，鼓励电商发展。当地创建了多个特色农产品线上营销平台，与本地生产者建立购销联系，并联合盒马生鲜、每日优鲜等电商平台打造网络销售品牌，以网络电商销售鱼品为主延伸产业链条，依托互联网平台，整合实体门店、物流、融媒体、供应链等系统模式，打通线上、线下从产品到服务的市场输出，不断拓宽营销渠道，促进乡村经济和区域内涉农企业健康、持续发展。

6. 建设美丽宜居乡村，实现乡村全面振兴

对大多数农村而言，改善村容村貌、建设美丽宜居乡村是实施乡村振兴战略的一场硬仗，其实现难度和重要意义都非常重大。其难度体现在农民的思想意识传统观念、文化水平和组织化程度的薄弱上，也难在经济实力的积累水平与资源调动能力上，其意义则不言自明，此事关乎全面建成小康社会、农民群众根本福祉和乡村社会文明和谐。西南街道（镇）的乡村为典型岭南水乡，基于村庄原生产、生活和生态空间布局，当地结合整体空间规划布局和产业规划，选准下辖的江根村、大路村、刘家村和沙水村等几个典型村庄为突破口，着力推进农村村容村貌改善工作，几年来，全镇村容村貌整治工作取得了明显成效。

西南街道（镇）下辖的村庄过去的环境整体不佳，当地道路外沿衔接残破，交叉路缺少硬化，水体污染严重，垃圾堆放杂乱散落，沿街墙体立面污秽，缺少古村文化特色，严重影响了村民生活质量和当地产业发展。在推进乡村振兴、建设宜居西南以来，当地在全域开展了“三清三拆三整治”工作，遵循硬化、净化、绿化、美化和亮化“五化”的标准对环境进行全面整治。

“硬化”是指对村庄道路进行硬化处理，增加路道牙，铺设人行道，对紧邻道路两侧的人行道或地面出现的破损、坑凹、路牙缺损、缺块、苔藓以及大块污渍等问题，采取铺、补、清洗等措施，确保地面平整干净。“净化”是整治道路两侧柴草、木板、建筑垃圾等乱堆乱放物品，清理积存垃圾杂物，水面漂浮垃圾和草丛散落垃圾；拆除违章搭建的围墙、圈舍，清洗修复破损、有碍观瞻的建筑物及封挡，达到物品摆放整齐有序，无暴露垃圾、无乱堆乱放、无乱搭乱建。“绿化”是指在现有成片植被基础上，提升符合本土乡村的特色景致，补植补种道路两侧可视范围的绿化植物，配以果木树种和花卉，形成清晰和多层级的绿化景观，营造原汁原味的乡村美景；对于村内水体进行治理排污，种植亲水水生植物，打造水上美景，并辅助水体净化。“美化”是加强沿街两侧户外广告、店面标识标牌的管理，清洗墙体，清除废弃牌匾，确保各类广告、标识标牌整洁美观，用字规范，内容健康；在工地、待征土地、拆迁工地、破旧建筑四周等推行景观性围挡设施，间插35%的公益广告，实现围挡全覆盖。“亮化”是以打造富有当地特色、注重节能环保为主的道路夜景亮化体系为主，使当地夜晚景观亦成为美丽乡村的组成部分，为村民和游客提供舒适优雅的视觉环境。

截至2019年，西南街道（镇）街道10个村居和120个自然村，实施挂图作战，南部水乡村示范区“五个美丽”工程建设6大类49项工程，完工率达到了92%，乡村产业结构升级和城乡人居环境得到了显著进步和改善。

西南街道（镇）强化生态发展理念，努力创造宜居环境，将当地美丽乡村“生态宜居”建设统筹结合休闲文旅产业进行规划，在从沙水村村口沿河提路到大陆村村尾约10 km距离形成了十里画廊参观路线；建成生态乡居游览区、昆都江根休闲观光区、传统文化参观体验活动区、山水自然风光观赏区、山林体验观赏区、农业景观观赏休闲区和自然村居体验活动区等7大功能板块，并打造了江根村落-农田景观、高铁-鱼塘-林地景观、苗圃景观、山林-池塘-民居环绕景观、历史文化建筑体验景观、工农结合现代化景观、水厂工业园区序列化景观等16大乡村体验空间板块，形成了濠濮间想、流云阡陌、穿云游渔、林池悠居、溯水追源、修篁绕径、仰山抚流、五峰环列、茂林修竹、岁稔年丰、参差乡居等“新十一景”，大大丰富了西南街道（镇）的乡村休闲文旅资源，也使“生态宜居”有了更富乡土文化的氛围。当地以传统村路和田地构成宜居村庄景观，融合生产、生活、生态多重空间和实景元素，形成农业种植业、加工业、物流业、旅游产业、文化创意产业等多种业态共生，形成连片发展态势，绘制了西南街道（镇）“乡村振兴之大观”。

在西南街道（镇）能展现这一特色的村落很多。以西南街道（镇）下辖的江根村为例，江根村地处西南街道（镇）西南侧，该村生态禀赋良好，历史文化底蕴深厚，村庄依山傍水，建筑格局特色明显，适合发展乡村文化旅游。江根村很多民居都保留着传统村落风貌，形成了以宗祠文化为代表的明清时期传统广府建筑、解放初期简化的广府建筑和现代建筑三类不同年代的建筑群落。但是，过去村内建筑缺乏统一规划控制，空间分区混乱，样式区别较大，整体无序发展，风貌极不美观。而且，村内基础设施较为初级，道路为水泥路面，局部损坏或长有青苔，公共绿地较少，以居民自种盆栽为主；杂物堆放外露较为明显，村内缺少具有文化及休闲等功能的公共空间，无室外照明、环卫设施及标识，整体较为杂乱。在乡村振兴战略实施过程中，西南街道（镇）将江根村定位为乡村旅游和发展优质农产品的重要基地，将其作为农田景观板块和昆都江根休闲观光区的重要部分，对江根村展开了村落格局改造和村容村貌更新。改造过程中，西南街道（镇）和江根村村委会依据村庄天然生态环境，以文脉为标签，以岭南古村为底衬，以生态和文化为特色，确立了“以空间营造引导挖掘内在文化”的方案，从产业、生态、建筑、文化、环境、活动、村民、品牌 8 个方面，将其打造为西南街道（镇）的文化旅游服务产业和原生态乡土文化示范标志村，把乡村独特的生产、生活、生态和文化价值转化为经济价值，将乡村生产产区通过景观化的方式营造为观赏景区公园，并结合农业劳作和农事活动将江根村打造为沉浸式体验景区，对传统民居和农民生活空间进行更新改造，营造出浓郁的地域文化特色，最终形成生态宜居环境与产业兴旺协调一致的清风古村落。

村容村貌更新改造的具体做法包括：其一，将江根村的整体格局规划为“一纵三横”的景观轴线，即历史文化连廊之纵，江根文化之横、水文化之横和田园文化之横，呈现出了一个意蕴独特的“丰”字。这也蕴含着江根村拥有“丰亨豫大”之吉相（图 5-12）。其二，紧密结合当地产业发展和村民生活需求，将村庄分为自然文化区、古村落片区、农业文化体验区和景观农田欣赏区 4 个功能分区，联结村内鸳鸯亭、五显古庙、三十六江亭、洗墨池、古

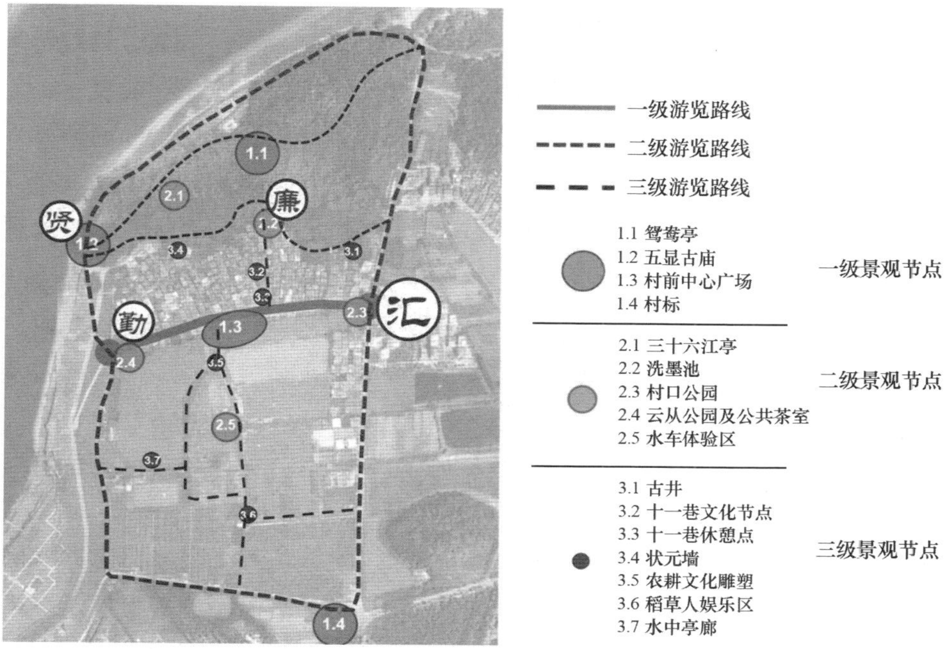

图 5-12　江根村“一纵三横”空间结构及景观节点分布示意图

井、十一巷和状元墙多个景观点，形成乡风传统文明的展示区。其三，在近水侧江根村的中心位置建设村面广场，打造“勤”“廉”和“汇”3 个功能分区，即云从文化品读区、中心广场观赏区和江根文化颂扬区（图 5-13）；分区设置棋牌广场、文化宣传广场、中心广场、公共茶室、亲水平台、亲水木栈道及停车场等，并与江根印象表演节目的文化主题一一对应，根据表演场景需要，每一个区的改造都布置景观小品和装饰建筑立面，打造独具地方特色又内涵丰富的休闲空间。其四，在农业水文化体验片区，建设了约 1.07 hm^2 的高标准基本农田及周边连接道路组成的农业公园；利用局部架空木栈道形成上下两层交通一体验空间，下层以观赏性、景观性农业种植为主，上层木栈道以游览体验为主，体验回归本真自然的乡村田园生活。

西南街道（镇）各村都具有较雄厚的经济基础，因此对于村容村貌改造一直坚持打造精品、质量和效果为重的原则，对于不同形式的村面建筑风格，坚持“保护历史、尊重现状、强化特色、提升品质”的要求。在改造项目实施过程中，对于传统广式建筑，以排查隐患、保护修复为主，重点采用清理污渍，恢复本身肌理和色彩；对于解放初期简化的广府建筑，按照修旧如旧

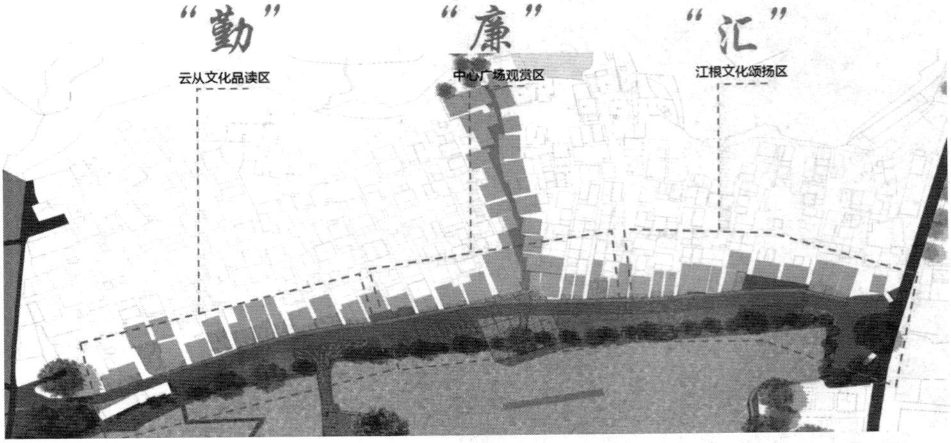

图 5-13 江根村村前广场方案

的原则，从色彩和纹理方面统一整体外观风貌，建筑立面上更换门窗、阳台栏板、屋面檐口，增补窗楣、柱头、雨罩、雨落管、台阶勒脚等构件，修补大门上部门头壁画及装饰图案，尽量按照旧时型制简化，恢复传统岭南风格；对于现代建筑外立面采用青灰色仿砖涂料覆盖，拆除和替换建筑外观上的雨棚、栏杆等简易构件，将过于现代的门窗更换为仿古门窗，以取得外观主色调的统一和谐。江根村依托丰富的村落资源，将村落环境整治和文化生态、自然生态修复相结合，既重塑了传统古村落的历史风貌，为村民和游客展现了乡村振兴"生态宜居"的样板，又调整优化了产业布局，延长了产业链，促进了乡村旅游、生态农业等产业的融合，打造了西南街道（镇）乡村振兴的示范样板。

第五节 总结与展望

乡村振兴的发展实践，让越来越多的人认识到：乡村振兴不仅是经济的振兴，也是生态的振兴、社会事业的振兴，以及文化、科技的振兴，更意味着农民素质的全面提升。

乡村振兴的总要求包括产业兴旺、生态宜居、乡风文明、治理有效、生活富裕5个方面。其内在要求就是统筹推进农村经济建设、政治建设、文化建设、社会建设、生态文明建设，在“五位一体”推进中，建立健全城乡融合发展的体制机制和政策体系，加快推进中国特色的农业农村现代化。

三水区西南街道（镇）因其独特的地理位置、经济区位和产业布局，在乡村振兴的规划中统筹考虑珠江三角洲城市群的特点；借助粤港澳大湾区的城市群结构，将农业农村现代化与粤港澳大湾区发展规划相衔接；明确了低碳绿色发展定位，把保护乡村生态环境作为一切发展规划的硬原则，明确了城市群之间的功能职责，形成互补互促互成体系。可以看到，西南街道（镇）在推进乡村振兴战略过程中，坚持了习近平总书记提出的“两山”理念“绿色发展理论”；针对当地乡村产业基础，城乡空间格局特色，把生态文明建设作为产业振兴的前提，把生态环境保护升级为“生态+”的发展思路与建设方案；立足于当地社会经济基础，依靠科技和文化这一重要抓手，促进传统粗放的农业生产方式高起点向标准化、规范化、科学化、生态化方向转型；坚持产业发展与环境治理同步推进，充分结合总体建设部署与现状条件，实行分期建设、逐步改造，确保乡村环境优美与产业协调高质量发展的目标不走样、能实现。这不仅是粤港澳大湾区基本原则的要求和上位规划对西南街道（镇）所在功能片区职责的限定，也是当前形势下，历史发展、乡村振兴和国家生态文明建设、绿色发展战略等带来的重大机遇。

当地政府、驻地各企业及农村合作组织及时抓住乡村振兴和粤港澳大湾区大发展的历史机遇，借助各种政策和资源、区位优势，打通域内外生产要素汇聚渠道，打破城乡阻隔的障碍，突破原有的视野，重新思考和规划新的发展时期当地社会、经济、生态发展的建设蓝图。在实践中，西南街道（镇）坚持“整体到局部、整治到重构、概念到理念、规划到落实”的发展原则，深入推进乡村振兴与农业供给侧改革相结合，扎实推进“生态西南、渔产西南、都市西南、文化西南、科技西南”五大战略和“人才保障、机制保障、金融保障”三大保障；从政策、资金、规划、行动等各环节加快实施乡村振兴战略，激活土地、劳动力、资本、技术等基本要素，形成了一二三产业融合发展、城乡统筹联动的新格局、新面貌。

本章小结

产业兴旺就是要紧紧围绕促进产业发展，引导和推动更多的资本、技术、人才等要素向农业农村流动，调动广大农民的积极性、创造性，形成现代农业产业体系，实现一二三产业融合发展，保持农业农村经济发展的旺盛活力。生态宜居就是要加强农村资源环境保护，大力改善水电田林路，让农村美起来；改善空气质量、居住环境和通讯交通、公共服务体系等基础设施；保护好绿水青山和清新干净的田园风光。

第六章

城乡融合发展 产业协同振兴

引言： 城乡融合发展是乡村振兴战略提出的重要体制机制保障，也是我国破解“三农”难题瓶颈、加快农业农村现代化的重大举措。推动城乡融合发展绝非一朝一夕之功，需要长期的努力和有效的组织保障。到2020年，我国常住人口城镇化率已经超过了60%，进入了城镇化高质量、多元化、可持续发展的新阶段。但是，长期分割的城乡格局确实在很多方面滞缓了农村地区的产业结构升级与社会发展进程，使城乡发展不平衡，农村发展不充分的问题与矛盾十分突出。

第一节 发展背景

众所周知，我国传统城镇化是伴随工业化为主导进行的。新中国成立后，我国开始了大规模工业化进程，城乡二元社会经济结构在当时的历史条件下一定程度上保障了工业化与城镇化对资金和劳动力的需求，同时保持了大量的农业劳动力和支撑工业化的稳定政治、经济环境，对于我国经济与社会发展做出了不可磨灭的贡献。改革开放后，我国工业化进程加快，在推进城镇化建设方面取得了显著进展。2020 年，中央农村工作会议指出，要把县域作为城乡融合发展的重要切入点，赋予县级更多资源整合使用的自主权，强化县城综合服务能力。

总体来看，现阶段乡村振兴在大多数地区仍受城乡二元结构制度的制约，面临着城乡资源流动不顺畅和流向不合理、城乡公共服务的社会均等化程度差异巨大等挑战。2019 年，我国城镇居民人均可支配收入达到了42 359 元，农村居民人均可支配收入仅为 16 021 元，仅为城镇居民的 37.8%；我国农业产值占 GDP 的份额已经下降到 7.1%，但农业就业比重仍占 25.1%；全国平均全员劳动生产率为 115 009 元/人，农业劳动生产率仅为 36 239 元/人。与繁荣的城市相比，农民生活质量较差、农村空心化、老龄化、人才流失严重；村庄建设无序化、社会结构松散化、组织结构断层化等问题明显。截至 2019 年，全国农民工总量已达 29 077 万人，成为我国产业工人的主体，但由于户籍限制难以在城市安家，导致产业劳动力主体与居住地城市的融合不紧密、产业集聚与人口集聚不同步，进而加重了国民经济结构比例失调、工农业结构和城乡人口结构错位。这种格局严重影响了全员劳动生产率和企业的经济效益的提升，对我国工业化、现代化进程的推进与农业劳动生产率的提高造成了不同程度的阻碍。

过去，中国“三农”问题的解决更多地注重于从农村内部考虑农业、农村和农民问题。为破解城乡发展严重分隔的格局，中国先后经历了城乡统筹发展、城乡一体化、再到城乡融合发展的政策演进。党的十八大以来，国家提出以提升城乡发展质量为目标，分别出台了《国家新型城镇化规划》和

《乡村振兴战略规划》，推动新型城镇化与乡村振兴的融合发展。

近年来，在全国各地推进城乡融合发展建设过程中，出现了多种不同的发展模式，既有城乡高度一体化的城市群连片改造模式，也有依托小城镇发展的特色小镇建设模式，还有产业融合为基础的新型科技、产业园区模式。小城镇是城乡的过渡节点和重要纽带，曾在20世纪90年代及以前，对推进国家城镇化整体建设起到了重要的作用。在新型城镇化发展格局下，我国将形成城市群、中小城市与小城镇协调发展的城市化新格局，城乡融合发展将成为推进国家新型城镇化和乡村振兴的突破口。

第二节　南宁市青秀区刘圩镇推进城乡融合发展的探索实践

作为县域城乡融合发展建设试点，广西壮族自治区南宁市青秀区在探索城乡融合发展的过程中进行了大胆尝试。当地政府通过实地调研、专家访谈和系统性学习有关政策文件，结合对区域内人口流动、就业结构、产业构成、生态资源、基础设施等条件的深入分析，确立了城乡融合发展，产业提质增效，整合优势资源、转变发展方式的新方向。为此，青秀区重点打造所辖刘圩镇文化旅游产业和特色农业为主导的创新创业基地，率先引进“市民农庄”城乡统筹发展的新概念、新模式。

刘圩镇既有优越的农业资源，也有美丽的自然资源和人文底蕴。作为城乡统筹发展示范区，当地政府聘请了有关专家做好顶层设计，制订了乡村振兴、城乡融合分阶段发展规划。其核心点包括以下几个方面：①探索县域经济城乡融合发展的有效途径和机制保障，引商下乡，为企业和民间资本提供创客创业资源与政策扶持；②引进与整合以企业为主体的资本和技术资源，实行政企合作、统一运营的开发管理模式；③针对城市人口对于有机食品、休闲度假、返乡创业等需求，盘活刘圩镇乡村闲置土地；④以特色农产品产业和休闲农业为两大主力引擎，延伸核心产业至健康产业，推动三产融合；⑤以发展产业多元化、生态宜居、完善乡村基础设施为重点，推进乡村建设；⑥为乡村导入人口、资源及可持续发展的资源与技术支撑，全方位对接乡村

振兴的发展需求。

刘圩镇以城市市民阶层的消费力和城市带动力为依托，通过建立市民农庄项目，联动农业与服务业；为市民和农民提供创业、就业的更大空间，实现人才、资金与技术向乡村流动，建立城乡资源双向驱动和良性循环的机制与政策扶持体系。这是青秀区示范区和刘圩镇改革实验区建设产、城、镇、村融合互促的新模式、新探索，对新阶段、新格局下推进城乡融合可持续发展，形成有效创新机制具有重要的理论与实践意义。

1. 基本情况和社会经济条件

刘圩镇隶属广西壮族自治区南宁市青秀区，位于南宁市东南部，东与青秀区南阳镇、邕宁区中和乡毗邻，南与邕宁区那楼镇相邻，西接邕宁区蒲庙镇，北与青秀区长塘镇接壤，有南（宁）横（县）、南（宁）灵（山）和邕（宁）浦（北）二级公路和 3 条自治区级公路穿镇而过。刘圩镇位于南宁半小时经济圈内和青秀区的发展主轴线上，交通便利，通达性极好（图 6-1）。全镇辖 14 个村、1 个社区，共 47 个自然村（屯）。行政区域面积 160 km^2，其中城镇面积 1.65 km^2。2018 年，全镇总人口 5.88 万，其中城镇人口 0.77 万人，少数民族人口 5.7 万人。

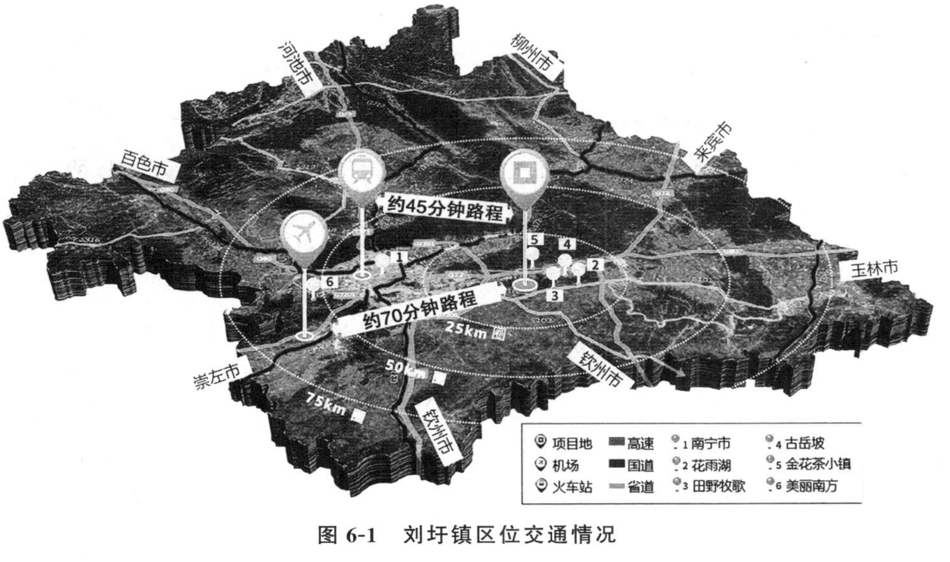

图 6-1 刘圩镇区位交通情况

刘圩镇的产业格局主要以农业产业为主，工业、服务业产业基础较为薄弱，正处于工业化和城镇化的初中期发展阶段。刘圩镇所在的青秀区是广西壮族自治区南宁市的核心城区，作为广西壮族自治区对外展示改革开放成果的城市名片，也是南宁市政治、经济、文化、金融、会展和信息中心，还是广西壮族自治区唯一同时入选全国5个百强区的县区。2018年，刘圩镇完成农业总产值107 763万元，工业生产总值6 356万元，社会消费品零售总额37 820万元，全社会固定资产投资16 000万元，农民人均纯收为入12 204元，一二三产业结构之比为1.82：10.44：87.75，城镇居民人均可支配收入为45 467元，农村居民人均可支配收入为15 423元。可见，刘圩镇在青秀区属于欠发达乡镇。表6-1给出了刘圩镇农业农村发展基本情况。

表6-1　刘圩镇农业农村基本情况

指标名称	2018年	增速/%
一、基本情况		
1. 土地面积/km^2	160	0.00
2. 村（居）委会个数/个	15	0.00
3. 自然村（屯）个数/个	47	0.00
4. 年末总户数/户	15 833	1.83
5. 年末总人口/人	58 844	1.25
6. 年末耕地面积/hm^2	5 750	0.10
7. 农作物总播种面积/hm^2	14 468	2.20
其中：粮食播种面积/hm^2	5 649	0.80
二、综合经济		
1. 农林牧渔总产值（现价）/万元	111 209	0.40
其中：种植业/万元	67 416	4.64
林业/万元	4 987	6.13
畜牧业/万元	32 617	−7.08
渔业/万元	3 844	29.82
服务业/万元	2 345	−34.41
2. 主要农产品产量		
粮食/t	31 905	1.00
油料/t	2 535	−7.31

续表 6-1

指标名称	2018 年	增速/%
甘蔗/t	194 777	0.87
水果/t	41 566	5.83
蔬菜/t	77 750	3.37
肉类/t	10 216	1.29
水产品/t	2 816	40.03
3. 全部工业总产值/万元	—	−24.93
其中：规模以上工业总产值/万元	—	−100.00
4. 固定资产投资总额/万元	—	49.00
5. 社会消费品零售总额/万元	—	10.50
6. 农民人均纯收入/元	12 204	9.99

刘圩镇属湿润性亚热带季风气候，阳光充足，气候温和，雨量充沛，夏长冬短，干湿季节分明。年平均气温在 21.9 ℃左右，极端最高气温 39 ℃，极端最低气温−19 ℃，10 ℃以上活动积温 7 844.6 ℃；年平均日照时数 1 504.5 小时；霜少无雪，年霜冻日仅 4 天；平均降水量为 1 299.4 mm，平均相对湿度为 78%；全年风向多为东北风；水热资源为全国之冠，是我国适宜发展热带作物的地区之一。当地近 90%的面积是丘陵山地，山多田少，人多地少，斑山为红褐色砂石岩结构，属于罕见丹霞地貌；境内土壤以赤红壤、紫色土为主，具有全国 50%的稀缺紫土资源，土层深厚，土质肥沃，土壤肥力高，富含丰富钙、磷、钾等营养元素；现有林地面积 0.56 万 hm^2，森林覆盖率 41.35%，生态植被群落保存良好。

刘圩镇拥有深厚的历史文化底蕴，壮乡文化、农耕文化、民族民俗文化丰富。当地壮族人工栽培的历史长达 12 000～20 000 年，是稻作农业的起源地之一；斑峰书院始建于清朝光绪四年，距今已有 100 多年的历史，古建筑精致且保存完好，素有“一榜三举人”“一门三进士”的佳话，求学上进氛围传承至今，已成为众多青少年读书求学圣地。境内旅游资源丰富，包括具有斑山、青龙江水库、马鞍水库等原生态山体和水资源自然景观；麓阳大寨屋、那瓦水井、抗战革命烈士纪念碑等人文遗迹；斑山庙会、山歌比赛、舞龙表演、祈福等民俗活动。刘圩镇曾获南宁市第三次全国农业普查工作成绩突出集体、十佳乡镇、基础便民专项活动示范镇、2016—2017 年度全区脱贫攻坚先进集体等称号，大里村那崛坡获 2018 年南宁市十佳绿色村屯称号。

2. 乡村产业基础

刘圩镇的农业产业主要以种养业为主。2018 年完成农林牧渔总产值 111 209 万元。有耕地面积 0.67 万 hm^2，粮食播种（含复种）面积 0.56 万 hm^2，共完成水稻种植面积 3 500 hm^2（其中，优质稻 3 400 hm^2）、玉米 1 270 hm^2、红薯 140 hm^2、大豆 40 hm^2。经济作物种植面积 3 800 hm^2，共完成甘蔗种植面积 1 420 hm^2（其中，新植蔗 293 hm^2）、花生 850 hm^2、西瓜 700 hm^2、果园 393 hm^2、桑园 307 hm^2、木薯 253 hm^2、香芋 20 hm^2。全年全镇粮食总产量达 31 900 t，油料产量 2 535 t，甘蔗 194 777 t，水果 41 566 t，蔬菜 77 750 t，肉类 10 216 t，水产品 2 816 t。表 6-2 给出了刘圩镇主要农产品的单位产值情况。

表 6-2　刘圩镇主要农产品单位产值情况

名称	产值/（元/hm^2）
早晚稻	19 200～33 000
制种稻	38 250～51 000
西瓜	30 000～45 000
香芋	180 000
蔬菜	18 750～45 000
糖料蔗	30 000～37 500
玉米	12 000～22 500
火龙果	150 000～300 000

刘圩镇特有的紫土水稻田属全国稀有土壤类型，富含丰富的锌、硒矿物质。其稻谷、优质蔬菜畅销四方，远近闻名。“刘圩香米”获得国家农产品地理标志认证，麓阳村有机稻生产基地成为广西首个通过国家认证的有机香稻产地。除主要农作物外，刘圩镇形成了以桑蚕、蘑菇、香芋、香米为主的“一村一品”特色产业布局，成为农民增收的支柱产业之一。当地林业经济主要以松树种植为主；畜牧业以良种瘦肉型猪为主，良种肉鸡、鸭逐渐形成规模，已建成养殖示范小区 11 个，有龟、鳖、蛇特色养殖面积 3 800 m^2，另有 1 座投资 2 000 万元的梅花鹿养殖场。镇政府与当地龙头企业合作建成了集饲养-加工-销售于一体的现代特种动物养殖新兴企业，获得“美丽南宁”乡村建

设“十佳乡镇农贸市场”称号，田野牧歌肉牛产业（核心）示范区入选广西现代特色农业（核心）示范区（四星级）、国家肉牛养殖标准化示范区、第九批国家农业标准化项目等。

3. 面临的问题与挑战

总体看来，刘圩镇资源丰富，环境优美，地处水稻、秋冬蔬菜、食用菌、桑蚕养殖、亚热带水果优势带，具有较强的区位优势和农业及旅游业发展资源。近年来，刘圩镇围绕“农业大镇，产业兴镇，文化名镇，旅游强镇”的现代农业发展思路，继续巩固万亩绿色水稻高产示范基地和全国粮油糖高产创建项目成果，全面推广测土配方施肥、地力培肥等农业清洁生产级高产技术，持续打造“富锌香米”“刘圩香芋”等特色农业品牌；进一步提升柑橘类水果种植规模和水平，大力推行以有机水稻基地和玉米套种花生、香芋套种超级稻等多种套种技术为主的农业生产模式；并探索应用“互联网＋农村电商”的营销模式，使当地农业生产和主要经济指标实现了稳步增长。但是，从这些数据也可以看出，其区域发展整体水平相对落后，农业生产模式较为传统，农业生产效率较低，人均 GDP 远低于青秀区及南宁市的平均水平。

过去，刘圩镇在发展农业产业化和农村产业振兴的基础方面，相对其他乡镇，存在较大差距，在资源禀赋、基础设施建设和村民组织等方面面临着诸多问题，主要表现在：①刘圩镇水田的形状狭长，田块小且破碎，导致难以实现土地连片规模经营；②现有农田基础设施落后，部分引、提水工程设施老化，损坏较为严重，造成引、提水量不足，灌溉渠与排水沟功能混乱，沟渠中断等现象严重，极端天气下极易导致排水不畅发生涝灾，整体应对自然灾害能力较弱；③农业机械化程度较低，除部分以手扶拖拉机带小型农机具实现耕作外，栽培、植保、施肥、收割和晾晒等环节仍以人工为主；④村镇内道路建设薄弱，田间机耕路破坏严重，田间机耕路尚未硬化，加之常年失修，造成了农户生产运输困难；⑤村内基础设施和公共服务设施滞后，由于缺乏相关规划，村内民居住宅布局零散，垃圾随处堆放，居住环境较差，缺乏整体美感，难以满足新农村建设的发展需求；⑥在农民组织化建设方面，农民合作组织和龙头企业数量较少，多数合作组织和龙头企业与农民合作方式仍处于初级阶段，运行机制有待完善，周边仅有麓阳村芋米特种种植合作社及谭村秋葵、铁皮石斛和火龙果种植合作社，主要以农民个体经营为主，兼营较多、专营较少，小规模经营多，适度规模经营少，专业化生产较少，整体组织化水平较低；⑦当地农民受教育程度普遍不高，主要以外出务工和在村务农为主要收入来源，随着农村青壮劳动力的持续转移，空心化、老龄化问题严重，且生产成本逐年增加，农业经营利润下降，在一定程度上减少了当地农民发展农业产业的积极性；⑧在工业、服务业领域，整体发展基础非常薄弱，农产品加工和商品化处理设施、文化、旅游、服务等设施不足，在农产品加工方面，仅有少量未成规模的精米厂、淀粉厂等食品加工产业，预冷库、储藏冷库和采后商品化处理设施规模较小，产销加工能力较低。这些问题严重影响到了刘圩镇的经济发展。

经过认真分析本地乡村振兴存在的诸多问题，刘圩镇认识到：仅仅依靠本身的资源和内生力量，难以快速实现产业兴旺，更无法改变乡村基础设施落后的局面；必须利用刘圩镇毗邻城市的地理区位优势，走城乡融合发展之路，合力推进乡村振兴战略。

第三节　刘圩镇以城乡融合为特色的农业产业规划

一般说来，一个区域的发展定位主要依据该地区的区位特征、产业发展基础、资源禀赋条件及自然人文环境等因素，再结合外部和上一层级系统的长期发展目标，以及可能提供的各种条件，特别是要重点考虑外围区域内的宏观经济环境及战略布局。因此，刘圩镇镇党委和政府认真学习研究了广西壮族自治区、南宁市和青秀区的中长期发展规划，组织所属各部门分析推进当地乡村振兴的有利条件和发展机遇，寻找实现快速发展的突破口。

广西地处大西南区域经济合作区、中国-东盟区域经济合作区和泛珠三角区域经济合作区的核心交汇处。随着三大经济圈的逐步建成与国家“一带一路”倡议的实施，广西迎来了对外合作与发展的新契机。相应地，南宁市也根据广西的发展定位调整，做出了相应布局安排 。根据《南宁市“十三五”新型城镇化规划（2016—2020）》（南府发〔2017〕1号）和《南宁市城市总体规划（2011—2020）》的布局安排，南宁市将优化提升中心城区；重点发展五象新区、空港经济区、三塘-五塘片区；特色发展东部县域经济片区、北部文化旅游区；做大做强市域城镇化轴带，着力打造中小城镇组团，按照整体向东，重点向南的方向发展。

青秀区作为南宁市的城市名片，其发展规划和产业定位为中国-东盟商务中心、大型商贸会展中心和花园式居住新城。刘圩镇恰恰位于东部城镇发展主轴线上，这就为刘圩镇提供了依托青秀区扩大城镇化规模，带动乡村产业振兴的新发展机遇。按照《青秀区刘圩镇总体规划（2007—2020）》安排，刘圩镇发展布局为“两轴三区”，即以东西向101省道和南北向二级公路形成城镇发展“两轴”。在西部、东部和南部经济区分别设置中心村带动周边发展。按照村镇职能等级，第1类为镇区所在地，以刘圩镇区为核心，重点加强基础设施建设，改善投资环境，以发展特色产业为重点，尤以发展农副产品加工业为主。第2类为中心村，以那里村、那救村和大里村为中心，大力发展乡村工业及第三产业。第3类为基层村，包括除中心村以外的所有行政村，重点发展养殖业、农林种植业等，有旅游资源优势的村点在发展农业的同时，应大力发展乡村旅游观光产业。因此，结合上位规划和都市近郊区位及有力的生态资源等综合优势，刘圩镇重新确定了未来发展定位，并以此为指导，规划了推进本地乡村振兴，走城乡融合发展的新路径。规划提出，以城市需求为主导，以区域特色农业和休闲农业产业为核心，依托“市民农庄”这一模式，充分挖掘本地特色资源优势，合理规划产业布局，推动绿色高效农业种植业、农产品加工业、乡村文旅康养业等产业延伸。通过市场化运作，刘圩镇建立了内生循环、可持续发展的商业模式，开辟了产业融合、资源聚集、创新创业的城乡资源流动平台，解决了农民富裕、农业发展、农村面貌整体改观的多种发展渠道，推动了城乡融合统筹发展和乡村振兴战略的落地落实。

实施乡村振兴战略，产业兴旺是关键。刘圩镇根据南宁市和青秀区的上位规划，主动承接了服务城市高品质生活需求的城镇化外溢功能，立足其自身得天独厚的自然资源和区位优势，重点打造以生态有机农业为特色的产业布局，形成了以“稻经”“果经”和“水经”三类产业融合为载体的产业体系，将所属各村庄建设成为服务周边城市的绿色高效特色优质农产品供给基地（图6-2）。镇政府和各村庄抓住青秀区推进县域城乡融合发展示范区的机遇，通过加强技术引进和创新，实现了以稻、果、水产为核心的育种、种植、收获、加工、体验式乡村休闲观光和特色品牌销售等全产业链拓展，提高了

图 6-2 刘圩镇特色农业产业规划内容布局总平面图

全镇农业产业化水平和经济效益，为推动乡村产业振兴和增加农民收入开拓了新渠道。

1. 特色稻米、蔬菜种植＋养殖产业

近年来，我国稻米价格持续上涨，而优质稻米价格更是比普通稻米高出5％～30％；蔬菜作为我国种植业中仅次于粮食的第二大类经济作物，随着城镇化发展，其消费品级和数量也呈逐年增长趋势。刘圩镇是稻米和蔬菜的优质产区，镇域内紫土资源丰富，土壤微生物活力强，耕作出的紫土农产品具有利于机体生长发育、促进海马神经元生长、增强免疫功能、预防视力下降、提高食欲及保护皮肤等多重功效，对人体健康价值极高（表 6-3、表 6-4）。针对自身资源环境优势和周边多样化的社会需求，当地以满足青秀区城市白领人群、商界精英的特色食品和蔬菜供给为基本目标，并积极拓展对北、上、广等一线城市市场的直达配送业务。

表 6-3 刘圩镇土壤检测结果 mg/kg

测试项目	测试方法	检测结果
锌	GB 15618—1995	17.9
硒	GB 15618—1995	0.004 1
钾	GB 15618—1995	1 392
钠	GB 15618—1995	301
磷	GB 15618—1995	254
镁	GB 15618—1995	365

数据来源：华南检测中心。

表 6-4 刘圩镇槐里村、团黄村土壤检验报告 mg/kg

抽样地点	检测项目	检验值	标准值	结论
南宁市青秀区刘圩镇槐里村、团黄村	pH	6.52	6.5～7.5	—
	镉（Cd）	0.03	≤0.30	符合
	汞（Hg）	0.031	≤0.40	符合
	砷（As）	2.45	≤20	符合
	铅（Pb）	21.7	≤50	符合
	铬（Cr）	20.2	≤120	符合
	铜（Cu）	20.8	≤60	符合

数据来源：广西壮族自治区分析测试研究中心。

刘圩镇各村庄以水稻良种种植为基础，引入了如刘圩香米新香占、广西红米黑糯米、桂中北品种勐两优 2816、优质杂交稻桂和丰等品种，这些品种具有适应当地气候条件、品质口感上乘、产量和附加值高等特点；特色蔬菜则选择南宁市民消费较刚性的种类，重点突出口感独特、健康营养，适合绿色有机栽培、净菜加工出菜率较高并适宜休闲、采摘、体验种植的品种。通过将香芋、瓜、菜、鱼、虾、蟹、鸭与优质水稻优化组合，刘圩镇打造了制种稻生态园、刘圩香米＋香芋生产区、富锌米菜生态园、功能米菜生产区和精品果菜设施生产区（表 6-5、图 6-3），示范推广了稻菜轮作、稻芋轮作、稻蟹、稻鸭、稻鳖等生态循环综合种养模式，构建了以优新为特色的“稻经”生产经营系统。

表 6-5 刘圩镇特色稻米产业项目相关情况

项目	规模	产品	活动
刘圩香米＋香芋生产区	126.6 hm^2	刘圩香米、刘圩香芋、露天叶菜	休闲观光、农业科普
生态稻作示范区	7.3 hm^2	鸭稻米、稻田鸭	
制种稻生态园	50.67 hm^2	制种稻、露天瓜菜	休闲观光、农业科普
富锌米菜生态园	48.67 hm^2	富锌稻米、富锌瓜菜	休闲观光、农业科普
功能米菜生产区	26.67 hm^2	功能性水稻、功能性蔬菜	休闲观光、农业科普
精品果菜设施生产区	6.66 hm^2	设施果菜	—
稻田景观	20 hm^2	稻米、稻田鸭	休闲观光
农产品检验检测中心	1 000 m^2	—	农业科普
果蔬气调库	3 000 m^2	—	农业科普
市民农庄农产品营销服务中心（农产品电商服务平台）	1 000 m^2	—	农业创客培育、孵化
市民农庄星创天地（新农夫学院）	3 500 m^2	—	农业创客培育、孵化
创客公寓	6 000 m^2	—	农业创客培育、孵化
西甜瓜生产区	33.33 hm^2	西甜瓜	休闲观光、亲子游乐、度假旅游
果蔬采摘园	3.33 hm^2	设施果蔬	采摘、餐饮

其中，刘圩香米＋香芋生产区以刘圩镇有种植香芋基础的麓阳村为主，推广有机水稻和香芋轮作模式。在 7—11 月种植晚稻，次年 3—10 月种植香芋，全年种植露天叶菜，总规模约 126.67 hm^2。该区可年产高品质的刘圩香米 665 t、香芋 3 800 t 和紫色系健康有机蔬菜 7 600 t。

制种稻生态园以有制种稻种植基础的槐里村为核心，推广制种稻和稻果菜轮作模式；在 2—6 月种植西瓜，7—10 月晚种植制种稻，全年种植露天叶菜，规模约 50.66 hm^2。该园可年产制种稻 190 t，西瓜 3 040 t 和露天叶菜 3 040 t。

生态稻作示范区以区域水利条件好的乡村为主，推广稻鸭共生的种养模式，在 2—6 月种植早稻，7—11 月种植晚稻，整个水稻生长期稻鸭共生，12 月至次

图 6-3　刘圩镇“稻经”项目布局图

年 1 月休耕，规模约 7.33 hm^2。该区可年产鸭稻米 39 t，稻田鸭 55 t。

富锌米菜生态园以富锌紫土区内地势平坦的地区为中心，推广功能稻米种植模式，在 2—6 月种植西瓜，7—11 月种植晚稻，全年种植露天叶菜，全园规模约 48.67 hm^2。该园可年产富锌大米 256 t，西瓜 2 920 t，露天叶菜 2 920 t。

功能米菜生产区以富锌紫土且地势平坦地区为依托，推广稻菜轮作模式，在 7—11 月种植晚稻，全年露天种植各种功能蔬菜，规模约 26.67 hm^2。该地区以种植低水溶性蛋白稻米 W366、低富集品种稻、黑糯稻、象州红米、鱼腥草、紫背天葵、藿香、菜用板蓝根等功能作物为主，对标高端客户和养老人群。该区可年产功能性水稻 100 t、功能性蔬菜 800 t。

精品果菜设施生产区以富锌紫土且地势平坦的区域为基地，发展设施精品果蔬农业，通过建设设施大棚，实现全年作物种植，其规模约 6.67 hm^2，以黄瓜、番茄、辣椒、南瓜、冬瓜、丝瓜、茄子、豇豆、菜豆、苦瓜等品种为主。该区可年产设施果菜 800 t。

西甜瓜生产区主要配合西瓜产地建设，通过设施种植与露天种植相互配合，实现全年果品供应，规模共为33.33 hm^2，其中设施大棚3.33 hm^2，露天栽培30 hm^2。该区可年产西、甜瓜2 000 t。

以上区域除具备农产品生产功能外，还承担着引领科技创新、生产模式示范及乡村田园观光等多重功能。

此外，稻田景观区主要通过混合种植不同色彩的水稻品种，营造稻田景观，在水稻生长期与鸭共生，规模约20 hm^2。该区可年产稻米105 t、稻田鸭150 t；果蔬采摘园主要通过建设设施大棚生产果菜作物，规模为3.33 hm^2，该区域还可配合休闲农业的主体活动，除可年生产设施蔬菜400 t外，还具有休闲采摘和餐饮娱乐等功能。

2. 特色水果种植产业

刘圩镇地处我国少数适宜发展热带作物的地区，区域内香蕉、荔枝、龙眼、杧果、火龙果、菠萝、百香果、番木瓜等亚热带水果种植优势明显。刘圩镇抓住得天独厚的自然气候优势条件，除生产西瓜、甘蔗等水果外，当地还积极探索特色水果种植产业的发展。在品种选择上，刘圩镇积极对接市场和休闲农业产业发展需求，选取了如莲雾、凤梨释迦、大青枣、蛋黄果、神秘果、木奶果、葡萄、菠萝蜜等口感好、体验性强且深受消费者喜爱的作物品种。区域内有条件的村庄通过开展精品果林的小面积创新创业示范生产，提高林果新品种引进、推广和转化效率，构建了以“美特”为基调的“果经”生态生产经营系统。当地选择适宜的地点打造了多彩鲜美果林（美果园）、生态优新果林（仙果园）和精品稀特果林等区域（图6-4），满足水果种植、休闲观光和采摘体验等多种功能需求。其中，多彩鲜美果林种植为3.47 hm^2，主打品种为大青枣，种植规模为2 hm^2，产量可达30 000 kg/hm^2；点缀新奇体验品种蛋黄果、神秘果和木奶果，蛋黄果种植规模为0.66 hm^2，产量为15 000 kg/hm^2，木奶果种植规模为0.66 hm^2，产量为45 000 kg/hm^2，神秘果种植规模为0.13 hm^2，产量为4 500 kg/hm^2。生态优新果林种植规模为4.2 hm^2，选择优新性和观赏性俱佳、绿色健康和效益好的热带或亚热带水果品种，凤梨释迦种植规模为6.67 hm^2，产量为18 000 kg/hm^2，莲雾种植规模为2.2 hm^2，产量为37 500 kg/hm^2。精品稀特果林种植规模为1.33 hm^2，选取独特性、观赏性佳、科普体验性和效益好的优质葡萄品种，设施种植双季葡萄，产量可达 1 500 kg/亩。

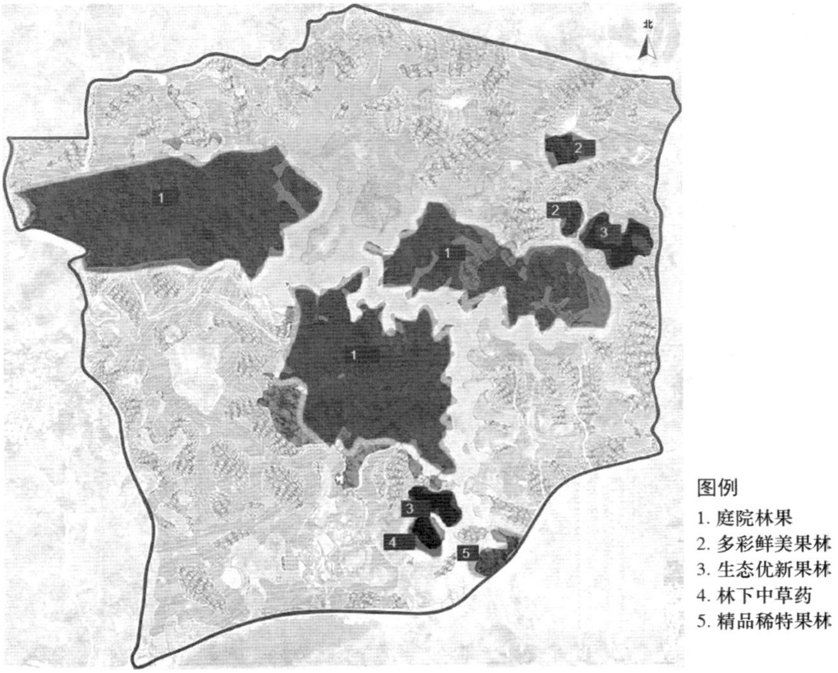

图 6-4　刘圩镇“果经”产业项目布局图

3. 生态水产养殖产业

刘圩镇马鞍湖水库水资源和周边饵料资源丰富，具有发展水产养殖得天独厚的优势条件。刘圩镇通过净水技术的引进开发和集成创新，积极改善马鞍湖水库的水质条件和生态环境；引进具有广西特色的水生生物和养殖品种，如鲢鱼、鳙鱼、鲫鱼、麦瑞加拉鲮鱼、黄颡鱼、乌鳢、黄沙鳖等种类，同时辅之虾、蟹、鳖等种类；针对引进养殖品种的生长特性，当地以各类水生生物循环经济为抓手，积极开展转化试验，将近水、喜水和亲水的水生生物有机组合，选择适宜生长于无污染水环境中的珍贵水生蔬菜、花卉和药用莼菜植物，生产高品质、无公害、无污染、无激素的动植物水产品，以此加快推进水产养殖业绿色发展，构建了以清秀为特色的“水经”生态生产系统（图 6-5）。

图 6-5　刘圩镇“水经”产业项目布局图

近年来，刘圩镇的休闲农业产业发展迅猛，乡村旅游总消费占全区旅游总消费的比例不断攀升。“十三五”期间，当地休闲农业接待人次和经营收入年增长可达 15%左右。休闲农业的迅速发展，不仅为农民提供了增收新途径，解决了农村劳动力的就业和转移问题，同时还提高了农民对农业产业转移优化升级和生态环境保护的意识。实践证明，发展休闲农业不仅是深化农业供给侧结构性改革，加快农业农村发展、推进乡村振兴的新途径，更是促进城乡统筹互动，实现城乡协调发展，建设中国特色农业农村现代化的有效模式。

目前，广西壮族自治区休闲农业逐渐呈现出了规模化和多元化的特点，并重点突出少数民族的特色，形成了从中心城市的周边地区向外延伸扩展，从单一农业观光型模式向生态农业型、科技示范型和农村民俗型等多头发展的态势。广西壮族自治区休闲农业规划按照“一轴两翼，四十强”的空间布局展开，即以“桂林-柳州-来宾-南宁-钦州-防城港-北海”休闲农业带为主轴线，以“桂东南”和“桂西北”特色休闲农业经济区为两翼，甄选 40 个休闲农业强市县为带动。而刘圩镇恰恰位于广西休闲农业带的发展主轴线上。利用这一有利条件，刘圩镇坚持农业全产业链发展导向，以优势特色农业产业为基础，深入挖掘特色农业、绿色农业的经济价值、生态价值、社会价值和文化价值，加快发展休闲农业、文化体验、健康养老等新产业和新业态，延伸产业链，创新价值链，促进乡村一二三产业融合，打造了乡村振兴新的经济增长点。

刘圩镇具有良好的生态自然资源、独特的特色农产品、多彩的民族文化等优势和基础。镇党委、镇政府通过聘请专家咨询，结合资料查阅、案例调研、听取群众建议等，从优势互补、功能错位、客户联动和服务共享等方面，调整优化当地产业布局和乡村振兴战略实施方案。除了系统性学习外，镇政府还充分借鉴周边地区的发展经验，对青秀区、长塘镇、伶俐镇、南阳镇的主导产业以及八桂田园、四季果园、田野牧歌、巴兰坡等项目进行了区域环境分析。在充分总结并借鉴八桂田园的科教培训模式，四季果园的采摘观光和科技示范模式，田野牧歌种养结合和一二三产融合的模式以及政策资金运用模式，巴兰坡金花茶小镇高新科技带动高附加值产业融合发展模式等基础上，刘圩镇确定了其乡村振兴发展模式，即依托周边大都市的近郊休闲旅游带，发展短时周末旅游度假休闲产业和产品。当地充分利用青秀、五象新区交通设施延伸和现代服务业衍生拓展的机遇，以物流工贸小镇聚集所产生的休闲旅游人口为潜在客户，把握城市家庭型客群，以特色农业产业引擎，依托环城旅游及特色文化区，大力发展休闲旅游农业、健康养生农业和文化创意农业，逐步形成“农业＋休闲”“农业＋康养”和“农业＋文创”的新业态；以城乡融合宜产、宜居、宜游为特色，把刘圩镇成功打造成青秀区乃至南宁市的综合性农业休闲度假胜地，满足城乡居民日益增长的对美好幸福生活的需求。

由于刘圩镇属于非传统旅游区，市场认知度低、文旅产业资源稀缺性不足，因此当地采取了推动“以产品带动项目”的发展方向，实现创新发展，以乡土为特色，抓住高端休闲项目的空白，打造了多元化的旅游产品体系。

1. 农业景观休闲观光项目

在乡村振兴战略有效实施的背景下，农业景观观光游览成为休闲农业发展的重要组成部分。刘圩镇根据自身资源基础及产业布局，除实现农产品生产的生产性功能和农田生态环境的生态保护功能外，还充分发挥农业的多功能性，通过营造稻田景观，打造田园景观和大地景观；通过庭院林果设计，营造一种房前屋后果美花香的乡村田园庭院景观；通过林下经济，打造林下花田景观；通过营造风格形态各异的农业景观，实现了当地美丽田园和特色农产品生产的有机结合。

2. 共享农业体验项目

所谓共享农业，就是指利用互联网现代信息技术，以使用权分享为特征，整合海量分散化的涉农资源，满足游人多样化需求的农村农业经济形态。这种新型业态对于推进农产品供给侧改革、农村脱贫致富、城乡融合发展、推动乡村振兴和全面建设信息社会等都有特殊的创新意义和开发价值。刘圩镇基于物联网和互联网的众筹，以有“田园梦”的都市家庭为目标客户，创建了面向南宁市市民的共享农场和共享野钓园，其中共享稻田规模为 1.25 hm^2，共享菜田规模为 1.88 hm^2，共享野钓园规模为 2.3 hm^2；当地还为市民提供特色农产品定制认养认管服务，通过会员制让入会市民享受到特供的优质大米与蔬菜水果。共享农业与消费者建立了互信、友好的合作关系，共同搭建了健康、安全、稳定的互惠互利模式。

3. 农业采摘体验项目

刘圩镇选择种植了多种体验性强、观赏性佳的蔬菜和水果作物，以精品果蔬为主打元素，整理塑造一个精品、奇异、多姿多彩的蔬菜瓜果王国。当地建立了多个瓜菜和果园基地，并推出了多条采摘旅游线路；精品采摘项目以南宁市市民、休闲人群为目标客户，形成了丰富多彩，具有趣味性、观赏性和互动性的游、商一体化体验式休闲农业，为消费者提供了基于精品创意的果蔬休闲观赏、采摘品尝、定制认养、科普教育等体验活动，增加了“旅游＋农业”的综合产出效益。

4. 水上休闲体验项目

刘圩镇依托当地水资源自然条件和特色水产养殖业发展基础，打造为休闲旅游人群、健康颐养人群提供多元服务的水上休闲产业。通过强化鱼塘景观的休闲体验功能，构建微型水体景观，拓展水上休闲垂钓、科普教育、特色餐饮等功能，吸引优质客群。当地重点打造了特色休闲垂钓园、水上诗画文艺长廊、水上画舫及水上娱乐项目，全方位开发面对不同群体的水上休闲客户群。其中，特色休闲垂钓园由若干个 0.33～0.66 hm^2（5～10 亩）的水塘组成，可提供特色休闲垂钓和餐饮美食服务；水上诗意文艺画廊结合净水生物的景观搭配，营造“亭诗意、荷风韵、莲静美、一杯清茶、一曲古调、一刻冥想”的恬静氛围，丰富市民农庄的水上景观项目体验性；水上画舫则充分结合当地建筑风格，打造体现广西文化特色的水上画舫，为高端客户群提供优质惬意的水上休闲游玩体验项目。刘圩镇还选择了部分深水区与旅游、节庆和体育活动结合，举行皮划艇、赛龙舟等比赛活动和娱乐健身项目，打造水上休闲康养产业经济。这些项目对于带动当地特色农业产品开发和多领域经济发展、吸纳周边产业融入、带动农民就业增收具有重大的推动作用。

5. 传统文化体验项目

刘圩镇文化底蕴深厚，人文景观独特。当地立足乡村振兴战略，充分挖掘、保护、弘扬与发展地方特色的优秀文化，助推乡村产业振兴与文化振统筹发展。结合当地稻作文化优势，刘圩镇以“稻”为主打元素，建设了规模为 9.64 hm^2的“那”文化园。所谓“那”文化，取自广西壮族的壮语（na），意为“田”和“峒”，泛指田地。壮族是稻作民族，稻田即被称为“那”，壮族人民据“那”而作，依“那”而居，据此孕育的文化便称为“那文化”。“那”文化园包括传统稻作农耕体验园和现代高科技稻作展示区，在传统稻作农耕体验园内适当恢复传统耕作景象，打造稻田画、稻田迷宫等特色景观，同时开设收割、脱粒等多种传统稻耕作和扎稻草人、手工米粉加工、手工米类休闲食品加工等体验活动，让现代人切身感受到传统稻作农耕文化的韵味。在现代高科技稻作展示区内，以充分展示现代水稻农业技术为主题，开设了多彩水稻认知、稻耕作机械展示、讲解体验等科普教育活动。刘圩镇将广西源远流长的传统“那”文化，通过传统与现代的结合，在同一空间生动地呈现在游客面前，生动立体地向世人展示了稻文化的延续历程，为南宁市居民提供了一个绝佳的休闲观光、特色餐饮、农耕文化体验、农业科普、亲子教育之地。

6. 大健康产业

当前世界经济已进入健康产业大发展的阶段，该产业大多定位于打造健康农产品生产、加工及发展“旅游＋康养”的产业链条。广西壮族自治区的养生度假项目多数尚处于规划阶段，产业市场空间广阔。刘圩镇紫色土资源丰富，森林覆盖率高，具备发展大健康产业的良好基础和优势条件，但是由于缺少高精尖产业研发机构及生产企业基础，当地的健康产业仍主要以提供基础服务及健康保健产品销售为主。为了培育独特且完善的地方性健康产业，刘圩镇以构建“健康养老、文旅康养、健康医药、健康食品”四大健康产业体系为支撑，通过提供特色健康产品、开发康养旅游路线、打造疗养、居住一体化的颐养体验基地，不断提升健康产业附加值和延长产业链条，把刘圩镇建设成为国内具有影响力的休闲康养目的地。

针对不同客户群体，刘圩镇还提供了多元化的产品形态：针对少年、中年、老年等不同群体，开发了多种具有广西壮族自治区和当地地方特色的健康食品及保健衍生品，重点推出刘圩镇本地稀有紫土资源耕种出的富锌食品、利用广西中草药制成的保健用品等；在养生度假项目设计上，完善康养配套设施，设置专业的服务、护理人员及智能化系统；针对有养生需求的人群，当地提供具有中医药研发种植、壮医药展示及知识科普、中医药材疗养、药膳、特色调理等多种服务的养生体验馆，并配套全国联网诊疗系统和国际健康中心等。通过把大健康相关产业发展与实施乡村振兴战略有机衔接起来，打造刘圩镇以大健康产业为核心的乡村振兴三产融合发展新格局。

第四节　刘圩镇推进城乡融合发展的保障措施

1. 依托市民农庄模式，创建城乡融合共赢的运营体制

在广西壮族自治区和南宁市推进新型城镇化的大背景下，刘圩镇以解决乡村产业振兴，提升农业产业化格局为目标的市民农庄模式得到迅速发展。该模式的主要特点是“上合中央政策、下契民众利益”，以城乡一体化建设模式和农村集体建设用地为载体，在坚持农村集体土地所有权制度不变、农民身份不变，坚持保护基本农田等国家基本制度和基本原则的基础上，由运营平台以商业化运作模式盘活集体土地，整合优质产业资源，对村域土地、产

业发展、农民居住区、市民农庄、基础设施等进行重新规划，提升农村基础设施水平；打造融合农民、村集体、地方政府、市场化机构等多方利益的乡村开发平台；通过政府、金融机构、企业、村民/村集体四方的支持，创建合作共赢的运营体制，最终实现打通城乡资源双向互通渠道，兴旺乡村产业，延长产业链和乡村一二三产业融合发展的目标。市民农庄一方面可以吸引企业和市民下乡办公、生活和创业，顺应市民阶层对田园生活的向往；另一方面可完善乡村基础设施建设配套，促进乡村产业发展，提高农民就业和收入。其创新点在于：通过引导社会资本进入乡村，与当地村集体和农户合作，集聚资源，共同创业，建立了内生循环与可持续发展的商业模式，由此实现农村基础设施和配套环境显著提升改善、农业产业化转移升级、乡村居住与公共服务条件提升、城乡两利和农民增收的目标。这是以开发性金融投资撬动社会资本参与乡村振兴战略的新型商业模式。

在开发“市民农庄”新发展模式的过程中，针对困扰乡村振兴发展过程中的资金、人才与技术短缺这一瓶颈问题，刘圩镇与广西某投资基金合作，反复论证，集思广益，探索市民农庄的创新发展模式，打造国内新型城镇化的改革试点，以此带动南宁市乃至广西壮族自治区的乡村振兴战略提质加速。作为广西首个市民农庄付诸实践的项目，刘圩镇市民农庄项目占地约 666.67 hm^2，以马鞍湖水库为核心区域，通过以特色农业与旅游业为引擎，打造了特色农业板块、旅游板块、养老健康板块、农创板块的“1＋1＋2”产业体系。通过顶层设计、系统规划和统筹实施，引导城乡资本、高新技术、先进管理运营理念与高端人才流向乡村；打通了乡村在资金、技术和人才方面的瓶颈，并形成了产业集聚效应，有力推动了乡村经济发展。刘圩镇通过搭建强有力的市场化开发平台，统筹城乡资源，对全域进行了统一规划、建设和运营，重点解决农民富裕、农业发展和村容村貌改善等问题；以此打造国内新型城镇化的模范试点，带动南宁市乃至广西壮族自治区乡村振兴战略的提质加速。

刘圩镇以“政府引导、企业参与、城乡融合、合作共赢”的开发模式，打造了融农民、村集体、地方政府、市场化机构等多方主体为一体的利益共同体和综合运营体制。当地镇政府负责市场引导、监督协调和政策支持，指导当地村民成立村集体合作社，对农民的宅基地、承包地、林地等进行确权颁证和明晰产权，对农村集体资产进行股权量化；村集体与地方政府、金融机构、市场化参与机构成立“大企业混合村民企业”的合资公司，承担村域范围内城乡一体化的整体开发运营；金融机构构建投资平台，为项目提供资金支持；企业为项目提供资金投入与系统化的运营管理。依托“市民农庄”的平台，各种资源高效聚集，形成了多产业融合，市场多元化的产业形态。各项目参与单位台立了农业子平台，下设水经、稻经、果经、创经等分运营中心，各中心下设相应的专业服务部门，重点落实农业板块的土地流转、规划建设、投资运营、市场营销、对外合作等业务，形成多主体共同参与的组合运作和协同运营。当地农民在自愿的基础上，以入股方式将所拥有的农用地、林地、坡地等土地权益，注入村集体企业成为股东，并可作为工作人员参与项目运营，以此获得项目运营分红和就业岗位工资收入。通过顶层设计和政策体制保证，市民农庄做到了基在农业、利在农民、惠在农村，确保多方参与者和当地农民普遍受益，各得其所（图 6-6）。

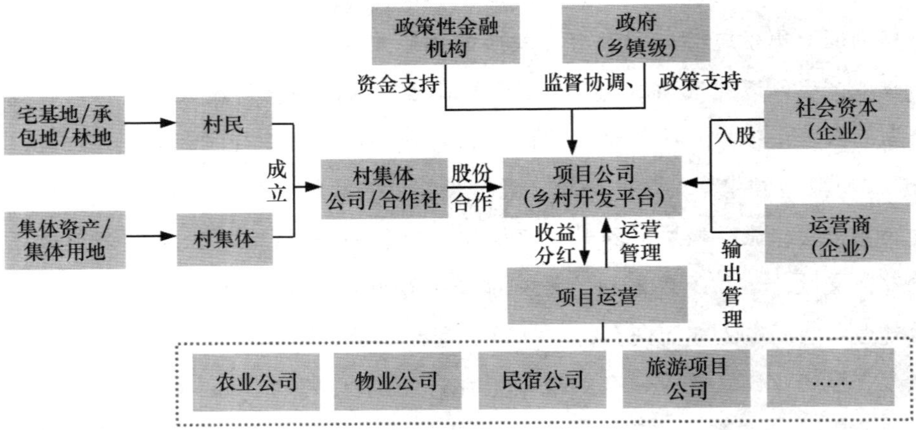

图 6-6 刘圩镇市民农庄运营机制

2. 统筹完善基础设施建设，筑牢产业发展之基

加强农村基础设施建设是实施乡村振兴战略的一项重要工作。近年来，刘圩镇乡村基础设施条件明显改善，但村内道路建设、农田水利设施、垃圾收集处理、村容村貌建设等还存在突出短板，一定程度上形成了对乡村振兴发展的掣肘。通过城乡融合发展，刘圩镇围绕土地整治、水利工程、公路建

设等多个领域开展基础设施改建重大工程，统筹推进了乡村基础设施完善升级。

刘圩镇的田地主要包括水田、旱地、园地和林地4种类型，受连续低山丘陵地形的限定，不少村庄水田的形状狭长，田块小且破碎。根据现状地形情况，当地推进田、水、路、林、村综合整治，调整优化农田的结构布局，具体做法如下：①统筹将15°以下的旱田更改为水田，改现有的草地及裸地为水田，将25°以上的田地进行边坡加固；②田块水平高差在200 mm以内的，取消沟渠路埂，合并为大田，形成集中连片、设施配套的基本农田格局；③加强中低产田改造和农田基础设施建设，建成规模化高标准农田，全面提高耕地生产能力和耕层质量；④通过对现状田块四周、田间道路两侧已有的防护林进行规整，改造不连续的防护林延续场地内的绿廊等，强化园林的绿隔和美化功能，形成农田、林木、植被、水体等多元素景观，推动当地农业生产、生活、生态功能有效融合。

刘圩镇境内紫色土壤丰富，但普遍存在土层较薄、土地蓄水能力差、渗透效果不好、土壤侵蚀严重等缺点。因此，在农田设施改造过程中，刘圩镇对灌溉排水、防护固坡等提出了更高的要求。针对水利设施现状和存在的问题，通过修建农田生态沟渠、污水净化池塘及小型水库、山塘、陂坝、灌排泵站等工程，完善净化地表径流及农田灌排水设施，改变传统的农业灌溉和排水模式，为农业发展提供了完善和高效的硬件保障，提高了农田灌溉保证率，使农业生产实现水利化、机械化、规模化和高效化。

刘圩镇通过开展村庄道路、田间道路的更新建设，构建了完善的田村路网，提高了道路的通达度和荷载标准，满足了农业机械通行要求，也方便了农产品的输送，降低了农产品物流成本并促进了农民生活条件的改善。原有的田间道路是在耕作劳动中逐渐形成的，已充分体现了本地农业劳作的习惯。因此在农田区的道路交通改造建设中，刘圩镇提出在基本农田上尽量不新开道路，少占田地，不占高产田和经济作物林的原则；基础设施改造中，尽量结合地形、耕作方式、耕作田块外形、排灌生态平衡等方面要求，因地制宜，充分周到地设计规划场地的道路选线。通过修葺完善的乡村道路，刘圩镇实现了以水泥路代替传统的泥泞路，为农产品的运输提供了便利的交通条件，并有力促进了农产品集中化、机械化生产。

刘圩镇建设市民农庄的一个重要的目标就是提高农业产业化的水平，利用当地乡村独特的资源优势延伸产业链，发展休闲农业并将其作为乡村产业振兴的重点发展方向。通过完善适宜农民发展的基础设施和相关旅游配套设施，刘圩镇不仅优化了种养业的产业布局，建立了休闲公园，改善农民生产生活发展条件，同时完善了相关休闲农业的配套和娱乐设施，为村民和游客提供了丰富多彩的休闲场所。当地将乡村休闲旅游产业的开发与建设农业生态区和农业产业化示范区结合起来，有效整合了乡村的土地、林地、水域、民居等资源，村容村貌得到有效提升。为了兼顾产业兴旺和生态宜居，方便村民生活，刘圩镇在道路布局时充分结合休闲农业游览体验需求与农田道路生态体系，对各村庄进行科学的风景资源评价，观景区道路以方便游客观赏和村民生活为优先改建的依据，搭配生态水体、多彩果林和稻田景观，营造乡村特色田园景观。为了对接市区景观游线的延伸，刘圩镇还打造了“田在园中、园在景中、田园一体”的农业景观格局，有效地满足了车辆、游人功能通行和游赏线路的多重需求。

3. 强化科技人才支撑，赋能助力乡村全面振兴

乡村产业振兴最终目标是要不断提高乡村产业的发展活力和农民在产业发展中的参与度和受益面，彻底解决农村产业结构优化升级和农民就业问题，确保当地群众长期稳定增收、安居乐业。要实现这个目标，必须依靠科技进步和人才队伍建设为传统农业赋能，深化农业供给侧结构性改革，确保农业生产提质增效。刘圩镇在乡村振兴中，狠抓人才振兴和科技振兴，不断提高农业和乡村各产业的科学技术水平，吸引培养高素质人才，提升了乡村产业的科技支撑能力，助力当地的乡村振兴。

刘圩镇的乡村振兴发展深入实施创新驱动发展战略，广泛与农业研究院所、高校及高新技术龙头企业合作，联合开发各种产、学、研平台，重点在种业创新、耕地地力提升、肥料农药减施、高效节水、农田生态、农产品精深加工、农业废弃物资源化利用、环境治理、水域生态环境修复及适合丘陵地区耕作特点的农机具研发等方向加大研究力度，为当地农业农村发展提供持续且有效的技术支持。当地紧密对接中国农业大学、广西大学、广西农业科学院、广西农职院等农业科研院所，建立教授工作站、博士后工作站及各

类新品种展示推广和科研试验基地，实现科技创新资源的集聚和科研创新环境的营造。针对不同类型的水生生物、稻作品种、果树种植产业升级和技术进步的需求，刘圩镇充分发挥龙头企业的技术、资金和管理优势，组织有关科技、信息和销售等机构，对当地特色农业提供产前、产中、产后的信息、技术及管理全程服务，完善综合化和专业化相结合的社会化服务体系。通过实行“专家＋试验示范基地＋农技推广人员＋示范户＋辐射带动户”的技术服务模式，刘圩镇示范区面向新型农业经营主体，重点推广农业优质高产高效优良品种和农业先进技术，提高机械化作业水平，建设高标准农田和水利设施，新奇品种展示及示范，提高农业灌溉用水有效利用率等，使农业生产的技术体系与管理能力的现代化水平不断提高。目前，刘圩镇农业产业种养生产已全程实现了良种、良田、良法、良管、良服“五良化”。市民农庄体系内的主要农业生产过程都采用了先进的农资、农机、农技、农艺和加工物流等技术，大力发展为农业生产服务的高智、高服、高新、高值和高效的现代农业技术体系，并进一步完善农产品从生产、流通到消费的质量追溯系统（表 6-6）。通过打造“科研院所＋高校＋生产单位＋龙头企业”的现代农业技术集成与示范转化模式，刘圩镇建立了企业主导、院校协作、多元投资、成果分享的高产技术创新模式，集聚科技创新资源，营造科研创新环境，加快了农业科技成果的利用与转化。

表 6-6 “水经”“稻经”“果经”“五良技术”内容

时期	“五良技术”	“水经”生产“五良技术”内容
产前	良田	增值放流技术、水体净化技术、综合种养共生技术
	良种	青、鲢、鳙、鲫、鲤等家鱼品种，黄尾鱼、泥鳅等特色品种，林下经济特色土鸡、鸭和鹅品种
产中	良法	生态循环综合种养模式（虾/鱼/蟹/鸭与稻共生），林下经济低碳循环种养模式、水生立体农业模式
	良管	物联网监控管理系统、水产健康养殖传感器系统、特色养殖家庭农场管理系统、“互联网＋养殖”管理系统、VR 识别及远程管理控制技术
产后	良服	质量追溯系统，科技服务体系，冰鲜处理技术

续表 6-6

时期	“五良技术”	“稻经”生产“五良技术”内容
产前	良田	土壤改良技术、有机肥、生物源农药
	良种	优稀品种、抗病品种
产中	良法	测土配方施肥、生态循环种养模式（稻-稻-虾/鱼/蟹/鸭共生），机械化种植（犁地机翻地、直播机播种、节水灌溉机械、无人机打药、收割机收获、分谷机处理、烘干机干燥）
	良管	物联网监控管理
产后	良服	质量追溯系统，电商技术
时期	“五良技术”	“果经”生产“五良技术”内容
产前	良田	土壤改良技术、有机肥、生物源农药
	良种	优稀品种、抗病品种
产中	良法	测土配方施肥（有机肥）、植保技术，机械化（小型机械、无人机）
	良管	引入“互联网＋”，贯穿生产全过程
产后	良服	加工平台、电商平台、物流中心、质量追溯系统

实现农业农村现代化，关键是以农业科技创新促进农业发展方式转变，引导农业向绿色、优质、特色和品牌化发展，形成优质高效、充满活力的现代农业产业体系，促进科技与产业深度融合。刘圩镇持续引进智能化与机械化技术，为特色农业产业发展注入科技核心动力。当地大力推广连片机械化耕作技术、机械化育秧技术，轻型履带式拖拉机或自走式旋耕机耕整地技术、步行式插秧机及抛秧机机插技术，机械化高效精准植保、联合收获及秸秆处理及烘干技术等，大幅度提高了稻作农业的生产效率和经济效益。同时，刘圩镇将互联网技术贯穿养殖全过程，积极建设农业信息化和智能化系统建设，开发物联网监控管理系统，健全水产健康养殖物联网系统、特色养殖家庭农场管理系统、“互联网＋养殖”管理系统、虚拟现象（virtual reaticy，VR）识别及远程管理控制技术等，推动农业生产向现代化、智能化发展。

乡村振兴，人才是关键。刘圩镇尝到了依靠科学技术提升产业竞争力的甜头，更深知科技的背后是人才的支撑，因此一直把解决农业科技人才队伍薄弱的问题作为乡村振兴战略推进的重点工作之一。在科技人才服务保障上，持续加大农业农村科技人才和引进力度，通过提供公共服务平台、提高工资待遇、完善生活配套设施等，积极引进和培育一线科技研发人才、市场营销人才和复合经营人才；同时积极探索建立学历教育、技能培训、实践锻炼相结合的新型职业农民培训，创新人才培养模式，为乡村振兴提供专业化人才保障。当地充分发挥龙头企业带动示范作用，通过建立市民农庄农村创业创新服务平台，鼓励大学生、返乡农民工、复员转业军人等到刘圩镇创业就业，并在创业资助、项目研发资助、成果转化资助、政策配套资助等方面加大支持。通过打造“双创平台”，刘圩镇已发展形成完整产业技术研发、成果推广和产业化链条，营造了良好的农业农村科技创新生态，开创了创新要素向农业农村集聚的新局面。

4. 加强生态文明建设，建设宜业宜居宜游美丽乡村

乡村振兴其实质是推动乡村社会的全面升级和农业农村现代化进程，其中生态文明建设是不可缺少的。刘圩镇将乡村振兴工作与生态文明建设紧密结合起来，自觉践行“绿水青山就是金山银山”的发展理念，因地制宜、精准施策、科学规划，在绿水青山上发展绿色产业。

稻田种植具有较强储水抗洪、净化空气、调节气候、改良土壤等生态价值。植稻期可吸收二氧化碳和释氧更新空气，有利于调节气温、减少热岛效应；成片稻田与天然湿地一样具有净化污水，消解有机有毒物质功能；稻田土壤有机质的积累量和肥力均高于同来源的旱地；稻田还可蓄水 1 500～2 000 m^3/hm^2，生态涵养功能明显。刘圩镇将稻田种植作为是当地重要的生态基底，注重改善农田生态环境，提高农田防御风蚀能力，当地注重加强农田防护工程建设，结合场地内的生态农田防护林廊道、省道防护林廊道形成了完善的生态廊道网，并与林地、果园、池塘、水库等生态斑块共同构建了整个区域的绿色生态体系。

刘圩镇的水域资源得天独厚，水体分布主要以水库、蓄水塘和水渠为主。但是，过去当地农业产业和休闲产业所依托的重要水域马鞍湖水库却存在水中化学需氧量（chemical oxgen demand，COD）、氮、磷、高锰酸盐指数超标的问题，其水质监测结果为劣五类，而按照实际生产和休闲产业的发展功能要求，至少要达到Ⅲ类水质。为此，刘圩镇开展了马鞍湖流域农业面源污染综合治理工作，采用增殖放流和水生动植物循环模式，引进节水净水动植物品种，采用水生动植物生态种养技术，开展水体生态净化，以此保护和改善湖泊水质，维持水库的生态健康。在水域内的鱼类品种选择上，当地主要选

择可以有效改善水体水质、过滤水中微小浮游生物和细菌及有机碎屑的可食用型净水鱼类，如四大家鱼中吸食过度生长的藻类植物的鲢鱼和鳙鱼。通过在水库投放白鲢、鳙鱼、花鲢等净水鱼类，抑制小型藻类的疯长，改善了水中氮和磷的含量。在净水植物品种的选择上，刘圩镇以降解水中超标的COD、氮、磷、高锰酸盐指数为主要目标，并配合水源地景观层次与水位深浅的不同，搭配岸边植物、挺水植物、浮水植物、沉水植物四种不同分类的净水植物，为有益微生物提供良好的生活环境，起到修复净化水体、打造自然景观和维持生态平衡的作用。其中，挺水植物以15～20丛及16～20株/m^2的密度，选择弥勒红荷、千屈菜、黄菖蒲、芦苇、水葱等植物布置于0.3～1.1 m的浅水处，用于削减水体中总磷、总氮、重铬酸盐的含量；浮水植物以1～2头及30～40株/m^2的密度，选择王莲、凤眼莲等植物布置于0.3～1 m的浅水处，用以除去水中所含有的氮、磷、重金属、高锰酸盐和有机物污染；沉水植物以20～30丛/m^2的密度，选择菹草、黑藻、金鱼藻等植物布置于1～1.5 m的水中，用以提高水体透明度，增加水体溶解氧，降低氮磷营养物含量，减轻水体的营养负荷；岸边植物选择落羽杉、池杉、水松、垂柳、木芙蓉等植物布置于水系沿岸，承担固土护岸、改善景观、保持水土、涵养水源、降低污染负荷，吸收过滤大气中的氮氧化合物、拦截过滤并吸附或黏着悬浮于大气中的各种颗粒物、吸收部分营养物质等重要功能。刘圩镇通过修复水域生态，因地制宜建设具有特色的水域景观，实现了水质、水景“双提升”，为改善当地生态环境，丰富休闲景观注入了“活水”。

在勾画乡村振兴的美好蓝图中，“生态宜居”既是一项核心指标也是一个基础前提。刘圩镇以改善生活环境、提升建设品质、提高生活质量为目标，注重产业发展与乡村建设的和谐互促，坚持高标准定位，全方位推动。当地以乡村田园风光为基础，实行“软件硬件一起上”，持续改善农村基础设施和服务配套，建设宜居宜游乡村。在基础设施建设方面，刘圩镇按照城镇化的标准，建设了市政基础设施，同时注重满足农民生产生活需求，建设了具有前庭后院、花园菜园的乡村民居。当地积极整合农村公共资源，不断完善村级便民服务、医疗服务、就业创业服务、平安服务、群众议事等乡村治理和公共服务功能；并在全镇范围内配备了文化、娱乐、卫生、便民服务、居家养老等多种功能综合服务设施，改造和建设农民社区，农民可以免费入住，享受配套服务，以此切实提高广大村民的生活质量，有效提高农民的获得感和满意度，提升了广大村民对乡村振兴的认识高度与发展信心。

5. 坚持绿色生产方式，实现乡村可持续发展

以绿色发展引领乡村振兴是中国特色社会主义乡村振兴道路的必然选择。改革开放以来，我国农业农村快速发展，农业现代化水平稳步提升，但资源环境污染问题也日趋严峻。刘圩镇将农业绿色发展作为推动农业全面转型升级的重要方向，加快转变农业生产方式，发展绿色经济、循环农业、废弃物开发利用及采用低碳技术实现产业链延伸和产业融合，当地产业结构优化升级，实现了农业农村的可持续发展。

在市民农庄项目、乡村产业振兴及城乡统筹发展过程中，刘圩镇始终践行“绿水青山就是金山银山”的理念，以资源环境承载力为基准，科学布局、因地制宜，利用水旱轮作模式、“稻＋”共生模式、种养结合模式、特色林下循环经济、立体复合农业模式等多种高效农业模式，积极探索农业绿色发展路径，发展生态循环农业，带动村民和市民走现代化农业发展道路，加速推进乡村产业升级的发展步伐。当地以水稻种植为基础，将香芋、瓜、菜、鱼、虾、蟹、鸭与优质水稻共生组合，除刘圩香米、绿色特色富锌稻、高端功能稻红米、黑米等主要农产品外，还生产了香芋、瓜、菜、鱼、蟹、虾、鸭等绿色富锌农产品；将花、药、草、鸡、鸭、鹅与稀特林果品种组合，发展林下特色经济；将适宜生长于无污染水环境中的广西特色“清江鱼”种类与珍贵水生蔬菜、花卉和药用植物莼菜组合，生产出高品质、无公害，无污染，无激素的水产品。这种模式在充分利用当地农业山、水、林、田资源的生产功能之外，还充分发挥了农业的综合生态功能。如“稻＋”结合模式就是通过充分考虑动植物特性，科学搭配种植品种和动物混养，有效提高土壤有机质含量、速效养分含量及供肥强度，促进农作物和动物生长，不仅可以提高农作物产量，改善农作物品质，还可以有效防治病虫草害。同时，当地着力做好农作物秸秆、畜禽粪污资源化利用工作，形成了“畜禽粪污-沼气-有机肥-种植”循环利用的新模式，拓展了现代农业生产功能，在减少环境污染的同时实现了生态资源的绿色循环利用，取得了良好的生态效益与经济效益。

在农产品生产方面，刘圩镇不断夯实农业发展基础，推动绿色、无公害

农产品标准化生产，以实施化肥减施增效、农药增效控害及提高生物农药和有机肥施用量、产地环境监测等为抓手，有效治理农业面源污染；通过改善土壤结构、土壤肥力和水体质量，走资源节约型和环境友好型的良性发展道路，保障农产品生产安全、质量安全和生态环境安全。当地重点发展以生态林果为主题的庭院经济和共享模式农场，在生活庭院内及周边种植蛋黄果、菠萝蜜等树姿优美、容易管理的果树；以双创人才、园区物业管理中心为主体，选择具有景观效果、药食同源、具有保健功效和投资回收期短的作物，种植林下中草药，如在现有松树林下种植紫珠，桉树林下种植穿心莲，提高土地利用效率，增加单位产出效益。刘圩镇精心设计，抓好细节，以绿色发展统领产业拓展与升级，构架了全域生态循环农业网络，实现了高质量乡村产业振兴。

6. 推动一二三产融合，构建市民农庄新业态

推动农村一二三产业融合发展，是党中央对新时代“三农”工作做出的重要决策部署，也是实施乡村振兴战略、加快推进农业农村现代化的重要举措。刘圩镇通过推广优质特色种植与发展农产品深加工、休闲农业统筹联动，为当地农业产业结构调整升级探索出了“一产种植、二产加工、三产销售和旅游观光”的融合发展路径。

刘圩镇利用十分丰富的特色绿色农产品资源，选择水稻、香芋、水果、甘蔗、水产、中草药等特色产业，将其作为产业融合发展的重点产业。在农产品加工业方面，当地以实施乡村振兴战略为总抓手，着力推动农产品加工业优化升级，不断强化特色农产品种养殖混合模式，并积极向产后环节延伸拓展，改造升级贮藏、保鲜、烘干、分类分级、包装和运销等综合性设施装备基地，培育扶持以加工为主的农业产业化龙头企业，推动农产品的深加工和精包装。这些龙头企业推动稻米、香芋等优势农产品向米粉、香芋粉等制品加工转换；加强果汁饮品、果味糕点、干果等系列产品的精深加工；研发健康、安全、具有保健功能的水果加工食品；对中草药及水产向特色餐饮、花茶等高附加值加工环节转换；拓展糖料蔗综合利用新领域，如木糖醇、酒精、朗姆酒、氨基酸等高附加值产品，实现农产品多层次、多环节转化增值，创新了价值链。

在推动特色农产品种植业与加工业发展，提供生态绿色健康优质农产品

的同时，刘圩镇还注重农业种养业和休闲产业的融合发展，打造多产业融合发展的新业态。市民农庄和龙头企业与村民联手合作，依托特色农业较强的观赏性，打造休闲农业特色景观，放大生态旅游经济效应。如在“稻经”系统，依托稻作田园景观，提高稻作农业的休闲服务价值，开展休闲娱乐、稻田迷宫、特色餐饮服务、手工体验服务、稻田艺术景观等项目；推广稻文化创意体验、第二课堂教育、科普教育、耕作体验、田间拓展等活动；在高效种养模式中引入旅游观光、休闲娱乐等元素，以此满足城市消费者追求乡土文化、田园风光和休闲怡情的需求（表 6-7）。

表 6-7 刘圩镇特色“稻经”产业系统情况

产品	产品客群 目标客群	核心客户	需求	建设内容	建设工程
制种稻	制种公司	南宁小禾美	使用价值：制种原料 服务增值：科研试验 增值服务：农业双创人员孵化	制种稻生产基地	生态稻＋工程
高级功能米	①养生养老 ②休闲旅游 ③会展商务	高端客户 高端客户 高端客户	使用价值：高端专业功能米 服务增值：私人订制、认养服务 增值服务：营养配餐服务，搭配精品果蔬、技术指导培训服务	健康功能水稻种植	生态稻＋工程
绿色紫砂富锌米	①养生养老 ②休闲旅游 ③会展商务	中高端客户 中高端客户 中高端客户	使用价值：健康紫砂富锌米 服务增值：私人订制、认养服务 增值服务：营养配餐服务，搭配生态绿色果蔬	绿色紫砂富锌水稻种植	生态稻＋工程
绿色瓜菜	①休闲旅游 ②会展商务 ③养生养老	中端客户 中端客户 中端客户	使用价值：绿色瓜菜 服务增值：采摘体验、第二课堂、定制直供、认养服务 增值服务：特色餐饮搭配	绿色瓜菜种植	生态稻＋工程、生态绿色蔬菜种植工程

续表 6-7

产品	产品客群 目标客群	核心客户	需求	建设内容	建设工程
精品瓜菜	①养生养老 ②休闲旅游 ③会展商务	高端客户 高端客户 高端客户	使用价值：精品健康瓜菜 服务增值：采摘体验、第二课堂、定制直供、认养服务 增值服务：特色餐饮搭配、功能米营养套餐搭配	精品瓜菜种植	生态绿色蔬菜种植工程
绿色香芋	①芋米特种种植合作社以产定销 ②休闲旅游 ③养生养老 ④会展商务	中高端客户 中高端客户 中高端客户 中高端客户	使用价值：绿色香芋 服务增值：定制直供、认养服务、香芋冰激凌、香芋奶茶、香芋甜品 增值服务：特色餐饮搭配、功能米营养套餐搭配	绿色香芋种植	生态稻＋工程
水稻秸秆	田野牧歌		使用价值：生态绿色饲料 服务增值：为田园牧歌提供绿色饲料，田园牧歌为市民农庄提供有机肥，区域内三产融合联动发展 增值服务：高端肉牛特色餐饮搭配	绿色水稻种植	生态稻＋工程
鸭稻共生	①休闲旅游 ②养生养老 ③会展商务	高端客户 高端客户 高端客户	使用价值：健康农产品 服务增值：捕捞体验、第二课堂、定制直供、认养服务、技术人才输出 增值服务：特色餐饮搭配、功能米营养套餐搭配、模式输出	鸭稻共生	生态稻＋工程

续表 6-7

产品	产品客群 目标客群	核心客户	需求	建设内容	建设工程
水稻乐园	①休闲旅游 ②会展商务 ③文化创意	中端客户 中端客户 中端客户	使用价值：稻田田园休闲娱乐 服务增值：稻田迷宫、特色餐饮服务、手工体验服务、稻田艺术景观 增值服务：特色餐饮搭配	绿色水稻种植、多彩水稻种植	生态稻＋工程
那文化园	①文化创意 ②休闲旅游 ③会展商务 ④养生养老	高端客户 高端客户 高端客户 高端客户	使用价值：稻文化创意体验 服务增值：第二课堂教育、科普教育、耕作体验、田间拓展活动 增值服务：特色餐饮搭配	绿色水稻种植，传统与现代化对比种植	生态稻＋工程

在“果经”系统，建设多彩鲜美果林、生态优新果林、精品稀特果林、庭院精品果林和林下中草药等项目，通过各类品种的花期花色，果品颜色、形状和成熟期的差异，达到周年供应果园美景和特色有机果蔬，为市民农庄的现代农业、文化创意、休闲旅游和健康颐养等产业提供服务保障，并创造了农业附加产值（表 6-8）。

表 6-8 刘圩镇特色“果经”产业系统情况

产品	产品客群 目标客群	核心客户	需求	建设内容	建设工程
多彩鲜美果品	①休闲旅游 ②会展商务	中高端客户 中高端客户	使用价值：绿色鲜美水果 服务增值：采摘体验 增值服务：果汁果酱等手工加工体验	多彩鲜美林果种植	生态果林种植工程
生态优新果品	①养生养老 ②休闲旅游 ③会展商务	高端客户 高端客户 高端客户	使用价值：健康优新水果 服务增值：采摘体验、科普教育 增值服务：果汁果酱等手工加工体验	生态优新林果种植	生态昊林种植二程

续表 6-8

产品	产品客群 目标客群	核心客户	需求	建设内容	建设工程
精品稀特果品	①休闲旅游 ②会展商务	亲子客户 高端客户	使用价值：精品稀特水果 服务增值：科普教育、采摘体验 增值服务：果干蜜饯等手工加工体验	精品稀特林果种植	生态果林种植工程
庭院林果	①养生养老 ②休闲旅游	旅居客群 度假客群	使用价值：健康优新水果 服务增值：景观园林效果塑造 增值服务：果汁果酱等手工加工体验	生态优新林果种植	生态果林种植工程
林下中草药	①养生养老 ②休闲旅游 ③会展商务	高端客户 高端客户 高端客户	使用价值：健康中草药产品 服务增值：采摘体验、科普教育 增值服务：颐养原料、伴手礼加工、特色餐饮	林下中草药种植	生态立体农业工程

在“水经”系统，依托丰富的水资源和水产养殖，发展以水产养殖和水岸观光为主的乡村水上休闲观光旅游项目（表 6-9）。

表 6-9　刘圩镇特色“水经”产业系统情况

产品/服务	产品客群 目标客群	核心客户	需求	建设内容	建设工程
生态环境服务	①休闲旅游 ②养生养老 ③文化创意 ④会展商务	高端客户 中高端客户 高端客户 高端客户	使用价值：水生环境整治与景观观赏 服务增值：野生垂钓采摘体验 增值服务：现钓现吃特色鱼宴	净水植物种植、净水鱼类养殖	水体环境整治工程
水生养殖产品	①养生养老 ②休闲旅游 ③会展商务	高端客户 高端客户 高端客户	使用价值：健康精品鱼产品 服务增值：垂钓体验 增值服务：现钓现吃特色鱼宴	四大家鱼、广西土著鱼种及虾蟹鳖的适度养殖	水生生态养殖工程

续表 6-9

产品/服务	产品客群 目标客群	核心客户	需求	建设内容	建设工程
水生蔬菜花卉	①养生养老 ②休闲旅游 ③会展商务	高端客户 高端客户 高端客户	使用价值：健康精品水生蔬菜、花卉 服务增值：采摘体验、景观休闲 增值服务：现采现吃特色鱼宴、摄影	莼菜、莲菜、生菜等水生蔬菜种植	水生生态种植工程
水上垂钓及休闲娱乐活动	①休闲旅游 ②会展商务	中高端客户 中高端客户	使用价值：游玩娱乐 服务增值：赛事组织、游戏设计 增值服务：搭配水上特色画舫餐饮服务	皮划艇、龙舟等水上娱乐项目设计	水上文娱工程
水上 SUP 健身活动	①养生养老 ②休闲旅游 ③会展商务	高端养生客户 高端客户 高端客户	使用价值：运动健身 服务增值：SUP 教学服务、比赛体验 增值服务：搭配水上特色餐饮	水上浆板 SUP 运动	水上文娱工程
水上画舫及休闲观光服务	①休闲旅游 ②会展商务 ③文化创意	高端客户 高端客户 高端客户	使用价值：水上休闲体验 服务增值：高端餐饮服务 增值服务：搭配水上娱乐、健身等项目	结合净水生物的景观搭配，设计水上画舫	水上文娱工程
水上诗画文艺长廊	①文化创意 ②养生养老	高端客户 高端客户	使用价值：诗画文艺活动 服务增值：文创体验、科普 增值服务：搭配水上特色餐饮服务	结合净水植物，建设水上诗画文艺长廊	水上文娱工程

同时，当地还以骆越文化为主，融合岭南文化、壮族文化、进士文化、稻作文化、东盟文化等多种特色文化，将这些文化充分贯穿于多层次的建筑风格、产品形态、服务内容、饮食娱乐、养生内涵等休闲农业项目，促进文化交流和乡风文明建设。刘圩镇通过大力发展休闲农业，将农业功能向经济功能、社会功能、政治功能、文化功能和生态功能等拓展，催化了不少新的产业形态和消费业态，再将这些新业态与种植业、加工业、餐饮业、创意农

业等互相渗透，既扩展了农业的生态、旅游、文化、科教等功能，也使其在带动农民就业增收、推进乡村振兴发展中焕发了活力（表 6-10）。

表 6-10　刘圩镇特色“三经”产品

	一产	二产	三产
水经	鲢、鳙、鲫、麦瑞加拉鲮鱼 黄颡鱼、乌鳢、黄沙鳖 水生草药 水生花卉 莼菜、莲菜、生菜	湖鲜宴	特色垂钓、水上画舫、水上诗画文艺长廊
稻经	刘圩香米 刘圩香芋 绿色特色富锌稻 高端功能稻 红米、黑米 富锌精品瓜菜 精品果蔬 稻田鸭 水稻秸秆	功能米粉、特色香芋粉、特色功能粥宴、香芋冰激凌、香芋奶茶、香芋甜品	定制、体验、稻田音乐节、稻草人 DIY、婚庆摄影、体验、科普、采摘
果经	莲雾、凤梨释迦 大青枣、蛋黄果、神秘果、木奶果 葡萄、菠萝蜜 紫珠、穿心莲	鲜果特色菜、鲜榨饮料、果酱、神秘果冰棒、特色餐饮、石斛花茶	体验、养生养老、休闲采摘、科普

7. 打造“青秀吾乡”产品品牌，培育市民农庄新业态和综合性品牌

品牌化是农业现代化的标志，也是农业产业转方式、调结构的重要抓手，更是乡村产业振兴的重要助推器。在建设城乡融合发展机制，打造市民农庄品牌的过程中，刘圩镇以特色农产品品牌创建为主要抓手和切入点，创建、引领和推动市民农庄系列品牌的建设。其主要做法是，将品牌建设与当地特色农产品、绿色食品和功能产品紧密结合，以“品质、安全”为核心，以“归真品质生活方式”为主题，培育“青秀吾乡”品牌，以品牌助力乡村产业振兴。

刘圩镇结合当地为稻文化起源地的地域优势，以健康、精品、有灵气的优质米为主打产品，以稻菜轮作的其他农产品为辅，让消费者体验到当地米、菜产品的与众不同，赋予产品文化内涵，重点打造了“一粒自带灵气的稻米、一颗跋山涉水归来的香芋、一个创意爆棚的萌瓜、给你最好的守护礼”4个产品系列（图6-7）。其中“一粒自带灵气的稻米”包括多味营养米、功能健康米、紫砂富硒寻味米和归真粥米四类刘圩镇当地特色的稻米类产品；“一颗跋山涉水归来的香芋”包括青春正好芋和低脂健康芋刘圩镇当地特色香芋类产品；“一个创意爆棚的萌瓜”包括外冷内热的绿皮红肉西瓜、金枝玉叶的绿皮黄肉西瓜、爱度假的黑皮无籽西瓜及双色冰激凌——红肉与黄肉相间的刘圩镇特色西瓜产品；“给你最好的守护礼”包括福寿康宁、毓子孕孙和穗穗安康3个系列产品，分别针对中老年人、孕妇、儿童和职业白领人士进行营养套餐搭配，满足不同消费者的多重需求。

在产品营销环节，刘圩镇充分运用互联网思维，针对不同客群进行文化营销、故事营销、口碑营销和体验营销，整合区域产品和品牌资源，创新产销衔接机制，引入现代要素改造提升传统品牌，通过物联、互联网、智能和智创，构建层次化、多元化、立体化产品的精准供需体系。同时，当地持续加快实施电子商务进农村工程，建设了市民农庄农产品营销服务中心（农产品电商服务平台）；加快构建网络营销、网络预订和网上支付等公共服务平台；支持农产品经营企业、农业合作社等积极开展农产品网上销售业务，支持电商、物流、商贸、金融等企业参与涉农电子商务平台建设，培育农产品网络销售品牌；打造了企业社会化、品牌人性化、渠道指尖化、模式互补化、店面舞台化、产品极致化、展示场景化、服务互动化、推广娱乐化“九化”新模式，形成市民农庄品牌营销新业态。

8. 完善土地资金保障体系，保障乡村振兴战略实施

在推进乡村振兴战略实施过程中，土地要素的配置与管理是关键性的环节。发展城乡统筹和促进城市资本进入乡村，都会碰到土地资源的巨大需求问题。针对这些问题，刘圩镇统筹保护和合理配置土地资源，将市民农庄纳入自治区推进“城乡融合发展，推进乡村振兴战略”的政策框架下加以解决。通过土地整理，新增的耕地可按一定比例置换为建设用地，优先安排用于市

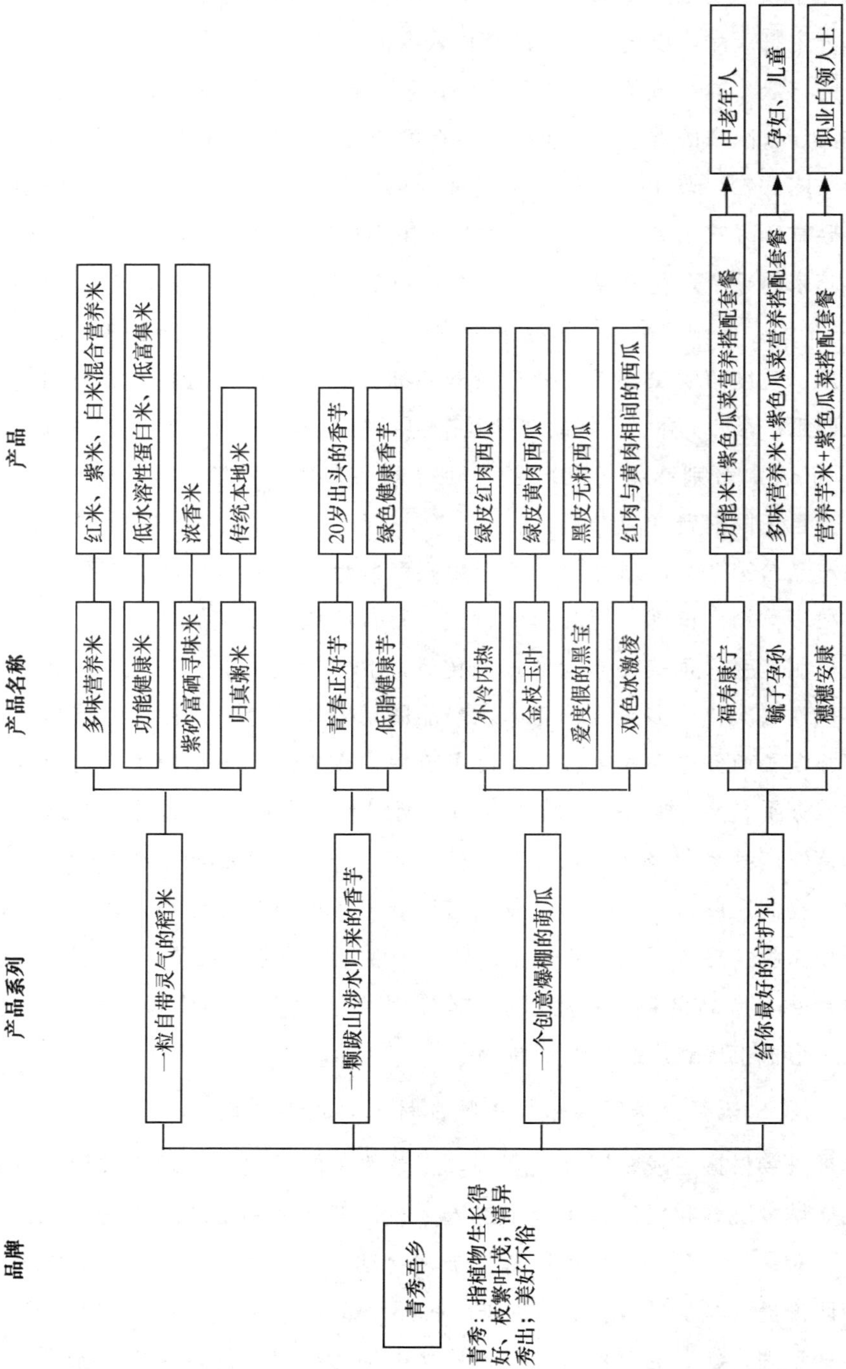

图6-7　刘圩镇“青秀吾乡”系列产品

民农庄农业项目建设用地需要；在符合土地利用总体规划和用途管制的前提下，优先为市民农庄安排新增建设用地指标。同时，各级政府和村委会支持市民农庄提高农业土地流转使用效率和社会化服务水平，以租赁、转让、承包、抵押、股份合作、反租倒包等方式完善土地集中制度，强化土地流转的后续保障措施。

在资金保障方面，当地通过设立市民农庄引导基金，撬动金融资本和社会资本投向市民农庄各类产业发展项目上，并对接利用专项债券、政府购买服务、PPP、涉农贷款贴息、专项建设基金等财政支农新方式，按照公共性、公益性和商业性投资相区别的思路，对于农业基础设施和农业公共服务领域的建设内容，采取政府财政资金引导公共性投资和公益性投资的融资模式；对于农业产业盈利性建设内容，采取 PPP 模式进行资金筹措，政府采取竞争性方式选择具有投资、运营管理能力的社会资本，双方按照平等协商原则订立合同；社会资本提供公共服务，政府依据公共服务绩效评价结果向社会资本支付对价，共同构建“利益共享、风险共担、全程合作”的伙伴合作关系，促使合作各方达到比单独行动预期更为有利的结果，达到政府的财政支出更少、企业的投资风险更轻，最终实现合作共赢。

同时，刘圩镇还积极争取农业农村部国家现代农业产业园和农村创业创新基地、发改委国家农村产业融合示范园、财政部田园综合体、科技部国家农业科技园区及自治区、南宁市现代特色农业示范区建设专项资金等各类财政资金，将所获得的资金优先使用于市民农庄农业基础设施、产业发展、品牌培育、技术引进、科技创新和公共服务平台的建设当中。

第五节 总结与展望

刘圩镇的市民农庄项目立足于当地的资源条件、区位特征，为城乡资源、资金、人才的双向互动、融合发展提供了充满活力的创新创业和发展服务平台。其意义在于，使城乡各种资源要素实现了双向流动，推动了乡村产业振兴，激发了诸如“三生服务型”农业等新模式；为当地农业农村现代化路径探索注入了新动能，加快了城乡生产、消费，融合互促和城乡统筹发展。

在经济效益方面，刘圩镇通过规模化、机械化和智能化生产，大幅度提高农业资源产出率、科技贡献率和劳动生产率；推进土地流转，加快实现农业规模化生产和经营，促进了乡村产业振兴和区域经济高速发展。初步统计，当地通过高产优质品种和现代农业技术的广泛应用，产业节本增效明显，农业产出能力和效率显著提高。在带动文旅产业方面，项目初期游客即可达 32 万人；中期可达 92 万人，成熟期达到 201 万人。当地通过建设双创平台载体，引入中国农业大学教授工作站，培育农村创新创业新型经营主体，粗略统计，项目区创新创业人群可超过 900 多人。

在生态效益方面，试验区遵循生态学原理和经济规律，把生态建设、环境保护、自然资源的合理利用和生态恢复有机结合起来；通过统一规划、综合建设，培育天蓝、水清、地绿、景美的宜居、宜产生态环境；重点扶持高效、低耗的生态产业，提高生态产业产值的占比，打造人与自然和谐共处的生态社区。初步预计，试验区稻田亩均收益 8 000 元以上，可实现区域内农民户均增收 8 000 元/年，村集体经济实力明显增强，一二三产业的价值比例转为 50%：12%：38%（表 6-11）。

表 6-11　市民农庄农业产业生产经济效益　　万元

项目名称	年产值	年生产成本	年效益
水经项目	800	300	500
稻经项目	18 498	8 809	9 689
果经项目	1 208	99	1 109
启动区项目	5 305	297	5 008
合计	25 811	9 505	16 306

在社会效益方面，通过新农村建设，完善农村各项社会事业，新型农民的综合素质明显提高，农村劳动力获得更多的就业机会，农民生活水平显著提升。各项基础设施的建设和完善将大大改善了项目区域内人居环境；通过土地流转租金、合作社分红、增加就业收入等，多渠道保障农民收入的持续增加。同时，通过加强基础设施建设，改善农业科研和生产的基本条件及生态环境，提高当地抵御自然灾害的能力和农业综合生产能力，为农业的可持续发展和优质高效生态安全的乡村建设奠定了坚实的基础。

总体上看，刘圩镇城乡融合发展试验区通过合理开发、利用和保护区域自然资源，实现了经济、生态和社会效益的全面改善；产业结构优化升级效果显著，乡村环境更加宜居、宜业、宜游，为发展现代农业、乡村休闲康养产业，实现多产业融合创造了有利发展条件。

试验区为广西壮族自治区南宁市落实十九大乡村振兴战略和农业农村现代化探索了新模式，也为青秀区建立城乡融合体制机制改革提供了可资借鉴的发展经验，其综合性示范意义是巨大的。

本章小结

中国特色的乡村振兴和农业农村现代化之路必须重塑城乡关系，走城乡融合发展之路。新阶段的城乡融合发展建设，则必须改变以往分割分治状态，合并实施城乡深度融合发展战略，推动城乡要素双向流动。乡村振兴战略将乡村建设摆在了优先位置，提出在基础设施建设、公共服务设施建设等方面逐步减少差距；提高城乡经济融合度，壮大多元经营主体，同步提升城乡发展质量的要求。

第七章

保护传统村落　促进乡村振兴

引言：在乡村振兴的伟大征程中，传统村落是一类特殊的乡村群体。它们除了要跟上所在地区整体的现代化步伐，还多了一份保护和传承乡村历史文化遗产的重大责任。这部分古村落中的独特建筑形态、村庄布局、历史风貌、农事民俗、民间艺术等优秀文化，也是我国传统文化与多元民族精神元素的重要基因。因此，相比一般的村庄，传统村落所在的区域承载着更为深厚的历史文化信息，具有重要的历史、文化、科学、艺术、社会和生态、经济价值。

第一节　发展背景

中华民族有着悠久、丰富的历史文化。作为典型的东方古文明的代表，中国的农耕文化在中华民族灿烂多彩的文化发展史上占有重要的地位。而数量繁多、分散在广袤中华大地上的各类古村落正是传承传统农耕文化的重要空间结点与载体，更是中华文明的不可分离的组成部分。通常，人们所说的传统村落就是指那些历史文化悠久、多民族文明遗存雄厚、灿若繁星般散落在中华大地上的众多自然与行政村落。这类村庄在未来发展中既责任重大、任务繁重，同时也因为具有宝贵的历史文化资源，在乡村振兴过程中其社会经济发展和生态文明建设具有重要的现实意义和时代价值。

但是，一个值得注意的现象是：近年来，随着城镇化和工业化的快速推进，受人口、劳动力持续外流，村落转型撤并、农民异地搬迁及传统农业生产生活方式变革等因素的影响，农村经济社会的快速发展与传统村落保护之间的矛盾日益突出，传统村落被破坏甚至消亡的状况变得日益严峻。一方面，传统村落数量迅速减少，据住房和城乡建设部调查显示：1978—2012 年间，我国行政村的数量已经减少了 10.2 万个；1984—2012 年间，自然村减少了 153 万个，平均每年约减少 5.5 万个。近 15 年来，传统村落正以每天 1.6 个的速度持续锐减。另一方面，相当一部分基层政府存在着重城市轻农村、重产业轻环境、重经济轻文化、重建设轻保护等短视思维，导致当地经济和社会发展呈现粗放式、模式化、低层次的过度开发态势。在经济利益的推动下，一些具有重要历史价值、文化价值、美学价值的传统建筑、民居院落、乡村形态及相关的村落环境遭到严重的建设性破坏；传统村落的乡贤文化、传统工艺、乡风民俗等农村优秀传统文化有日渐式微的趋势；在制度文化方面，乡村中村规民约的约束力正逐渐弱化，村民法治观念淡薄、自治能力缺失等问题屡见不鲜。这些都严重破坏了传统村落历史文脉的延续性，使传统村落正在慢慢丢失其文化生机与历史内涵。

鉴于这种情况，从 20 世纪 80 年代起，我国就开展了对具有历史和文化价值的传统村落的研究。由于传统村落遭到破坏的状况日益严峻，加强传统村落保护的任务迫在眉睫。为有效保护传统文化、拯救传统村落，2012 年 4 月，由住房和城乡建设部、文化部、国家文物局、财政部等 4 个部门发起了“中国传统村落”的相关调查和评选工作，并且组织成立了专家委员会，建立起相对完善的中国传统村落名录，以期通过全国性的保护调查行动来确定中国传统村落的数量，并对所认定的传统村落实施有效保护。到 2020 年，全国已有 6 819 个传统村落被列入国家保护名录。但是，在寻求传统村落保护和未来发路径的过程中，人们发现，由于传统村落分布广泛，区域发展水平和保护能力的差异较大，特别是在追求经济快速发展与有效保护的长效机制构建方面，还面临许多困难和挑战。可以说，对于传统村落的保护和振兴乡村经济，不少地区都面临着诸多具体的问题，需要在乡村振兴的发展实践中不断开拓创新，总结经验，因地制宜，精准施策。

党的十九大首次将乡村振兴上升到国家战略的高度，将其作为党和政府推动农业农村现代化的总抓手和建设现代化国家的伟大工程。可以说，乡村振兴是具有战略性、纲领性、前瞻性的一项长久性事业，其内涵与外延的广度和深度是十分广阔和深厚的；乡村振兴也是我国致力解决城乡差距扩大、发展不平衡等问题，实现城乡统筹、农业农村可持续发展的重要战略举措。乡村振兴战略既涵盖乡村产业经济的构建，也包括当地生态环境、社会治理、乡风文明的全面建设任务，同时还涉及传统村落的保护和与时俱进的利用开发。可以说，传统村落不仅是中华文明重要的历史文化遗产，亦是农村物质文明与精神文明之间相互联系的枢纽和载体。如何抓住国家乡村振兴战略实施的重大历史机遇，在城镇化以及工业化的发展进程中找到科学合理的优化路径，实现传统村落保护与经济开发之间的动态平衡，对推动传统村落乡村振兴具有重要的理论意义和现实价值。

第二节　福建省漳平市赤水镇香寮村保护发展传统文化的探索实践

本章以福建省漳平市赤水镇为例，分析当地香寮村在传统村落保护和开发利用中的探索实践，以期为其他传统村落实施乡村振兴战略提供借鉴。香寮村于2013年8月被列入第二批中国传统村落名录，当地在思考乡村振兴的发展路径时，从对传统村落保护、修复和发展的角度出发。按照“产业兴旺、生态宜居、乡风文明、治理有效、生活富裕”的总要求对村庄进行全面规划。香寮村在推动乡村振兴与传统村落保护的过程中，充分利用村落中传统建筑、区域特色风貌、民俗民风等宝贵的文化资源，保持乡村原生态的文化气息；结合当地自然及人文景观，融入“百家姓”这一当地特有的文化元素和畲族民俗风情，对接都市居民休闲、观光、度假的旅游需求；以景弘故里、百姓古村、隐逸文化为主题，开发了“隐逸”主题度假游乡村文旅项目。在此基础上，香寮村村委会以森林康养、田园体验、科普教育及文创产品设计等内容为主，开发了系列乡村文旅康养产品，将香寮村打造成了漳平市农旅融合示范基地、福建森林康养示范基地和全国首个“隐逸”主题度假示范基地。规划中，村委会和村民们把全村范围内的多元空间划分为稻田生产区、菌菇产业区、山庄休闲区、山林度假区、古村落风情区、古意民居区、商业服务核心区和天台山服务区等8大产业区，形成了以特色农业生产、乡村文旅以及农产品加工等产业为支撑的特色产业体系，满足了当地乡村就业和经济快速、持续发展的需求。同时，该村积极探索村庄建设及经济发展的管理体系和机制创新，全面改善农村人居环境，将香寮村建设成为产业特色鲜明、生态环境优美、配套设施完善、管理运行有序、社会保障健全的新型宜居宜业农村社区，为传统村落的保护传承和乡村振兴找到了一条内生且可持续的发展道路。

1. 漳平市社会经济条件分析

漳平市地处龙岩市东大门，其名取自“邑居漳水上流、千山之中，此地独平”之意，于明成化七年（公元1471年）置县，1990年撤县建市，是闽西地区距离闽南金三角最近的县级市。漳平市位于北纬24°54′～25°47′，东经117°10′～117°45′，地处福建省西南部，九龙江北溪上游，东毗永春、南溪，南连华安、安靖，西邻新罗，北接永安、大田。历史上漳平因多山，交通极为不便，但新中国成立以后，特别是改革开放后，漳平的交通条件发生了巨大改变。目前，鹰厦、漳龙、漳泉肖铁路，岭和、福三、围禾省道纵横全境，其到厦门、福州、泉州、汕头分别只需1小时、2.5小时、1小时、3小时，是龙岩市东进沿海的重要桥头堡，是闽、粤、赣 3 省交界区域内 19 个县（市、区）的物资集散地（图 7-1）。

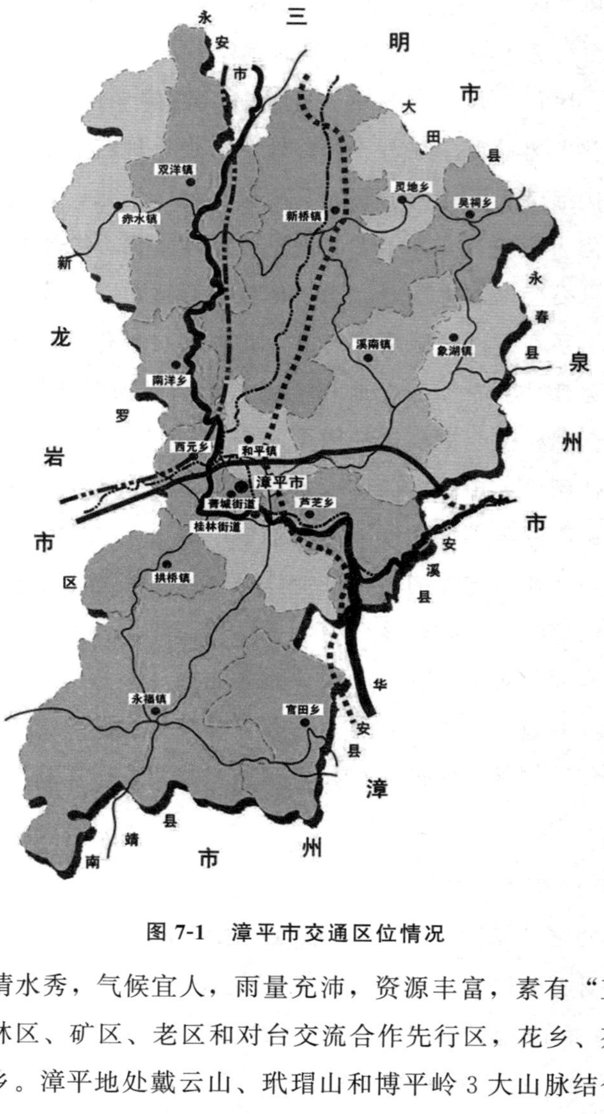

图 7-1　漳平市交通区位情况

漳平市山清水秀，气候宜人，雨量充沛，资源丰富，素有“五区四乡”之称，即山区、林区、矿区、老区和对台交流合作先行区，花乡、茶乡、画乡和中国观赏石之乡。漳平地处戴云山、玳瑁山和博平岭 3 大山脉结合部，为闽西山区，地势南北高中部低，地貌属低山、丘陵类型，拥有“九山半水半分田”；按自然状态和开发使用情况分，低山丘陵面积占全漳平总面积的 75.3%，耕地占 4%，水面占 0.8%，其余 11.7%为房屋、道路和矿区。除中部九龙江出入境处没有高山阻隔外，其余与邻县（市）交界处大都有山峰耸峙。当地属亚热带海洋性季风湿润气候，光照充足，夏长冬短，无严寒，无冰雪，干旱季节分明，灾害性天气时有发生。年平均气温 21.6℃，年降水量 1 629.2 mm，年日照时数 1 751.8 小时，相对湿度 78%。境内九龙江北溪贯穿全域，流域辽阔，支流密布，落差明显，水量丰富。全市水能资源理论蕴藏量为 40 万 kW，可供开发的水能蕴藏量为 36 万 kW，灌溉水库 18 座，总库容量为 3 306.54 万 m^2。当地林业生产发达，规模显著，有林地面积 25.5 万 hm^2，活立木蓄积量 1 312.3 万 m^3，竹林面积 2.2 万 hm^2，毛竹立竹量 4 883 万株，为“中国特色竹乡”；全市森林覆盖率为 78.6%，居全国县（市）前茅，是我国南方 48 个重点林业县（市）之一；目前已形成速生丰产用材林、纸浆林、松脂林、毛竹、油茶等大型基地。漳平市矿产资源丰富，品种繁多，已探明资源储量矿产 20 种，尤以石灰石、煤、铁、花岗岩、五彩玉石和紫色陶瓷土驰名，为福建省 8 大重点矿产县（市）之一和唯一烟煤生产基地；丰富的煤炭资源也为当地火电项目的建设提供了必要的保障。

漳平市为原中央苏区县，朱德率红四军出击闽中纪念馆坐落当地。此外，漳平市也是当地对台交流合作先行区，两岸经济文化交流比较频繁，如当地台湾农民创业园建设就走在全国所有国家级台创园前列，已经成为福建省对台交流合作的重要品牌之一。境内生态旅游资源丰富，拥有九鹏溪国家 4A 级风景区、大陆阿里山 3A 级景区、天台国家森林公园等自然景观；另有双洋园觉塔、永福平直庙、升隆堂、朱德旧居、革命烈士纪念碑等历史人文景观。象湖镇入选全国森林康养基地试点，永福镇入选福建省全域生态旅游小镇。

全市国土面积共 2 975 km^2，辖 11 镇 3 乡 2 个街道办事处 176 个行政村 15 个社区和 901 个自然村；共有人口 29.7 万人，由 16 个民族组成，以汉族居多，畲族次之，城镇化率为 56.2%。2019 年，漳平实现地区生产总值 259.05 亿元，比上年增长 6.0%，一二三产业结构之比为 13.6∶43.8∶42.6。全市居民人均年可支配收入为 28 121 元，城镇居民人均可支配收入为 36 945 元，农村居民人均可支配收入为 18 945 元。漳平市土地肥沃，盛产茶叶、花卉、食用菌、蔬菜和水果等，其中水仙茶、芦柑、桂花柚、明笋等是富有传统特色的地方特产。2019 年全市农林牧渔业总产值为 58.85 亿元，农、林、牧、渔及服务业比例为 56.6∶14.5∶23.3∶3.2∶2.4。农作物总播种面积为 2.11 万 hm^2，粮食播种面积为 0.92 万 hm^2，粮食产量 5.98 万 t，其中，稻谷产量

5.61 万 t。其他农作物产量：蔬菜产量 24.28 万 t，茶叶产量 1.25 万 t，水果产量 5.29 万 t，食用菌产量 2.48 万 t；另有花卉种植面积 1 450 hm^2，品种有西洋杜鹃、兰花、铁树、桂花和茶花等；漳平水仙茶获得中国驰名商标，永福高山茶成为北京故宫贡茶。漳平市被命名为中国花木之乡、中国杜鹃花之乡、中国名茶之乡和全国重点产茶县，是国家级可持续发展实验区、中国县域科学发展试点县、福建十大空中最美家园、闽西首个省级生态区国家农业综合开发县、全国休闲农业与乡村旅游示范县、全国农村产业融合发展试点示范县、国家农业科技园区核心区及省政府确定的生态农业试点县和国家级农村电商示范市。

漳平市下辖赤水镇位于漳平市西北部，全镇面积约 187 km^2，辖 9 个村，总人口 9 081 人，全镇耕地面积 887.5 hm^2，以烤烟、水稻、毛竹为主导产业，森林覆盖率 84.4%，是漳平天台国家森林公园的核心区、国家级生态乡镇、省级绿色乡镇。本章所重点介绍的传统村落——香寮村就坐落在赤水镇区域内。

2. 香寮村基本情况和发展基础

香寮村位于赤水镇北部，坐落在国家森林公园天台山脚下，距赤水镇区约 15 km，距漳平市区约 65 km，经 604 县道可达漳平市区和龙岩市区，距离赤水客运站 13.9 km，距离高铁站双洋站 19 km，距离高铁站永安站 76.5 km（图 7-2）。香寮村村域总面积为 5 939.65 hm^2，耕地面积 204.22 hm^2，林地面积 5 502.96 hm^2。该村地处山区，植被茂盛，被天台山、西山、天平寨、石头坑、南山崎 5 山环绕，基本保持了生态环境的整体性。境内东山溪、西山溪、后溪和桥下溪 4 条溪流穿村而过，最终汇入村下游香寮水库再流入大涵溪，大涵溪水质清澈，暴雨时节可用作排洪（图 7-3）。村内农林产业主要以种植水稻、烤烟、毛竹、果树等作物为主，为传统山水田村格局，生活用水采用山泉水或地下水，住宅分布相对分散。村内有祠堂、传统民居及现代民居，村内古井、古树、天台庵舍利塔、古驿道遗址、凌云桥、林地石拱桥、香山桥、聚秀桥、曹泗墓和王景弘故居等古建筑和历史遗址众多；村庄宗祠文化、“百家姓”文化元素、宗教文化和畲族民俗风情等颇具特色，舞狮、女子舞龙、火炮鼓等非遗文化遗存丰富。乡道南北向穿过整个村庄，北接永安

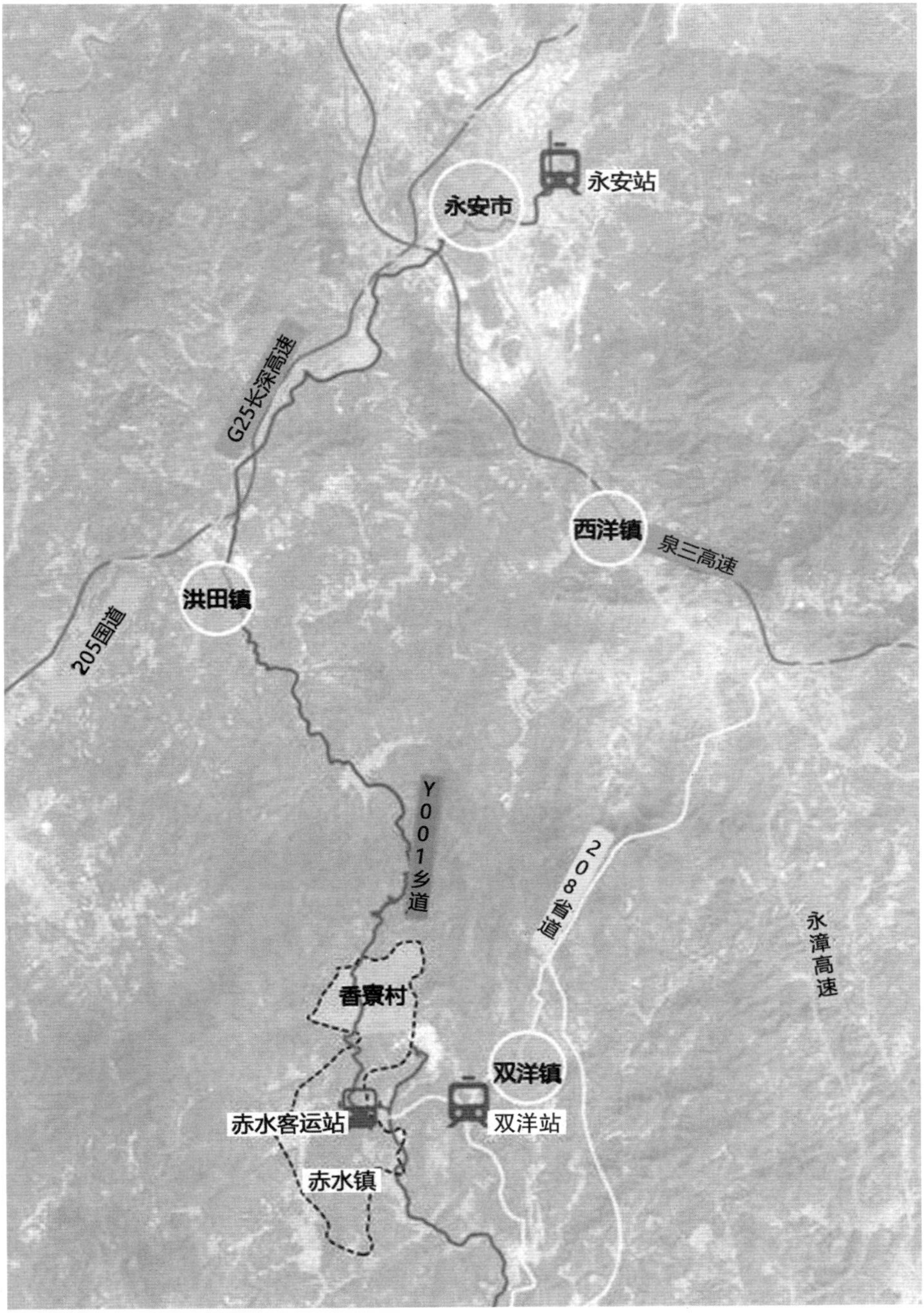

图 7-2 香寮村交通区位情况

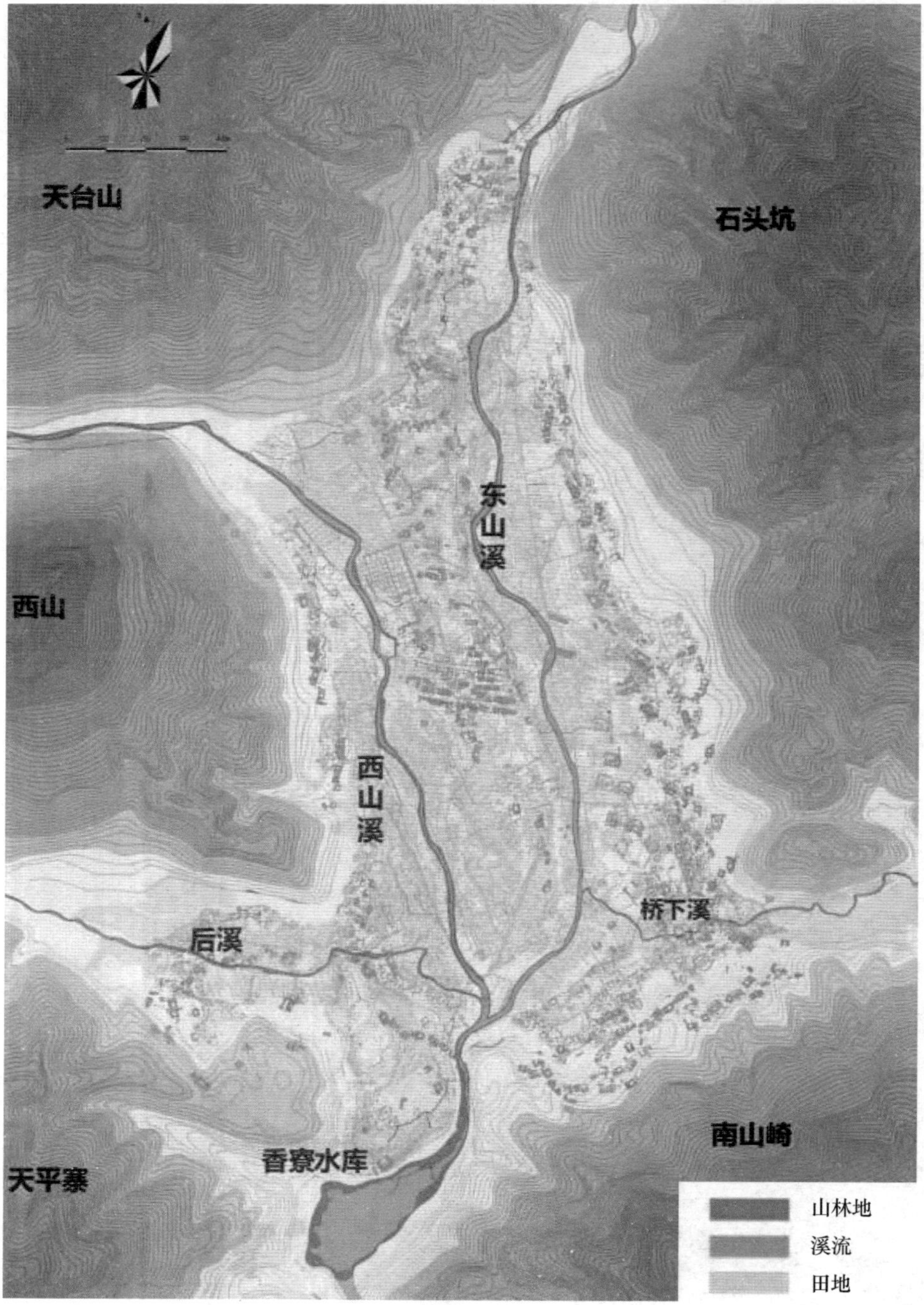

图 7-3 香寮村自然要素分析图

市上石村，南接田头村，是现存唯一的对外交通要道。香寮村是明代航海家、外交家、海上丝绸之路领军人物王景弘故里，为远近闻名的少数民族（畲族）特色古村落，被列入福建省第一批千年古村落名录、中国第二批传统村落保护名录，入选省级民族乡村振兴示范点，是丰产竹林示范基地、全国海洋意识教育基地，也是福建省乡村振兴试点村、文明村、乡村旅游特色村、最美休闲乡村和国家特色景观旅游名村等。

虽然香寮村村落古建筑群和周围自然风光极富地方特色，但是由于村内缺乏整体规划设计引导，村民自我保护意识不强，部分传统风貌遭到了不同程度破坏；且古村开发基本为自发状态，许多具有特色的文化资源尚未被充分发掘，村内景观布局要素混乱，文化景观利用程度不高；绿化景观较少，自然风景和人文景观体验性较差，缺乏可供游客观赏的景点。香寮村村内建筑有祠堂、传统民居及现代民居 3 类，现代建筑体量尤其较大，风格良莠不齐，较为杂乱。村内旅游线路组织无序，道路存在局部过窄、断头路等情况。整体看来，当地村庄旅游和历史文化开发处于较低的发展阶段。

第三节　香寮村乡村农旅融合产业规划

从前述对香寮村资源条件分析可知，该村为典型的传统村落保护类型，属于保护开发特色型村庄。当地历史文化底蕴深厚，传统建筑、区域风貌、民俗民风等资源丰富，因此其乡村振兴，特别是产业振兴必须要从保护修复好传统村落历史文化风貌与经济发展、产业升级协同并重的角度出发，其产业发展必须要与当地乡土文化有机结合，利用当地乡村文化特质，赋予乡村产业以传统文化特色。同时，上寮村的产业规划也要遵循漳平市和赤水镇上位规划的指导。根据漳平市旅游在产业空间区域上“一心、一轴、两翼、三重点、四景区”的发展格局（图 7-4）和漳平大旅游北线“生态文化游”线路建设方案，即“市区-九鹏溪景区-双洋历史文化名-凤翔千仞-大涵溪峡谷-王景弘故里-天台国家森林公园”景区路线（图 7-5），香寮村内涵盖赤水香寮百家姓旅游区和天台国家森林公园区等景点。香寮村的百家姓古村景区已被作为“四景区”之一和北部旅游区的重要组成部分，因此，香寮村抓住这个重要的

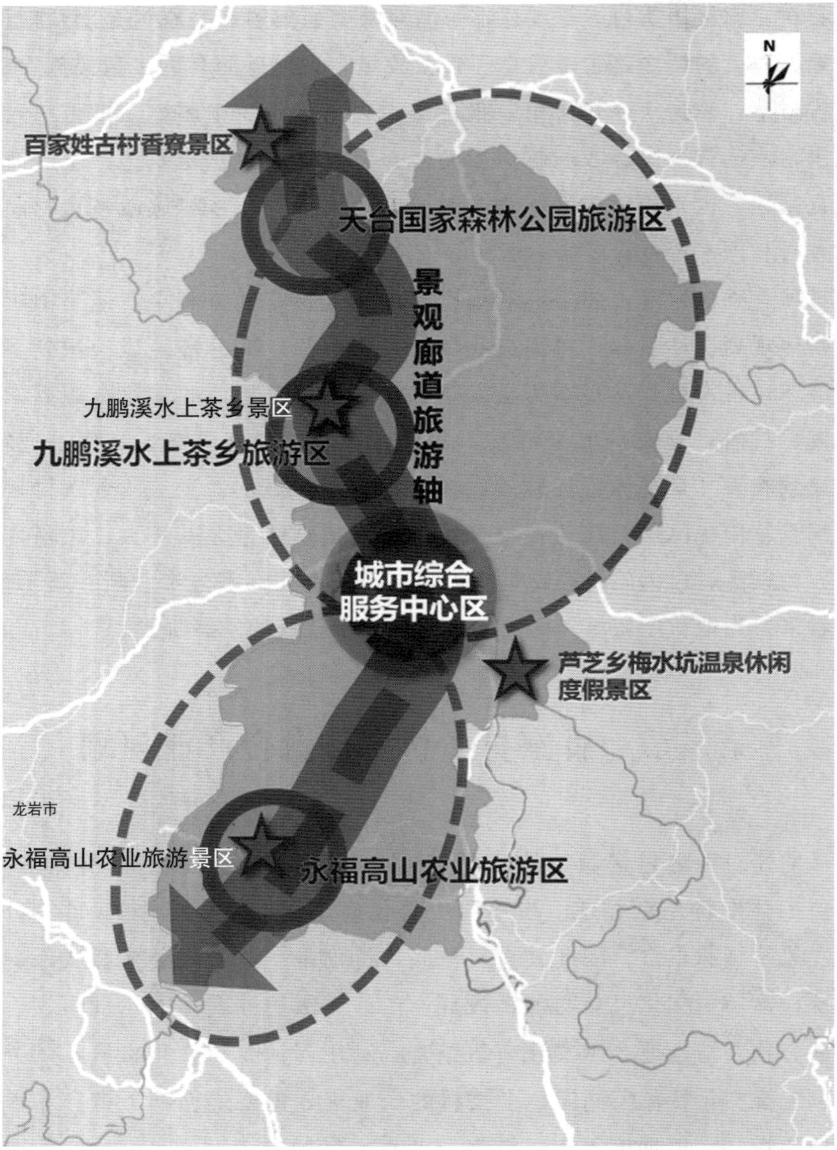

图 7-4　漳平市“一心、一轴、两翼、三重点、四景区”旅游发展格局

发展机遇，确定以旅游产业为主导发展方向；以“百姓古村”为特色，借助天台山景区及大涵溪景区优势，将香寮村作为天台山风景区的组成部分，积极纳入漳平大旅游线路，充分发挥传统村落的历史文化优势，实现村落保护与产业升级的协同发展。

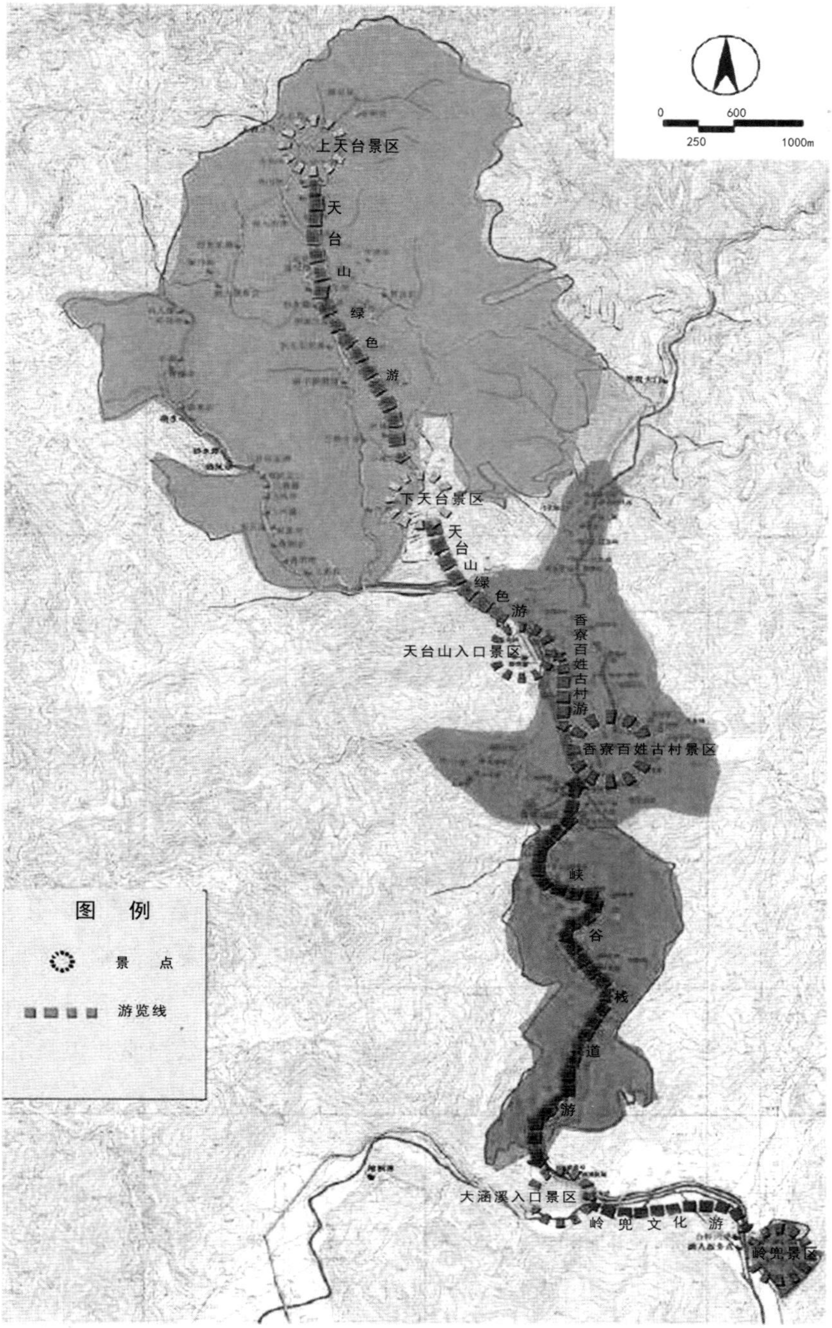

图 7-5 漳平市大旅游线路北线“生态文化游路线”

为更好地体现香寮村的乡村文旅特征，该村结合自身区位、空间格局和良好的乡村自然环境以及历史文化元素优势，以景弘故里、百姓古村、隐逸文化为乡村特色，以“桃源隐逸、百姓香寮”为形象宣传口号；以乡村旅游和家庭亲子度假人群为主要目标客户群；以“隐逸”主题度假、森林康养、田园观光体验为主打旅游产品，将香寮村打造成为漳平市农旅融合示范基地、福建省森林康养示范基地和全国首个“隐逸”主题度假示范基地。

明确了乡村振兴的发展方向，香寮村围绕乡村文旅和休闲康养产业发展对全村进行了全面规划和景观改造。其中，自然景观以村入口稻田、溪流景观为主，周边茶山和竹林山地景观为辅，体现当地山水田林的优美自然风光，为游人提供游览观赏、健身休闲、农业生产、山林度假、亲子娱乐等活动；人文景观类风貌则以古村落文化保护建筑、传统宗祠庙宇、王景弘故居及纪念馆等为依托，并融入当地独特的“百家姓”文化元素和畲族民俗风情，打造参观游览、科普教育、文创产品设计等系列活动，将香寮村打造成为集农业种植、休闲度假、康养观光体验等于一体的农旅融合示范基地和乡村文化农旅特色景观群。根据产业发展需求，香寮村将全村划分为山庄休闲区、山林度假区、稻田生产区、古村落风情区、商业服务核心区、古意民居区、菌菇产业区和天台山服务区 8 大产业分区（图 7-6）。其中，古村落风情区为核心区域之一，区内分布了曹氏祠堂、福德堂、永德堂、付氏祠堂、下井堂等多处历史传统建筑；同时，在此处打造以“百家姓”文化为特色的民宿产品、文化展览馆、古村落风情街和古村风情表演等景观和丰富多彩的文化活动。这些景观和文化活动都突出了传统村落保护和乡土文明文化体验的主题。山庄休闲区位于香寮水库北侧山顶高处，该区域竹林环绕，以打造王景弘主题公园和养老公寓为主。其中，王景弘公园主要设置王景弘祠堂、王景弘纪念馆和王景弘庙，展示王景弘八下西洋的传奇事迹，让游人了解航海文化和海上丝绸之路的历史。养老山庄以香寮山庄为主体，山庄设有茶园、吊桥、结合山谷地形设计的单体居茶小屋。这些建筑通过栈道相互联系，建筑设计与周围环境紧密结合；同时开发与养老相关的老年学校、老年活动中心、老年疗养中心等产品；修复提升通真宫、观音殿等宗教建筑，打造有机菜园、水岸木屋、跑马场、登山道、篝火晚会等综合设施及旅游产品。稻田生产区为当地农民生产的主要场所，设有农业嘉年华和农业博览园等观赏主题和设施，

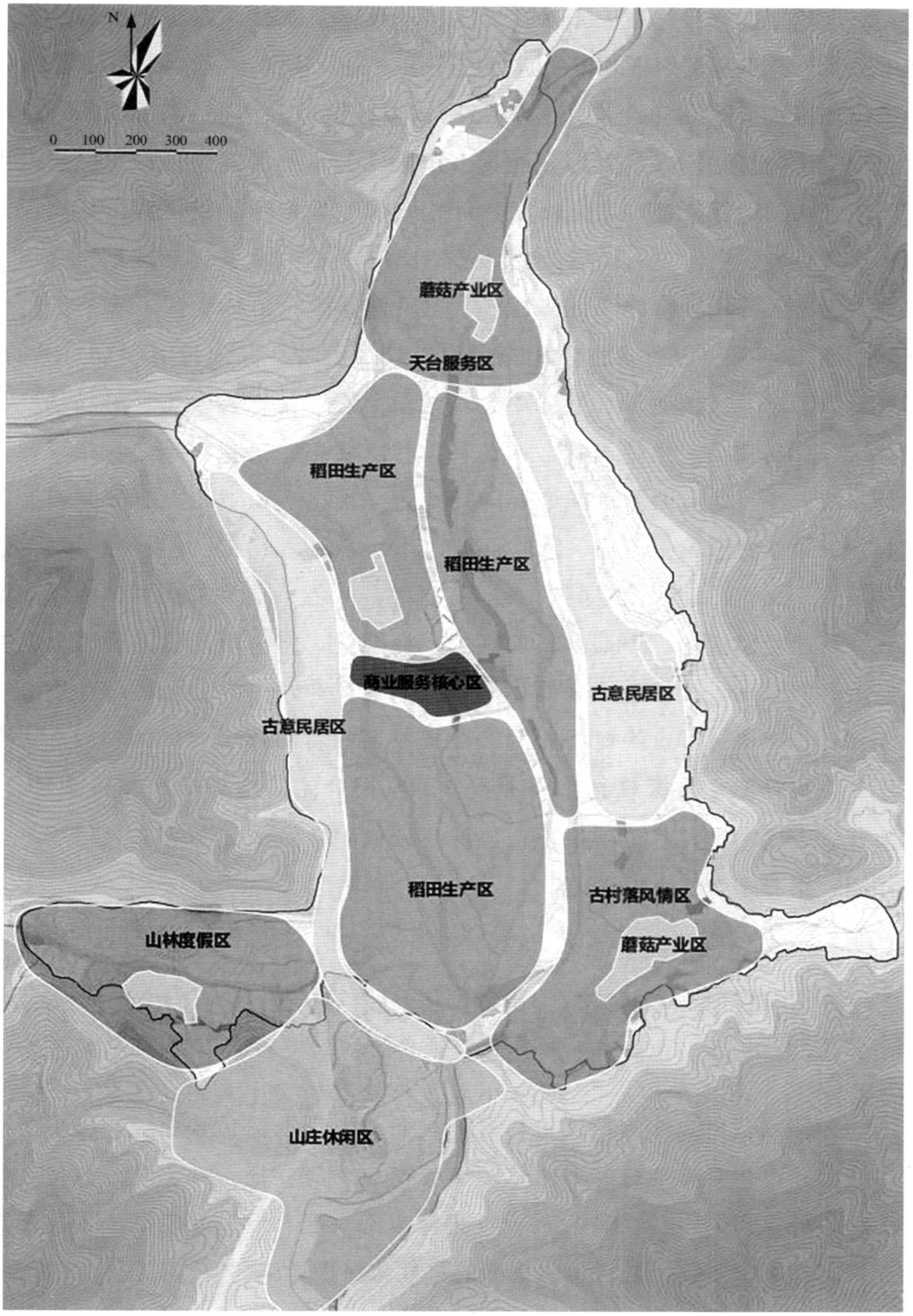

图 7-6 香寮村 8 大产业空间布局图

设置农夫超市、水稻迷宫、玉米迷宫、芍药迷宫及水转翻车等；结合游客接待中心及生态湿地的服务功能，进行农产品展销及田园参观体验等主题活动。古意民居区主要是位于山脚下的古民居区域，该地背山面水，拥有钟德堂、雷管祠堂、桂槐堂、兴基堂等多处具有历史文化价值的建筑。古意民居区引入当地独特的“百家姓”文化，以“百姓人家”为主题，美化乡村环境提升与打造“百姓民宿”，还设有百姓文化展示馆、百姓文化餐厅和族谱科普展示厅等，为游人提供独特的“百家姓”文化民俗体验。山林度假区坐落于群山环绕的地带，该地山清水秀，风光旖旎，景观独特；区内设有桃园、桑竹、循迹度假酒店，缘溪餐厅、服务中心、活动中心以及私人农场、养马场、林间游泳、林间骑马、山地骑行、钓鱼、疗养、冥想、茶艺、手工制作等各类建筑与游乐项目。商业服务核心区为商业聚集地区，该地建设有香寮村服务中心、王景弘纪念馆、酒吧、民俗商品铺、民俗餐厅，主要开设商业街观光、夜景观光、文化活动观演、特色农产品购物、特色小吃及餐饮等休闲观光活动。香菇产业园优化了香菇种植单一的产业结构，将村落现有的香菇大棚集中发展，同时融入加工业、采摘体验等二、三产业，一方面可以带动香菇产业经济延长产业链，也为村中旅游产业提供了独特的体验式休闲项目。天台山服务区则以天台国家森林公园为重心，根据公园的地理分布和景观特色，加大开发力度，增设特色项目，把该地建设成融自然风光及人文风俗于一体的休闲、康养基地。

第四节　香寮村推进乡村振兴的保障措施

作为地方特色浓郁的传统古村落，香寮村地理区位优势明显，历史文化遗存底蕴深厚，具有难得的乡村休闲康养产业资源支撑条件。香寮村依托这一优势，科学规划乡村产业发展，推进“生态宜居、乡风文明”的古村落改造、恢复和保护工程，制订了一系列的村规和保护措施。

1. 科学制定土地空间资源管制办法

香寮村将村庄规划作为一项系统性工程，从土地综合整治入手，将其作为促进村庄规划的关键切入点，避免了由于建设项目繁多和土地性质多元交错问题造成的盲目大拆大建。这不仅有利于保护村庄的古迹文化，也可以使村庄用地的整治工作规范化。针对土地现状和产业定位，村委会将村域土地及空间资源划分为永久基本农田、一般基本农田、村庄建设区、生态保护红线区、一般生态区和留白空地等不同类别，并根据不同的分区情况制定相应的空间管制措施（图 7-7）。当地根据上级关于国土控制线规定，确定香寮村永久基本农田为 159.10 hm^2，这部分土地落地准确、边界清晰，村党支部和村委会严格落实永久基本农田特殊保护工作，并按照一定时期人口和经济社会发展对农产品的需求，实施“藏粮于地、藏粮于技”战略，适应国家粮食安全战略的要求。村内一般农业空间为 102.11 hm^2，主要指除永久基本农田

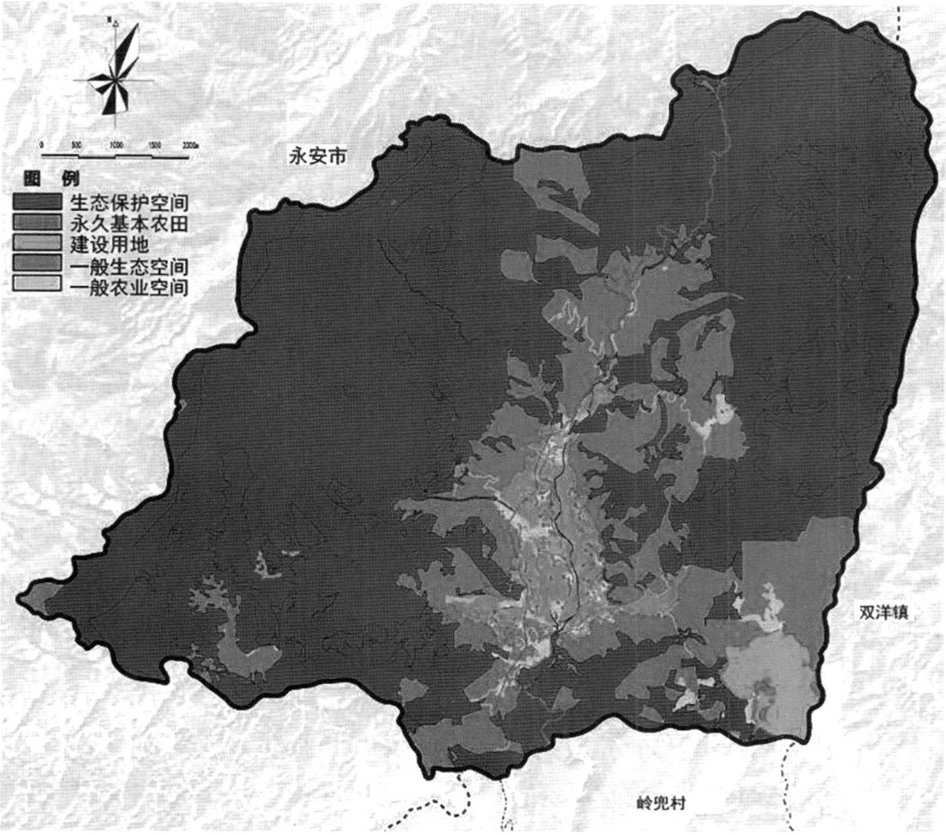

图 7-7　香寮村空间管控图

范围外，水土资源及光热条件较好、适宜发展现代化农业生产的区域和面积。村党支部和村委会对该部分土地严格控制农用地转用，对质量等级较高的耕地、园地、林地等农用地实行优先保护，允许农林复合利用，同时禁止建窑、建房、采矿、挖沙、取土、堆放固体废弃物及涉及有毒有害物质排放的工业新建、改建、扩建等污染及破坏环境的活动。香寮村作为周山环绕的盆地村落，山水林田资源丰富，村内生态保护红线区面积达 3 782.85 hm^2，这部分区域在生态空间范围内具有特殊且重要的生态保护功能，村党支部和村委会严格落实生态保护红线勘界定桩工作，实行严格的空间边界保护措施。村内还有一般生态空间 1 762.46 hm^2，指的是生态保护红线范围外，具有重要生态保护功能，需要严格保护限制开发的区域，村党支部和村委会在该区域禁止新建、扩建、改建除农村一二三产业融合以外的工业项目，在不损害生态功能的前提下，因地制宜适度发展旅游、农林牧生态有机产品生产和符合环保要求的加工产业等。另外，香寮村还保留有一部分村内建设区和留白空地。所谓村内建设区是为合理引导村庄发展，有效保护耕地和生态安全，结合地形条件、自然生态等要素，划定的一条或多条集中的闭合边界。建设边界是结合国土控制线中村庄建设边界、三调图中的村庄建设边界和现状村庄建设边界确定的规划期内村庄建设边界。在村庄建设区内，香寮村严格控制开发强度和非农活动影响范围，有序推进空心房整治，合理安排农村建设用地，优先满足村民住房和农村基本公共服务设施用地需求，适度允许区域性基础设施建设、生态环境保护工程配套设施、生态旅游开发及特殊用地建设。村委会将村中部分空闲宅基地、空地、荒地作为留白空地，根据未来村庄发展需求进行灵活变动，待建设项目规划审批时明确规划用地性质。此外，村内每个姓氏都有自家放骨灰的祖房，殡葬用地不占用本村基本农田和生态保护用地。

2. 合理规划村庄配套设施建设

基于香寮村的乡村特质与产业定位，其乡村振兴规划以“生态优美、村容整洁、设施完善、低碳环保、特色鲜明、宜居宜业”为总体目标；理顺村庄建设管理体系机制，科学引导村庄建设，合理有效利用村庄空闲地，统筹安排建设用地，规范村民宅基地布局，合理配置村庄公共服务设施，全面改善农村人居环境，切实推进香寮村生态宜居的美丽乡村建设，将该村建设成为生态环境优美、配套设施完善、管理文明有序、社会保障健全的新型现代化农村社区和幸福家园。

根据现有村庄空间村域自然环境，香寮村对适建用地分布、对外交通状况及产业进行了适度调整，做到巧于因借，灵活布置，使之与自然环境和谐共融。对于传统建筑以修复和保护为主，在四周的山脚形成古民居和山体相辉映的景观环；通过对村庄环境进行整治形成村庄的综合服务中心和传统村落核心；同时结合本村落 4 条主要河流形成的 4 条滨河景观带和散落四周的多点古意民居区、山庄休闲区，将全村空间结构规划建设为“一环辉映、两心相望、四带并展、多点联动”的空间结构。

依据综合人口自然增长及机械增长量的测算，香寮村到 2023 年人口规模约为 1 829 人，共 509 户；2035 年为 1 971 人，共 580 户。按照《福建省村庄规划导则》有关标准规定：人均建设用地为 167.83 m^2，香寮村总体村庄建设用地为 33.08 hm^2，分为住宅用地、对外交通用地、公园与绿化用地及特殊用地。其中，村庄住宅总用地面积为 26.33 hm^2，约占总体建设用地的 79.59%。居住区主要依托现有居民区的建设用地，通过利用闲杂用地、拆除棚圈与危房整治等提高土地利用率，以满足住宅建设的增长需求（表 7-1）。

表 7-1 村庄居民点建设用地平衡表

<table>
<tr><th rowspan="2">一级分类</th><th rowspan="2" colspan="2">二级分类</th><th colspan="2">现状基期年</th><th colspan="2">规划目标年</th><th rowspan="2">变化量 /hm²</th></tr>
<tr><th>面积 /hm²</th><th>比例 /%</th><th>面积 /hm²</th><th>比例 /%</th></tr>
<tr><td rowspan="3">建设用地</td><td rowspan="3">农村居民点建设用地(H2)</td><td>农村住宅用地(H21)</td><td>30.94</td><td>87.65</td><td>26.33</td><td>79.59</td><td>−4.61</td></tr>
<tr><td>公共服务设施用地(H22)</td><td>0.81</td><td>2.29</td><td>1.28</td><td>3.87</td><td>0.47</td></tr>
<tr><td>经营性建设用地(H23)</td><td>2.96</td><td>8.39</td><td>3.23</td><td>9.76</td><td>0.27</td></tr>
</table>

续表 7-1

一级分类	二级分类		现状基期年		规划目标年		变化量 /hm²
			面积 /hm²	比例 /%	面积 /hm²	比例 /%	
建设用地	农村居民点建设用地（H2）	公用设施用地（H24）	0.00	0.00	0.04	0.12	0.04
		公园与绿地（H25）	0.00	0.00	0.33	1.00	0.33
		道路交通用地（H26）	0.59	1.67	0.86	2.60	0.27
		“留白”用地（H27）	0.00	0.00	1.01	3.05	1.01
		合计	35.30	100.00	33.08	100.00	−2.22

村内的传统建筑主要分布在东南及东侧一带，其建筑类型包括祠堂、传统民居及现代民居；对于有较高历史文化价值的一类、二类建筑，村委会实行以保护修复为主，将其作为文化展示的场馆；村内砖混、土木结构、整体风貌较好且与村庄整体规划协调的传统民居建筑较多，这是体现当地建筑风貌的主体，香寮村尽可能采取保留措施，以修复改造为主，将其作为民宿、养老、餐饮等主体特色功能的主要场所；而对于以现代风格为主的建筑，对外貌做适当仿古改造，作为普通酒店、餐饮等功能的主要场所；针对结构简陋、观赏性较差的建筑，则采取拆除措施。进行拆除整理的闲置空地，按照“一户一宅”的政策新建住宅，规定每户村民的宅基地面积为 80～120 m²，层数不超过 3 层，层高控制在 3.5 m 左右，总建筑面积不超过 300 m²。对于新村安置小区、公共服务设施、经营性用地则根据需求，适当增加建筑高度，原则上不超过 5 层，建筑形式尽可能采用坡屋顶。在集中的住宅区布置村委会、综合服务站、综合性文化服务中心、幼儿园、小学、幸福院、村卫生所、村邮站（快递点）、文化活动场所、健身场地等公共服务设施，用地约 1.28 hm²，占总体建设用地的 3.87%，同时大力发展教育、卫生、医疗、文化等社会事业，使全村公共服务设施健全，公共设施内容和建设标准达到同期城市较高配置标准（表 7-2）。通过合理规划和调整村庄的服务配套设施，辅之以有力的宣传教育，使香寮村村民乡风文明观念提升，村内公用设施优

化升级，生活便利，文化活动丰富。

表 7-2 香寮村村庄居民点公共服务设施统计

公共服务设施种类	数量	面积/m^2
村委会	1	2 403
村卫生所	1	89
宗祠庙宇	8	2 611
幸福院	1	184
王景弘故居	2	1 383
王景弘纪念馆	1	1 089
王景弘祠堂	1	2 015
村邮站（快递点）	1	74
户外活动场地	1	831
香寮小学	1	2 767
村入口服务中心	1	185

香寮村还根据村内保护传统村落要求和推动产业发展需求对现状道路进行了扩展及新建。新建的道路纵向通往交通路网，路面铺装形式则根据产业需求进行了重新调整（表 7-3）。村庄主路为村庄外围道路以及村内主要文化街道，其中村庄外围道路采用水泥混凝土形式，道路两侧种植行道树及花圃，维持传统村落风貌；村内主要文化街路面采用条石铺设，沿路设置亮化工程，统一种植灌木、花卉，空间较大的则配置乔木、景观小品、座椅等设施，并对环境卫生进行整治。村庄支路作为组团内、住区内的主要交通道路，通过新建或拓宽，打通纵向的街巷道路，使道路贯通形成环路，采用青石板及碎石混合进行铺装，营造出乡土气息。商业街道路进行拓宽，改造为商业步行街，采用青石板和灰砖铺砌，营造古街氛围，为游客提供漫步、购物、赏景的通行空间。此外，采用分散、灵活的方式设置停车场，在村庄入口处、古村商业街区等处设置旅游停车场地，在村庄内利用现有空地设置分散式小型停车点，化整为零使停车设施自然地融入村落格局中。

表 7-3　香寮村主要道路规划一览表

道路级别	道路宽度/m	功能性质	建设性质
村主干道	6.0	综合	拓宽，补植行道树及地被
村次干道	3.5	综合	拓宽，土路硬化
村内巷道	3.0	综合	拓宽，断头巷道连通
慢行道	3.5	人行＋骑行	新建及土路硬化
商业街道路	9.0	综合	拓宽，增加人行步道及绿化

3. 持续完善基础性公用设施

根据香寮村保护传统村落与推进乡村振兴的目标，当地推进生态环保的生活方式，按照村庄编制导则要求，注重因地制宜加强各项基础设施的建设。香寮村以区域大型基础设施共建共享为前提，结合农村生产生活的特点，进行实用小型基础设施的建设，确保基础设施的配置标准。在村庄给排水、电力通信、消防系统、综合防灾等方面，村委会采用先进技术持续完善建设规划，形成现代低碳环保的市政保障体系。

香寮村采用的是山泉水或地下水供水，经测算，村庄每天人均综合用水量为 100 L，按照管网漏损及其他用水量 10％损耗计算，到 2035 年，日最高蓄水量为 249.33m^3。为保证村民用水安全，村内供水系统由村集体统一集中建设高位水池，并按照《生活饮用水卫生标准》（GB 5749—2006）进行过滤消毒。香寮村的房屋密集，传统木质建筑较多，村内巷道狭窄，长久以来并无消防通道，消防设施配套不完善，安全隐患极大。在传统村落中必须高度重视消防工作，香寮村依据《古建筑消防规范》，贯彻“从严管理，防患未然”的原则，将消防用水纳入给水规划，将消防用水系统与给水管道改造同步实施。由于村内的消防用水与生活用水是同一水源，香寮村沿村庄主路接入市政给水管道，在内部沿主次路铺设给水主要管线，并在有条件的区域尽量闭合成环，同时适度提高供水管网压。按照消防规范，村内在街巷道路上按 120 m 间距设置消火栓，在准保护建筑内增加消防设备。改造过程中尽量做到村内巷道联通，避免断头路状况。村委会还在村内组织了民间消防队，配置水枪、水袋和移动水泵等消防设备，由于街巷道路较窄，当地还配备了消防摩托；同时对村民加强防火意识教育，普及消防设备使用知识，把安全保障工作落地落实。

村内的排水体系为雨水和污水分流处理。根据村庄高差，香寮村沿着村庄道路敷设雨水边沟，就近连接村内河道，采用梯形或矩形设置沟渠断面。按用水量的80%进行村内污水量计算，村最高污水总量为200 m^3/天，变化系数取1.6，平均日污水量为125 m^3/天。香寮村村内的主要道路结合绿化景观将排水渠设置为明沟，其余为暗沟，在入河过路处局部用地埋管线替代。为保证排水畅通，村委会组织村内环卫工定期进行清理维护，防止生活垃圾、淤泥淤积堵塞。此外，改建项目沿着村庄内部主次道路铺设污水主要管线，对污水分片收集，分片处理；利用附近的坑塘湿地净化化粪池出水，净化后达到灌溉农田排放标准。

香寮村的村内电力系统改造项目重点为梳理现有管线，确保线路安全有序；为减少占地和投资，采用同杆并架的架设方法，尽量沿公路和内部道路布置供电线路；在道路南侧和东侧布置配电线路，以减少交叉和跨越对电信线路的干扰。此外，村委会还在街道周边道路上设置路灯照明，保障路灯亮灯率达到90%以上。由于村内尺寸较窄的巷道较多，当地还结合庭院分布进行路灯设置；对于庭院里面连续的支路，路灯电源集中就近引自设在巷道内的变配电房或配电箱，线路可沿墙或套塑料管敷设；对于庭院里面断断续续的巷道，路灯电源从每个庭院的配电箱引出，既可节约成本，又可避免明线敷设对景观美化造成的影响。

香寮村在重要公共区域内设置了免费无线网点，免费服务平台按照国家信息安全等级保护三级以上标准运营，全面实现了通信网络的全覆盖。在住宅区附近的公用设施用地规划了通信交接机房，沿村庄主要道路架空铺设电信线路，保证了入户设施安全、方便及整齐美观。

在防洪灾害方面，香寮村的防洪标准规划为20年一遇，防山洪标准为10年一遇，排涝标准采用10年一遇。村内通过加固现有排洪沟渠，加大管理力度，禁止倾倒废物等方式持续完善排洪沟治理，并在建设前委托专业单位进行防洪评价报告和制定水土保持方案，并在具体建设中进行水体流失监测，提高了防洪和行洪能力，保证了村内的居民生命及财产安全。

按照国家《建筑抗震设防分类标准》（GB 50223—2008），香寮村为6度设防地区。因此，村委会在基础设施改造过程中，采用强度较高的材料加固古村落范围内危房，提高原建筑的抗震能力，按照现行《建筑抗震设计规范》（GB 50011—2010）对文物建筑、历史建筑、传统风貌建筑及整治不协调与重建建筑等各类设施进行了抗震设计与加固施工，力求使抗震防震烈度水平达到 6 度以上；同时结合防灾避险体系设置了地震疏散避难点，并建立完善的路网机构，形成畅通的交通疏散体系。

4. 整治美化人居环境

香寮村古村落保护和乡村振兴计划始终把抓实抓好“生态宜居”和美化人居环境作为重要工程之一。在建设过程中，村内人居环境整治项目通过治理村庄环境、街巷空间、农家环境、水系环境、垃圾收集处理、缆线整治等方面逐一展开。其中，村庄环境治理以清除简易搭盖物和废弃建筑物，清理垃圾、废弃物及杂草，清理沟渠等方式展开。村委会规定，对于村民生活垃圾就地分类回收利用，减少集中处理垃圾数量，并将可回收垃圾分别暂存于各家宅基地内，定期组织回收；厨余垃圾则在家庭或村庄外进行堆肥处理；以鼓励再利用的方式处理建筑垃圾，例如砖瓦、石块、渣土等无机垃圾可作为建筑材料进行回收利用，未能回收利用的建筑垃圾可以在土地整理时回填使用；对有害垃圾则进行单独收集，进行特殊安全处理。香寮村还在村庄内统一设置多处垃圾收集点，规划垃圾转运站，在村内的主要道路都放置了垃圾箱，在各地块合理均匀设置垃圾桶，配备清扫清运工具，采用“每户分类收集—村庄集中转运—市集中处理”的模式进行对各类垃圾的回收与处理。为了加强引导村民的环境保护意识，村委会在村内建立路标和宣传栏，定期组织村内居民进行家园清洁行动，保持村庄环境卫生和自然人文景观。同时，村委会还规划了 8 处公厕，按照总人口的 1%～2%的比例配备 1～2 个卫生保洁员，对垃圾集中收集、定点存放、定时清运和科学处理。

香寮村的村庄环境绿化非常注重与村庄风貌的协调，通过植被、水体、建筑的合理搭配，形成四季有绿、季相分明、层次丰富的绿化景观。其中，路旁绿化分为主要道路绿化和次要道路绿化两类，以乔木、灌木、花卉、农作物多种形式搭配，形成乡土经济、养护方便、形式多样的路旁绿化景观。为此，改造工程特意在村庄入口处，以展现香寮特色为设计目标，以王景弘海上丝绸之路为设计灵感，打造了海上丝绸文化公园和滨水骑行带景观，使其成为香寮村旅游特色展示的名片，达到了展示村庄形象、提高村庄品位、改善村庄形象的效果。村内水系环境采用自然护坡与石砌护坡相结合的方式，对堤岸进行加固，保留部分自然堤岸或水生植物掩岸的水岸景观。水旁绿化则以体现自然生态和乡土特色为主，对现状原生态植被进行适当处理，采用酢浆草对岸边护坡进行绿化，并在东山溪穿村而过处进行了特色景观设计。

此外，村委会还通过村落整治，利用空隙地段、旧房遗址等进行景观绿化，当地充分利用限制空地，重点打造公园绿地、微菜园、广场活动空间、康体小院；对已硬化的住宅采用绿植盆栽进行绿化美化，使房屋呈现整体美观、局部出彩的效果。当地还鼓励村民利用本土特色作物增加庭院绿化和宅旁绿化，村民结合自家门前空地种植花草，丰富宅间绿化。针对村内缆线错杂现状，村委会重新梳理现存电线，将电力线路与通信线路合杆架设，减少立杆数量，使路径短捷顺直，线路保持与建筑物及村庄主路平行架设，减少与道路、河流的交叉，避免线路跨越建筑物，同时最大程度上避免安全隐患。

香寮村还在烤烟厂附近建设了蔬菜种植园，把沿街现有农田通过篱笆围合，进行蔬菜规范种植，打造了香寮村农家特色菜园，既营造了原生态和体现乡间景观的农家菜园氛围，又为周边村民提供了日常蔬菜供给，同时还为游客提供了蔬菜采摘、菜地认养等体验项目。

5. 加强历史文化保护传承与生态景观开发利用

过去香寮村历史文化悠久，人文景观风貌和民俗活动丰富，但许多具有特色的文化资源未被充分发掘，村内大多人文景观以参观和陈列为主，缺乏整体规划和深度体验空间。在推进乡村振兴战略的过程中，香寮村非常重视对历史文化的保护与传承，遵循真实性与完整性的原则和传统村落保护要求，对村庄现有的古井、古树、天台庵舍利塔、古驿道遗址、凌云桥、林地石拱桥、香山桥、聚秀桥、曹泗墓、王景弘故居、碑记、石旗杆等历史文物及历史文化环境要素进行了深度挖掘与保护传承。

村委会将香寮村历史文化元素作为乡村发展和乡风文明建设的灵魂。在挖掘利用历史文化景观要素时，充分考虑到香寮村乡村振兴的综合目标、现有经济基础及可操作的原则，把历史文化作为教育资源、产业资源和文化传承资源进行广泛挖掘和综合利用。例如，香寮村诸多遗存的建筑是当地村落文化的重要载体，该村在尊重原址、原貌的基础上，通过对传统建筑和历史景观的修复或复建，打造了文化旅游景观、乡风文明教育基地和产业链延伸的节点。村委会对本村的建筑及相应的外部空间以保留改造为主，同时合理地梳理其建筑布局机理后进行改造，明确提出文保建筑分区的原则。综合村内建筑质量的分析，对部分建筑赋予了新功能，实现以改促保，进行适度旅游开发，从而激发传统建筑的活力。结合香寮村特有的建筑风格，村委会划定了核心保护区和建筑控制区。当地以《福建省农村人居环境整治技术指南》为指导，尽量选用地方材料和先进技术，以充分体现当地文化特色、建筑风格。其中，核心保护区以保护与修缮为主，根据当地民居的建筑立面特点，采用仿古青砖墙面或白色涂料墙漆墙面，将平屋面改为坡屋面，在门窗及屋檐处增加木构装饰，并结合马头墙，使原建筑立面形成高低错落的组合，同时获得统一的立面形式和变化丰富的韵律，保持了空间结构完整，视觉景观连续。建设控制区内则以保护和建设并重，新建建筑延续历史风貌特征；改造与传统风貌差别较大的已建建筑，重点对墙、立面门窗、屋顶等细节构件进行整理；改造方式为清洗粉刷墙面、墙裙贴虎皮石、墙面勾缝、门窗重新粉刷漆面、更换构件等。当地还以古村落文保建筑、传统的宗祠庙宇、王景弘故居及纪念馆等为文化底蕴依托，融入当地“百家姓”这一特有的文化元素和畲族民俗风情，重新布局历史文化景观格局。如在现有居住庭院按照各家姓氏打造具有“百”姓特色的庭院及围墙和建筑等（图 7-8）。改造工程整体上将带有历史元素的各点状空间以街巷为线串联，把文脉与建筑功能以及空间格局结合起来，形成一系列历史文化空间；同时完善配套设施，规划了文化展览馆、百姓文化主题民宿产品、百姓文化餐厅、族谱科普展示厅、古村落风情街等项目；对商业街道建筑外立面进行整治，统一风格，对道路采用深色材料重新铺装，破损建筑进行修缮，增设具有不同年代风格的小品、构筑物，营造古街的氛围，并为游客提供餐饮游览、科普教育、风情表演等一系列文化活动。

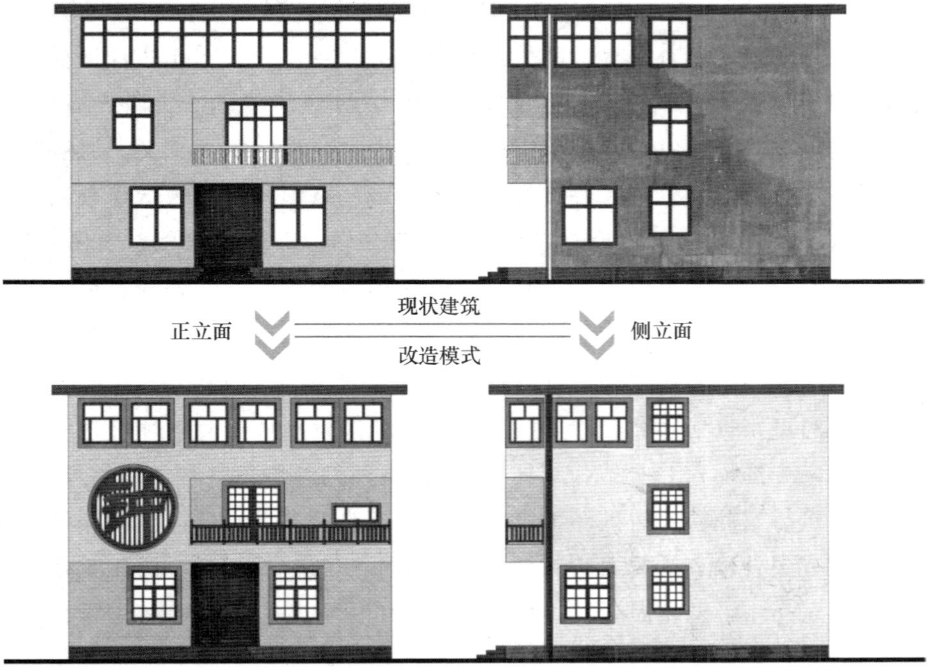

图 7-8　现状建筑改造风格指引图

按照传统建筑的分类，香寮村还具有得天独厚的山水格局，天台山、西山、天平寨、石头坑、南山崎 5 座山脉包围着香寮村，东山溪、西山溪、后溪和桥下溪 4 条溪流从村庄不同方向穿村而过，汇流进入村下游香寮水库，形成了五山环绕、四水归一、山水田村、人与自然和谐共生、隐逸的世外桃源景象。因此，香寮村依据这一特色，在充分利用原有自然环境资源的基础上，以稻田景观、溪流景观为主，周边茶山和竹林山地景观为辅，增建了稻田生产区、山庄休闲区和山林度假区。针对游客的不同需求，在稻田农业生产的基础上，设置了水稻迷宫、玉米迷宫、芍药迷宫，配套水转翻车等各类设施，将稻田打造成为农业嘉年华和农业博览园；并设置了农夫超市，进行一系列游览体验及农产品销售服务。景区设置以香寮水库和群山环绕的景观为底，以王景弘主题游览为主线，通过建设半山茶园、桑园、有机菜园、桃园吊桥、居茶小屋、栈道等设施，开发了休闲康养、健身娱乐、山林度假、亲子娱乐等多重功能。

6. 对传统村落保护实施规范、科学、有效的治理

漳平市和赤水镇对香寮村的传统村落保护和乡村振兴工作非常重视。围绕香寮村乡村振兴规划，当地各级政府积极发挥组织管理、协调统筹作用，制定宣传计划，开辟宣传专栏，定期宣传新农村建设的重大意义，加强对香寮村的指导、监督和管理。香寮村积极落实市、镇领导机关的指导意见，加强治理体系和治理能力建设。该村按照“组织群众，依靠群众，农民自愿，村民自治”原则，在乡村振兴规划制定和实施过程中，通过公开展示、深入宣传，以村规民约的方式积极吸收群众意见，尊重当地风俗习惯，力求方案切合实际，使整体实施方案具有广泛的群众基础和巨大约束力。在传统村落保护和乡村振兴规划通过后严格按规划实施和建设，村委会通过研究村民的迫切需求，先选择较易实施、易见成效和群众最迫切需要解决的脏、乱、差治理项目进行实施。同时，鼓励农户自主申报改造项目，自行投资投劳，实行“多完成多补助，少完成少补助，不行动不补助”的制度，把制度分配与农户工作量挂钩，以此提高村民积极性。为了保障各类项目科学管理和规范操作，香寮村党支部和村委会还成立了新农村建设农民理事会、乡贤会，理事会等组织机构由老党员、老干部、老教师和农村能人中有声望、有公心的人组成，通过理事会对各类项目的实施进行自主管理和民主决策，使乡村振兴建设和传统村落保护工作步入制度化、规范化和科学发展轨道。

第五节　总结与展望

总结香寮村把传统村落保护嫁接到乡村振兴综合化发展的大舞台的经验，有以下几点非常重要：首先，传统村落的保护与开发要从历史文化的传承与发展视角上，去对接乡村振兴的发展方向，把乡村振兴的各项任务与延续好传统村落所根植的乡土文化有机结合起来；其次，主动引进和融入市场化进程，科学利用当地独特的乡村文化特质，赋予乡村产业发展以传统文化特色，形成包括特色农业、乡村旅游业、文化产业等为支撑的特色产业体系。再次，香寮村通过产业结构优化升级不断延伸产业链条，提升产品附加值，远期还将重点发展“一村一品”特色农业体系，促进当地农民就业增收和农村经济

快速、持续发展。其乡村振兴发展规划提出至2035年，使香寮村民的人均纯收入达到漳平市发达城镇水平，在农业农村现代化的高标准、高水平上实现村落保护与产业发展的良性互动；实现既保护传统村落的历史文化和景观风貌，又能拉动当地经济快速持续增长，使多重效益相互促进，形成叠加和放大效应。香寮村的村民坚信：传统村落不仅是物质文化遗产与非物质文化遗产的结合，更是村民世代生产生活的永久场所。乡村振兴的出发点和落脚点就是实现乡村社会经济全面发展，满足村民经济致富和安居乐业的需求。

国家“十四五”规划明确指出：要保护传统村落、民族村寨和乡村风貌，严禁随意撤并村庄，搞大社区、违背农民意愿的大拆大建。因此，使乡村社区保持活态性和人文性是传统村落赖以延续的根基，传统村落的重塑必须主动满足农民对新的生产方式、生活方式和居住环境改善的需求；落实人人共享发展成果的理念，在保持乡村原生环境的基础上通过实现优美的乡村环境、完善的乡村服务、人性化的治理体系等改善居民物质及精神生活环境，使传统的农耕文化注入时代发展的新内涵，发挥其在乡风文明建设中的积极作用，以此提升农民的幸福感和获得感。香寮村通过完善村和居民点两级文化网络，抓住村庄宗祠文化、舞狮、女子舞龙、火炮鼓等非物质文化、畲族文化、宗教文化的特点深入挖掘并发扬和传承发展；同时注重现代文明素质教育和重点公共文化设施建设，促进香寮村乡风文明创建活动的开展，提高农民素质，丰富农民文化生活。同时，其总体建设与改造工程在实施过程中，充分尊重自然田园景观形成的客观规律，强化对传统村落所依附的山水环境进行整体保护，延续其空间特征，保护其标志性的景观要素和空间格局，从而取得了传统村落保护与乡村振兴相得益彰的良好效果。

本章小结

社会经济和文化的进步是一个不断走向现代化的过程，但随着现代性不断向乡村渗透，传统村落及其文化总会面临着分解与衰败的危机。在传统村落保护的过程中，应充分挖掘和利用其村落历史文化遗产，推动乡村文化精神的传承，推进自然生态、人文生态和产业生态的保护与复兴，并把传统村落保护与乡村振兴战略的实施有机结合，取得多赢和可持续、互促互进的效果。

第八章

办好科技园区 助力产业兴旺

引言： 世界各国探索现代化道路的经验表明，实现农业农村现代化本质上是通过农业科技创新促进农业发展方式转变，引导农业向高效、优质、特色、绿色和品牌化发展，进而形成充满活力和可持续发展的现代农业产业体系的过程。20世纪90年代以来，我国在推进农业农村现代化进程中，体系化地建设农业科技园区，使之成为一种新型农业产业综合体，引领区域农业科技进步和产业示范，取得了良好效果和巨大成功。

第一节 发展背景

当前，我国社会经济已由高速增长阶段转向高质量发展阶段，农业也必须向高质量发展迈进。近年来，我国农业发展成就巨大，但部分地区产业链条较短、大而不强、质量效益竞争力不高等问题仍比较突出，推动农业高质量发展，必须唱响科技兴农、质量兴农、绿色兴农、品牌强农的主旋律，推动农业由增产导向向提质导向转变，增加优质绿色农产品的有效供给。农业科技园区是以市场为导向、政府指导支持、企业为主体、农民广泛参与的新型农工商综合发展平台。它在给定区域内以综合性科技和产业创新为引领，兼有现代农业生产、技术示范、教育培训、创新转化、产业培育、创业服务、企业孵化等多重功能，亦是科技引领区域产业发展、农民致富和科技人员创业的基地。经过 20 多年的探索实践，目前我国已经形成了一个四级联动、层次分明、特色突出、科技示范效果显著的多层次农业科技园区体系，基本实现了涉农县、市、区的全覆盖。到 2020 年，全国已建成国家级农业高新技术示范区 4 个，国家农业科技园区 295 个，省级农业科技园区 1 274 个。截至 2017 年 12 月底，已建成的 246 家园区核心区面积 38.6 万 hm^2，示范区 0.13 亿 hm^2。各园区引进培育的农业企业总数达 8 700 多家，其中高新技术企业 1 555 家；累计引进培育农业新品种 4.09 万个，推广新品种 1.46 万个，引进推广各类农业新技术 2.2 万项，审定省级及以上植物和畜禽水产新品种 642 项，取得专利授权超过 4 000 项，带动了 700 多万当地农民就业。

农业科技园区在提升中国农业科技创新水平，促进农业转型升级，推动当地的农业农村科技进步方面的功能与作用十分显著。全国各地的发展实践表明，农业科技园区和与之配套的产业园区已日益成为科技成果转化、企业孵化、产业催化、现代农业示范和农民技术培训的重要孵化器和助推器，成为了我国探索现代农业发展新道路和新模式的试验区和示范区。其共同的特征是以先进的科学技术为核心，根据产业化需要，集聚土地、资金、技术、人才等生产要素，使之形成高效的良性互动，从而快速、有效地推进本地区农科教、产学研紧密结合，实现了所在区域农业科技成果转化和农业生产力的快速发展。建设现代农业科技园区，有利于在更深层次上吸引和聚集现代生产资源要素，打造集生产、加工、流通、销售于一体的全产业链，推进农村一二三产业融合发展，把产业链尽可能留在县、乡、村。同时，农业科技园区一头接着城市、一边连着农村，是城市人才、技术、资金等要素流向农村的重要载体，也是返乡、下乡优秀人才干事创业的重要平台，更是联工促农、联城带乡的桥梁纽带。农业科技园区的建设为破解我国“三农”问题的瓶颈，推动农业科技创新与成果转化、农业农村产业升级和结构调整，实现农民就业增收，探索农业科技体制机制改革创新做出了巨大贡献，同时也表现出了强大的生命力。许多成功的农业科技园区已成为所在区域加快农业科技成果转移转化、新兴产业创新创业的重要平台，也是推动当地农业产业升级和结构调整的重要科技支撑与探索农业科技体制机制改革创新的载体。近年来，乡村振兴战略的实施又给农业科技园区的发展与创新赋予了更加丰富的内涵和新的历史使命。同时，科技引领与产业示范是实现乡村产业兴旺的重要支撑，建设现代农业科技园区可以在一定区域范围内集聚现代生产要素和经营主体，实行创新发展和全链条开发，带动区域乡村产业强基筑魂、做大做强。如何在原有基础上，根据乡村振兴的战略目标、发展任务和建设原则深化农业科技园区创新、引领与示范作用，正在成为新阶段乡村振兴和农业农村现代化模式创新的又一重大课题。

乡村振兴作为实现农业农村全面现代化的一项长期性事业，不仅与农业科技园区的发展定位有着诸多的一致性，而且承担着更为广泛和愈加明确的发展目标与历史任务。在这种形势下，农业科技园区发展的宏观环境和微观基础产生了很大变化。因此，在乡村振兴中进一步深化各级农业科技园区建设，打造新发展阶段农业农村科技创新与产业升级发展的平台就成了一项具有重要现实意义和实践价值的创新工程。特别是通过城乡互动和一二三产业融合、多业态叠加等创新发展模式，乡村振兴战略有效地促进现代农业产业园、农业科技园、农产品加工园、农村产业融合发展示范园等多种平台的联动；提高农业农村内部的要素融合、产业链延伸、价值链创新和农业农村新型业态的不断涌现，为不同形式的农业科技园区注入发展动力，使之焕发出新的发展活力。

目前，农业科技园区已逐步向农业高新技术产业培育、多产业融合、农业绿色发展、体制机制创新试验区、教育培训基地、就业创业工作室、脱贫攻坚与乡村振兴有效衔接试点等转变，并逐步辐射到乡村就业、社会治理和公共服务等更广泛领域。面对新的发展需要，各种园区需要认真总结历史经验，对标乡村振兴战略导向，探索新的发展方向和创新模式。今后一个时期内，农业科技园将针对我国农业农村总体上科技供给水平仍较低下、农业农村发展亟须科技创新提供支持的现状，继续围绕农业农村产业发展需求，发挥高新科技引进、消化、创新和本土化的作用；另一方面，探索以园区为载体，聚集政策、资金、技术和品牌等要素，通过农业产业创新拓展，向精深加工产业、生态农业、生物医药、科普教育、旅游观光、休闲养生等相关产业拓展，占领农业产业链的高端环节。其关键点是通过采用整体化、聚集化、全产业链的综合发展模式，有效推动农业科技成果转化应用，加快农业产业化进程，推动农村一二三产业融合发展；并在生产、管理、营销等各个环节上辐射带动广大农民参与到农业产业化、农业增长方式转变、提升传统产业层次和多产业融合、多业态叠加的具体经济发展之中；最终实现因地制宜地多层次、全方位提高农民科技素质，让农民见到实惠，学到本领，能够持续致富增收。

第二节　内蒙古自治区兴安盟办好农牧科技园区推进乡村振兴的探索实践

本章以内蒙古自治区兴安盟为例，总结其结合当地农业产业基础和资源禀赋的实际，务实且有效地建设以草食畜牧业为主导产业的国家农业科技园区的经验与做法。该园区在推动当地农业科技进步、多产业融合中，从转方式、调结构、促改革等诸多方面进行了富有创新性的积极探索。其主要经验是紧紧围绕当地乡村振兴的整体规划，对农牧业内部结构进行优化调整；依据产业发展客观规律及市场经济的运行机制，完善产业格局；自主创新，

“科、工、贸”一体化等实现生物科技产业、农牧产业生产、农副产品加工与生态休闲等产业的有效衔接；形成富有兴安盟农牧业特色的产业链条，有效提升了园区整体的产业升级、经济增长、生态环境改善等综合效益。园区在建设中，积极推进农业资源高效利用，发展循环生态农业，为区域内生态环境保护与社会经济协调发展提供了可资借鉴的样本。园区以技术密集、人才密集、资金密集与产业聚集为主要特征，以高新技术示范、科技成果产业化与示范应用为主要内容，建设了农业科技成果转化中心、科技人员创业平台和高新技术产业孵化基地，积极开展技术培训、创新创业、企业孵化等一体化服务，形成一批带动性强、特色鲜明的农业高新技术产业集群，培育了一批农业领域人才。当地政府通过完善政策、金融、社会资本等多元投入机制，有效地吸纳社会闲散资金，将小农生产引向现代农业发展的轨道，推动更多的农民向高端化农牧业产业转移。其主要做法是以“政策多头叠加、项目多方捆绑、产业多重覆盖”等，有力支撑当地特色优势产业优化升级，带动农牧业产业化水平和区域社会经济、生态效益的持续提高。在示范区和辐射区范围内，当地农村经济合作组织和龙头企业发挥了有效的引领作用，通过改革农业产业化经营体制与科技创新，带领广大农户进行科学有序的传统生产模式改造与经营方式和全产业链优化，极大提高了小农户应对市场风险的能力。同时，当地还积极探索“园村一体化”的发展模式，促进休闲农业产业发展，建设宜业、宜居、宜游的美丽乡村，为落实乡村振兴目标任务走出了一条符合本地区实际的发展之路。

1. 兴安盟基本情况

兴安盟位于内蒙古自治区的东北部，介于东经119°28′～123°38′、北纬44°14′～47°39′，是嫩江、松花江流域和科尔沁沙地的源头，也是大兴安岭林海的重要组成部分。当地属边疆地区，与蒙古国接壤，边境线长126 km，东北、东南分别与黑龙江省、吉林省毗邻，北部、南部、西部分别与内蒙古自治区的呼伦贝尔市、通辽市、锡林郭勒盟相连。兴安盟是东北地区乃至东北亚地区连接俄蒙的重要经济通道，同时也是参与蒙古和俄罗斯丰富资源开发的主要后方基地，在国内处于东北经济区，国际上处于东北亚经济圈（图 8-1）。

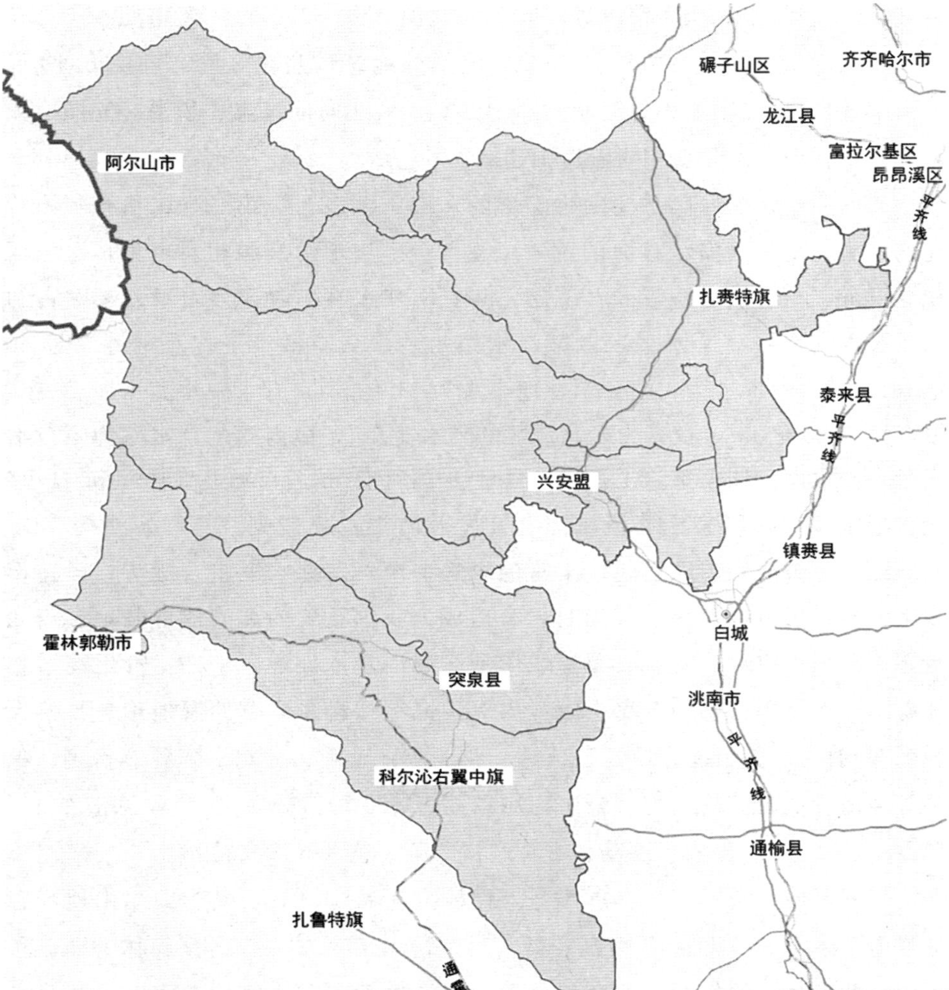

图 8-1　兴安盟地理区位情况

兴安盟地处大兴安岭向松嫩平原过渡带，由西北向东南分为 4 个地貌类型——中山地带、低山地带、丘陵地带和平原地带，海拔高度 150～1 800 m，山地和丘陵占 95%左右，平原占 5%左右，经济区划大致分为林区、牧区、农牧交错区和农区。林区主要集中在大兴安岭主脊线的中山地带，面积有 7 000 多km^2。牧区主要集中在乌兰毛都低山地带，面积有 8 000 多 km^2。农牧交错区和农区分布在低山丘陵和平原地带，面积近 45 000 km^2。当地属温带大陆性季风气候，四季分明，年平均气温 4.6～6.3 ℃，无霜期 95～145 天，年降水量平均为 400～450 mm，大部分地区日照在 2 800～3 100 小时，中南部地区 10 ℃以上积温 2 200～3 100 ℃；从北向南气温、积温、光照、无霜期递增，而降水量、相对湿度则递减。

兴安盟是东北地区重要的生态屏障，位于嫩江、松花江流域和科尔沁沙地的源头，是大兴安岭林海的重要组成部分。当地水资源相对富集，水域面积 5 万 hm^2，有大小河流 300 多条，共有嫩江水系、西辽河水系、额尔古纳水系和内陆水系 4 个水系，以嫩江水系为主。全盟多年平均水资源总量 50 亿 m^3，其中地下水为 19 亿 m^3，地表水为 31 亿 m^3，有大中小型水库 20 座，总库容近 20 亿 m^3，被誉为东北地区的“水龙头”。境内察尔森水库为全自治区最大的水库和国家重点工程，库容量达 13.4 亿 m^3，可灌溉 3 500 hm^2 良田。文得根水库列入国家松辽流域综合开发及防洪总体规划，总库容量为 18.4 万 hm^2。兴安盟利用周边地区丰富的煤炭资源，发挥水煤组合优势，已建设多个火电、风电、煤化工等项目，有望成为我国重要的新兴能源基地。当地生态资源保护完好，森林、草原、湿地、湖泊基本处于原生态；野生动植物资源丰富，盟内科尔沁右翼中旗境内有国家级“科尔沁草原湿地珍禽自然保护区”，有獐、熊、驼、鹿、丹顶鹤、白天鹅、雉鸡、榛鸡、狐狸、猞猁、狍子等经济价值较高的动物；野生药用植物近 600 种，分属 91 科，总量在 1.5 亿 kg 以上，另有猴头、蘑菇、木耳、黄花菜、蕨菜等珍贵植物。

兴安盟旅游资源十分丰富，全盟森林覆盖率 31.2%，其中阿尔山地区森林覆盖率达到 80%以上。大兴安岭、科尔沁草原、察尔森国家森林公园、科尔沁湿地珍禽自然保护区等环境优美；旅游胜地阿尔山市山清水秀。阿尔山被称为“亚洲的阿尔卑斯”，当地历史悠久，文化底蕴深厚，民族风情浓郁，有五一会址、乌兰夫办公旧址、民族解放纪念中心、成吉思汗庙和葛根庙等革命旧址和人文景观，红色文化、蒙元文化、农耕文化、草原文化资源深厚，已成为内蒙古东部地区的黄金旅游区，被列为国家全域旅游示范区创建单位。

作为我国东北经济区的重要组成部分，兴安盟另一个区位优势是国家“一带一路”东北端的重要节点，其战略地位十分重要。

2. 社会经济状况

兴安盟下辖 2 个县级市、1 个县和 3 个旗，即乌兰浩特市、阿尔山市、突泉县、扎赉特旗、科尔沁右翼前旗和科尔沁右翼中旗。乌兰浩特市是兴安盟委、行署所在地。当地属于革命老区和少数民族地区，1947 年 5 月 1 日全国第一个少数民族自治政府在这里诞生。2020 年统计总人口 163.93 万人，其中城镇人口 59.11 万人，农村牧区人口 104 万，由蒙古、汉、满、朝鲜、回等 22 个民族组成，以蒙古族、汉族为主体，蒙古族人口为 71.51 万人。当地总体地广人稀，人口密度为 28 人/ km^2。

2019 年，兴安盟全年实现地区生产总值 520.06 亿元，一二三产业结构之比为 33.0∶23.7∶43.3，其中第一产业增加值 171.45 亿元，增长 7.0%；第二产业增加值 123.28 亿元，增长 11.0%；第三产业增加值 225.33 亿元，增长 5.1%。全盟人均地区生产总值 32 310 元；公共财政预算收入 43.01 亿元，公共财政预算支出 279.47 亿元，全年 500 万元以上固定资产投资比上年增长 11.5%。从产业投资看，第一产业投资增长 99.2%；第二产业投资增长 24.6%；第三产业投资增长 6.1%。全年全盟居民人均可支配收入为 20 364 元，城镇常住居民人均可支配收入完成 30 408 元，农村牧区常住居民人均可支配收入完成 11 630 元。全盟全年接待国内游客 1 490.46 万人次，比上年增长 38.1%；实现国内旅游收入 139.98 亿元，增长 29.6%。

3. 乡村产业基础

兴安盟地处大兴安岭向松嫩平原和科尔沁草原过渡地带，是典型的农牧交错区。盟内拥有丰富的自然资源和气候资源，适于多种农作物的生长和种植。现有耕地面积 100 余万 hm^2、林地近 186.7 万 hm^2，现有乡村人口 111 万，劳动人口 68.9 万。当地 6 个旗县市中有 5 个是产粮大县，粮食作物以玉米、水稻、小麦、大豆为主。兴安盟因地域辽阔，人多地少，已成为我国北方地区重要的粮、肉、奶等农产品生产基地，是国家粮食安全的后备基地。2019 年，全盟粮食种植面积 101 万 hm^2，总产量达到 624.46 万 t，其中稻谷产量 79.53 万 t，玉米产量 468.75 万 t，大豆产量 24.11 万 t，薯类产量 1.98 万 t。

兴安盟农作物秸秆和草原资源富集，并有着悠久的牛羊养殖传统，属草食畜牧业优势发展区，也是重要的畜产品生产基地。2019 年，兴安盟牧业年度牲畜饲养量达到 1 318 万头（只），以羊、牛、猪和畜禽养殖为主，年肉类产量达 25.95 万 t，牛奶产量 40.56 万 t，禽蛋产量 3.09 万 t，水产品产量 8 126 t。建有设施农业 4 680 hm^2，牲畜棚圈建设总面积 520 万 m^2，畜牧业标准化规模养殖小区 1 600 多个。主要农作物良种率达到 98%，畜牧业牲畜规模化养殖总量达到 600 万头只，家畜改良率达到 88%。农业机械化综合水平达到 84%，有效灌溉面积为 36.67 万 hm^2。全盟可利用草原面积 261.2 万 hm^2，年产青干草 25 亿 kg，人工草地 14 万 hm^2，年产青干草 28 亿 kg 以上。兴安盟农牧业科技园和产业园体系完备，现有各类现代农牧业科技示范园区 13 个，院士专家工作站 4 个，国家和自治区级龙头企业达到 41 家。园区内已评选规范合作社 114 家，国家级高新技术企业 12 家，自治区级众创空间 7 家，盟级以上产业化重点龙头企业 82 家，盟级以上龙头企业自建种植基地 2.6 万 hm^2，示范养殖场 97 个，紧密型利益联结机制比例达到 68%，初步形成了“扶龙头、建基地、带农户”的产业化发展格局。新型农业经营主体，农牧业合作经济组织达到了 1 035 个，农牧业规模经营户达到 7 万多户，占农牧民总户数的 25%以上；土地流转面积达到 23.75 万 hm^2，占家庭承包经营土地面积的 33%。全盟绿色农产品生产基地与品牌创建成效显著，“三品一标”认证企业已达 106 家，认证产品合计 240 个，认证面积达 8 900 hm^2，已有“兴安盟大米”“太和小米”“吐列毛杜小麦粉”等名牌产品，获得中国驰名商标 5 个、内蒙古著名商标 22 个。“兴安盟大米”荣获“2019 世界高端米品鉴大赛铜奖”，品牌估值超过 180 亿元，跻身全国百强农产品区域品牌第 12 位。

4. 农业科技示范园区基本情况

兴安盟具有发展现代农业的自然资源禀赋基础，特别是具备建设高水平农牧业科技示范园区的良好条件。国家、省、市级科技园区的建设有效促进和带动了当地农业新品种的成功选育、科技成果的转化应用、农业技术的示范推广、加工工程设备及工艺的创新集成，辐射带动了周边作物品种调优和结构调佳；并通过良种良法提高了单位面积土地产出率和劳动生产率。

但是，当地的农业科技园区在发展中也面临诸多问题和不利因素，诸如科技创新条件相对薄弱，园区企业产学研结合的技术创新体系尚未完全建立，创新型企业和高新技术产业起步晚，自主创新能力较弱，推动经济发展由资源依赖型向创新驱动内生增长型转变的任务艰巨等。特别是由于兴安盟地处边疆，各行业领军型科技研发人才和优秀创新团队匮乏，科技创新条件建设相对薄弱，科技资源共享程度较低，科技支撑经济转型的力度亟待加强。

整体上，园区产业层次相对较低，一二三产发展不协调，基本集中在第一产业，工业化程度低、规模小，服务业发展相对滞后，一二三产的融合度有待提高，调结构、促升级形势紧迫；大多数入驻企业综合实力相对较弱，发展速度缓慢。园区优势产业和特色产业定位不够明确，农牧业产业竞争力总体不强；引领示范现代农业发展的作用还未充分凸显；集群程度相对较低；管理和运行机制不够健全，配套资金和政策体系不够完整；创新创业仍处于起步阶段，成果转化水平仍需进一步提高。

从未来发展的整体格局上看，兴安盟水、土、光、热自然资源及生态环境优势明显，地理区位的有利条件突出，农牧业产业基础良好，农耕民俗文化底蕴深厚。因此，作为东北地区重要的生态功能区和生态服务区，兴安盟碳汇功能潜力巨大，被誉为无污染、无公害的“绿色净土”，也是世界公认的“最佳养牛带”和“玉米黄金种植带”，具有发展生态高效农业和生态旅游业的优越自然气候条件，是北方地区重要的绿色农畜产品生产、加工、输出基地。

按照国家推进乡村振兴战略的总要求，兴安盟必须尽快突破当地经济总量偏小，产业结构和农业产业化层次相对较低，三次产业发展不协调的瓶颈。因此，兴安盟通过农牧科技园区的建设，强化科技支撑经济转型的力度，优化现代农业的创新创业环境，加快改善金融、财政、税收、贷款和土地等管理政策对科技成果产业化的支撑环境。

第三节 兴安盟现代农业科技园区产业规划

1. 兴安盟现代农业科技园区的产业定位

据测算，目前我国可利用草原和农作物秸秆资源至少可满足 5 000 万 t 牛奶、800 万 t 牛肉和 500 万 t 羊肉的生产需求，因此，草食畜牧产业具有广阔的发展空间和前景。兴安盟粮食作物和草原资源富集，有着悠久的牛羊养殖传统，牛羊养殖产业在农业生产中占有举足轻重的地位。长期以来，当地将草食畜牧业作为优势产业，通过科技研发、推广及其产业化技术有效提升了畜牧业的生产能力和经济效益，并培育了“兴安肉羊”品牌、“兴安盟羊肉”等地理标志产品。兴安盟国家农业科技园区的先期园区已具备发展草食畜牧业的产业发展基础。项目核心区域的突泉县曙光现代农业循环经济园区位于突泉县太平乡政府所在地曙光村，园区地势平坦，土质肥沃，光热资源和地表水资源丰富，适宜利用集约土地发展现代农业。该地紧邻北京至呼伦贝尔的 111 国道和广西北海至呼伦贝尔阿荣旗省际大通道，位于乌兰浩特至突泉至科右中旗的红色文化、蒙元文化、农耕文化、五角枫和科尔沁国家公园之旅的旅游带上，与赛银花现代设施农业园区（自治区 3A 级景区）仅一路之隔。园区地理位置优越，具有发展生态高效农业和生态旅游业的自然气候条件。目前已入驻内蒙古绿丰泉农牧科技有限公司、蒙羊牧业股份有限公司、英歌天兆畜牧有限公司、天响农业有限公司、聚美恒果四季采摘园、一方生物科技公司等农业种植、农畜产品养殖、生产加工及销售等各类农业相关企业及合作社 30 余家，引入了以色列养殖技术、加拿大 FAST 基因公司核心群、国家发明专利和国家重点新产品的秸秆碳板技术等。总体上，兴安盟农牧化科技园和产业园的基础条件优势明显，国家级、省（自治区）级和地市级园区聚集成群，形成了层次叠加、功能齐全的科技支撑和产业带动能力。

《兴安盟农牧业经济“十三五”发展规划（2016—2020 年）》中明确提出，“优先在具备条件的国家现代农业示范区、国家农业科技园区内开展农业可持续发展试验示范工作”。2020 年，经科技部批准建设内蒙古兴安盟国家农业科技园区，建设周期为三年（2020—2022 年），兴安盟的科技园区建设进入了新的发展阶段。兴安盟人民政府对国家农业科技园区产业定位高度重视，按照《国家农业科技园区发展规划（2018—2025 年）》中“一园区一主导产业”的建设要求，结合当地水稻、杂粮杂豆、甜菜、肉羊等特色优势产业和雄厚的资源基础，以草食畜牧优势特色产业为主导，依托产业自身发展规律及市场经济规律的运行机制，以项目为载体，加大资金投入与政策扶持，完善管理和运行机制，着力提升兴安盟国家农业科技园区的科技创新能力、科技创业活力和产业带动能力。园区通过进一步深化产学研结合和强化创新创业能力，推动更多农业科技成果转化为新的生产力，带动兴安盟及周边地区提高现代农业的综合生产力、区域竞争力和品牌影响力。同时，园区与省、市各级园区联动聚合，大力发展生物科技产业、主导产业生产、农副产品加工、物流运输及生态休闲等产业，建立了完整的“现代种业—标准化生产—加工物流信息—文化旅游”的现代农业产业链条，将园区打造成为集科技创新与创业、成果孵化与转化、人才培养与培训、展览与展示、文化与休闲等多种功能为一体的多级农业科技园区，有利于促进当地农业产业结构优化升级，实现了人才、技术、资金的高度集聚，提升了农牧业发展的质量和效益。兴安盟充分发挥各类园区的辐射带动作用，引导和带动本地及周边地区农业结构调整，吸纳更多的农民向农业科技产业、加工产业等转移，提高了农民收入，为兴安盟农牧业产业结构调整和优化升级架构了新的平台，拓展了新的空间，助推了当地乡村振兴战略的全面实施。

2. 兴安盟现代农业科技园区的规划布局

兴安盟人民政府将兴安盟现代农业科技园区作为推进兴安盟农业农村现代化、实现决胜脱贫攻坚、推动乡村振兴的牵引机和助推器。根据兴安盟已形成的生产力空间分布特征，综合各类园区的先进性、典型性和代表性，充分发挥其示范、引导和带动作用，按照“一心两园、前旗示范、全盟辐射”的总体布局，以核心区为基点向外分别布局生产示范园、加工物流示范园、示范区和辐射区。其中，核心区位于突泉县太平乡曙光村，规划面积 2 000 hm^2，包括突泉县曙光现代农业循环经济园区、赛银花现代农业生态园区（省级农业科技园区）和太平乡曙光村、黄家屯、井家屯的居民区，主要进行草食畜牧业相关新技术和科技产品的培育和推广；结合设施农业种植和生猪、肉鸡产业发展，形成草食畜牧养殖、设施农业、科普休闲游览等多业多产联动的循环经济发展核心。其中，核心区分两期建设，一期工程覆盖面积为 1 000 hm^2，共入驻 32 家农牧龙头企业。其建设整体按照“三心、一环、五区”进行功能布局。“三心”指公共服务中心、科技创新创业中心和展览展示中心；“一环”指核心景观旅游环线；“五区”指草食畜牧养殖区、设施农业观光区、辅助产业集聚区、科普休闲游览区和美丽乡村建设区。公共服务中心位于园区中部，建筑面积 4 300 m^2，通过对现有建成的综合服务楼格局进行优化，按功能分为管理委员会办公区、信息服务中心、接待中心、培训和会议中心等，为园区提供总体管理和综合农业社会化服务，是农业科技园区率先发展的着力点。园区管理委员会承担园区相关部门办公需求及保障日常管理和对外接待等功能；接待中心为入园企业办理工商、税务、土地、项目备案、登记手续等工作，为其提供优质、便捷、高效的服务；信息服务中心配套相应的办公、信息网络、农产品生产可追溯系统、安防监控等设施，涵盖农业技术咨询、市场行情与预测、农业政策宣传、农产品安全生产与质量管理的实地监控、兽医防疫及疫情监测报告中心、监管溯源等内容，为园区企业和周边农户提供及时、便捷及实用的信息咨询服务，实现农业生产过程的精准化控制和智能化管理；培训和会议中心包括多媒体培训室、中小会议室、客房、餐厅等，配备了相应的教学培训、信息网络、消防及安全监控系统等设施，形成了具有一定规模与影响力的培训和会议商务等服务职能集群。通过管理委员会办公区、接待中心实现了对园区的总体管理；通过信息服务中心、培训中心、会议中心实现了综合化的社会服务。科技创新创业中心位于园区中部和公共服务中心东侧，是农业科技园区的智慧芯片，建筑面积为5 000 m^2，按功能分为入园企业办公区、科技研发平台、改良技术服务中心、兽用饲料和药品研发服务中心等。入园企业办公区作为入园企业的总部基地，配套相应的办公、信息网络设备，满足这些企业的办公、管理及商务接待等需求；科技研发平台承担研发机构和企业的实验、农产品质量检测和博士后工作流动站等职能，按照入园机构和企业的专业要求进行实验室布局，并配套相应的信息网络、水电等设施设备；改良技术服务中心是进行繁殖改良、技术服务、技术指导及繁殖改良物资销售为一体的服务中心，同时也是科技特派员的办公场所，由当地农技推广中心技术人员定期入驻指导。该中心集科技研发、产业孵化、众创服务等功能于一体，构筑起了创新活跃、要素集中、配套齐全的科技孵化聚核，为高新技术和龙头企业、微小企业创业等搭建了发展平台，创新驱动和品牌营销紧密结合，实现了提升园区产业创新能力、提高创业意愿和助推创新创业成功的多重目的。展览展示中心位于园区中部东侧，建筑面积为1 000 m^2，是通过对外展示和交流带动园区快速发展的中心区，配套消防及安全监控系统、信息网络系统、有线广播系统、多媒体显示系统、空调通风系统等设施。该中心通过文献资料、图片、声像视频、实物等形式进行园区和所属区域的农业成就、现代农业科技成果和特色农产品科技成果等展示；并集电子商务交易、入园企业宣介、商业服务、参观接待等功能于一体，全面展现园区的组成、功能、发展、成果以及未来的展望，是园区参观、交流和商贸的重要场所。

生产示范园位于科右前旗额尔格图镇六合嘎查西南 2 km 处，占地面积约 2 300 hm^2，重点示范草食畜牧产业在优良品种、核心繁育和生产环节上的技术集成应用及科技成果转化；加工物流示范园位于科右前旗居力很镇人民政府南侧，占地面积约 4 500 hm^2，作为农畜产品加工物流示范基地，展示农牧业上下游各种生产、流通、加工、贮藏、运输、包装等技术，助推当地特色优势主导产业的产业链延伸和产业融合。示范区占地面积约 5 500 km^2，其所在的大石寨镇、德伯斯镇、索伦镇、阿力得尔苏木 4 个苏木乡镇，处于农区和牧区的过渡带，拥有草原 26.67 万 hm^2，耕地 6.67 余万 hm^2，存栏 100 万只肉羊，是盟内规模化养殖场的聚集区和肉羊加工的集中区域，肉羊屠宰场数量占全旗总量的 2/3。该区域通过形成主导产业标准化生产和产业化经营模式，健全产前、产中和产后服务体系，承接农区和牧区的草食畜牧业生产、人员培训、技术指导和科技成果转化推广等工作，建成了集种养殖、加工、销售、文旅等于一体的示范片区，以推动区域主导产业产品质量提高、生产环境改善和生产效益提升。辐射区为兴安盟整个盟域和东北地区适宜发展草食畜牧业的广大区域，兴安盟现代农业科技园区通过拉动辐射区发展牛羊草业，根据产业布局进行规模化标准化生产，充分发挥好现代农业科技的集聚效应、示范效应和辐射效应，大力促进了产业新技术成果的转化、示范和应用，形成完善的全盟草食畜牧业的技术创新、引进、转化和推广体系。

3. 集聚创新要素，打造科技创新平台和优势产业集群

按照《国家农业科技园区发展规划（2018—2025 年）》及《国家农业科技园区管理办法》（国科发农〔2020〕173 号）要求："园区要形成集聚创新资源，培育农业农村发展新动能，助力农村创新创业、成果展示示范、成果转化推广和职业农民培训的功能"。因此，兴安盟农牧科技园区做出了功能拓展的规划，力争把园区建设成为农业创新驱动发展先行区、农业供给侧结构性改革试验区和农业高新技术产业集聚区，打造中国特色农牧业自主创新的示

范区。兴安盟国家农业科技园区始终遵循“创新是发展第一动力”，以技术密集、资金密集与产业聚集为主要特征，以高新技术示范、科技成果产业化与示范应用为主要内容，把“理念、科技、管理创新”和“资本、品牌、人才”等高端服务作为促进兴安盟整体农牧业实现跨越发展的驱动力；从生产、管理、营销等各个环节上引导农民、农业和当地农村经济走上现代化和产业化之路，促进农业增长方式转变、区域产业层次提升和农民科技素质提高。

园区坚持以科技创新和发展产业支撑技术助推当地农业产业结构转型升级，围绕产业发展需求将园区打造为综合科技创新平台，建立与农牧业主导产业发展相适应的先进适用技术引进机制。各类园区通过与中国农业大学、吉林农业大学、吉林大学动物科学院等国内重点科研院校组建专家技术团队，重点加强饲草种植、良种繁育、畜禽养殖、精深加工及经营管理等引进与培育工作；与澳大利亚、以色列等国外专家团队建立技术合作，引入国际领先技术；同时汇集一批涉及生态规模化种养殖、优质畜牧良种繁育、标准化生产深加工、秸秆碳板生产销售、全程冷链物流体系、三产融合全产业链体系领域的农牧业科技创新企业、农牧业产业化重点龙头企业及自治区级扶贫龙头企业；通过与企业、高校、科研院所有机结合，形成以龙头骨干企业为核心、高校科研院所参与、辐射带动周边农业产业成长发展的“产、学、研”深度合作体系；充分利用园区优越的投资环境、自然资源以及良好的产业发展基础和健全的基础设施条件，建立农业科技企业孵化器与创业服务中心，为涉农企业、本土专家、返乡大学生、科研院所工作人员等提供创业和创新平台，孵化和培育出一批有强大竞争力的农业科技企业和农牧民合作组织。

园区将区域内外开发的新品种、新技术、新材料等农业科技成果集中展示，在核心区内的草食畜牧养殖区进行肉羊、肉牛、牧草良种繁育和高效种养殖技术开发，通过创造先进完善的农业科研试验条件，引进畜禽养殖、饲料加工厂、生物科技公司等企业，搭建现代农业试验示范平台。同时，园区与国内外行业专家合作开展主导产业相关的高新技术研发活动，重点建设草食畜牧新品种、新技术、新装备的研究开发基地，优良牧草品种筛选和驯化基地，土壤改良技术研究基地和农业科技成果集中引进示范的展示基地，使之成为主导产业科技研发和示范推广的孵化极核。园区领导层通过科技与产业的联动机制，在园区中南部和东北部打造辅助产业集聚区，发展肉鸡和生猪养殖、生物有机肥生产、秸秆饲料加工、秸秆碳纤板生产等特色产业，形成产业集聚、功能配套、生态循环、效益突出、能带动企业增效和农民增收的综合性科技、产业和经济开发区。

兴安盟国家级农牧科技园区在示范应用的过程中，组装集成和熟化了一批先进适用的科技成果、农业高新技术、经营管理的成功经验，培育产业持续创新的强大引擎。为更好地实现技术应用与推广及科技成果产业化，园区还培育了一批科技服务机构和研发推广机构，建立符合市场机制的园区社会化科技服务体系；培育或引入当地各类农村经济合作组织，对示范区和辐射区展开市场信息服务、销售服务和科技培训等，示范带动规模化、标准化的畜牧养殖生产，提高管理技术。全盟农技创新、引进、转化、推广体系逐步健全完善，为当地畜牧业发展提供了有力的技术指导、科技示范和产业支撑。

4. 积极探索新业态新动能，推动产业融合发展

兴安盟现代农业科技园区的建设以国家政策为导向，围绕水稻、杂粮杂豆、甜菜、肉羊等当地特色优势产业，将草食畜牧业的专业化生产和产业化开发作为园区主导产业体系，统筹农业增效、农民增收和城乡融合。园区依托当地自然资源和产业优势，重点开发兴安肉羊和安格斯肉牛等生产市场前景好的产品，形成布局合理的现代化草食畜牧业生产加工产业集群，打造出以工业带动和反哺农业、农业供应和促进工业的链式循环发展模式。

兴安盟国家级科技园区和其他层级及不同类别的园区整合资源、分工合作，充分利用当地地理位置优势，建立通畅、高效的农畜产品物流体系，打造高起点的东北区域特色农畜产品冷链物流中心、农畜产品检验检测中心和绿色认证中心。园区在核心区的加工物流示范园重点发展农畜产品加工、制药、皮革服饰加工、装备制造、新型建材和电子信息六大类产业，打造农畜产品加工区、仓储物流区、装备制造区、信息产业区，配套管理服务区、产学研区、维修服务区、公共工程区、物流仓储区和生活设备配套区六大服务区；引进肉羊屠宰加工、高端糖品、兴安大米、杂粮杂豆等农畜产品绿色食品加工业企业 105 家；重点发展建设高标准展示区和综合性化验检测中心，冷链库房（容量约为兴安盟肉羊产量的 1/3）、特色农产品库房、果蔬库房三大板块标准厂房；通过以工促农，加速农业科技进步，提高农产品加工水平；

以“科技带企业、企业带园区、园区带农户”的形式，逐步形成科、贸、工、农一体化的新型现代农业产业发展模式。同时，园区利用良好的交通条件和位于乌兰浩特市郊的优越区位，健全运输、储存、包装、装卸、配送等环节的农产品交易物流设施；创建了符合现代交易物流特色的新型集成管理模式，提供更好的交易物流服务，成为服务园区和服务区域的农产品交易高效物流载体，实现了特色优势主导产业的产业链延伸和产业融合。

园区通过与地方政府合作深入开发挖掘园区产业格局的生态调节功能、文化传承功能、休闲体验功能等，将创意元素与“互联网＋”融入产业功能体系，发展乡村文旅、休闲康养、文化体验等产业。当地以曙光村落核心区为基础打造设施农业观光区和科普休闲游览区。其中，设施农业观光区位于园区南部，是设施栽培生产和种养殖循环发展的示范基地，面积 282.27 hm^2，该区引进蔬果种植、休闲采摘、有机肥加工等企业，引种观赏性和食用性兼具的草莓、毛桃、葡萄、蔬菜等高效日光温室园艺果蔬优良作物品种，并采用自动精量灌溉节水技术和生物综合防治技术，进行先进种植技术示范；同时畜禽养殖废弃物加工处理后的肥料施入设施用地，实现了内部有机物质循环利用，成为集生产、休闲、娱乐于一体的设施栽培生产和种养殖循环发展的示范基地。科普休闲游览区位于园区中部，展览展示中心西侧，占地 20.67 hm^2，分为开心牧场、科普宣传、大型会议、美食品尝、休闲游玩 5 个功能区，整体建设风格为新古典辽代风格；区内配套景观、绿化、灯光、民俗文化雕塑等一系列设施，作为群众性娱乐、体育、休闲等活动场地。为延长产业链，创新价值链，园区内分别建设了旅游观光智慧牧场、欢乐谷、生态假日酒店、四季采摘园等项目；并分设包括观光牛舍、景观湖、房车基地、摄影基地、亲子犊牛、花海、四季垂钓园、珍禽养殖园、跑马场、生态果园等休闲观光和养生娱乐场地，集住宿、餐饮、娱乐、运动健身于一体。园区充分利用已形成的综合性产业链条及区位优势，定期举办各种农事主题活动、节令盛会和相关农艺竞赛，供游客游玩、品尝特色美食，还可以承接大型会议和庆典活动。目前，兴安盟科技园区已成为当地标志性的综合产业基地和当地农牧文化体验和交流的平台。同时，园区在核心区域外环设置景观旅游环线，贯通曙光楼观景台、智慧牧场、休闲采摘、曙光村农家乐等核心旅游项目线路，游客可以通过搭乘观光车或骑行到达环线任意旅游观光项目景点，饱览核心景观，并可以到达周边区域的游览项目。园区已经成为实现农业与旅游三产融合发展、美丽乡村建设与农业产业融合发展的重要载体，既有生产性、市场性、生态性、高效性，又有观光旅游、度假休闲、文化娱乐、美食品尝、拓宽视野、增长知识等多重功能，是乌兰浩特至突泉和科右中旗精品旅游线路上的亮点。

总体上，兴安盟国家级农牧业科技园区通过集成建设，实现联动发展；依托自主科技创新实现了种业、生产、加工、信息、物流、休闲观光业的有效衔接，形成了富有兴安盟农业特色的产业链条，建立起“科技—产品—市场—产业”协调发展的机制，实现了产业链拓展延伸和有效整合；其科技示范、产业引领的成效非常显著。

5. 充分衔接园区建设，以产村融合发展助推乡村振兴

乡村振兴战略实施以来，兴安盟国家农业科技园区以探索草食畜牧业适宜发展区域的农业科技服务和产业化经营方式为主线，同时结合当地社会主义新农村和乡村振兴建设与城乡统筹发展的新需求，推动园区的产业组织模式创新，探索社会化改革服务体系建设新途径与有效模式。为了进一步强化区域内农业人口向城镇集中、产业向园区集中、耕地向集约经营集中，园区以曙光村为基础，将该村发展成为基础设施城镇化、生活服务社区化、生活方式现代化的新型城镇化示范样板；充分依托园区农业产业发展，以“产村融合发展”实现乡村振兴，将乡村建设与农业科技园区建设充分衔接。同时，园区紧密把握住现代生态农业发展理念，注重建设生态宜居的田园新村，实现村庄基本居住功能与旅游体验休憩功能结合。村落改造和“生态宜居”环境建设有序展开，其主要改造项目包括：①加快水、电、路、通信等基础设施建设，建设了标准化一条街；铺建 10 m 宽柏油路 1 300 m，新建铁艺墙 2 600 m，新铺建排水管道 2 600 m，安装路灯 26 盏，柏油路两侧铺彩砖 7 800 m^2。②改善民居、住宿、餐饮、娱乐、垃圾及污水无害化处理等服务设施；完成曙光村主街道立面改造项目，涉及住宅及商户 75 户，沿街铺设彩钢瓦顶 11 680 m^2，粉刷质感漆 8 715 m^2，修建延长院墙 4 000 m，移栽垂榆 300 株，建固定垃圾收集点 6 处，治理延长山洪沟 1 000 m；号召村民在房前屋后种植玉兰、石榴、榆树等果木，体现“村在景中”的布局理念，实现了垃圾

净化、环境美化和村容绿化。③建成村民活动综合体，新建文化活动室和文化广场，现已成了曙光村百姓休闲娱乐、运动晨练的最佳场所。同时，园区注重以产村融合布局理念推进乡村建设；把旅游产业功能注入村庄改造中，建设了体现地域乡土风情的“乡村酒店”，打造绿色产品一条街、饮品酿造生活馆及绿色生活创意馆等旅游项目，并配套路标指示、停车场等旅游设施，满足观光休闲度假功能，整体形成了以产业兴旺、生态宜居和多产融合为依托的旅游新村。

6. 坚持绿色发展的原则，推进循环农业发展模式

通常，随着工业化、城镇化进程加快，必然导致乡村水土资源的紧缺和环境的污染加剧。因此，人们需要寻找新的替代方式以节水、节地、节能，实现农村中农业生产、农民生活和人居环境良性发展。兴安盟科技园区结合农牧业内部结构的调整，按照国家推动农业绿色发展、乡村振兴、科技创新引领的战略要求，围绕兴安盟区域内社会经济发展和现代农业产业体系提升的需求，立足当地草食畜牧业主导产业，发展设施农业、生猪、肉鸡、秸秆加工、有机肥生产等绿色生态农业。有关项目建设过程中，主动处理好环境保护与产业发展、资源节约与合理开发利用的关系，科学合理配置资源，推广资源节约型和环境友好型开发模式；建立要素合理配置和产业互联互动的良性发展机制。

当地在园区建立了面积为205.67 hm^2的草食畜牧养殖区和20 hm^2的饲草繁育基地项目，推进发展“饲草业—畜牧养殖业—屠宰加工业—有机肥业”循环农业和生态农业模式，探索生态资源价值化、资本化的路径模式。这些建设项目力图打通基于生态、有机、绿色发展理念的农牧业产业化和多产业融合的新型农业农村现代化道路。以循环经济的模式转变传统粗放农业发展方式，解决当地工业化与城镇化快速发展进程中出现的水土资源紧缺与环境污染问题，实现农业生产、农民生活和生态环境良性发展；为全区处理好保护生态环境与经济发展的关系提供了现实样本，加速了传统农业向现代农业转变。

7. 建立兴安标准体系，不断增强示范辐射作用

兴安盟农业科技园区总体构建了以“核心区、产业园、示范区、辐射区”

一体化的发展体系和产业“点、线、面”梯度技术扩散模式，不仅实现了高新技术产品的培育和输出，更为重要的是带动全盟健全完善了农业科技创新、引进、转化、推广和产业化的全新体系。园区在生产示范园进行了草食畜牧新品种培育、良种繁育、标准化生产、科技成果转化和技术培训推广等工作；并与国家畜牧产业技术体系联合攻关，不断优化畜牧胚胎移植技术，开展优质畜牧胚胎移植技术及细管冻精人工授精技术的示范应用；同时，依托园中优良的畜牧种源、领先的繁育水平和全面的技术指导服务，建立健全兴安盟畜牧技术标准；示范推广规模化畜牧养殖的标准化生产管理技术，提高场区规划、畜舍建设、饲养管理程序、产品管理以及粪污处理等各环节的标准化程度；有效提高了畜禽养殖机械化与自动化水平；使园区成为兴安盟农牧肉羊高新技术生产示范推广的基地和绿色畜产品生产输出基地。

园区特色优势产业融合和产业链拓展模式，示范带动了前旗 4 个农牧交错苏木乡镇和全盟肉羊产业发展。周边园区建成了一批肉羊、肉牛、牧草等主导特色产业的种养殖、加工等农产品规模化、标准化生产示范片区，并将农业生产和旅游产业相结合，打造了一批集观光休闲功能于一体的绿色生态产业。

此外，园区通过建立“品牌＋标准＋规模”的生产经营体制，显著提升了区域内草食畜牧业产业层次和市场竞争力。当地坚持以“产业兴旺”统筹农业增效、农民增收和城乡融合，将兴安盟打造成为具有市场竞争力的农业产业优势区，实现了农业农村现代化的快速发展。

以核心区中的突泉县曙光现代农业循环经济园区为例，该县已入驻的 32 家企业和合作社以“三产融合”为理念形成循环经济产业链，即周边村落农户出秸秆→园区饲料加工→园区羊、牛、马育肥→形成有机肥厂→肥料还田；同时延伸物流与加工产业，打造核心景观旅游环线，以设施农业观光、科普休闲游览等带动旅游服务业发展，实现年产值 23 亿元以上，并带动园区及周边地区 30 余万农民人均年增收 1 500 元以上。

通过科技创新能力、科技创业能力及产业带动能力的提升，园区已成为具有科技创新与创业、成果孵化与转化、人才培养与培训、成果展示与示范、多产业融合发展等多种功能的平台，有效提升了兴安盟农牧业现代化水平和绿色农牧业提质增效，农村经济快速发展，生态环境极大改善。从而使园区核心区农民收入提高了25%以上，示范区农民人均收入提高15%以上，为乡村振兴阶段战略目标的实现做出了巨大的贡献。

第四节　兴安盟发展科技园区，助力乡村振兴的保障措施

1. 强化完善各项配套政策

党的十九大报告提出，要加快建设创新型国家，深化科技体制改革，建立以企业为主体、市场为导向、产学研深度融合的技术创新体系，促进科技成果转化。加快国家农业科技园区建设是党和国家培育壮大农业农村发展新动能做出的一项重要战略部署，兴安盟国家农业现代科技园区的建设和管理坚持贯彻落实《国家农业科技园区发展规划（2018—2025年）》《国家农业科技园区管理办法》及《内蒙古自治区兴安盟国家农业科技园区管理办法》等指导性文件，在园区建设和发展过程中，不断完善各项配套政策和措施。

过去，兴安盟对国家农业科技园区后续建设相关的配套政策尚不完善，园区的建设和发展还存在一些制约瓶颈。乡村振兴战略实施以来，兴安盟进一步深化体制机制改革，完善相关配套政策，重点通过完善了各项财政、税收、土地与人才引进的配套政策，落实园区在土地使用、税费、金融服务等方面的扶持与优惠，并切实排除落实政策的各种障碍。

在财政支持方面，当地制定并出台了各项财政补贴政策，加大各级财政对园区发展的专项资金支持力度；盟、县财政每年安排专项资金用于扶持园区建设和科技研发，在水利、农业综合开发等涉农资金中按照一定比例用于园区建设。

在税收优惠政策方面，对进入园区核心区的企业和科研单位，在财税、金融、水电税费等方面执行优惠政策，并对重点农产品加工骨干企业从事种植业、养殖业和农产品初加工所得收入，免征3～5年所得税；园区企业引进技术和进口农产品加工设备，按国家有关规定在关税和进口环节增值税上给予扶持。

在用地使用政策方面，入园企业可通过以下两种方式获得土地使用权：①可采用土地出让方式获得工业用地，在签订土地出让合同后按合同约定交纳土地出让金；②可采取租赁方式取得国有土地使用权，逐年交纳租金；③对于造林、种草等生态建设项目，可减免土地出让金，土地使用权 50 年不变；④符合生态建设的，可根据国家土地流转的政策法规，实行土地承包经营权依法自愿有偿流转，土地使用权可以依法转让、出租与抵押。

在人才引进政策方面，设置年度农业科技人才引进专项经费，制定领军型科技创业人才引进计划和科技创业家培养计划；积极与科研院所开展合作，引进培养高级人才，完善科技奖励机制，加强园区科技研发与创新实力。

同时，当地通过不断完善风险保障机制，规避各类风险；对园区内的新技术研发、推广等设立风险防范基金；在推广项目选择上，以已完成中试阶段并经专家论证委员会论证，技术上可行、实践中已取得示范成果、推广条件已成熟的项目为主。此外，园区还协调金融机构推出一系列关于产品、价格等方面的普惠性农业保险产品，增加对地方特色农业产业的补贴品种，助推园区产业持续稳定发展。

2. 创新政、产、学、研、用合作机制

兴安盟从政府层面，通过财政、税收、土地等方面建立健全激励政策，引导企业加大科技投入力度，不断增强企业的创新能力。当地建立、健全以企业为主体，产学研相结合的技术创新机制，围绕园区建设，依托科研院所及高等院校引进新品种、新技术以及新的产业模式，将高等院校的科研优势引进到各相关产业，促使产业升级换代。同时，还积极打造大学生、研究生实习基地，将高校变成园区的人才储备基地；聘请专家作为技术顾问，主要负责园区发展规划、年度计划、项目建设方案的论证和科技开发指导；聘请高校、科研单位的科技人员，利用业余时间或节假日到园区兼职，从事高新技术创新等相关活动。

当地还联合盟域内的省、市级农业科技园区，筹备成立国家农业科技园区创新服务联盟，构建兴安盟农业科技园区网络体系；积极接受国家农业科技园区协同创新战略联盟社会化和市场化组织的指导和管理，并探索园区带动兴安盟农业农村发展的新路径。科技园区创新服务联盟通过园区智慧网联中心，为入驻园区网络中的企业、组织、基地、合作社、家庭农场等投资经营主体提供信息咨询、品牌运营、人才引进、科技创新等指导，促进园区的智慧聚集、品牌聚集、项目聚集和标准聚集。

3. 拓宽多主体和多元化融资渠道

兴安盟人民政府充分发挥政府的引导作用，在科技园区形成了以市场为导向、企业为主体、社会参与的多主体、多形式、多渠道、多元化融资投入渠道，主要措施包括：①积极帮助园区内的企业申请政府管理的支农财政资金、科技发展经费等，用于园区基础设施建设、科技成果转化与推广项目、技术培训等公共服务。②充分吸纳社会资金进入园区，吸收科技型企业及新型投资经营主体进入园区创业，吸引科研单位、高等院校参与园区建设；允许科技产业化机构和科技人员通过技术入股、知识资本化入股等多种形式参与园区的科技开发；鼓励金融部门、社会团体向园区建设投资；鼓励农民以土地使用权转让、劳动力和资金入股等多种形式参与园区的建设，采取“奖补结合”措施，建立“企业带动、合作社组织、农户生产”的分段合作经营机制。③政府建立多种组织形式的企业信用担保体系，协调组建了农业融资担保公司，建立科技项目贷款担保资金，有效解决农业产业化生产经营中普遍存在的贷款难、担保难等融资问题；同时加强对园区企业的信贷支持，引导国家政策性银行的贴息专项贷款向园区倾斜；引导商业银行扩大对园区企业贷款授信额度，通过贴息、补亏、减税、调整贷款期限等方式，降低农村信用社的资金成本，鼓励农村信用社等金融机构以低于商业银行的利率向园区企业发放贷款。

为统筹管理园区的资金，园区还成立了园区投资公司，负责整合各级政府投资、园区单位自筹、社会资金利用、境外资金引入等渠道的投融资管理和项目建设等工作。

园内实行国有和非国有经济成分企业共存，外资企业和内资企业并举的方针，激励企业建设高科技示范基地，进行高新技术的研发、引进、供应与推广，开展信息收集与服务、产品加工、储运与销售等，辐射和带动周边农民就业创业。同时，还帮助各类企业形成“公司＋基地＋农户”的产业化经营形式，与农户签订产销合同，提供配套服务，以合同形式明确双方的责权利，结成风险共担、利益共享的经济联合体。园区的建设和营运模式实行独立法人的企业化模式进行运作；参与建设和发展不同性质的企业、农民联合体按照“自主经营、自负盈亏、自我约束、自我发展”的原则进行运营和管理，通过不断完善市场导向与技术创新有机结合，逐步建立了“产权明晰、责任明确、政企分开、事企分开、管理科学”的科工贸、科农贸一体化现代企业经营管理制度。这种管理体制最大限度地贯彻了“政府引导、企业主体、市场运作、效益优先”的原则，有利于充分发挥企业竞争优势，打造高效招商引资平台，增强园区的科技创新和引领示范功能。

4. 实行“1+1+1+N”高效管理模式

兴安盟现代农业科技园区结合地方实际，充分发挥政府在国家农业科技园区建设发展中的规划引导、政策激励、组织协调、基础建设等支持作用，集成科技、农业、扶贫等多方面项目资金，充分发挥金融杠杆的调节作用，落实国家科技体制改革要求，充分发挥企业、新型经营组织等市场主体作用，激发基层人员的首创精神。

根据新的发展目标，兴安盟现代农业科技园区实行了“1+1+1+N”国家农业科技园区的创新组织管理模式与体制机制，即1个统筹领导协调的园区建设领导小组，1个高效运转的园区管理委员会，1个实力雄厚的战略投资管理公司和N个研发、生产、加工、销售、物流领域的入驻企业。

园区建设领导小组由兴安盟委书记、盟长为组长，副盟长为副组长，科技、财政、农业、林业、建设、国土等相关部门为小组成员，主要负责统筹组织、领导和协调工作，决策园区的重大事项、制定园区建设规划、筹措园区发展资金、实施项目建设与运营监督等，引导园区快速健康发展。

园区管理委员会下设办公室、科技管理处、产业发展处、投资促进处等部门。办公室负责综合协调；人力资源管理、财务管理及园区有关科技、经济数据的统计、分析和编报；科技管理处负责科技政策的贯彻推进，规划申报项目计划、项目申报与审批及科技成果对接、转化工作，组织开展农业科技培训与普及工作；产业发展处负责贯彻制定实施产业发展规划及入园企业产业发展等问题以及基础设施的建设、监督和管理；投资促进处负责制定区域内投资促进政策，编制投资促进规划，建设园区内企业投融资平台，发布对外招商项目和组织投资活动。

园区还成立了投资管理公司，探索投资机制与方式的改进与创新，积极引导社会和金融资本向园区现代农业集聚，解决园区内基础设施建设及重点项目建设的资金短缺问题，并具体承担园区土地开发、基础设施建设、农业科技成果研发、示范与推广，农业生态观光旅游的开发建设与运营等工作。

同时，园区管委会还选聘科研、生产推广和管理等方面专家建立科技园区专家委员会，由国内同行业科技界、企业界知名权威人士及依托单位的主要工程技术骨干组成专家顾问团队，负责制定发展规划、进行技术指导和咨询服务等工作。

第五节　总结与展望

目前，兴安盟现代农业科技园区建设已经进入了新的发展阶段。其主要特色是以乡村振兴战略目标引领园区科技创新方向和构建产业融合发展体系；围绕兴安盟区域社会经济发展进入新阶段、开创新局面的需要，立足资源优势和农牧业产业特点，做强做大草食畜牧优势特色产业，延长产业链，形成多产业融合与集群式的发展优势。园区在已经形成的发展基础上，继续以技术密集、资金密集与产业聚集为调整方向，通过扩大项目建设，高新技术研发与推广、科技成果产业化示范与辐射，带动周边区域联动发展。

园区及其辐射地区将依托产业发展自身规律及市场经济运行机制，以完善科技支撑链，建设主导产业链，开发生态循环链为重点；以技术创新支撑产业发展，产业发展吸引企业集聚，企业集聚推动乡村振兴，使整个科技园区融入乡村振兴与城乡融合发展的新格局，推动园区建设与运营迈上新台阶。园区及区内企业将在农牧业生产、生物科技产业、农副产品加工、物流与生态休闲等方面，着力打造和形成完整的“现代种业—标准化生产—加工物流信息—文化旅游”有机结合的产业集群。

兴安盟现代农业科技园区实现联动发展的经验具有很强的示范意义。园区充分发挥了国家农业科技园区的科技积聚作用、服务引领作用和扩散支撑作用，为现代农牧业发展提供了理念示范、模式示范和产业示范。通过多年的实践探索，兴安盟已成为当地和周边地区农业科技研发、展示、培训、技术转移及社会化服务的集聚基地，也是乡村振兴中农业科技创新创业和现代农业产业发展的引领基地，还是科技扶贫、产业振兴、城乡融合发展与农业农村综合改革的示范基地。其“十四五”发展规划提出，到 2024 年，实现带动全盟肉羊存栏稳定在 1 000 万只，肉牛存栏 100 万头，蔬菜种植 2.67 万 hm^2，新增涉农科技企业 20 家，年销售收入达到 20 亿元以上，带动上下游产业增加产值 80 亿元以上，园区内农牧民人均纯收入提高 10%以上。园区通过依托长期稳定的技术支持单位，大力引进、开发和推广先进适用技术，提高了当地农牧业规模化、集约化经营水平和农牧产品科技含量，有力促进了兴安盟农牧业的全产业链品牌提升与价值增值。下一步，园区核心区和示范园将继续完善产业格局配置，拓展农牧业发展的新空间，形成富有兴安盟农牧业特色的产业链条，提升多产业融合的综合效益。

在乡村振兴发展中充分发挥农业科技园区的引领、示范和带动作用是一篇大文章。内蒙古兴安盟现代农业科技园区做出了务实、创新和可行的探索。全国类似的事例还很多，需要各级政府和园区的建设者、管理者和参与者不断总结经验，创造出我国农业农村现代化建设中更多的有示范价值和意义的样板。

本章小结

现代农业科技园区应以农业产业化和科技创新推动相结合的方式，促进所在地区全产业链的优化升级。在提高农民科技素质、引导农民向高端产业就业等方面，农业科技园区应进一步加大示范和推广新技术和新品种的力度，培育职业农民人才和致富能手，提高各类经营主体应对市场风险的能力，从生产、管理、营销等各个环节上引导农民和当地农业、农村走上现代化和高效、可持续发展之路。

第九章

巩固脱贫成果　对接乡村振兴

引言： 脱贫攻坚在新中国建设史上具有不同寻常的历史与现实意义，其经受的艰辛历程、取得的辉煌业绩和产生的世界性影响将为万世传颂。人们将永远铭记2021年2月25日，习近平总书记代表中国共产党和中国政府庄严宣告："我国脱贫攻坚战取得了全面胜利，现行标准下9 899万农村贫困人口全部脱贫，832个贫困县全部摘帽，12.8万个贫困村全部出列，区域性整体贫困得到解决，完成了消除绝对贫困的艰巨任务，创造了又一个彪炳史册的人间奇迹！"

第一节 发展背景

反贫困自古以来就是中外治国安邦的一件大事。贫困的形成在不同地区、不同历史阶段有着不同且异常复杂的原因。中国共产党从成立之日起，就坚持把为中国人民谋幸福、为中华民族谋复兴作为初心使命，团结带领中国人民为创造自己的美好生活进行了长期艰辛的奋斗。新中国成立后，中国共产党带领人民努力完成社会主义革命，确立社会主义基本制度，推进社会主义建设，组织人民自力更生、发愤图强、重整山河，为摆脱贫困、改善人民生活打下了坚实基础。改革开放以来，我国实施了大规模、有计划、有组织的扶贫开发，着力解放和发展社会生产力，保障和改善民生，取得了前所未有的伟大成就。十八大以来，中国共产党和中国人民政府又把脱贫攻坚摆在治国理政的突出位置，把脱贫攻坚作为全面建成小康社会的底线任务，组织开展了声势浩大的脱贫攻坚人民战争。在长达八年的艰苦奋斗中，党和人民披荆斩棘、栉风沐雨，发扬钉钉子精神，敢于啃硬骨头，攻克了一个又一个贫中之贫、坚中之坚，脱贫攻坚取得了历史性伟大成就。如今，全国范围内的农村贫困人口全部脱贫，这为实现全面建成小康社会目标任务做出了关键性贡献；脱贫地区经济社会发展正在大踏步赶上来，整体面貌发生了历史性巨变；脱贫群众精神风貌焕然一新，增添了自立自强的信心和勇气。所有这一切创造了世界减贫治理历史上的中国样本，为全球减贫事业做出了举世瞩目的重大贡献。

但是，在取得巨大成绩的同时，我们也必须看到，脱贫攻坚阶段性任务目标的完成不是终点，而恰恰是农村、农业、农民开始向新目标持续进发的新起点，这个新目标就是乡村全面振兴。面对已经取得的巨大成就和未来更加艰巨而辉煌的历史使命，中国人民已经认识到：针对刚脱贫的地区，解决发展不平衡不充分问题、缩小城乡区域发展差距、实现人的全面发展和全体人民共同富裕任务更加繁重。习近平同志明确指出：要切实做好巩固拓展脱贫攻坚成果同乡村振兴有效衔接的各项工作，对易返贫致贫人口要加强监测，对脱贫地区产业要长期培育和支持，对易地扶贫搬迁群众要搞好后续扶持，对脱贫县要扶上马送一程，保持主要帮扶政策总体稳定。如何做好两者的全面对接，需要重点抓好以下几方面的工作：①工作机制的有效衔接。脱贫攻坚与乡村振兴既有相通之处，又有不同之点，在脱贫攻坚实践中，各地探索建立了许多行之有效的做法，如“五级书记”抓扶贫、“中央统筹、省负总责、市县抓落实”、大数据监管等。这些措施使脱贫攻坚构建了组织领导、驻村帮扶、政策支持、社会参与的一系列责任制链条，起到了“压舱石”的关键作用。这些好的工作方法和机制，需要在接下来的乡村振兴工作中进一步坚持推进。②做好产业扶贫与城乡融合、产业融合的衔接。产业发展是摆脱贫困的根本之策，也是乡村振兴的长远之计。脱贫攻坚任务完成后，仍然要把产业振兴摆在重要位置，并且要按照乡村振兴的目标要求，利用已经形成的产业基础优势，加快形成贫困地区具有市场竞争力的优势特色产业体系。同时，发挥市场力量，搭建农产品网络销售平台，以城乡统筹、一二三产业融合发展，为贫困地区可持续的产业振兴注入强劲动力。③搞好乡村建设项目的衔接。在脱贫攻坚过程中，实施了一大批补短板项目，农村的基础设施和公共服务得到了极大改善。下一步，要由集中解决贫困地区基础设施和公共服务短板问题，转向系统治理山水林田湖草，进一步强化农村生态治理，大力发展循环农业模式，因地制宜发展乡村文旅、康养等新产业新业态，全面推进原贫困地区的“产业兴旺、生态宜居、乡风文明、治理有效、生活富裕”任务目标的完成。④做好扶持与发展政策的衔接。对刚刚脱贫的原贫困县、贫困村和贫困人口，还要继续坚持现行主要的减贫政策，避免因政策取消出现返贫的现象。同时，厘清工作思路，调整扶贫工作方式方法，由解决绝对贫困转向缩小相对贫困，打牢当地村民持续、有保障的致富基础；把临时性帮扶政策转成常态化支持政策；实施精准帮扶，使贫困地区在乡村振兴的道路上，依托政策支持快步赶上来。⑤做好中长期全面发展规划的转接，将脱贫攻坚规划与乡村振兴总体规划对接，将贫困治理框架纳入乡村振兴的框架下统筹推进，构建稳定持久、以城乡融合为导向的发展机制；综合高标准农田建设、产业培育、居民点建设、人居环境整治、生态保护和历史文化传承等要素，科学编制“十四五”规划和到 2035 年远景目标，真正形成城乡融合、区域一体、多规合一的规划体系。如何实现和落实这些重要任务和要求，如何使脱贫攻坚与乡村振兴有效衔接，已成为摆在全党和全国人民面前的新的重大课题。

乡村振兴是实现中华民族伟大复兴的历史性工程。《中华人民共和国国民经济和社会发展第十四个五年规划和2035年远景目标纲要》中明确提出：要围绕立足新发展阶段、贯彻新发展理念、构建新发展格局带来的新形势、提出的新要求，坚持把解决好“三农”问题作为全党工作重中之重；坚持农业农村优先发展，走中国特色社会主义乡村振兴道路，持续缩小城乡区域发展差距，让低收入人口和欠发达地区共享发展成果，在国家总体现代化进程中不掉队、赶上来。全面实施乡村振兴战略的深度、广度、难度都不亚于脱贫攻坚，需要各地区依据实际情况，不断完善政策体系、工作体系、制度体系，以更有力的举措、汇聚更强大的力量，加快农业农村现代化步伐，促进农业高质高效、乡村宜居宜业和农民富裕富足。

历史唯物主义认为，物质资料的生产活动决定整个社会生活的面貌和发展，也决定着每一个人的自身状况和发展。世界银行《2008年世界发展报告：以农业促发展》指出，农业产业的有效发展，会促进农村贫困的显著下降。脱贫攻坚中的一条重要经验就是：抓住产业扶贫这个关键，有针对性地帮助贫困地区打好产业基础。回望我国脱贫攻坚的实践，大多数贫困地区都是靠因地制宜、因村施策、合理挖掘自身资源、培育主导产业，推动了农业结构调整，拓展延长了农业农村的产业链条。通过加强贫困户内生发展动力，发展当地优势特色产业，带动了农民增收和实现脱贫致富。在脱贫攻坚实践中，70%的扶贫资金主要用于产业扶贫，且带动的脱贫人数也最多。诸如易地搬迁、生态保护、发展教育等其他脱贫模式，也都需要通过产业支撑得以实现。鉴于产业基础建设的重要地位，全面实施乡村振兴战略也开明宗义，把产业兴旺置于首要地位。

目前，大部分脱贫地区产业发展格局已经有了一定基础，但是整体上看，仍然存在特色产业发展水平不高、产业发展活力不强、基础设施制约明显，转移就业和增收难度较大、资源优势尚未有效转化等短板。因此，在刚刚完成脱贫的广大地区，下一步的重点任务是以现有经济和产业条件为基础，不断壮大产业组织规模，培育绿色可持续产业，发展农业新产业新业态，围绕区域特色合理布局全产业链，推动一二三产业融合，增强产业发展竞争力，实现从产业脱贫到产业兴旺的有机衔接。与此同时，加快农村基础设施提档升级，加大农村生产环境和人居环境综合治理力度，完善发展乡风文明建设和乡村治理体系，逐渐实现农民生活富裕、收入持续稳步提高。

本章以广西壮族自治区南宁市上林县脱贫攻坚的实践为基础，以脱贫攻坚与乡村振兴有效衔接的发展规划为主题，展示其发展理念、科学规划、实施方案及相关措施。20 世纪 90 年代初，广西贫困人口数量一度占全国的 1/10，人均国内生产总值居全国末端，脱贫攻坚的任务十分艰巨繁重。在脱贫攻坚阶段，广西坚持把发展乡村产业作为脱贫攻坚的根本之策，汇聚各类资源和社会力量构建大扶贫格局，因村、因户、因人分类实施精准扶贫对策，取得了较好成效。全区产业扶贫覆盖率达 96.8%，贫困人口搬迁产业扶持项目覆盖达 97.59%。

南宁市的上林县就是其中的典型代表。上林县属于国家级贫困县，受当地农业可耕地面积少、地形地貌复杂等因素制约，仅依靠一般农业项目带动和政府财政资金投入解决脱贫问题难以短期见效。2010 年，上林县曾被列入滇桂黔石漠化片区县，2012 年被确定为新一轮国家扶贫开发工作重点县、列入集中连片特困地区。到 2015 年，上林县仍有贫困村 65 个，建档立卡贫困户 2.061 9 万户、贫困人口 8.112 9 万人，贫困发生率达 20.71%。基于这样的资源环境条件，上林县因地制宜，因势利导，从当地资源条件、产业基础、区位优势和人文特色出发，科学合理制定县、乡、村各级的脱贫攻坚与产业振兴规划；发展壮大特色产业，充分发挥骨干企业、村集体经济组织在产业发展中的带头作用；着眼乡村绿色发展，尽可能把依托农业农村资源发展的二、三产业留在农村。这些扶贫攻略取得了显著效果，从 2015 年到 2020 年的 5 年时间里，全县 65 个贫困村全部摘帽，贫困发生率降至 1.17%。在 2019 年，上林全县地区生产总值突破了 80 亿元，GDP 增速在南宁市排第一名。2020 年，上林县经济继续高速运行，GDP 突破了 90 亿元，农村居民可支配收入增加至 13 268 元；2020 年 5 月，上林县提前完成了脱贫攻坚的各项任务指标，正式退出贫困县序列，由此开启了由脱贫攻坚向乡村振兴历史阶段的跃升。

第二节　南宁市上林县奋战脱贫攻坚，衔接乡村振兴的实践探索

1. 上林县社会经济基本情况

上林县在探索脱贫攻坚与乡村振兴有效衔的具体实践中，依托曾经处于深度贫困状况的三水村良好的生态环境、丰富的饲料资源和养殖产业基础，与龙头企业联手，以“创新、协调、绿色、开放、共享”发展理念为引领，围绕经营组织化、生产标准化和要素集成化的基本要求，将“三水村区域脱贫”与企业现代化畜牧养殖基地的建设工作统筹推进，其发展模式具有很强的典型意义和示范价值。

当地以现代农业科技为支撑，以现代生态养殖为主体产业，以水牛全产业链发展为主线，促进养殖产业转型升级，使当地和周边农民的年收入得到了持续较快增长。他们的主要经验是：政府为纽带、企业为主体、农户广泛参与，实现农民脱贫与产业振兴联动发展。其主要特点体现在以下几个方面：一是以“龙头带基地，基地连农户”的产业化发展模式为依托，形成水牛种源本土培育体系和水牛自主养殖体系，推动水牛产业实现“技、贸、工、农”一体化、产加销一条龙的产业化、农作物秸秆饲料化和养殖废弃物肥料化的“两系四化”水牛繁育生产生态循环可持续发展。二是推进关联产业集聚，延伸水牛养殖产业链，拓展农业科普、教育、休闲、观光等新业态。三是依靠龙头企业带动，将三水村打造成为一个以优质地中海杂交水牛生态养殖为基础，以科技研发、良种繁育为抓手，以肉牛、水牛奶加工为引领，以水牛文化休闲为功能拓展，一二三产业融合发展的“一主多辅、一体多元”现代特色养殖产业示范区。四是注重经营范围扩展与经济效益增加的平衡，让农民得到实惠，年产值和综合收入达到行业或区域前列，村民通过土地流转或土地入股、劳务输出、建立养殖合作社等方式参与，村民收入比周边其他地区高 20%以上。五是注重放大辐射带动效应，及时把成熟的相关标准化养殖技术、生态养殖技术、组织化经营模式、配套政策等辐射到更大区域和范围，

引领上林县现代水牛养殖业快速发展，完成脱贫攻坚任务之后，为当地乡村振兴转型提供稳固的产业支撑。

上林县隶属于南宁市，位于广西中南部、南宁市东北端、大明山东麓，介于东经 108°23′～108°52′，北纬 23°12′～23°28′，西南毗临武鸣区，南接宾阳县，东北邻来宾市兴宾区，西北连马山县，北靠忻城县，处于中国华南、西南和东南亚经济圈结合部，是北部湾沿岸重要经济中心和大南宁经济圈的重要组成部分（图 9-1）。当地是以壮族为主的少数民族聚居区，有壮、汉、瑶等 12 个民族，其中壮族占 82%。全县辖 7 镇 4 乡，共有 115 个村委会、16 个社区、1 280 个自然庄。县人民政府驻大丰镇，面积为 1 892 km^2，总人口约 50 万人。县城距首府南宁市 90 km，距桂中重镇来宾市区 120 km，距黎塘火车站 70 km，距广西三大港口的北海港 350 km、钦州港 250 km、防城港 300 km，有宾阳至上林、上林至马山、忻城周安至宾阳新桥 3 条二级公路经过。

图 9-1　上林县地理区位情况

上林县属桂中南山区，西部多山，东南部多丘陵和平地，山脉多呈西北至东南走向，整个地势自西北向东南倾斜。当地地处低纬度地区，北回归线横贯县境中部，属南亚热带季风气候，阳光充足，雨量充沛，土地肥沃，湿润温和，夏长而不酷热，冬短而无严寒。年平均气温 20.9 ℃，极端最高气温 40.4 ℃，极端最低气温 −2.1 ℃。年平均无霜期 337 天，年平均日照时数 1 576 小时，年平均湿度 81%，最大相对湿度 99%，最小相对湿度 12%。当地雨量充沛，年平均降水量 1 789 mm，但年降水量分布不均匀，局部达 2 300 mm，是广西 6 大暴雨中心之一。县境河流为红水河水系，主要河流总长 733.80 km，流域面积 1 709.75 km^2，占全县总面积的 90.42%，地表水和地下水总量 24.54 亿 m^3。全县共有大中小型水库 47 座，水域总面积为 1 574.67 hm^2，占全县水域面积的 21%。

上林县气候条件和水利资源丰富，非常适合发展农业，盛产优质米、甘蔗、桑蚕、八角、茶叶、黑山羊、清水河鱼等，其中上林大米、大红八角被列入国家地理标志保护产品，被誉为首府南宁的“后花园”和绿色农副产品重要供应地。当地以大明山、狮子岭、岜仙山、凤凰山 4 大山脉和镇圩、岜独、弄贬、岜森 4 大喀斯特峰林区以及东南、西南丘陵、平原与网状分布的河流，形成了独特的地貌景观。当地植物资源丰富，水利条件便利，气候条件怡人，森林覆盖率达 52.3%，空气质量一级，平均负氧离子达 20 000 个/cm^3，是世界卫生组织“清新空气”标准的 20 倍。得天独厚的生态环境让上林县成为“长寿福地”，全县百岁老人比例为 13/100 000，大大超过 7.5/100 000 的国际标准。境内金毛狗蕨、桫椤、福建柏、樟树、任豆、花榈木、半枫荷等均属国家级重点保护野生植物；大鹰鹞被列为联合国保护动物，懒猴、斑冠犀鸟、金猫、熊猴、黑叶猴、金钱豹、蟒蛇等属国家一级保护动物；叶猴、林麝、熊猴、苏门羚、大灵猫、小灵猫等 36 种属国家二级保护动物，被列入中国濒危动物红皮书的濒危及易濒危物种有 27 种。当地矿产资源丰富，拥有黄金、五氧化二钒、滑石、石英石、锰矿、铅锌矿、红锑矿、铁矿、煤炭、大理石、石灰石、水晶、花岗岩、方解石等 31 种重要的矿产资源。

上林县境内旅游资源丰富，有大明山、大龙湖、金莲湖、云里湖、三里·洋渡、唐代“壮都”智城遗址、“岭南状元村”不孤村等景区景点。其中，大明山旅游风景区已被列为广西三大旅游名山之一；大龙洞风景区长 13 km，湖区碧水连天，波光粼粼；三里·洋渡风景区山清水秀，奇峰竞姿，岩洞各异，钟乳石千姿百态，享有“小桂林”之称；不孤村素以崇教尚学闻名，是重要的传统文化保护村落，其中的“不孤书院”遗址可追溯至明朝。上林县还是广西传统节日“三月三”的发祥地和珠江流域龙母文化的源头，当地龙母文化、渡河公文化、万寿公文化、师公戏文化、徐霞客文化、唐城唐碑文化等文化底蕴深厚，石寨灯酒文化节、卢於春社、龙母节、万寿节、渡河公节、达努节、三里歌圩、“四六联”壮山歌、壮族八音、瑶族山歌等民俗文化丰富，具有鲜明的地方特色。

2. 上林县脱贫攻坚取得重大成果

上林县自然生态条件优越，却长期经济发展滞后，曾属于国家级贫困县，是广西有名的自治区级贫困县之一。2015 年，上林县被国务院扶贫办确定为粤桂两省（区）贫困村创业致富带头人培育工程试点县。当地认真贯彻落实习近平总书记关于扶贫工作的重要论述和中央、自治区及南宁市关于脱贫攻坚的各项决策部署，坚持把脱贫攻坚作为最大的政治责任和第一民生工程，建立了粤桂产业合作平台；实施“两培两带两促”（即培育创业致富带头人，培育扶贫产业；带动贫困户增收脱贫，带动贫困村提升发展；促进本土人才回引创业，促进农村基层党建）六大行动，将其作为解决深度贫困村缺乏产业支撑和后续发展动力较弱等问题的重要抓手。上林县立足当地资源禀赋和发展实际，精准打造了高值渔、山水牛、生态鸡、生态旅游、光伏发电等“5＋X”扶贫产业（“X”是乡镇因地制宜、因户施策，引导贫困农户自主选择发展的产业项目），农村居民可支配收入增长率达到 43.9％。全县 131 个行政村实现了道路硬化“村村通”，农村生活用电通电率、村屯动力通电率均达 100％，自然村屯网络宽带覆盖率达 92.88％，教育保障、住房保障、医疗保障和饮水安全保障均已精准落实，脱贫攻坚全面告捷，并为全国其他地区提供了可供复制推广的精准扶贫“上林模式”。2020 年，上林县的国内生产总值达到 905 743 万元，其中，第一产业增加值为 276 228 万元；第二产业增加值为 167 348 万元；第三产业增加值为 462 167 万元，一二三产业结构之比为 28.9∶18.6∶51。2020 年全县居民人均可支配收入为 18 553 元，城镇居民人均可支配收入为 29 241 元，农村居民人均可支配收入为 13 268 元。全县实现农林牧渔业产值 444 189 万元，生产粮食总产量 16.69 万 t，蔬菜及食用菌产量 29.76 万 t，园林水果产量 19 万 t，生猪出栏数 22.81 万头，家禽出栏数 394.3 万羽，肉类产量 25 442 t，禽蛋产量 2 034 t，水产品产量 18 877 t。先后获得世界长寿乡、国家生态示范区、国家生态文明建设示范县、广西特色旅游名县、全国首批全域旅游示范区创建单位、全国信访工作“三无县”、广西旅游标准化示范县、中国平安农机示范县和国家卫生县城等荣誉称号。

近年来，上林县坚定不移地践行新发展理念，把脱贫攻坚作为推动经济发展的首要任务，工作成效较为显著，当地主要经济指标实现了稳步增长，如期完成了脱贫攻坚目标任务。但是，跟经济发达地区相比，上林县经济总量仍然较小、产业结构和层次相对较低，一二三产业融合不足；农业大县、工业弱县问题依然存在，支柱产业发展慢、生态环境薄弱、科技支撑能力不强仍是转型发展的最大瓶颈。近年来，其产业结构虽有所改善，但是第一产业占比偏高，受资源环境约束较大，稳定脱贫任务较重。当地的基础设施建设和公共服务水平发展滞后，农村环境整治仍有待持续改善，距离乡村振兴的指标体系仍有较大差距。针对这些问题，上林县进一步优化调整产业结构，直面挑战，综合施策，通过扎实有效的工作，推进脱贫攻坚与乡村振兴的衔接，有效防止返贫。

第三节 三水村水牛生态养殖示范区规划

上林县推进脱贫攻坚向乡村振兴转型和有效衔接工作，要求既抓好全县整体的规划部署，也做好典型示范工作。其中，三水村就是典型的试点村之一。

1. 三水村水牛生态养殖特色产业脱贫发展情况

随着经济发展和国民生活水平的持续提高，国内牛肉和乳品消费规模持续上升，但供需矛盾仍较为突出。目前，我国牛肉人均消费量仅为世界均值的 50%，具有较大发展潜力。近年来，适宜南方高温高湿气候条件下奶役兼用的水牛养殖产业呈现了较快的发展趋势，已成为缓解我国牛肉和牛奶市场供应不足的有效途径。广西壮族自治区位于我国南疆，独特的水文气候条件非常适宜水牛的繁殖生长，是我国水牛养殖传统优势地区之一。且广西壮族自治区引进国外水牛品种的历史悠久，已成为我国最大的奶水牛养殖基地，水牛存栏量占全国水牛总存栏的20%以上，是我国水牛养殖第一省（区）。上林县是广西传统的农业种植及水牛养殖大县，不仅自然条件十分利于水牛饲养和繁育，同时其丰富的植物资源、优越的地理环境，可为规模化水牛养殖提供大量优质低成本的牧草和饲料。2017 年，上林县粮食作物种植面积达 3.85 万 hm^2，可年生产约 10 万 t 以上农作物秸秆和饲草料。当地农户养牛积极性较高，具备发展水牛产业的配套设施资源，目前已初步形成水牛养殖产业发展的基础。但长期以来，当地受限于小农户经营为主、缺乏产业发展规划，加之农业基础设施条件较差、企业带动能力强的经营主体发育迟缓等问题，上林县水牛养殖产业长期停留在小、散、弱阶段，资源禀赋优势未能有效转化为产业竞争力。

三水村位于上林县的南部，大明山南脚，距镇政府 3 km，共有 9 个自然庄，交通较便利（图 9-2），其主要产业为传统粮食种植和小规模养殖业。三水村曾为当地的重点贫困村，2018 年，该村列入精准扶贫的贫困户有 108 户，农民人均可支配收入仅为 2 800 元，扶贫攻坚任务十分繁重。由于该村位于沟谷坪坝地，植被覆盖率高，自然通风良好，水源资源充足，地形具备天然的隔离防疫条件，因此具有较好的水牛养殖基础。

通过对三水村的资源条件、产业基础、区位优势和人文特点等分析，当地梳理出了三水村交通区位、生态环境和农业资源等优势，明确提出了以生态水牛养殖产业为重点的脱贫攻坚产业发展思路。2019 年，三水村与广西华胥水牛生物科技有限公司合作，确定以三水村为核心区建设广西华胥水牛扶贫示范区基地，总投资额约 98 927.44 万元，基地共分为水牛生态养殖示范区（一期 2019—2020 年）和文化旅游康养园（二期 2021—2022 年）两个主要部分，总面积约 1 612 hm^2。其中核心区面积 412 hm^2，拓展区覆盖面积约 533.3 hm^2，辐射区辐射面积超过 666.7 hm^2（图 9-3）。

示范区的核心区在三水村的新旺、阳山、六芦等村域，在核心区布局水牛生态养殖区、水牛引进隔离区、有机肥料生产区和养殖饲料来源区。水牛生态养殖区为水牛养殖的重点和核心区域，总体占地约为 66.7 hm^2，分为种公牛站、母牛繁育场和生物饲料加工区 3 个区域（图 9-4）。种公牛站主要根

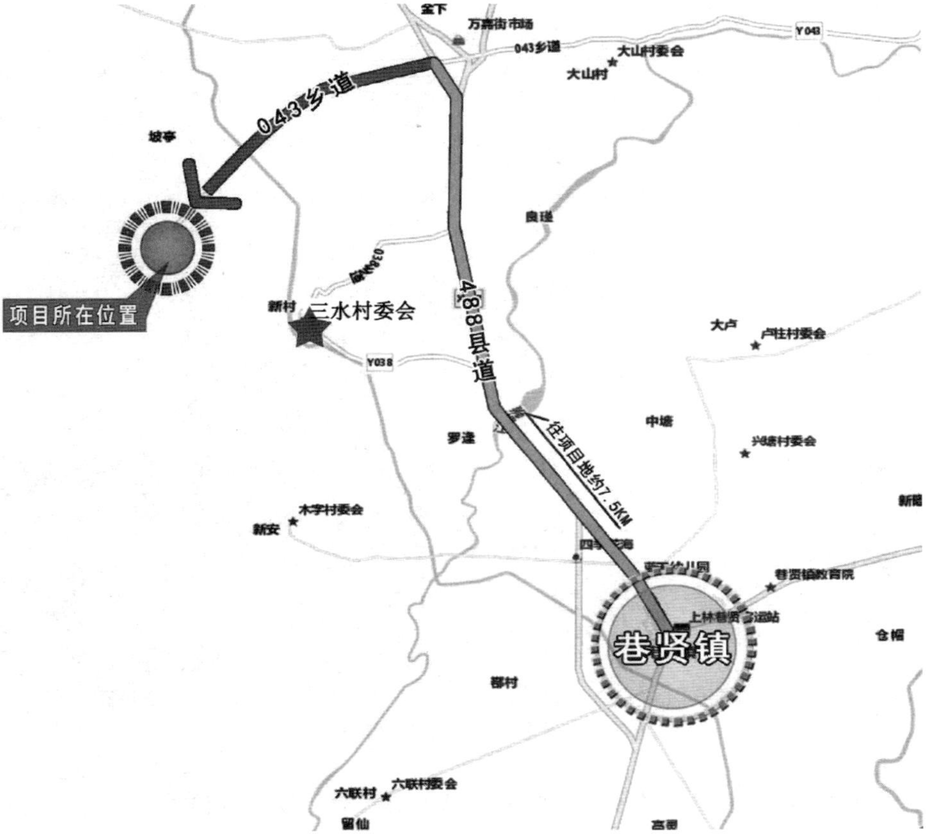

图 9-2　南宁市上林县三水村地理区位情况

据水牛产业发展需求，引进优良品种公牛，为品种改良提供基因；母牛繁育场按照“全消纳、零排放”的生态健康养殖理念和场地建设标准，建设标准化的现代生态养殖场，生产健康、安全、绿色的畜产品，并以实现经济效益和生态效益“双丰收”为建设目标；生物饲料加工区主要生产水牛用生物饲料，满足当地和其他养殖场、养殖合作社及农户的生物饲料需求。为防范外来动物疫病传入风险，确保引进牛只健康，基地布局水牛引进隔离区。引进牛种在进入养殖场前，需在隔离区进行隔离观察饲养 30～40 天，待确保健康后方可转入养殖场。依据项目总体建设规划，最终实现母牛存栏 3 000 头，公牛存栏 160 头，年出栏种牛 360 头，公犊牛 950 头，淘汰母牛 600 头，年产水牛奶 6 000 t。

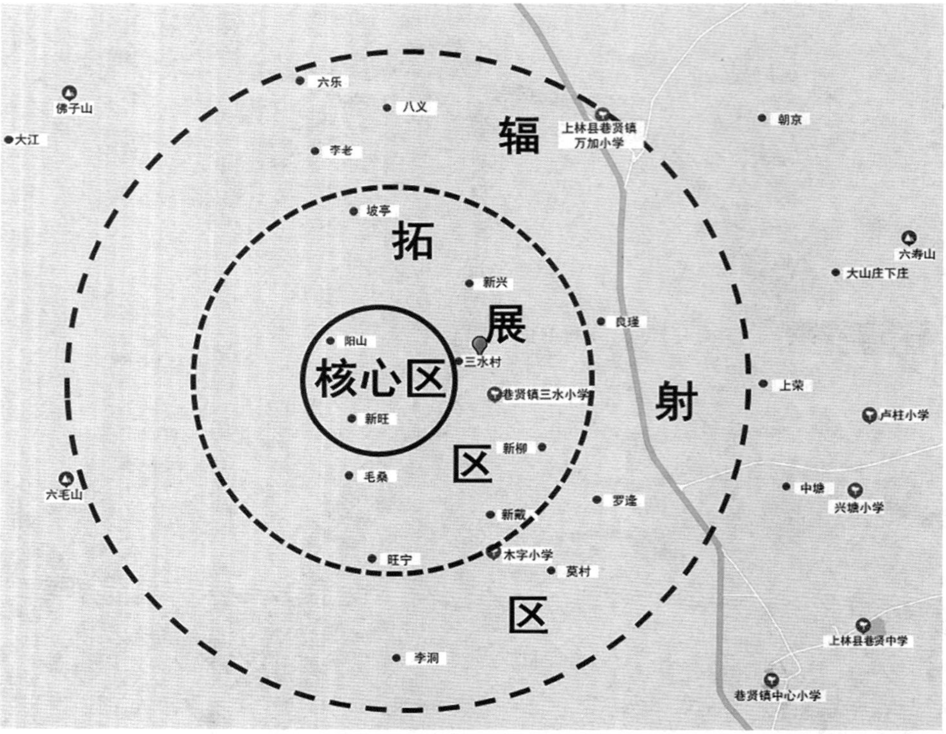

图 9-3　华胥水牛扶贫示范区项目布局图

当地通过积极引导村民以土地流转或土地入股，以劳务输出、建立养殖合作社等方式参与示范区的建设与发展，带动农民参与养殖，使整体示范区建设进展顺利，脱贫攻坚成效显著，拓展了农民创业增收的新领域，使得村民收入比周边其他地区高 20%以上。同时，示范区以“龙头带基地、基地连养殖户”为产业化发展模式，带动拓展区 800 户以上和辐射区 1 200 户以上的农户参与了生态水牛特色养殖，不仅使投资方如期实现了产业发展目标，也延长了水牛生态养殖产业的产业链，实现了农民增收脱贫、全村脱贫摘帽，并为脱贫攻坚与乡村振兴有效衔接提供了稳固的产业支撑和可持续的发展基础。

2. 产业脱贫与产业振兴的有效衔接

贫困地区产业发展是实现脱贫攻坚和乡村振兴有效衔接的重要标志，而实现产业优化升级则是实现二者有机衔接的必然要求。三水村实现脱贫攻坚后，立足乡村资源优势和产业基础，进一步延长水牛生态养殖产业链，引进

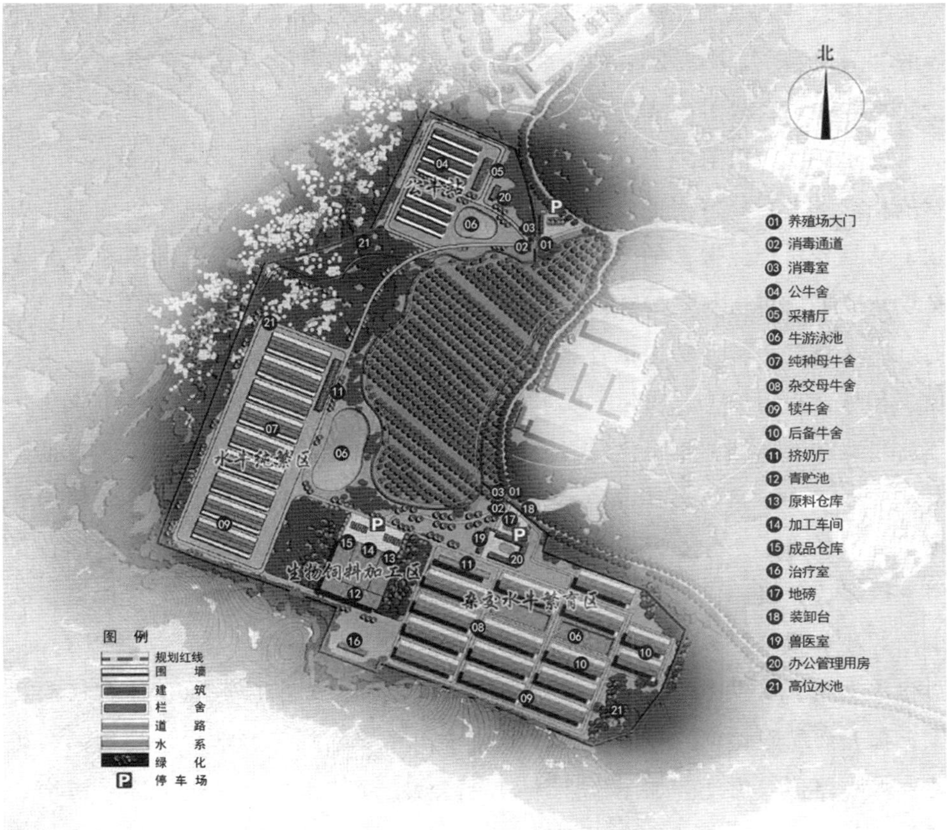

图 9-4 水牛生态养殖区平面图

先进技术，推动水牛生态养殖产业转型升级。示范区坚持“市场主导”原则，充分尊重产业发展规律，实行特色化产业布局，持续推进水牛生态养殖特色产业发展壮大。当地以“一村一品”建设为抓手，推动基础设施完善，提升养殖装备条件，推动生产过程由粗放型、劳动密集型向精细化、集约化、机械化和智能化方向转型升级。同时，三水村在原有基础上，继续优化提升水牛生态养殖的产业结构，推动水牛肉乳产品精深加工，深度挖掘当地现代休闲农业资源，拓展科普教育、休闲娱乐、养生度假、观光体验等功能，促进当地特色产业链条“接二连三”，全面推进“生态养殖业＋”的升级转型，由此形成以发展高效生态循环水牛养殖为主线、水牛肉乳产品加工及相关二级产品增值为重点、构建休闲农业产业和多产业融合为目标，将三水村打造成集水牛生态养殖及加工、科技创新、成果转化、科普培训、文化休闲等为一体的“一元为主，多元发展”全产业链发展格局，引领当地水牛养殖业高质量转型升级和乡村振兴战略的全面展开。

三水村作为以农业种植和水牛养殖为主业的贫困村，从脱贫攻坚开始，就依托水牛生态养殖发展农业产业化，经过数年的努力，从小产业变成了引领上林县乡村产业振兴的基础性产业。实现脱贫攻坚后，为了巩固和扩大脱贫攻坚成果，实现与乡村振兴的有效衔接，当地充分利用农副产品资源优势，通过产业升级和产业价值链向上下游的延伸，统筹发展农产品初加工、精深加工和综合利用加工，构建了以水牛生态养殖为主导的农产品全产业链体系。

当地在上林县工业园建设了占地约 12 hm^2 农产品加工区。加工区包括配套水牛屠宰加工区、乳制品（水牛奶）加工区、冷链物流区、电子商务和管理服务区。为了充分发挥三水村水牛奶及肉牛供应优势，加工区通过配备保鲜、贮藏、分级、包装等产地初加工设施设备，打造冷链物流配送体系，减少产后环节损耗，延长产品供应时间；同时，实施农产品加工业提升行动，强化水牛奶、水牛肉及相关二级产品的深加工环节，推动产业延伸和精深加工，提升产品附加值。三水村整体形成了肉牛屠宰加工、水牛生物制品、奶酪、咖啡伴侣、炼乳等加工产业体系，打造拉动三水村及周边地区经济增长的新引擎。当地还通过进一步开展标准化生产、标准化质量控制和标准化管理，加强质量安全认证，健全农产品质量检测和追溯体系，并以主导产业为核心，以引进项目、技改升级和创新营销模式为手段，利用龙头企业智能运营平台，扩展水牛肉供应市场，示范带动和打造“华胥生态旅游”“华胥水牛科技”“华胥有机饲料”等多个农产品区域公用品牌、产品品牌和企业子品牌，推动优势特色农产品深加工规模化、标准化、产业化和品牌化发展。

上林县具有得天独厚的自然资源和保护完好的生态环境，山清水秀，气候宜人，绿树成荫，被人们称为南宁市的“后花园”，适合发展生态旅游和休闲农业。经专家检测，上林县的负氧离子含量高于一般城市 3 000 倍以上，泉水中含有 20 多种微量矿物质，是我国南方理想的避暑胜地和休闲康养天堂。三水村背山面水，西部和北部为大明山支脉，中部分布着几座低丘土山，东部为平坦肥沃田地，内有蜿蜒河流从东南面流过；山上绿树葱葱，山间清泉长流，田野山丘高低起伏，沟渠纵横，阡陌交错，水塘点缀其中，田园风光美不胜收，为当地打造休闲度假旅游基地提供了良好的基础条件。三水村依托水牛生态养殖的产业基础、自然环境及文化底蕴，深度挖掘现代休闲农业内涵、当地民俗文化及乡村旅游空间，全面升级乡村旅游产品，拓展示范区科普教育、休闲娱乐、养生度假、观光体验等功能，发展文旅度假、科研游学、民俗体验、神话体验、定制养生、生态田园等为主的休闲旅游产业，打造上林县乃至南宁市的区域旅游产业特色。当地以华胥水牛养殖扶贫示范园区的生态涵养区和文化旅游康养园项目为依托，大力发展以“水牛文化”为主题的休闲农业和乡村旅游，开展农耕文化解读、文化体验、美食、购物等丰富多元的休闲旅游项目。示范区利用当地独特的自然资源和产业基础，完善基础配套设施，配以整体和谐的园区园林化设计，融艺术性、科学性、趣味性于一体，在三水村新建了占地 95.7 hm^2 的水牛生态涵养区，建设桃李芬芳带、乳品体验区、水果采摘园、休闲垂钓区、农耕文化体验区、森林养生体验区、休闲度假木屋 7 个项目（表 9-1）。文化旅游康养园占地面积约 55.8 hm^2，建设壮牛古寨、科研区、凤凰湖康养区、入口趣味稻田、水牛科普乐园、华胥神话部落等项目（图 9-5）。

表 9-1 水牛生态涵养区项目基本情况

序号	项目名称	规划面积/hm^2	建设规格
1	桃李芬芳带	20	种植桃树、李树，营造季节美景，提供赏花、摄影等功能
2	乳品体验区	1.33	建设奶吧、乳品制作体验中心
3	水果采摘园	2	种植沃柑、火龙果、葡萄、百香果等多种水果，提供采摘功能
4	休闲垂钓区	1.33	利用示范区的水域，建设休闲垂钓基地，配套垂钓平台等相关设施
5	农耕文化体验区	2	建设休憩文化长廊，建设艺术小品，提供农耕体验项目
6	森林养生体验区	69	保护现有山体多样性树林，合理建设休闲游憩设施和林地景观小品，开发多功能森林养生体验
7	休闲度假木屋		沿湖依山建设休闲度假木屋

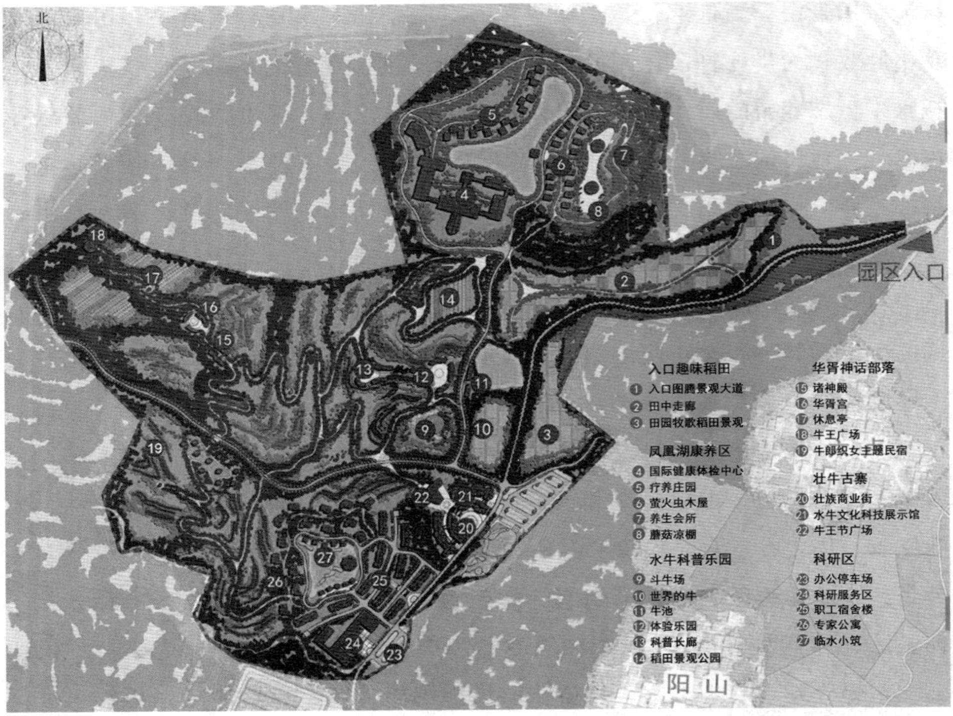

图 9-5　上林县文化旅游康养园项目布局图及效果图

这些乡村休闲旅游项目的建设风格兼具当地建筑风格、文化特色和水牛产业元素，村内设置多处景观稻田、水牛雕塑、观景台等，形成了集农业观光、休闲娱乐、文化展示、育种改良、技术科普、产品体验、旅游度假、休闲养生等于一体的现代农业旅游观光和教育培训重要基地，当地生态农业内涵不断拓展、丰富，形成了广西农业生态旅游示范点和新的经济增长点。图 9-6 给出了广西华胥水牛扶贫示范区核心区的空间布局情况。

第四节　三水村推进乡村振兴的保障措施

作为上林县脱贫攻坚与乡村振兴有效衔接的示范区，三水村在上林县委、县人民政府的支持下，加强示范区产业发展条件建设，采取了很多适合当地特点的扶持政策和措施。

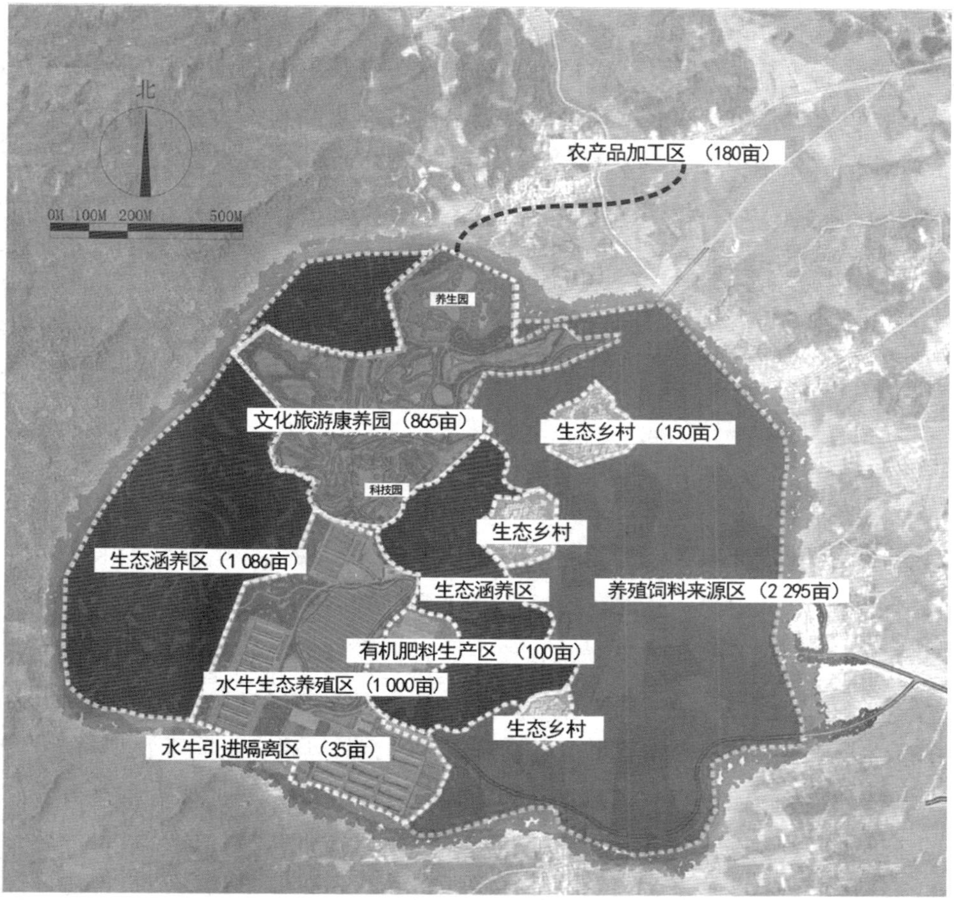

图 9-6　广西华胥水牛扶贫示范区核心区空间布局“一园六区”

1. 充分发挥龙头企业辐射带动作用，有效盘活集体经济和带动农户增收

龙头企业是现代农业经营体系中最有活力和最具创新能力的经营主体。激活龙头企业的创新动力，充分发挥其辐射带动作用，可有力带动农业发展方式转变、推动农业规模经营发展、促进一二三产业融合，使企业成为促进当地农业产业发展壮大、最终走出大山的主导力量。在三水村的乡村振兴过程中，当地有关部门重视发挥大型农业龙头企业的作用，并为其发展壮大营造良好的发展环境。三水村在与广西华胥水牛生物科技有限公司合作的过程中，坚持以企业为主体，不断扩大生态水牛养殖产业规模，深入发掘当地资源潜力，延伸拓展产业链条。广西华胥水牛生物科技有限公司拥有优质水牛

种源的核心竞争优势，是全国唯一拥有意大利乳用水牛种质资源的企业；也是全国唯一一家拥有世界三大河流型良种水牛遗传资源的企业，经过多年的经营与积累，公司已掌握了先进的乳制品生产与牛肉加工方法，形成了完备的育种、饲养、加工、销售全产业链模式。目前，公司已在广西 10 余县（区）开展了地中海奶水牛杂交改良工作，且经过杂交改良奶水牛，各类养殖场（户）收益大幅提升，养殖规模不断扩大。

上林县以三水村为核心与企业合作建设广西华胥水牛扶贫示范区项目，以企业为主体建立高标准生产基地，健全质量管控体系，运用现代设施装备，推进科研成果转化，将新品种、新技术和新装备导入当地，实现“技、贸、工、农”一体化，形成了产加销一条龙的水牛产业化发展模式。同时，上林县不断推动拓展区、辐射区建设发展，通过示范区带动引领，为当地农民提供全程化农业产业服务，把核心区中成熟的相关标准化养殖技术、生态养殖技术、组织化经营模式和配套政策等应用到周边村域的产业发展。

上林县在农业产业化发展过程中，取得了良好效果，巩固和扩大了脱贫攻坚成果。当地积极盘活集体经济组织资产，引导农户自发组成水牛养殖合作社，并开展了社企合作项目，有效降低了农户的风险，保障了农民的收益。三水村在新柳村、万嘉村、恭塘村、云周村、寺表村 5 个村落统一规划建设标准化的水牛生态养殖合作社和饲料种植农民合作社，把订单养殖和合作养殖两种模式纳入水牛生态养殖产业链。实行统一栏舍建设规范、统一技术培训指导、统一种牛供给、统一饲料供给、统一防疫保健规程、统一产品回收的“六统一”产业化经营模式。水牛生态养殖合作社每年接受企业提供的优质牛犊 1 000 头，按照企业自建的水牛养殖示范区存栏 3 000 头高产奶水牛规模计算，3 年内可提供 3 000 头能繁母牛、3 000 头育肥公牛的标准，可带动 5 个合作社每年育肥牛 1 000 头。根据现行销售原奶及肉牛、养殖杂交奶水牛的经济效益不低于 0.5 万元/（头・年）市场行情，合作社每年创造不低于 1 000 万元纯收入，带动涉及周边 2 000 家以上农户人均收入达到 3 万元以上。饲料种植农民合作社主要为水牛养殖示范区及水牛养殖农民合作社提供牧草及玉米饲料，以水牛存栏量 9 000 头为标准，共带动 750 家以上农户种植牧草 100 hm^2，种植玉米 500 hm^2，为当地带来实际收入 3 150 万元以上。

在产业链延伸过程中，当地从全产业链的视角谋划发展，重点培植有实力的企业，整合重组有潜力的企业，通过与上下游的经营主体建立紧密的联结关系来形成产业集群。企业鼓励农民投身示范区农产品生产加工、生态养殖、文旅康养等环节的就业岗位，为周边农民提供了不少于600个就业岗位，带动了3 000户以上家庭受益，为当地农民创造多渠道致富路径。

在生产经营模式的变革创新方面，当地政府进一步完善“三权分置”办法，与企业合作共同探索农户土地入股“底金、分红、劳务收入”、农户土地合作、代耕代种代管等多种土地流转方式和合作服务方式。三水村通过培育引进有实力的家庭农场、合作组织、农业企业等新型农业经营主体，形成“公司＋基地＋农户”“公司＋合作组织＋农户”以及“公司＋家庭农场”等多种发展模式。其中，“公司＋基地＋农户”模式的特点是：充分发挥企业的带动辐射作用，改变农户与企业间纯粹的买卖关系，以此解决农产品的销路问题并同时提升原料品质，增加企业的市场竞争力；“公司＋合作组织＋农户”则是农民根据种植特点寻找同行者形成组织，统一定价、统一管理、统一上市，从而保障农民的利益；“公司＋家庭农场”是以合作农户升级成合作规模养殖场，实现轻资产模式下的高生产效率。示范区通过“公司＋”的方式，充分发挥龙头企业对市场信息敏感的优势，将市场需求通过产业链组织传递到各生产环节，实现农业由“生产导向”向“消费导向”转变，大大调动了农民的积极性，减少农业结构调整的盲目性，推动整个农业产业化规模迅速壮大。

2. 加快基础设施建设和人居环境改善，补齐产业发展短板

基础设施的完善和人居环境的改善是贫困地区彻底脱贫的基础性条件，关系到人民群众的生活质量和发展质量，也是贫困地区稳定脱贫、不再返贫的重要保障。三水村具有可以联通各主要交通干线的交通区位优势，但是当地内部交通、供电系统等基础设施及农田水利基础设施条件并不完善，冷链、物流体系尚未健全，村内垃圾散落、杂草丛生，整体人居环境较差，对标现代化农业产业和休闲农业配套的要求还有较大差距。此前，三水村与国道和省道连接的对外交通道路皆为村级公路，村内除通村道路外，其余道路均为沙石路面机耕道和田间泥石路，整体交通路网不够完善，道路等级有待提高。

为方便和满足机械化生产，实现外部道路通达，三水村对村内的道路进行了改造升级。改造工程包括：完善路网结构，硬化道路路面，建设主干道、机耕道和休闲游步道，分别满足机械化生产、生活和休闲农业等需求；并在道路两侧打造田园景观或山体花海，在山坡打造自然山体或稻田景观。

历史上，当地农业生产和生活用水均以山泉水和地下水为主，为保障生产和生活用水安全，村内充分利用原有的水利及其他工程设施，安装引水管道、建设高位水池、配备抽水设备、铺设管网等完善给水系统。为有效防止养殖废弃物污染，村内的排水工程采用雨污分流的方式进行排水，民居自行建设三格化粪池，生活污水收集后经污水处理后排放，雨水经收集后就近排入附近水体，可用于灌溉绿化用水，充分节约能源，形成了高效、卫生、节能、生态化的给排水系统（图 9-7）。同时，立足于种植养殖生产及生活用电的实际需求，当地合理规划了电网，提高电力供应能力，结合智能化与信息化技术，实现了电力及网络系统的全覆盖。

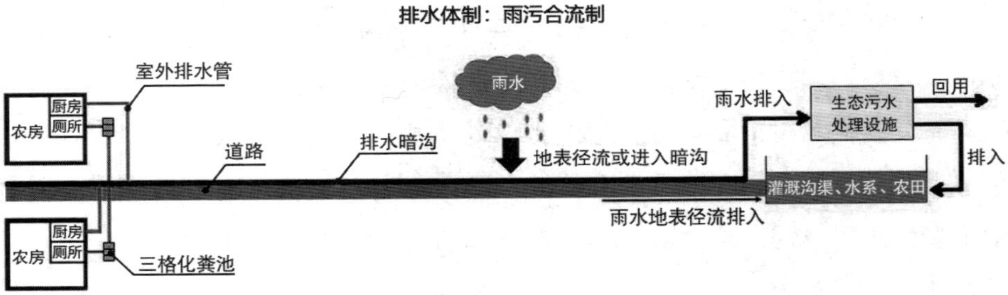

图 9-7　三水村污水处理系统设计示意图

目前，乡村旅游已成为上林县巩固脱贫成果与全面乡村振兴有效衔接的重要抓手。当地将满足产业发展需求同当地的农村人居环境整治与乡村风貌改造提升工作紧密结合，不断巩固拓展脱贫攻坚成果，全面对接乡村振兴示范区建设，打造民风淳朴、生态宜居、和谐美丽的乡村新风貌。三水村结合农民生产生活需要和当地传统建筑特色，对原有民居从造型、立面、色彩到样式进行统一规划布局和改造，力求外观与色彩协调统一。此外，当地把村庄清洁行动作为乡村振兴的重要任务，共同营造庭院整洁、村庄洁净的生态宜居人居环境。在乡村风貌提升改造中，三水村按照上林县全域推进乡村振兴风貌提升、深化村庄环境整治实施方案，成立三水村乡村风貌提升工作领导小组，充分发挥村委干部和党员的模范带头作用，积极组织广大群众投工投劳，按照清拆规范化、村口标志化、地面硬化、村庄绿化、田园美化、灯光亮化、乡村文化、管理制度化等“八化”标准，全村上下合力，有序有效地开展工作。通过动员村民积极参与“三清三拆”，主动拆除危旧房，收拾好房前屋后，清理村巷道内乱堆乱放杂草杂物，对村内环境进行全面整治。为了把三水村的人居环境改造升级工作做实、做细，并形成适合农村生产生活的稳定环境条件，当地还加强了公共设施的配套改造，如在村内设置多个垃圾收集点并安排专人定时清运，生活污水集中到污水处理池统一处理达标后排放；加强道路周边、村庄内部及闲置地的绿化美化，引导各家各户对房前屋后及庭院进行整治，美化院落；支持引导村民进行“厕所革命”和厨房卫生条件改善，配套建设沼气池或化粪池及使用沼气、太阳能等清洁能源。

3. 坚持生态绿色养殖模式，实现资源循环利用和可持续发展

传统的畜牧养殖产业，对生态环境具有一定的负面作用。为了化解畜牧业发展与生态环境保护间的突出矛盾，三水村以资源节约、环境友好、社会和谐、持续发展的生态经济观为指导，坚持开发与保护有机统一。一般情况下，养殖的污染物主要有噪声、粉尘、废水、废气和养殖废弃物，其中噪声主要来自养殖过程中各种养殖设备和牛群发出的噪声；粉尘主要为在饲料加工车间生产过程中形成的秸秆、饲草等粉尘；废水主要来自牛尿和牛舍清洗排放的废水；废气主要为牛尿臭气。三水村按照常年存栏 6 000 头肉牛计算，每年可排放 4.38 万 t 左右废弃物。当地按照养殖设施标准化、养殖环境生态化、养殖饲料微生物化、养殖产品有机化、养殖粪污资源化、养殖投入品无害化的生态养殖“六化”要求，从产前防控、产中调控和产后处理三个阶段进行控制，实现了生产过程的生态安全、外部环境的生态安全和产品的生态安全“三安”目标。

三水村四周山林环绕，有利的自然条件形成了天然的防疫屏障。因此，村内养殖区的用地选择了地质稳定、背风向阳、地势较为干燥、空气流通和排水良好、水源充足且方便取用的地点，并按照要求使其远离居民居住区、学校、交通干线、生活饮用水水源保护区、风景名胜区、自然保护区的核心

区及缓冲区。同时，当地养殖区的地点还分别符合：①《中华人民共和国畜牧法》和《中华人民共和国动物防疫法》有关条款要求；②上林县土地利用总体规划要求；③符合《生活饮用水卫生标准》（GB 5749—2006）等有关标准。三水村的牛舍建设还充分考虑了当地气候特征，按照现代生态养殖标准要求进行设计；屋顶采用钟楼式设计，主体部分采用隔热材料；运动场部分采用透明采光瓦，牛舍地面采用生物垫料铺设；废弃物与生物垫料混合后由微生物进行分解，以减少养殖污水与臭气的排放。配设统一喂料通道、生物发酵垫料和清洁节水供给系统生态牛舍，以绿色技术实现养殖零排放。

在水牛养殖生产全程中，当地使用生物技术配混饲料进行饲养，通过饲料营养调控，提高饲料营养消化率，降低排污物中氮、磷的含量和臭气的排放，减少对环境的污染。在产后处理阶段，采用新型微生物发酵技术，将水牛粪便等固体废弃物多重发酵，使其完全腐熟，并彻底杀死有害病菌，使之成为无臭、完全腐熟的活性有机肥；养殖污水必须经过 15 天左右的封闭式常温厌氧发酵，病毒杀灭率达 96％以上；对于污水沉淀后形成的固形物淤泥，采用继续沥干去水堆肥的方式形成生物饲料；对于含有废弃物与污水的微生物垫料，经分离、分解、过滤、沉淀等处理后制成农作物有机肥料，全程实现了生态、绿色和有机化生产与管理。

三水村水牛养殖场的建设和整体管理以“微生物 ＋”为核心，以生态循环链为主线，采用“微生物＋栏舍天面全覆盖（部分盖透光瓦）＋垫料”“微生物＋饲料”“微生物＋养殖粪污”的“减量化、无毒化和资源化”生态养殖模式，实现畜禽粪便的减量化、无害化和资源化。这种生态养殖模式解决了因废弃物所产生的环境污染问题，同时通过有机肥加工和生物菌生产技术将养殖粪便、病死畜等养殖废弃物制成生物有机肥料，将有机肥料转化为经济饲用作物和牧草种植的养分，为养殖场提供了充足的饲料原料来源。周边种植业用地作为养殖粪污消纳用地，可减少种植业化肥的使用量，增加土壤有机质，实现种养生态循环。其余有机肥料还可用于村内农田灌溉和生态果林的肥料供给，从而带动绿色有机农业的发展。三水村的养殖模式真正实现了农业生态循环发展，提高了养殖粪污废弃物的资源化利用，取得了健康养殖、减排处理、综合利用、循环收益的效果，促进了当地农业产业化整体升级和三水村清洁、生态、文明现代种养结合生产体系的发展。

在养殖过程中，按照每 2 000 头养殖数量设置病死尸体收集点，由专用车辆统一拉回有机肥料厂进行资源化处理；养殖场与周围边界采用绿化林木、青饲料与果蔬种植的方式保护牛场的生态环境与减少噪声；在养殖区内配备专职环保员，建立环保档案制度，定期进行环保设备维修、环境监测和内部环境保护教育与管理等工作，使当地种养殖业绿色和生态化水平基本达到了国内先进的标准，实现了生产过程、生态环境和农产品的生态安全。

4. 健全科技支撑与人才队伍培养，以现代信息技术助力全面乡村振兴

过去三水村整体科技水平较低，科技创新基础和科技人才队伍薄弱，创新资源配置较少，尚不能满足农业现代化发展需求，亟须提升科技创新驱动发展能力。当地依靠龙头企业带动，加强技术和智力引进，强化农业农村科技与人才供给。示范区建设启动之后，特别是实现脱贫攻坚目标向乡村振兴迈进之后，通过积极与农业科研院所、高等院校展开合作，建立院士工作站，采取双向兼职、联合聘用、交叉任职、技术入股、人才驿站等方法，大力引进急需紧缺人才、领军人才和创新团队；同时组织争创国家级、自治区级重点实验室、工程技术研究中心等。针对良种水牛量不足、生产规模和水平较低、遗传品质差等问题，进行水牛遗传基因研究、水牛胚胎移植研究、人工授精、水牛性能测定、奶水牛泌乳及乳品加工研究、水牛生物制品深加工研究、水牛养殖数字化和信息化研究、疫病防控和环境卫生等方面的研究，搭建水牛产业技术研发的高水平平台。通过发挥技术创新功能，示范区一方面为当地技术资源提供了持续的新鲜动力，确保产业发展始终处于科技领先地位，形成适合当地生产发展的配套技术；另一方面依托先进的农业技术及产品，对周边辐射区开展新品种示范、新设施应用、新技术推广工作，重点围绕制约水牛产业发展的关键领域和关键环节，在水牛品种改良、饲料和营养、产品安全生产、兽医诊疗、种草养畜综合配套、饲料兽药安全检测和现代生态养殖等方面加强技术示范推广和农民科技培训力度，扶持培养了一批农业科技带头人和科技示范户。上林县和示范区管理委员会通过示范培训，加强了农业科技队伍建设，提高了当地农民的文化水平和生产技能，培养造就了一批具有一定科技水平、能基本使用现代技术、了解社会信息的新型职业农民。

随着信息技术与农业的不断融合发展，信息技术如同“加速器”助推现代农业发展驶上快车道，对促进我国农业生产、经营和服务领域的信息化、智能化与精准化产生了越来越广泛的影响。面对这种形势，三水村积极推进物联网及互联网等现代信息技术在水牛生态养殖产业示范区的应用，建立了水牛产业信息服务总部，并研发了一系列基于信息技术的管理信息系统，如电子商务系统、技术服务系统、质量追溯系统、配送系统和生产管理系统等，深入推进互联网技术与农业生产、经营、管理、服务等在各方面的深度融合。通过硬件建设和软件开发，运用数字化、网络化技术，连接纯繁场、种公牛站、繁殖场和家庭农场等，使整个示范区各个生产单元实现了互联互通，建成了产业内、环节间信息共享的网络信息化体系，实现了水牛产业信息化管理。目前，三水村的示范区养殖场内通过给场内的每一头牛建立电子档案，可以实时跟踪监测每一个基本单元和每一个体的生产、销售、性状及疫病等信息，以便及时提供针对性的服务，显著提高了行业管理的数据化和网络化水平，促进了水牛生态养殖产业集约化和现代化。示范区在牛场生产区的重点区域配备安装了摄像机，在挤奶相关设备中配备了相关数字化和信息化系统，利用监控软件和互联网进行信息传输，对现场生产动态进行实时监测、控制与分析，实现了远程系统的智能化管理。这样就使生产部门技术管理人员能够全方位地观察和监控牛群状态，以及时发现和解决生产过程中出现的问题，适时确切地掌握科研生产动态，从而加强对牛场科研生产工作的监督和管理。通过安装完善的牛场管理信息软件，养殖场把牛群繁殖管理、营养配方、兽医保健、产奶管理等动态数据实时输入数据库，结合国际先进的牛群科学管理经验和生产管理实际，经过软件的智能统计分析功能，加强对生产数据的有效利用和对牛场科研生产的规范管理（图 9-8）。

上林县三水村的水牛生态养殖示范区以科技手段打造现代化高标准的种牛繁育基地和奶水牛养殖示范基地，发展高端种牛及水牛奶产业，同时积极引导农户采用新技术和现代生产要素，以良种化、机械化、设施化和信息化等现代农业技术，推行规模化、标准化生产，示范引领产业发展；适时将脱贫攻坚成功转化到推动当地乡村产业振兴的方向上，推动主导产业链延伸，发挥多产业融合发展模式，开启了脱贫攻坚与乡村振兴有效衔接的良好开端。

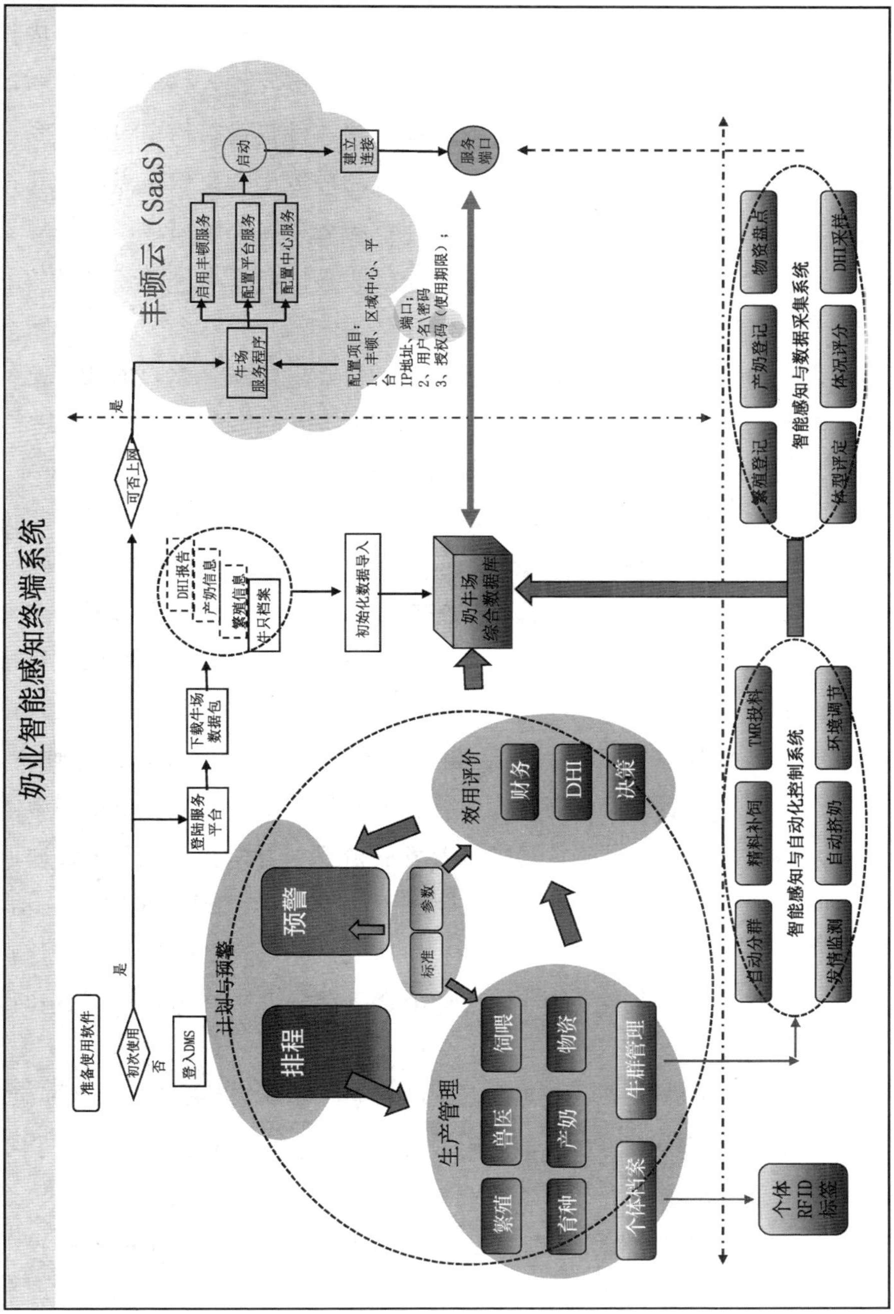

图9-8　奶业智能改制终端系统

5. 构建多方联合推进发展模式和多元投入资金保障体系

在刚脱贫地区推进乡村产业振兴，资金投入是关键性的主导因素。依托水牛生态养殖示范区建设，三水村坚持规划引领、多元投入、分类推进和动态管理，结合当地实际建设条件及产业发展现状，科学编制相应层级的乡村振兴与现代特色农业示范区的建设规划。在规划内容上，突出重点、体现特色，明确发展定位、建设目标、主导产业和市场运营等关键要素，确保规划的前瞻性、引领性、指导性和可操作性，以此扎实推进三水村脱贫攻坚与乡村振兴的有效对接。

当地以广西华胥水牛扶贫示范区项目为平台，以龙头企业为依托，充分发挥市场配置资源的作用，整体构建了以“政府引导、市场主导、企业主体、社会参与”的多方联合推进机制；聚集资金、技术、人才、信息等生产要素，推动各类资源的合理流动与分配；促进生产方式由劳动密集型向技术密集型转变，经营方式由分散型向规模化转变，发展方式由粗放型向集约型转变；鼓励农户、家庭农场、农民专业合作社等积极参与，建成了多方参与、多元投入、富有生机、充满活力的示范区，实现了当地产业的可持续拓展与可持续发展。政府部门充分发挥其在宏观指导、规划引导、综合监管、政策扶持等方面的优势，加强组织领导，强化监管职能，明确任务分工和工作职责，形成了“全面抓、全面管、全面建”的乡村振兴统筹推进机制。根据当地水牛产业、乡村旅游产业发展的客观需求及发展情况，上林县委和县人民政府积极推动乡村建设管理部门与畜牧产业部门、旅游发展等部门的良性互动，整合资源，加大投入基础设施建设规模，协调发展中出现的问题，为当地水牛生态养殖产业及其延伸产业链和多产业融合发展营造良好的政策环境和提供高效的公共服务。

为解决产业发展中的资金短缺问题，当地以“整合”“撬动”和“开源”的思路加快改革创新步伐，整体形成财政优先保障、金融重点倾斜、社会积极参与的多元投入格局。由于养殖产业初期回报率低，但溢出效应强，当地财政充分发挥先导和引领作用，加快建立健全实施乡村振兴战略的财政投入保障制度，将公共财政大力向农业农村倾斜。根据不同项目性质和规模，当地采用把政府财政资金、企业自筹资金、银行贷款、招商引资和农户自有资金筹措等整合利用的方式保障资金供应。例如，基础设施建设投资以政府财政或项目投入为主；产业发展和旅游休闲项目开发等投资以龙头企业及相关合作组织等经营主体投入为主；部分商业、娱乐、康养、餐饮等投资项目，吸引社会企业投资者自带资金参与。政府还鼓励企业和农民合作组织，充分利用国家的强农惠农政策和西部产业开发倾斜等政策，申请中央和地方财政资金扶持，帮助企业和农民合作组织争取各级银行提供资金扶持或优惠贷款；同时充分发挥农民主体作用，调动农民自身投入积极性，引导和鼓励农民参与自主投资，以土地或资金入股（特别是涉及农民参与的项目），各方利润按比例分配，获得每年固定分红。

6. 健全产品标准化和质量安全体系，培育构建地方特色品牌

品牌建设是农业产业化高质量发展的重要内容和战略抓手，在农业产业整体发展中起到助推和带动作用。受传统生产经营观念的影响，我国大多数农村地区对于品牌重要性及必要性认知长期不足，尚未意识到品牌对农产品附加值和市场价值的影响力，且由于非标准化生产造成了农产品品质的不稳定性，导致农业品牌优势不足、品牌附加值少，难以形成市场竞争力。

为解决这一问题，三水村构建了一整套完善的标准化生产、标准化质量控制和标准化管理规范，根据相关行业标准和生产需要，规范水牛生态养殖及其加工产品的生产技术规范和操作规程，制定完善的农业投入品管理、产品分等分级、产地准出、包装标识等方面的标准。当地水牛生态养殖合作社和饲料种植农民合作社采取订单农业和合作养殖两种模式，实行推行统一栏舍建设规范、统一技术培训指导、统一种牛供给、统一饲料供给、统一防疫保健规程、统一产品回收的产业化经营模式。企业与养殖户达成战略合作，严格按照标准化生产规范执行，保证养殖场和农户提供符合订单要求的标准农产品。同时，当地加强农产品质量安全体系建设，健全农产品质量检测和质量安全追溯体系，实现生产记录可存储、产品流向可追踪、储运信息可查询，确保农产品质量安全；另一方面，加大农产品投入品监管力度，严厉查处使用抗生素、激素、化学消毒剂等违禁药物，为农产品质量安全以及独特风味口感等提供了根本保证。

在品牌塑造方面，示范区依托龙头企业的“华胥水牛奶”品牌基础，进

一步进行强化与延伸生态水牛养殖加工形成的系列产品特性宣传。当地以主导产业为核心，推动农产品品牌与二、三产业相融合，延长主业产品价值链，示范带动和打造“华胥生态旅游”“华胥水牛科技”“华胥有机饲料”等多个产品品牌和企业子品牌；同时加强农产品区域公用品牌建设，积极开展“三品一标”认证工作，结合当地文化与产品特色，挖掘品牌自身内涵，设计具有三水村及上林县地域特色和文化底蕴的农产品品牌符号，塑造鲜明的“三水水牛”系列产品和地方特色的品牌个性。在品牌推广和营销策划方面，当地充分利用电视、报刊、电台、互联网等媒体，构筑农产品品牌立体化宣传网络；通过举办或联办地方特色农产品展会，与区域其他品牌农产品进行联合推介；利用乡村旅游、休闲农业、观光旅游等方式，促进当地品牌农产品的传播和销售，全力塑造当地农产品整体品牌形象，提高市场知名度。

第五节　总结与展望

三水村从脱贫攻坚到迈上乡村振兴之路，抓住了产业脱贫向产业兴旺转型这个“牛鼻子”，为脱贫攻坚与乡村振兴的有效衔接闯出了一条行之有效的路径。他们立足上林县作为农业大县的实际，以开放式的思维，充分利用各乡村传统产业具有的资源优势和龙头企业的带动，使扶贫养殖产业转向了现代生态养殖模式。其主要做法就是带动周边农户提高科学养殖技术水平，实现规模化、专业化和集约化养殖和加工，从水牛引种、繁育、养殖、产品研发等一系列环节注入高新技术因素，有力地推动了“特色养殖品种”到“水牛生态健康养殖和水牛产业化”发展，打造了上林县扶贫产业的特色品牌。参与其中的企业也从原来单一的养殖模式转化为集科研、娱乐文化、养生于一体的复合型企业。这种模式通过滚动发展还带动了周边村庄的扶贫项目联动扩展，据测算，2020 年示范区年营业收入可达 58 544 万元，扣除成本 45 040 万元，税前利润可达 13 504 万元；示范区直接带动了 108 户贫困户全部脱贫，带动了 3 000 户农村家庭增收，极大改善了当地居民的生产生活条件。在脱贫攻坚完成后，当地在原单一生态养殖基础上，向水牛规模化养殖转型，以农牧科研推广、水牛文化体验、水牛产品养生为契机，增加了诸如民俗文化体验、科研游学体验及神话主题场景体验等产业元素；参与主体也从原单一的养殖产品售卖者扩大到科研群体、旅游群体、养生群体、文化探究群体等，合作模式由原单一企业主导扩大到政府、民间协会、经济组织及当地农户的合作，有效地促进了当地乡村产业结构优化升级，推动了农业产业链延伸和价值链创新，增加了农民收入。预计到 2022 年，三水村的母牛存栏将超过 3 000 头，种公牛存栏达到 350 头，引进活体地中海纯种水牛 80 头；自主繁育意大利奶用纯种水牛 205 头；肉牛屠宰加工年加工产量将达 700 t，水牛乳制品年产量达 6 000 t；带动生态旅游每年可达 18 万人次，旅游收入达 9 000 万元；各类合作社由 5 个增加至 30 个。进入乡村振兴新阶段后，三水村通过对当地村落土地的有效规划，科学合理安排各个产业之间的衔接。针对发展生态养殖的需要，在水牛规范饲养中，三水村要求养殖企业进一步减少兽药、饲料添加剂用量，加强饲料生产及投喂管理，控制投入品的过量使用，同时减少排泄物中有害元素对环境的污染影响，从源头上保障畜产品质量安全。三水村还提出：采用“牧草-农作物秸秆-生物饲料-水牛养殖-生物有机肥料-牧草、水果、农作物等种植”的绿色生态循环模式，种养业有机结合，实行安全、环保生产，实现养殖污染物资源化利用。除了对废弃物进行减量化、再利用、资源化外，各类农户和合作组织还注意加强推广高效、节能的生态技术，从水牛养殖、加工的各个环节控制农业面源污染，发展现代农业和低碳经济。

这种以“龙头带基地、基地连养殖户”的产业化发展模式，强化了现代科技对水牛养殖业的支撑；以水牛全产业链发展为主线，围绕经营组织化、设施装备化、生产标准化、要素集成化、产业特色化的基本要求，打造了现代农牧产业、加工产业和乡村文旅产业的多产业融合经济体。未来，三水村将以优质地中海杂交水牛品种基因库、生态循环农业示范区、精准扶贫特色示范区、农业技术创新与成果转化示范区，形成以生态养殖为基础的产业融合和可持续发展综合示范区，引领周边区域共同走上乡村振兴之路。

本章小结

脱贫攻坚的胜利意味着我国广大乡村绝对贫困已消除，但相对贫困仍将长期存在。欲使脱贫攻坚和乡村振兴有效衔接，必须客观地面对两者的内在联系与差别。脱贫攻坚是乡村振兴的前提与基础，乡村振兴是脱贫攻坚成果的保持与拓展，两者紧密相连，相互作用。后续工作将以脱贫攻坚在产业、生态、文化、组织和人才等方面取得的成效为基础，稳步推进脱贫攻坚与乡村振兴在产业兴旺、生态宜居、乡风文明、治理有效、生活富裕 5 个方面的衔接问题。

第十章

抓好渔村建设 发展休闲渔业

引言：在中国海洋版图上，坐落着6 500多个岛屿，岛屿岸线长1.4万km，海洋及渔业资源种类丰富繁多，为海洋经济和渔业发展提供了重要的基础条件，也使我国成为世界上重要的海洋经济与渔业生产的大国之一。我国共有渔业村7 550个，渔业人口1 828万人，渔村的区位环境决定了其特殊的生产与生活方式。在新的发展形势下，传统渔村面临着可持续发展的困难与挑战，部分海岛渔村日渐式微，有些甚至走向凋敝衰败，这已成为海洋渔村乡村振兴的难点所在。

第一节 发展背景

我国既是一个陆地大国，也是海洋大国，海域面积辽阔，大陆海岸线长约 1.8 万 km，东海、南海、黄海和渤海 4 个海域总面积达 472.7 km^2。自 20 世纪 80 年代起，伴随着沿海渔业和近海资源管理的改革开放，特别是随着科学技术的不断进步，通信设备、捕捞工具、气象服务等设备逐渐完善，海洋捕捞业和养殖业快速发展与逐步扩大，养殖品种、养殖环境与相关技术不断更新，大大提高了沿海和岛屿区域的经济发展水平，海洋渔业的经济效益也迅速提高。2019 年，中国全社会渔业经济总产值 26 406.5 亿元，渔业内部一二三产业（养殖捕捞、加工、渔业服务业）产值的比例为 49.0∶22.3∶28.7，其中养殖与捕捞的产值为 12 934.5 亿元。在过去的 20 年，中国的海水养殖产量增加了 1.5 倍，自 1997 年起，一直位居世界第一，占全球产量的 60%左右。海洋渔业的发展对促进沿海地区经济和社会进步，维护国家海洋权益起到了重要的作用。但是，随着海洋捕捞和养殖能力的迅速膨胀，也带来了近海渔业资源的迅速减少，海洋资源和生态环境正承受着前所未有的巨大压力，如水域生产力的过度使用、水域环境遭到破坏、近海渔场不断萎缩、水产品市场价格持续低迷、养殖无序、环境污染等问题日趋严重。可以说，当前我国渔业发展的主要问题已经转化为向人民持续提供量足质好的海产品、建设优美水域生态环境的需求与海产品供给结构性矛盾突出和对近海资源不当利用使渔业发展不可持续之间的矛盾。这些矛盾对曾经靠海吃海、通过近海渔业富裕起来的海洋渔业村是一个严峻挑战。

这里所说的渔村，是指地处沿海且以海洋资源为主要生存及经济来源的自然和行政村落。这些渔村主要分布在我国沿海地区，是我国资源和经济结构比较独特的乡村组成部分。按照经济区位和发展模式，海洋渔村大致可以分为城郊渔村、沿海渔村和海岛渔村等 3 种类型。从海洋渔业乡镇和淮业村的地区分布看，海洋渔村目前主要分布在辽宁、浙江、福建、山东、广东和海南六省，河北省和广西壮族自治区也有一部分（我国台湾地区和港澳地区暂未计入），大都围绕海洋水产养殖、海洋捕捞、水产品加工和贸易等海洋渔业展开，整体的经济结构与产业分工相对单一。这部分渔业经济区在改革开放之初得当时海产品相对珍贵和短缺之利，成了率先富裕起来的农村地区。但近年来随着城市化、工业化的加速推进和人类对海洋资源开发的不断加深，海洋生态系统退化逐步加速。

在探索渔村的乡村振兴过程中，有一部分渔业资源充足，养殖规模和经济结构调整空间较大的地区，合理规划、利用水域资源，积极发展了高效、节能、生态、绿色、安全的现代渔业养殖模式，向渔业生产规模化、绿色化方向转型，打造重点渔业产区，延长渔业产业链，发展了现代化渔业产业体系。但是，我国大多数渔村聚落规模较小，基础设施不够完善，资源与环境承载力较低，此类渔村的海岸及近海规划一般定位为保护为主、适度开发，不适宜依靠海洋资源发展规模化渔业养殖。

我国相当一部分海洋渔业村庄不仅具有独特的自然景观与丰富的水产资源，而且具有悠久的历史和多元文化。在历史演进过程中，这些地区围绕渔业生产实践衍生了包括食衣住行、乡风民俗、文化观念、信仰崇拜等一系列丰富而独特的文化与景观。这些宝贵的历史文化资源亦是传统渔村和渔业产业结构调整过程中非常宝贵的产业资源，也是发展休闲渔业、渔村文旅产业等新型业态的独特资源。所谓“休闲渔业”是指依托渔业产业设备与物理空间，如自然生物、渔业生产场地、渔业产品、渔业经营活动、渔业自然环境与人文资源等，通过现代规划设计，将渔业与旅游观光、科学普及、健身休闲等业态有机集合，使渔业生产与渔村休闲旅游功能相结合，形成新的产业链条和产业形态。事实上，休闲渔业是传统渔业的延伸，但却具有更大的价值创新空间。

休闲渔业的发展始于 20 世纪 60—70 年代，随着工业化和现代产业体系的发展，西方发达国家的海洋渔业区开始了大规模的产业转型。在我国，20 世纪 70 年代台湾地区休闲渔业逐渐兴起。近几年，伴随着前述渔业产业资源环境压力增长和国内文旅市场的火爆，休闲渔业在国内渐呈蓬勃发展之势。到 2019 年，我国休闲渔业产值已经达到 963.68 亿元。休闲渔业的优势在于通过充分发挥海岛资源和渔业产业的多功能性，实现一二三产业的相互融合与产业链延伸，进而缓解海洋渔业过度捕捞和近海渔业资源衰退的矛盾，同时促进了渔业资源的保护和恢复，优化了渔村渔业的产业结构。但与美国、日本和欧洲等发达国家相比，我国的休闲渔业产业总体还处在初级发展阶段，在规划管理、产业发展、服务配套和生态环保等方面仍存在许多需要提高改进的地方。这在很大程度上影响着我国休闲渔业的可持续发展，需要在渔村乡村振兴的过程中逐渐加以完善。

本章以福建省福清市江镜镇柯屿村为例，探索传统海洋渔业村乡村振兴的发展路径，以期为同类地区提供模式借鉴与对比参照。柯屿村根据自身的资源特点，把渔业产业振兴和渔村结构优化升级作为先中之先，要中之要，依托当地资源和产业优势，因地制宜发展生态渔业，坚持绿色可持续发展理念，促进传统渔业的转型升级，培育渔村新产业、新业态和新模式；优化了产业布局结构，延长了渔业产业链条。该村计划在保障农渔业产品有效供给的同时，加大海洋生态环境和资源的保护，积极盘活渔村资源，拓展渔业观光休闲体验式旅游和海洋文化传承等非生产性功能，将休闲渔业和渔业生产及相关加工业、服务业有机结合，形成了以休闲渔业产业为抓手的产业融合发展体系。目前，柯屿村通过挖掘渔村旅游业的产业整合和再生能力，正在推进多产业融合发展，打造渔村绿色发展和产业优化升级的样板。

柯屿村的具体做法是将产业发展与美丽渔村建设紧密结合，合理调整村庄空间布局，加强基础设施建设，完善休闲旅游产业配套设施；建立科学管理体系，将全村规划和建设成为集生产养殖、加工销售、休闲游憩、娱乐观光、旅游度假、餐饮美食、科普体验、生态保育等于一体的现代化综合渔村经济平台。柯屿村基层组织和村民合作组织根据海洋资源、旅游资源、渔业资源和特色文化资源优势，持续加大当地特色产品和休闲渔业的品牌创建，对标不同的目标客户，大力发展体验式、观光式等不同类型的休闲渔业，并将丰富多元的农耕文化、海洋文化、渔村文化、进士文化及妈祖文化等元素深度融入产业发展，形成了充满地域特色、差异化发展的海洋休闲渔业和多产业融合发展格局。目前，柯屿村内的渔事体验、休闲海钓、海鲜美食、水产加工、科普教育、民宿度假、运动休闲、导览导购等各类服务业态链条日趋完整，产业素质整体提升，实现了养殖生产、资源环保、加工流通与休闲渔业的融合发展，取得了较好的经济效益、社会效益和生态效益，柯屿村成了远近闻名的休闲渔业样板村。

第二节 福清市江镜镇柯屿村谋划海岛渔村乡村振兴的实践探索

柯屿村隶属于福建省福州市，位于福清市江镜镇西南沿海，福清龙高半岛西南部，毗邻福州新区江阴岛，处于江镜镇、江阴镇、龙田镇及渔溪镇数镇的交界处，是兴化湾海域的内海小岛。该村地区位优势明显，交通条件便利，北距福清市区 22 km，距离福州市区仅 40 分钟路程，距离平潭岛 20 分钟路程，渔平高速、长平高速等公路贯通周边，201 省道从村中穿过（图 10-1）。历史上，因四面环海、交通不便且陆地耕地面积较小等，柯屿村曾是个贫穷落后的孤岛小村，民间曾流传“有船柯屿，无船绝屿”的俗语。1979 年，柯屿垦区围垦成功，柯屿岛东接江镜镇吴塘村目山，南连江阴镇下垄，以福清市柯屿垦区管理处为依托，成为了半岛。当地乡村面貌随之发生了巨大的变化，成了水陆交通方便、山清水秀的海上村庄。

柯屿村是福清市著名的侨乡之一，现有总人口 1 591 人，其中约 400 人为旅居海外的华侨或侨属。全村总面积约 5 km^2，以农田、山林为主的非建设用地面积为 112 万 m^2；村庄建设用地占地面积为 29.5 万 m^2，其中村民住宅用地占比为 58.46%，公共服务设施用地占比 14.92%，村庄产业用地占比 8.08%，村庄基础设施用地占比 18.54%；以墓地、对外交通等为主的设施占地面积 3.2 万 m^2。村内自然风光绚丽，四周海水环绕，具有独特的山、海、田、滩涂四大自然资源。村域北部的东山顶是江镜境内最高山体，现状植被生长良好；村落内部田地地形平坦，外围沿海均为滩涂用地，整体坐北朝南、北高南低的格局具有典型的中国传统风水空间布局特征。

柯屿村历史文化悠久，古称柯峰，村内陈氏乃陈氏颍川支系、大唐开漳圣王陈元光之后，北宋时由漳州迁入，繁衍至今已逾 25 代。当地妈祖文化、侨乡文化、渔村文化、进士文化等历史文化资源深厚，带有地方文化特色的妈祖宫，凝聚 600 余年来陈氏宗族亲情、用于追宗敬祖的陈氏祠堂等多元文化及建筑景观众多。福清典型红砖和马头墙的古传统民居颇具地方特色。当地具有地方特色和悠久历史的妈祖舞、渔灯节、传统祭祖等民俗活动丰富，

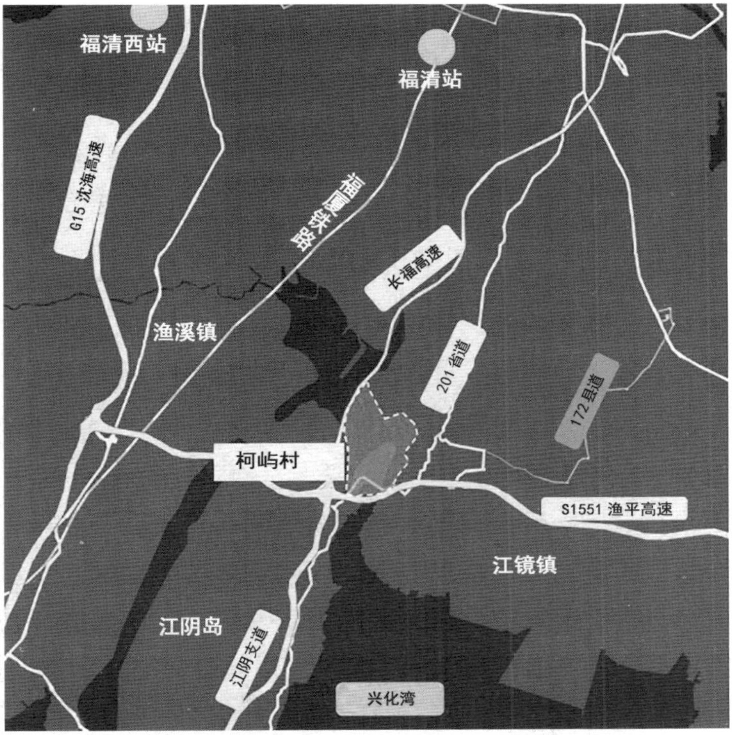

图 10-1 柯屿村地理及交通区位图

形成了良好的旅游产业和休闲渔业发展基础。

过去，村内产业以出海捕捞、海洋养殖、种植业及水产品加工等为主，人均年渔业生产收入为 1.5 万元左右。由于柯屿村四面环海的特殊地理位置，岛上优良耕地较少，村庄现有可耕种田地面积约 26.67 hm^2，主要种植水稻、玉米等粮食作物。海洋渔业养殖为当地的支柱产业，分为滩涂养殖和内海养殖两种模式，其中，滩涂面积约 46.67 hm^2，主要养殖海蛏、红蟳（锯缘青蟹）等；内海海域主要养殖牡蛎、海虾、淡菜等。但是，由于当地海域承包制度仍不完善，养殖模式较为杂乱，品种结构、生产设备和技术方式仍处于传统阶段，特色产品开发不足，多为小规模生产，水产品加工也仍处于初加工阶段，水产品整体销售渠道较为单一，产业竞争实力较弱。村内的休闲渔业产业主要以当地“海上乐园”为主体，同样处于初级开发阶段，乐园整体可利用面积较小、活动品类较少，演出项目缺乏特色且大多已过时；现有的渔家乐项目均以自发个体的小规模为主，缺乏统一管理，发展水平偏低、经济收益较少。当地渔民普遍受教育程度不高，传统小农观念根深蒂固，对于产业发展缺乏清晰的认知，难以满足市场发展的需求。近年来，柯屿村逐步加强岛上基础设施改造，村内道路、水库、电力、电信、有线电视、医疗等基础设施基本具备，内部交通主干道用沥青硬化，人行道路面铺设较好，外围养殖田支路众多。但是，当地的整体基础设施建设仍较为落后；垃圾收集、供水及排污等系统尚不完善，人居环境较差，景观效果不佳，文化元素仍不突出。图 10-2 给出了柯屿村渔业产业的分布情况。

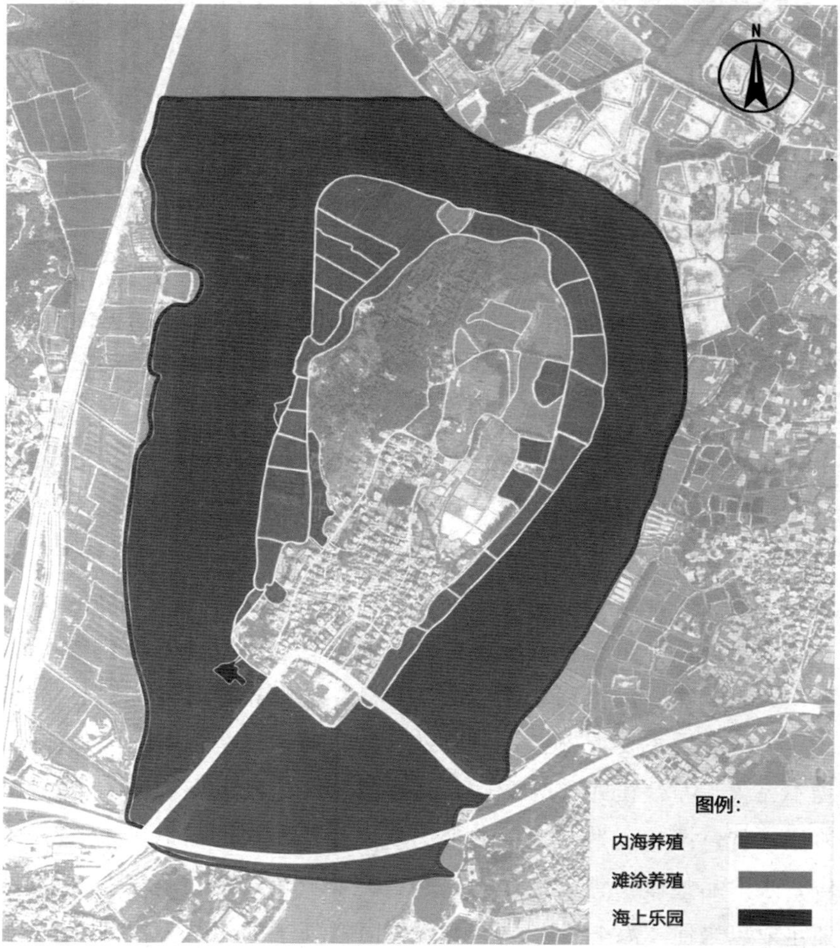

图 10-2　柯屿村渔业产业原分布情况

改革开放以来，柯屿村不断提升自身产业发展，但仍然滞后于城镇化和工业化的进程。按照2019年福清市城镇居民人均可支配收入48 750元，农村居民人均可支配收入24 990元的标准比较，柯屿村在当地处于中等偏下收入水平。在柯屿村的整体发展过程中，村民一直将渔业养殖业放于优先发展位置，导致村内产业结构不协调，整体发展动力不足。总体看来，柯屿村第一产业比重偏大，二、三产业发展相对滞后。而第一产业的类型也较为单一，仍处于劳动密集型的低端阶段，虽在一定程度上实现了与二、三产业的融合，但都缺乏相应的技术支持与总体规划，产业链延伸与融合未能达到预期效果。伴随着近几年渔业经济的衰退，由于缺乏竞争优势，单靠种植、出海打捞和养殖生产的初级产品已难以满足当地经济发展需求，并在很大程度上造成了资源浪费和环境污染，影响了柯屿村的发展。根据《福建省海岛保护规划(2011—2020年)》，柯屿村等13个海岛被规划为一般开发类海岛，这类海岛资源与环境承载力低，不宜大规模开发，应以保护为主，适度开发为辅。因此，柯屿村产业发展模式亟须转型升级。

近期，随着周边江镜镇工业区与福州新区江阴镇的快速发展，为柯屿村产业转型升级和发展休闲渔业提供了巨大的客源市场。2020年，柯屿村被列入福州市乡村振兴试点村和福清市美丽乡村特色村建设试点，迎来了新的发展机遇，因此，迫切需要探索一条适合当地发展的乡村振兴道路。

第三节　柯屿村休闲渔业产业规划

长期以来，渔业经济是福建省的重要支柱产业，渔业生产经济指标居全国前列。近5年来，全省海洋生产总值保持10%以上的年增长速度，2018年首次突破1万亿元，2019年达1.2万亿元，占全省GDP的28.4%。2020年全省海洋生产总值1.15万亿元，位居全国第三，水产品总产量830万t，渔民人均纯收入2.42万元。根据《福建省“十三五”渔业发展专项规划》的基本原则，福建省渔业产业未来将主动适应经济发展新常态，科学转变渔业发展方式，加快发展新型渔业产业，推动渔业从养殖、捕捞等传统生产领域向加工流通、休闲度假、文化体验、生态修复、生物医药等领域拓展；注重开发渔业的观光休闲、生态服务和文化传承等功能，建设休闲海钓示范基地、提升发展水乡渔村、打造渔业特色文化，延伸渔业产业链，促进渔业一二三产业深度融合发展，提升渔业产业价值链条。2021年，福建省提出深耕“海上福建”，继续“向海进军”，发力做大做强海洋经济，深入推进“海洋强省”建设等目标，重点发展海产品深加工提升渔业产业层次水平，以休闲产业拓展渔业产业链，以品牌建设做强渔业特色产品，全方位推动海洋与渔业高质量发展。

2018年3月，福建省在《关于实施乡村振兴战略的实施意见》（闽委发〔2018〕号）中，明确了福建省实施乡村振兴战略的目标任务，并提出：做强做优做大茶叶、蔬菜、水果、畜禽、水产、林竹、花卉苗木等7个特色农业产业，通过调整结构优化第一产业，补齐短板深化第二产业，搞活流通强化第三产业；拓展功能融合一二三产业，开发农业多种功能，延长产业链、提升价值链、完善利益链；大力发展休闲农业和乡村旅游，积极开发观光农业、游憩休闲、健康养生、生态教育等绿色生态产品和服务，打造绿色环保的生态旅游产业链。针对上述指导意见，柯屿村经过深入学习，统一了思想认识，进一步明确了以产业兴旺为重点，因地制宜发展适合当地资源特点的海洋产业体系，打造现代化渔村的发展方向。村党支部和村委会提出：柯屿村的乡村振兴，要坚持绿色可持续发展理念，优化产业链及产业布局，促进渔村一二三产业融合发展；建立和完善现代渔业生产体系、产业体系和经营体系，全方位多层次推动传统渔业向现代渔业体系转型升级，提高当地渔业产业的创新力和竞争力，发展休闲渔业、创意农业，培育渔村新产业、新业态和新模式。

柯屿村主要从以下几方面进行了产业规划与开发：一是抓好常规农作物生产，以生产绿色生态农产品为目标，引导农民种植优质新品种，提高单产和资源产出率，鼓励发展特色种植业，发展现代高效农业，搞好陆地耕地综合开发与利用，实行海陆统筹，延长农牧渔业产业链；二是依靠良好的自然资源条件，学习先进渔业技术，发展现代化渔业生产，运用科技手段加快水产养殖的绿色生产转型，在品种培育、饲料研发等方面加大力度，切实转变传统渔业发展方式，提高渔业总产值，促进渔业可持续发展；三是拓展延长渔业精深加工产业链，延伸价值链，推进渔业产品特色化和品牌化，提高产品的市场竞争力，积极开拓外需市场，充分利用互联网等渠道扩大产品的销售途径与范围，提升农产品质量和品牌溢价增加农民收入；四是吸取国内外的先进经验，深度挖掘农牧渔业的多种功能，结合当地资源与文化特色，开发独具特色的休闲渔业，大力培育壮大适合柯屿村的新产业和新业态；五是推动一二三产业融合发展，改造渔村空间格局和基础设施条件，建设美丽渔村、文化渔村、休闲渔村和现代化渔村。

发展休闲渔业的最大特点对自然资源的依赖较小，能够有效解决沿海依靠捕捞和近海养殖的渔民转产转业问题，这对于减轻海洋捕捞压力和渔业生态环境保护有着重要的意义。近年来，福建省根据“十三五”规划目标，加速经济转型升级，着力优化休闲渔业空间布局，不断开拓休闲渔业新业态和新格局，促进渔业与相关产业深度融合，大力探索多元化的休闲渔业。柯屿村抓住这一历史机遇，重点围绕乡村振兴“产业兴旺、生态宜居、乡风文明、治理有效、生活富裕”的总要求，规划本地渔业产业转型升级和现代渔村全面建设的优化路径、建设方案和保障措施。作为历史悠久的海岛渔村，柯屿村具有丰富的滨海旅游资源，古朴的风土人情，渔村文化、妈祖文化、侨乡文化等底蕴深厚，发展休闲渔业产业先天资源十分优越。当地以休闲渔业为引领，提出了美丽乡村建设、渔业产业化和休闲渔业一体化的发展理念，将全域产业升级、旅游发展与美丽乡村建设有机结合，打造福清市以“特”“鲜”为标志的活力渔村。柯屿村依托良好的渔村环境优势、渔业养殖资源和多元文化优势，将全村进行科学规划、整治与改造，打造了集渔村观光、渔业体验、海鲜美食等深度体验功能于一体的特色综合休闲渔业综合体，带动和吸引了外部资金和当地村民积极参与，兴办餐饮、住宿、商贸等产业，将相关产业融入渔村特色，形成一二三产业融合发展的新格局。

根据功能需求，柯屿村因地制宜地将村庄空间规划为“一心三环多片区”结构。即以中心广场及周边村庄古民居集中区为核心；“三环”以文化观光、农林休闲、滨海休闲等景观形成三条发展环线；“多片区”以产业发展为目标形成多个游览观光片区。各规划建设项目充分利用其内海滩涂养殖资源、自然环境和文化资源等优势，将村庄分为入口服务区、渔村观光体验区、渔业养殖观光体验区、海上活动区、生态观光区五大分区（图 10-3）。整体建设包括：在村庄南侧平整地打造成入口服务区，承担旅游服务问询、停车、租赁、购物等职能；以村庄现有古民居为核心，通过深入挖掘场地文化打造渔村观光体验区，承担餐饮、住宿、文创等功能；以内海滩涂养殖基地为依托，发展渔村观光体验区，推出与场地养殖相关的渔业体验项目及海上滩涂民宿项目；在柯屿村海域范围内发展渔业养殖观光体验区，推出游船海上观光、渔业养殖模式餐饮及多项体验式项目；将村庄西南侧海上空间打造为海上活动区，承担海上娱乐、海上餐厅等功能；以东山顶为核心，结合场地水塘及田地景观，增加环岛骑行景观节点，打造以登山栈道、山顶木屋等项目为核心的生态观光项目。

图 10-3 柯屿村休闲渔业功能分区

为更好地促进乡村振兴战略实施，特别是产业振兴、生态振兴和文化振兴，柯屿村发挥区位优势，依托现有产业培育了文化观光、农林休闲、滨海休闲和斑斓渔岛四大特色板块，充分利用当地自然、人文和历史等资源，整体规划，逐次推进，分阶段建设产业特色鲜明、人文气息浓厚、生态环境优美、多种功能叠加的特色渔村（图 10-4）。在文化观光特色板块方面，当地延伸挖掘人文内涵，充分发挥渔村文化、侨乡文化、妈祖文化、进士文化及海洋文化等资源优势，选取村庄内陈氏祠堂、妈祖宫、古井、古渡口等历史文化遗址为文化观光路线的主要节点，并对相关建筑进行改造、翻新、绿化、装饰与整合，整体营造浓郁的海岛文化氛围，构建“渔村文化”独特乡村风貌，打造美丽渔村的人文风情。在农林休闲特色板块方面，充分发挥柯屿村内田园风光资源优势，以休憩游园、蔬果园采摘、东山顶观景等为农林休闲的主要活动场所。对村庄环境进行景观整治，完善当地标识系统；通过亮化

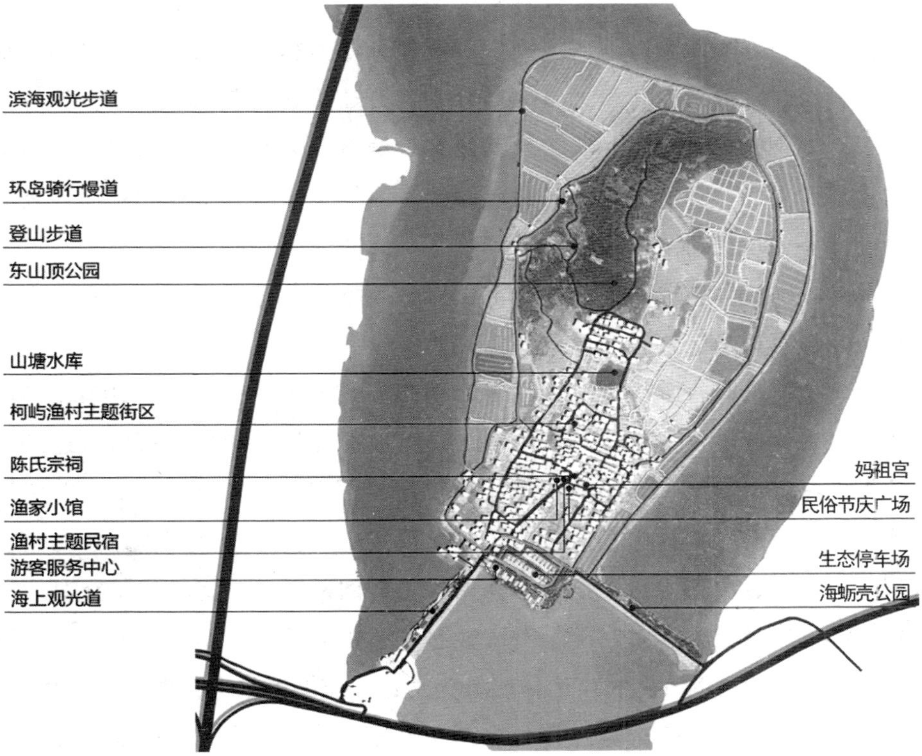

图 10-4 柯屿村休闲渔业总体平面图

工程及绿化建设，构建“休闲渔村”乡村风景廊道。在滨海休闲特色板块方面，充分发挥柯屿村休闲渔业、游乐设施和海岛地势、现代渔业产业等资源优势，建设沙滩浴场、海上木屋、游艇码头、十一步钓鱼台等主要休闲节点，打造沙滩游泳、沙滩日光浴、沙滩骆驼骑行、沙滩风筝、沙滩贝壳画等沙滩娱乐项目。此外，还设置室外海景餐厅、海鲜水产店等餐饮购物场所，营造“滨海渔村”的景观氛围，为游客提供独有的“滨海风情”体验。在斑斓渔岛特色板块方面，当地充分发挥优良的陆海农牧渔产业基础作用，根据渔岛土壤的特殊性，在临海区、养殖区、绿地公园和民居院落分别选取适宜的乡土植物，打造“树绿、花香、草美、果丰”美景集聚的渔村风貌。

柯屿村结合当地资源开发了各类新奇度假产品引领休闲渔业的发展，并根据客户需求科学定位，设计了不同的游玩路线及休闲项目。在市场定位方面，这些项目主要以周边江镜镇及福清市居民一日游、两日游为基础市场；以福州市及莆田地区的公司团建和集体活动，中小学旅学、夏令营等群体游为重点；以福建省及滨海地区参观学习等商务游为拓展市场。柯屿村还与福清周边南宵村、酒店村、岸兜村等联合共同打造了连片路线，精心设计旅游工艺品，定期举办文娱活动。为了满足客户消费及体验需求，当地还制定了为海上养殖观光体验游线、海岛骑行游线、渔村生活体验游线和东山顶登山游线 4 条不同风格的游览路线（图 10-5）。

其中，海上养殖观光体验游线主要为感兴趣的游客提供游船海上观光体验服务，游客可参观各类渔业养殖模式并深入参与相关养殖的现代渔业生产体验活动；海岛骑行游线主打产品为沿环岛观光道进行骑行，同时串联各渔业养殖基地体验项目；渔村生活体验游线则是围绕传统特色古民居打造的渔村主题街区等游览场所，沿线设置特色民宿、农家乐、渔村小吃街，并联结陈氏祠堂、妈祖宫等村内景观节点；东山顶登山游线打造登山步道，在山顶设置观景空间、山顶木屋、茶室等休闲娱乐空间。同时，柯屿村还针对客户群的多样化需求设置了家庭游、团体游和商务游 3 种游玩路线：家庭亲子游客群推荐以渔业体验和渔村生活体验等为主；团建客群推荐以渔村文化体验、渔业活动竞赛、海岛骑行竞赛等为主；商务旅游、蜜月度假客群则推荐以高端游玩体验产品为主。

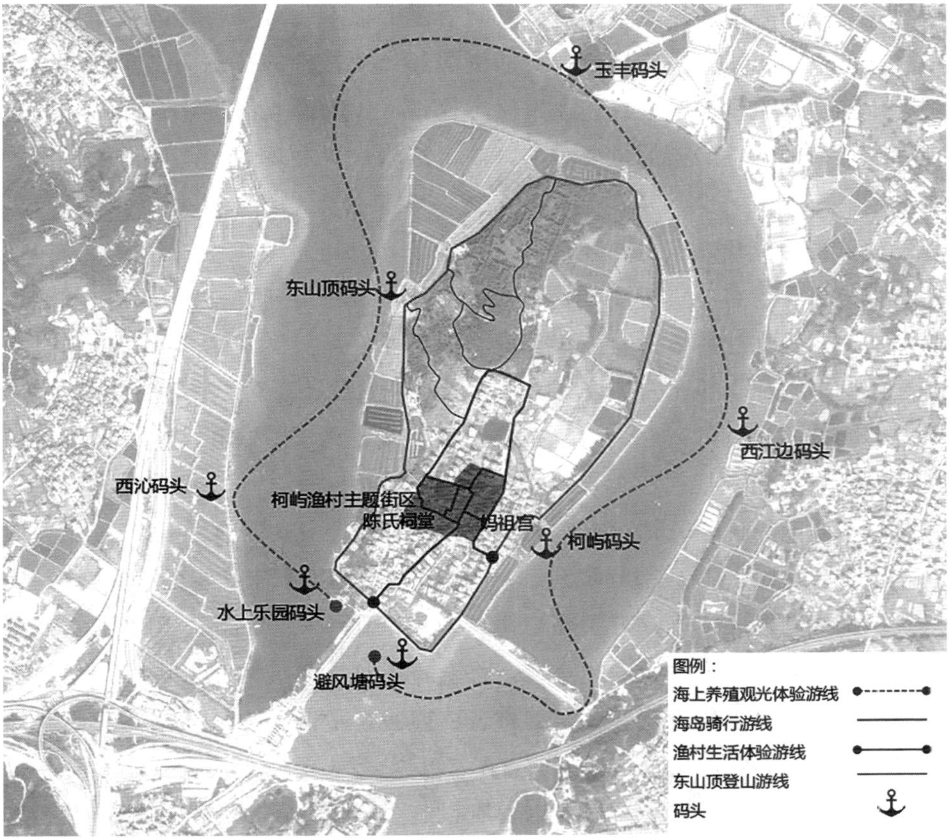

图 10-5 柯屿村特色游览路线图

第四节 柯屿村推进乡村振兴的保障措施

打造新型海岛渔村，发展休闲渔业和多产业融合的经济体系，不仅需要村民们转变思想观念，而且需要构建良好的投资环境，从产业发展、环境改造、基础设施建设和治理体系与治理能力等方面综合施策，制订合理可行的方案。

1. 制定科学规划，引领渔村建设

海洋渔村作为乡村形态的重要组成部分，其乡村振兴战略的实施既有一般村镇乡村振兴的共性元素，更有其独特之处，因此需要结合其特殊性进行个性化的发展规划。柯屿村依托自然资源和产业基础的特色，以全村域范围的休闲渔业为引领重新进行产业发展定位，将休闲渔业作为化解渔业资源衰退和渔业结构调整问题的重要方向，制定战略性发展规划。该村全面梳理区域内自然资源、人文环境、文化习俗等特色资源元素，以市场需求为导向，以特色资源为依托，以生态环境改善为抓手，以建立多产业融合、延伸产业链为推力，重新布局资源要素，引入外部资金，坚持开发与保护并举，将休闲渔业产业规划与特色渔村建设、配套服务业发展等紧密结合。在规划过程中还做到广泛征求并充分尊重村民的意愿，科学设计规划，统筹一体化推进，反复多次论证项目可行性，不断完善规划细节，科学编制和优化了柯屿村的中长期发展规划。

在空间布局优化方面，柯屿村根据《村庄规划用地分类指南》等相关规范，结合现状踏勘与外部环境调研，对村庄建设用地面积进行了重新调整。通过统筹规划，整体推进，柯屿村重新布局产业结构。围绕休闲渔业，推进一二三产业融合，延伸渔业产业链，将全村由过去单纯的只具有生产生活功能的村庄，转变为集生产、休闲、科普、体验、示范等为一体的多功能基地和“生态宜居”“乡风文明”的新渔村。

为充分满足游客需求，村内以现有设施为基础，不断加强空间拓展和新建改造休闲渔业和旅游服务设施配套；在已有开放空间及现状未利用的开阔场地处打造多个休闲渔业景观和服务网点，如在陈氏宗祠、村服务中心相结合处打造村中心广场开放空间，为民俗表演、祭祀等活动提供场地；在与山塘水库结合处打造滨水休闲开放空间，为游客提供山水田渔村景致；与入口服务中心相结合处打造集散开放空间，满足旅游功能需求；与海蛎壳公园相结合处打造门户景观开放空间等。同时，当地在岛上布置规划特色酒店、驿站公共厕所、停车场、核心服务点、游客服务中心、标识牌、垃圾桶、座椅、游客询问处、慢行服务设施、解说设施、商业街、渔村民宿等配套设施，新建与整体渔村风格协调的小型开放空间，为村民与游客休憩、活动及交流提供场地。

村内的景观提升与绿化美化坚持“因地制景”原则，为此，柯屿村充分利用现有生产、生活和生态场地，根据功能分区形成多种风格错落有致的景观。在入村东西口处菜地及水塘场地基础上打造了柯屿蔬果园，果园以水塘为主要观景界面向外依次抬高，种植相应水生植物、蔬菜和水果作物，打造阶梯田园景观及休闲广场的开阔观景界面（图 10-6）。果树品种选择杨梅、柑橘、柠檬、龙眼、荔枝、杧果、枇杷等，并在园内设置机耕道及田埂路，在时令季节开展相关采摘体验活动，同时为村民提供日常休闲场所，形成和谐宜居的美丽新村。

图 10-6 柯屿村蔬果园总平面图

在村庄绿化方面，沿骑行慢道种植苦楝、黄槿等耐盐碱植被，并沿水域点缀蟛蜞菊、狼尾草等观赏草及易建植的乡土地被，形成野趣十足的环岛绿廊；村内主干道则以香樟、蓝花楹为主，营造绿树如荫、草长莺飞的多彩村庄景观；因临海区域土壤盐碱含量较高，养殖区内选择耐盐碱植物构成养殖区植物景观，并为耐盐碱植物配置植物介绍名牌，将土壤劣势变为耐盐碱主题植物科普观赏区，形成兼具实用性、科普性及美观性的养殖滩涂风貌；村内公园则以不同季相的花树为主，采用“乔-灌-草”结合的复层结构，营造繁花似锦的绿地公园；村民庭院则种植遮阴性强的乔木、果树及爬藤植物，为村民及游客提供休闲纳凉的树下小空间，营造清凉舒适、农韵十足的院落空间。此外，为充分体现渔村特色，对村内街道部分墙体采用海蓝色调进行彩绘；提取四周建筑红白配色和极具地方特色的屋檐元素打造宣传栏等，充分将渔村特色融入村内景致之中。

2. 整治人居环境，保护生态环境

在发展休闲渔业的过程中，尤其要重视生态环境保护，不断推进生态体系建设，改善海洋环境。2019 年，福建省生态环境厅牵头省实施乡村振兴战略乡村生态振兴专项小组在全国率先出台《福建省乡村生态振兴专项规划(2018—2022 年)》，明确提出“绿盈乡村”的理念。规划提出，结合山区、沿海、海岛等不同村庄发展现状、资源禀赋、产业基础等，按初级版、中级版与高级版分梯次建设具有八闽特色的“绿盈乡村”；预期到 2022 年，实现全省“绿盈乡村”占比 80%。同时，要构筑陆海联防体系，包括严格落实围填海管控政策、实施海洋生态保护红线管控、统筹海陆同防同治和加强海洋资源养护等，让人民群众享受到碧海蓝天和洁净沙滩。

柯屿村按照福建省规划要求，重点推进村容村貌整治，保护生态环境。党支部和村委会在现有生态环境和产业格局基础上，重点推出了人居环境优美、生态环境良性循环、人与自然和谐的生态村建设工程。这些建设项目依据省市有关依托滨海沙滩发展休闲渔业产业的总体要求，改造基础设施，清除污染源；严格按照“全面启动、典型示范、分类指导、分步实施、重点突破、整体推进”的程序，以“打造清洁乡村，建设文明家园”为宗旨目标，开展了包括“厕所革命”“垃圾集中处理”和“清除面源污染”等人居环境整治行动；推进全域美丽乡村建设攻坚战，使全村的居住条件、街区环境达到村容清洁、设施完善、绿化美化、环境清幽舒适的要求，并按省级生态村标准考核验收。

在村内垃圾处理工作方面，柯屿村推广农村生活垃圾“干湿”分类，按照“户分类-村保洁-村收集-乡镇运转-区处理”的流程进行垃圾收集与处理；由村委会在村域内按照不超过 70 m 的服务半径配备干、湿垃圾桶，村民自觉进行垃圾分类投放；在村庄主干道和公共场所配置 4 处垃圾收集亭供村民和游人统一投放垃圾；村中聘请了专职清扫垃圾的清运保洁人员，配备专用垃圾运输车，保洁人员每天进行全村道路与公共区域的生活垃圾清理，每季度组织人员与设备清理房前屋后的生活垃圾及杂草，保持村庄道路、沟渠、池塘、房前屋后及公共场所等整洁；增加保洁人员，完善保洁制度，每日垃圾由清运人员统一收集转运，做到生活垃圾日产日清；村委会鼓励将农业废弃物与分类后的有机垃圾进行资源化综合利用，在村庄安全防护距离外设置可堆肥垃圾场所；为满足乡村旅游发展需求，村内修缮冲水式公厕，并结合当地景观特色对外观进行彩绘喷涂与屋顶改造，打造和谐美观、整洁、方便的人居环境和休闲渔业景区。

水产品养殖与加工产业仍是渔民关键的经济来源。如何处理好养殖与加工业的废弃物是环境治理的重要工作，也是渔村发展与保持水产品加工产业的命脉。柯屿村将此作为重中之重，健全村内生活污水和生产废弃物一体化处理体系，保持村庄“沟渠不淤堵，水体不黑臭”。全村铺设排污管道 5 000 余 m，除组织村民自行建设三格化粪池之外，还在村里统一建设大型三格化粪池。污水排入化粪池发酵分解，再排入“一村一池塘”的污水净化池，确保处理后的污水符合国家颁布的有关水质标准后用于农田灌溉和虾池养殖。村内的生活污水处理率明显提升，养殖与加工产生的废水废物也得到了循环利用，实现了产业升级和绿色生产的任务目标。

针对渔村经济开发与生态保护中出现的海域生态环境恶化、海洋自然生态系统功能退化等问题，柯屿村始终贯彻生态优先的发展理念，树立“尊重自然、顺应自然、保护自然”的生态文明理念，严格保护海岛和近海资源的原生态。村委会按照省市有关部分的要求，对村域内海岛资源加强生态环境的保护和恢复，清除废旧设施和面源污染，渔业、渔村、渔民的发展基础得到保障；加大在养殖和捕捞环节的指导力度，推动绿色养殖和生态养殖；多媒介、多方位、多层次展开环境教育，宣传海洋环境保护的重要性，帮助渔民树立科学的环境价值观，提升渔民的环保素养，营造海洋环保的整体氛围。同时，柯屿村注重环保体制机制建设，建立了长期保护机制和监督体系，加强水产养殖行业管理，采取有效措施，减轻和控制影响海洋生态环境的产业活动，并重点推进渔村生态环境良性循环机制改革。针对休闲渔业中渔家乐、渔业体验、垂钓等系列活动可能产生的环境干扰和污染，明确治理责任，建立考核、检查制度，做好清理和善后工作。近年来，当地不断提升生态环境治理水平，以治理海洋生态环境、修复渔村海岸线为主要任务，结合休闲渔业和乡村振兴发展进行污染治理，主动维护周边海洋生态环境。村内还设立了环境保护监察队，加大相应的海滩管理和保护工作，定期对相关海域进行抽样检测，为科学有效开发渔村海洋资源，推进渔村乡村振兴提供了可靠的生态环境保障。

3. 完善基础设施，改善村容村貌

发展休闲渔业，推进渔村乡村振兴，乡风文明、生态宜居、生活方便、村容美丽是不可或缺的重要内容。近年来，柯屿村将公共基础设施建设视为乡村振兴的一把金钥匙，依据《福州市加快美丽乡村建设三年行动计划方案》要求，先后确定了以处理生活垃圾、实施厕所革命、规范农房建设、保护传统风貌、防止两违建筑、保障饮水安全、治理生活污水、编制乡村规划、建设便民服务设施和制定长效机制等为重点的渔村面貌改造工程。在项目实施过程中，当地以建设美丽庭院、整治房前屋后、改善交通条件、扩建休闲场所、规整村庄杆线、提高参合参保、引导产业发展和打造特色亮点为主要内容和检查验收的必选动作，完善基础设施、整治村庄环境和打造村庄亮点，实施美丽乡村建设“三步走”战略，有重点、分阶段实现村容村貌更整洁、生态环境更优良、村风民风更文明、群众生活更富裕。

渔村发展首先要改善渔民的生产生活环境，这已成为柯屿村村民的普遍共识。在乡村振兴过程中，柯屿村不断加大投入的力度，统筹各方力量进一步改善渔村基础设施。首先，重点针对渔港设施、渔船设施、鱼塘设施、科技设施等，加强改造升级的投入；其次，重点针对包括铁路、公路、航道等城乡路网建设、渔民饮用水安全设施、渔村健身广场设施、渔村电网通信设施等公共基础设施的投入和管理力度。对村内道路设施，村委会以充分开发休闲渔业景观场地资源为目的，在现状交通基础上进行重新规划整治，对全村主干道和支路进行扩宽与水泥硬化；根据休闲渔业发展需求分别打造环岛慢行道、观光步道、骑行道、环山道和登山道等，按照不同功能分区进行道路铺装，种植适宜绿植；沿路敷设电缆，根据道路级别、人流量和场地分级布置照明系统，在 201 省道间隔 50 m 处设置市政路灯；在村内机动车道、环岛慢行道、步行道等间隔约 20 m 处设置庭院路灯；在中心广场、游客服务中心、山塘水库、柯屿海上乐园、山顶木屋等地设置景观地灯；铺设水泥路 3 000 余 m、安装太阳能路灯 200 余盏。对于电力、通信设施存在的问题，如村庄电力与电信线杆线束冗余、电线杆设置不规范等，当地将村内强电以外线束用管径包裹，对内部管线进行地埋，减少墙壁悬置，达到了既美观又减少了安全隐患的效果。对于村内安全饮水保障工作，村委会定期要求供水所检修与养护，保障用水的质量达标，为渔村居民提供完善的供水与排水系统。

在对人居环境村容村貌进行卫生整治的同时，柯屿村将美丽庭院打造作为乡村建设的重要基础，进行认真规划、个性化管理，为规范村内建筑格局和保持风格统一，村委会全面开展农村宅基地及房屋确权登记工作，深入推进“拆旧、拓新、整漂亮”专项行动，逐步拆除渔村老旧破危房屋和海边临时搭建的违规建筑，对于村内裸房进行外观修建与整治。村委会积极引导村民深化“清沟、扫地、摆整齐”行动；开展建设美丽庭院、房前屋后整治、道路两侧绿化等活动加强村内环境建设。村党支部、村委会号召村民充分利用农作物、绿化作物、闲置建筑材料、农用器具、渔用器具等自主进行庭院与房前屋后的“微景观”创作，鼓励村民对自由菜地进行修整提升，力求整洁有序、界线分明、护栅整齐、观赏养眼；把村民的“微菜园”“微田园”打造成庭院布局协调美、植树栽花绿化美、物品摆放整齐美、屋内屋外洁净美、厨房厕所卫生美与自然低碳生态美的庭院“六美”宜居景观，形成有花养、有乡愁、有特色的“三有”庭院，使村民和民宿游客“开窗看绿、推门闻香”，形成“一户一景”的柯屿村休闲渔业特色。

4. 提高公共服务水平，提升乡村治理能力

除不断完善基础设施建设外，柯屿村还以党建品牌创建为契机，在党支部带领下不断完善公共服务范围与乡村治理能力，在公共设施、医疗卫生和社会保障等多个方面重点发力。为切实保护村民人身及财产安全，村委会健全完善人防、物防、技防结合的立体化社会治安防控体系，在村域公共范围内安装高清摄像头，配备警务室和警务人员，建设平安乡村；同时，健全渔村公共卫生和教育事业的管理体系建设，提升文化教育水平，完善基层卫生服务体系，村庄内建设了多个便民服务室，投资250余万元新建集老人活动中心、老人幸福院、村卫生所、农村书屋、村民避灾点等功能于一体的文化服务综合大楼，为美丽乡村建设打下了坚实的物质基础；在“全域风景”休闲渔业发展理念的推动下，村内建造海边公园和文化公园两处休闲公园，启动妈祖文化宫修缮、幸福塘果蔬公园、东山顶休闲区、滨海环岛路等建设项

目，倡导科学健康生活方式，打造了“宜居、宜业、宜游、宜养”的渔村新貌。村党支部和村委会持续完善统一的城乡居民社会养老保险制度，引进信息技术，强化治理体系和治理能力建设，率先利用微信公众号完善村民基本信息和社保服务信息统计和管理，使村内村民的参保率达到了96%以上。

在全面提升乡村治理能力方面，柯屿村坚持自治、法治和德治相结合的方针，完善共建共治共享的基层社会治理格局。村内成立了美丽乡村领导小组，不断强化教育引导作用，重视乡风文明建设和群众素养的提升；将对村民社会公德、职业道德、家庭美德和个人品德规范的要求充分体现到社会治安、村风民俗、邻里关系、环境卫生、村庄建设等规章制度之中，建立起完善的村规民约和乡风文明自律与他律的长效机制。村党支部通过印刷宣传海报、手册，布置宣传栏等方式，派遣思政干部宣讲等方式，大力宣传党的精神文明、乡风文明思想理念和方针政策，不断健全渔民的利益观和价值观，因村制宜建立渔民认同的道德规范体系，助推渔村文明风气的形成和整体进步。村委会通过会议、广播、悬挂横幅、宣传栏、新建墙体等多种形式，围绕“维护乡村环境卫生清洁”“乡风文明建设”“农村饮水安全”及“垃圾分类”等内容对群众进行宣传教育，以此提高渔村居民的学习意识和文明意识，引导渔民移风易俗，追求健康、向上和现代化的生活方式，鼓励村民自发为渔村发展提出建议和对策。为帮助渔民建立现代渔村，村内定期组织科学文化和先进技术培训，对服务从业人员进行统一培训与管理，全方位转变渔民传统观念，提升渔民的现代化专业素养和就业本领，增强村民乡村振兴的信心。

5. 开发特色产品，提升品牌建设

柯屿村依托先进的渔业养殖和水产品加工技术，打造生态、绿色、健康的产品，依靠当地美丽的环境和多样化的文化等优势，不断开发具有渔村海洋文化内涵和区域海洋生态特色的“新、奇、特、优”项目和产品，以满足游客的各项需求。为了能够持续乡村产业振兴的发展，把休闲渔业做大、做优、做强，村党支部和村委会在当地休闲渔业特色的打造过程中，学习厦门曾厝垵村深入挖掘民俗与美食特色、打造全域旅游渔村的先进经验，通过深度利用海洋捕捞及养殖业优势，将海域内新鲜的海产品做成特色美食，将村内传统建筑民居改造为特色民宿，打造渔村特色的就餐和居住环境；学习台湾花莲县石梯渔港打造具有自然景观与人文特色的美丽休闲渔港项目，保护与开发渔村自然景观、风俗民情、历史遗迹等，保留渔村老式建筑，将渔村特色文化融入休闲渔业中去，提升旅游文化品质；学习连江县“赶海一号”，以体验式滩涂渔业劳动带动的综合休闲渔业综合体项目的做法，将传统渔业与旅游消费相结合，打造游客捕捞海产品、划渔船、扮渔夫和参与渔业养殖等休闲方式，让游客获得体验式乐趣，成就了一个个极具市场开发价值和持续增长潜力的渔村经济增长点。村委会聘请有关专家统一规划村落空间布局，整合利用原生态资源，对村内的公路、水库、广场等基础设施进行绿色改造，建立生态环保型休闲渔业，整体打造了渔村的特色休闲渔业和多产业融合的产业格局，实现了以当地海岛特色吸引游客“来”；以多样化的就餐和民宿环境、深度的渔业体验、多方位海岛观光和特色节庆活动实现让客人“留”的经营目标。同时，村委会通过扩大渔业对外开放，积极引导和支持渔业企业开展自主品牌经营，形成了具有当地特色的地理标志水产品商标和精深加工水产品商标；以独特的海鲜商品将柯屿村的区域特色品牌与休闲渔业模式带到了更广阔的外部市场空间，产生了巨大的品牌效应和市场影响力。

如何从福建省和福州市众多渔村当中脱颖而出形成品牌差异，柯屿村同样利用了多种渠道与方式。如在营销推广方面，通过结合报纸、广告、广播等传统媒体与微博、微信、网站等新媒体强化宣传推广效果，多途径打造柯屿村渔业品牌；实行奖励政策与当地及周边具有开展旅游业务资质的旅行社进行合作，输送游客进村进行旅游消费体验活动；开展渔文化节、沙滩文化节、渔产品促销等活动，宣传推广柯屿村特色休闲渔业，提高柯屿村的对外影响力；将渔村美景、人文习俗、地方文化不断地向外传播，吸纳四方游客，增进休闲渔业与其他产业的融合和叠加，多途径打造柯屿村乡村振兴特色品牌。

第五节 总结与展望

柯屿村靠发展休闲渔业，延伸渔村产业链，实现多产业融合，推进乡村振兴的实践，具有鲜明的地域特性，对海洋渔业村的产业结构转型升级很有启示性。该村立足当地渔业产业与海岛资源的实际，为原始性资源赋能新的产业技术与形态；通过科学分析，以市场为导向，抓住机遇，创新发展思路；从海洋渔村生态禀赋和旅游产业需求对接这一理念出发，重构了海洋渔村现代化的发展路径，对同类经济体和海洋渔业村的发展有很强的启发性和示范性，其实践效果和带动效应也是十分明显的。总结其发展成果与实践经验，以下几个方面很重要。

（1）坚持把产业兴旺作为振兴渔村经济的基础，以休闲渔业为引擎，培育和形成了渔村新的产业体系，提升了价值链，激发了渔村经济转型的新动能。

（2）充分发挥海洋文化底蕴深厚的优势，抓产业的同时不忘致力于当地多元和丰富文化的保护传承和创新发展；通过深入挖掘农耕文明、海洋文化、渔村传统、进士文化和妈祖文化等文化元素，大力开发休闲游憩、娱乐观光、旅游度假、餐饮美食、科普体验、近海垂钓、渔村民宿等具有鲜明海岛特色的旅游产品和渔民生产生活方式、渔家风情民俗等非物质文化遗产，营造出传统文化与现代文明融合共生的产业基础和乡风文明氛围。

（3）对标市场需求，发展休闲渔业，对目标客户进行进精准分析与分类，设计适合不同客户群体的旅游主题和内容。

（4）坚持生态文明建设引领，通过全域规划进行新型度假项目开发与旧景点改造，将全村发展成为集生产养殖、加工销售、渔村观光、生态保育于一体的现代综合休闲渔业经济体；靠优美的渔村景观和宜人宜居的生态环境，打造福建休闲渔业品牌。

（5）在产业升级过程中，将资源和产业优势与生态宜居、乡风文明、美丽渔村建设完美结合，从渔村景致、风情、文化及风俗等要素入手，对传统渔村建筑和当地文化特色进行差异化开发和利用，加快与休闲渔业产业配套的基础设施和公共服务体系建设，按高标准休闲渔业的视野和品位，推进以综合整治村庄环境、提高渔民生活质量为核心的渔村人居环境建设。

（6）科学规划，合理投入，注重实效。柯屿村几年来为乡村振兴建设提供了多方面的财力支撑和措施保障。村内美丽乡村建设总投资达到 1 136 万元，延伸产业投资达到 5 700 万～12 800 万元。同时，积极提高公共服务水平，提升乡村治理能力，组织渔民为村内建设发展建言献策。全体村民通过兴办特色民宿、渔家乐餐饮、提供配套服务等项目增加收入，完成了渔民转型、渔村改造和渔业升级的整体性升级优化。可以说，柯屿村的探索实践十分成功，其对于渔村经济转型、探索农业农村现代化新型路径和乡村全面振兴具有十分重要的意义。

本章小结

解决海洋渔业渔村面临的新矛盾、新问题，以及其发展不平衡、不充分的短板问题，根本出路在于加快推进渔业渔村的产业转型升级，延长产业链，创新价值链，发展多产业融合，早日实现渔业渔村的全面振兴。对于这类渔村而言，应该转变发展方式，调整渔村产业结构，由完全依赖海洋渔业自然资源的开采、加工、贸易的单一产业方向，转向多元化的产业结构。

参考文献

[1] 全国人民代表大会常务委员会. 中华人民共和国农业法[M]. 北京:法律出版社,2013.

[2] 全国人民代表大会常务委员会. 中华人民共和国民法典[M]. 北京:中国法制出版社,2020.

[3] 全国人民代表大会常务委员会. 中华人民共和国乡村振兴促进法[M]. 北京:中国法制出版社,2021.

[4] 全国人民代表大会常务委员会. 中华人民共和国农民专业合作社法[M]. 北京:中国法制出版社,2018.

[5] 全国人民代表大会常务委员会. 中华人民共和国农村土地承包法[M]. 北京:中国法制出版社,2019.

[6] 全国人民代表大会常务委员会. 中华人民共和国土地管理法[M]. 北京:中国法制出版社,2020.

[7] 全国人民代表大会常务委员会. 中华人民共和国测绘法[M]. 北京:法律出版社,2017.

[8] 全国人民代表大会常务委员会. 中华人民共和国海岛保护法[M]. 北京:中国法制出版社,2010.

[9] 全国人民代表大会常务委员会. 中华人民共和国城乡规划法(2019 修正)[M]. 北京:中国法制出版社,2019.

[10] 全国人民代表大会常务委员会. 中华人民共和国环境保护法(2014 修订)[M]. 北京:中国法制出版社,2014.

[11] 全国人民代表大会常务委员会. 中华人民共和国海洋环境保护法[M]. 北京:法律出版社,2017.

[12] 全国人民代表大会常务委员会. 中华人民共和国水法[M]. 北京:中国法制出版社,2016.

[13] 全国人民代表大会常务委员会. 中华人民共和国森林法(2019修订)[M]. 北京:中国法制出版社,2019.

[14] 全国人民代表大会常务委员会. 中华人民共和国农业技术推广法[M]. 北京:法律出版社,2012.

[15] 全国人民代表大会常务委员会. 中华人民共和国大气污染防治法[M]. 北京:中国法制出版社,2018.

[16] 全国人民代表大会常务委员会. 中华人民共和国环境噪声污染防治法[M]. 北京:法律出版社,2002.

[17] 全国人民代表大会常务委员会. 中华人民共和国水污染防治法[M]. 北京:中国法制出版社,2017.

[18] 全国人民代表大会常务委员会. 中华人民共和国建筑法[M]. 北京:中国法制出版社,2019.

[19] 全国人民代表大会常务委员会. 中华人民共和国土地管理法实施条例[M]. 北京:中国法制出版社,2015.

[20] 中共中央,国务院. 关于实施乡村振兴战略的意见[EB/OL]. 2018-02-04. http://www.gov.cn/zhengce/2018-02/04/content_5263807.htm

[21] 中共中央,国务院. 乡村振兴战略规划(2018—2022年)[EB/OL]. 2018-09-26. http://www.gov.cn/zhengce/2018-09/26/content_5325534.htm

[22] 中共中央,国务院. 关于建立健全城乡融合发展体制机制和政策体系的意见[EB/OL]. 2019-05-05. http://www.gov.cn/zhengce/2019-05/05/content_5388880.htm

[23] 中共中央,国务院. 关于深入推进农业供给侧结构性改革加快培育农业农村发展新动能的若干意见[EB/OL]. 2017-02-05. http://www.gov.cn/zhengce/2017-02/05/content_5165626.htm

[24] 中共中央,国务院. 关于抓好"三农"领域重点工作确保如期实现全面小康的意见[EB/OL]. 2020-02-05. http://www.gov.cn/zhengce/2020-02/05/content_5474884.htm

[25] 中共中央,国务院. 关于坚持农业农村优先发展做好"三农"工作的若干意见[EB/OL]. 2019-02-19. http://www.gov.cn/zhengce/2019-02/19/content_5366917.htm

[26] 中共中央，国务院. 中华人民共和国国民经济和社会发展第十三个五年规划纲要[EB/OL]. 2016-03-17. http://www.gov.cn/xinwen/2016-03/17/content_5054992.htm
[27] 中共中央，国务院. 中华人民共和国国民经济和社会发展第十四个五年规划和 2035 年远景目标纲要[EB/OL]. 2021-03-13. http://www.gov.cn/xinwen/2021-03/13/content_5592681.htm
[28] 中共中央，国务院. 粤港澳大湾区发展规划纲要[EB/OL]. 2019-02-18. http://www.xinhuanet.com/politics/2019-02/18/c_1124131474.htm
[29] 中共中央，国务院. 国家新型城镇化规划(2014—2020 年)[EB/OL]. 2014-03-16. http://www.gov.cn/zhengce/2014-03/16/content_2640075.htm
[30] 中共中央，国务院. 关于建立国土空间规划体系并监督实施的若干意见[Z].（中发〔2019〕18 号），2019.
[31] 中共中央，国务院. 关于落实发展新理念加快农业现代化实现全面小康目标的若干意见[EB/OL]. 2016-01-27. http://www.gov.cn/zhengce/2016-01/27/content_5036698.htm
[32] 中共中央办公厅，国务院办公厅. 关于加强和改进乡村治理的指导意见[EB/OL]. 2019-06-23. http://www.gov.cn/zhengce/2019-06/23/content_5402625.htm
[33] 中共中央办公厅，国务院办公厅. 关于促进小农户和现代农业发展有机衔接的意见[EB/OL]. 2019-02-21. http://www.gov.cn/zhengce/2019-02/21/content_5367487.htm
[34] 中国共产党中央委员会. 中国共产党农村工作条例[EB/OL]. 2019-09-01. http://www.gov.cn/zhengce/2019-09/01/content_5426319.htm
[35] 习近平. 决胜全面建成小康社会 夺取新时代中国特色社会主义伟大胜利——在中国共产党第十九次全国代表大会上的报告[EB/OL]. 2017-10-27. http://cpc.people.com.cn/19th/n1/2017/1027/c414395-29613458.html
[36] 习近平. 在全国脱贫攻坚总结表彰大会上的讲话[EB/OL]. 2021-02-25. https://www.ccps.gov.cn/xtt/202102/t20210225_147575.shtml
[37] 中共中央，国务院. 关于推进社会主义新农村建设的若干意见[Z].（中发〔2006〕1 号），2015.

[38] 国务院办公厅. 全国农业现代化规划(2016—2020 年)[Z]. (国发〔2016〕58 号),2017.

[39] 国务院办公厅. 关于促进乡村产业振兴的指导意见[Z]. (国发〔2019〕12 号),2019.

[40] 国务院办公厅. 关于印发全国国土规划纲要(2016—2030 年)的通知[Z]. (国发〔2017〕3 号),2017.

[41] 国务院办公厅. 关于切实加强高标准农田建设提升国家粮食安全保障能力的意见[Z]. (国办发〔2019〕50 号),2019.

[42] 国务院办公厅. 关于切实加强高标准农田建设提升国家粮食安全保障能力的意见[Z]. (国办发〔2019〕50 号), 2019.

[43] 国务院办公厅. 关于推进奶业振兴保障乳品质量安全的意见[Z]. (国办发〔2018〕43 号),2015.

[44] 国务院办公厅. 建设项目环境保护管理条例[Z]. (国务院令第 253 号),2017.

[45] 国务院办公厅. 畜禽规模养殖污染防治条例[Z]. (国务院令第 643 号),2013.

[46] 科技部,农业农村部,水利部,等. 国家农业科技园区管理办法[Z]. (国科发农〔2020〕173 号),2020.

[47] 科技部,农业部,水利部,等. 国家农业科技园区发展规划(2018—2025 年)[Z]. (国科发农〔2018〕30 号), 2018.

[48] 国家发展改革委员会. 2019 年新型城镇化建设重点任务[Z].(发改规划〔2019〕617 号),2019.

[49] 国家发展改革委员会. 关于培育发展现代化都市圈的指导意见[Z]. (发改规划〔2019〕328 号),2019.

[50] 财政部. 关于发布实施《国家农业综合开发高标准农田建设规划》的通知[Z]. (财发〔2013〕4 号),2013.

[51] 财政部. 关于开展田园综合体建设试点工作的通知[Z]. (财办〔2017〕29 号),2017.

[52] 财政部. 关于深入推进农业领域政府和社会资本合作的实施意见[Z]. (财金〔2017〕50 号),2017.

[53] 财政部. 关于做好 2018 年农业综合开发产业化发展项目申报工作的通知[Z]. (国农办〔2017〕21 号),2017.
[54] 住房城乡建设部. 传统村落保护发展规划编制基本要求(试行)[Z]. (建村〔2013〕130 号),2013.
[55] 住房城乡建设部. 关于村庄整治工作的指导意见[Z]. (建村〔2005〕174 号), 2006.
[56] 住房城乡建设部. 关于改革创新、全面有效推进乡村规划工作的指导意见[Z]. (建村〔2015〕187 号),2015.
[57] 住房城乡建设部. 村镇规划编制办法[Z]. (建村〔2013〕188 号),2013.
[58] 住房城乡建设部. 关于做好 2013 年中国传统村落保护发展工作的通知[Z]. (建村〔2013〕102 号),2013.
[59] 自然资源部办公厅. 关于加强村庄规划促进乡村振兴的通知[Z]. (自然资办发〔2019〕35 号),2019.
[60] 自然资源部办公厅. 关于加强村庄规划促进乡村振兴的通知[Z]. (自然资办发〔2019〕35 号),2019.
[61] 农业农村部,生态环境部,自然资源部,等. 关于加快推进水产养殖业绿色发展的若干意见[Z]. (农渔发〔2019〕1 号),2019.
[62] 农业农村部,国家发展改革委,科技部,等. 全国农业可持续发展规划(2015—2030 年)[Z]. (农计发〔2020〕145 号),2015.
[63] 农业农村部,国家发展改革委,科技部,等. 关于进一步促进奶业振兴的若干意见[Z]. (农牧发〔2018〕18 号),2018.
[64] 农业农村部办公厅. 2019 年全国耕地质量等级情况公报[Z]. (农业农村部公报〔2020〕1 号),2020.
[65] 河南省人民政府. 河南省国民经济和社会发展第十三个五年规划纲要[Z]. (豫政〔2016〕22 号), 2016.
[66] 河南省人民政府. 河南省“十三五”农业和农村经济发展规划[Z]. (豫政办〔2016〕227 号),2016.
[67] 河南省人民政府. 河南省粮食生产核心区建设规划(2008—2020 年)[Z]. (豫政〔2010〕50 号),2010.
[68] 山西省人民政府. 关于加快有机旱作农业发展的实施意见[Z]. (晋政发

〔2017〕47 号),2017.

[69] 广东省人民政府. 广东省国民经济和社会发展第十三个五年规划纲要[Z]. (粤府〔2016〕35 号),2018.

[70] 内蒙古自治区人民政府. 关于印发《内蒙古自治区农牧业现代化第十三个五年发展规划》的通知[Z].(内政办发〔2017〕10 号),2017.

[71] 广西壮族自治区人民政府办公厅. 关于加快推进广西现代特色农业高质量发展的指导意见[Z]. (桂政发〔2019〕7 号),2019.

[72] 广西壮族自治区人民政府办公厅. 关于印发广西现代特色农业(核心)示范区建设管理暂行办法的通知[Z]. (桂政办发〔2014〕107 号),2014.

[73] 广西壮族自治区人民政府办公厅. 关于印发西部大开发"十三五"规划广西实施方案的通知[Z]. (桂政办发〔2017〕179 号),2017.

[74] 广西壮族自治区人民政府办公厅. 关于印发广西现代生态养殖"十三五"规划的通知[Z]. (桂政办发〔2016〕175 号),2016.

[75] 广西壮族自治区人民政府办公厅. 关于印发广西县域经济发展"十三五"规划的通知[Z]. (桂桂政办发〔2016〕133 号),2016.

[76] 广西壮族自治区人民政府办公厅. 关于印发广西田园综合体创建方案的通知[Z]. (桂政办发〔2017〕183 号),2017.

[77] 广西壮族自治区人民政府办公厅. 关于加快县域特色旅游发展的实施意见[Z]. (桂政办发〔2017〕93 号),2017.

[78] 福建省农业厅. 关于大力实施乡村振兴战略加快建设特色现代农业的意见[Z]. (闽农综〔2018〕1 号),2018.

[79] 平顶山市人民政府. 平顶山市国民经济和社会发展第十三个五年规划纲要[Z]. (平政〔2016〕16 号),2016.

[80] 长治市人民政府. 关于同意长治市创建全国绿色有机旱作农业示范市的通知[Z]. (晋政办函〔2017〕119 号),2018.

[81] 长治市人民政府. 长治市创建全国绿色有机旱作农业示范市实施方案[Z]. (长政发〔2018〕16 号), 2018.

[82] 长治市人民政府. 长治市创建全国绿色有机旱作农业封闭示范区建设实施方案[Z]. (长政办发〔2018〕6 号),2018.

[83] 长治市人民政府. 长治市推进全国绿色有机旱作农业示范市创建 2018 年

行动计划[Z].(长政办发〔2018〕41 号),2018.
[84] 长治市人民政府. 关于建立全市推进绿色有机旱作农业示范市和封闭示范区创建工作督查制度的通知[Z].(长政办发〔2018〕48 号),2018.
[85] 佛山市人民政府. 关于印发佛山市城市治理三年行动计划的通知[Z].(佛府〔2017〕27 号),2017.
[86] 佛山市人民政府. 广东省佛山市国家森林城市建设总体规划(2012—2022年)[Z].(佛府〔2015〕64 号),2015.
[87] 广东省建设厅. 关于开展村庄整治工作的实施意见[Z].(粤建规字〔2006〕73 号),2006.
[88] 广东省住房和城乡建设厅. 广东省村庄规划编制指引(试行)[Z].(粤建村〔2018〕169 号),2018.
[89] 广东省住房和城乡建设厅.广东省村容村貌整治提升工作指引[Z].(粤建村〔2018〕119 号),2018.
[90] 广西壮族自治区国土资源厅. 广西壮族自治区土地整治办法[Z].(广西壮族自治区人民政府令第 116 号), 2016.
[91] 广西壮族自治区农业农村厅,广西壮族自治区财政厅. 关于印发广西壮族自治区 2019 年农机深松深耕整地作业补助试点工作实施方案的通知[Z].(桂农厅发〔2019〕110 号),2019.
[92] 广西壮族自治区农业农村厅. 关于印发 2017 年广西新型职业农民培育工程项目实施方案的通知[Z].(桂农业发〔2017〕55 号),2017.
[93] 广西壮族自治区财政厅. 关于开展 2018 年政策性农业保险工作的通知[Z].(桂财金〔2018〕1 号),2018.
[94] 广西壮族自治区南宁市发展和改革委员会. 关于印发南宁市“十三五”新型城镇化规划(2016—2020)的通知[Z].(南府发〔2017〕1 号),2017.
[95] 资溪县发展和改革委员会. 关于印发《资溪县“信用＋多种经营权抵押贷款”推进生态产品价值实现实施方案》的通知[Z].(资信用办字〔2020〕1 号),2020.
[96] 习近平. 决胜全面建成小康社会夺取新时代中国特色社会主义伟大胜利[N]. 人民日报,2017-10-28(001).
[97] 习近平. 在改革开放 40 周年庆祝大会上的讲话[N]. 人民日报,2018-12-

19(001).

[98] 黄群慧. 新中国 70 年工业化进程的历史性成就与经验[N]. 光明日报，2019-07-09(11).

[99] 毛中明. 从脱贫攻坚到乡村振兴应做好“五个衔接”[N]. 光明日报,2021-01-12(02).

[100] 左坤. 以市民农庄为抓手的城乡一体化建设可作为当前深化农村改革的重要方向[N] .中国经济导报,2016-01-22(B05).

[101] 韩长赋. 关于实施乡村振兴战略的几个问题[N]. 农民日报，2019-3-3(001).

[102] 王东宾. 将乡村振兴与精准脱贫有机衔接[N]. 中国城乡金融报,2018-03-21(B03).

[103] 叶蔺,覃志勇,樊亚明,等. 上林县多措并举坚决打赢脱贫攻坚战[N]. 南宁日报,2019-10-17(06).

[104] 戚本超,景体华. 区域蓝皮书:中国区域经济发展报告(2010—2011)[R]. 北京:社会科学文献出版社,2011.

[105] 李经谋. 2020 中国粮食市场发展报告[R]. 北京：中国财政经济出版社,2020.

[106] 中国农村技术开发中心. 国家农业科技园区创新能力评价报告 2014[R]. 北京:科学技术文献出版社,2016.

[107] 严鹏. 简明中国工业史(1815—2015)[M]. 北京:电子工业出版社,2018.

[108] 张培刚. 农业与工业化[M]. 北京:中国人民大学出版社,2014.

[109] 朱玉湘. 中国近现代史论丛[M]. 济南:山东大学出版社,2006.

[110] 汪海波. 新中国工业经济史[M]. 北京:经济管理出版社,2017.

[111] 王骏. 毛泽东与中国工业化[M]. 福州:福建教育出版社,2001.

[112] 薄一波.若干重大决策与事件的回顾(上卷)[M]. 北京:中共中央党校出版社,1991.

[113] 高伯文. 中国共产党与中国特色工业化道路[M]. 北京:中央编译出版社,2008.

[114] 中共中央文献室. 关于建国以来党的若干历史问题的决议注释本[M]. 北京:人民出版社,1983.

[115] 黄群慧，李芳芳. 中国工业化进程报告(1995—2015)[M]. 北京：社会科学文献出版社，2017.

[116] 金碚. 大国筋骨——中国工业化65年历程与思考[M]. 广州：广东经济出版社，2015.

[117] 林毅夫. 制度、技术与中国农业发展[M]. 上海：上海人民出版社，2005.

[118] 蔡昉. 四十不惑：中国改革开放发展经验分享[M]. 北京：中国社会科学出版社，2018.

[119] 梁漱溟. 乡村建设理论[M]. 上海：上海人民出版社，2011.

[120] 韩俊，吴宏耀，丁丽丽. 实施乡村振兴战略五十题[M]. 北京：人民出版社，2018.

[121] 温铁军，张孝德. 乡村振兴十人谈：乡村振兴战略深度解读[M]. 南昌：江西教育出版社，2018.

[122] 规划实施协调推进机制办公室. 乡村振兴战略规划实施报告(2018—2019年)[M]. 北京：中国农业出版社，2020.

[123] 王宏广. 中国粮食安全战略与对策[M]. 北京：中信出版社，2020.

[124] 苟文峰，赵炜科，邹於娟. 乡村振兴的理论、政策与实践研究[M]. 北京：中国经济出版社，2019.

[125] 郑鑫. 传统村落保护研究：以江西省湖洲村为例[D]. 北京：北京建筑大学，2014.

[126] 段进，龚恺，陈晓东，等. 世界文化遗产西递古村落空间解析[M]. 南京：东南大学出版社，2006.

[127] 蒋和平. 建设中国现代农业的思路与实践[M]. 北京：中国农业出版社，2009.

[128] 邓启明. 基于循环经济的现代农业研究[M]. 杭州：浙江大学出版社，2007.

[129] 冯海发. 农业可持续发展的理论与实践[M]. 北京：新华出版社，2006.

[130] 韩长赋. 大力实施乡村振兴战略　党的十九大报告辅导读本[M]. 北京：人民出版社，2017.

[131] 张晓山. 新中国农村60年的发展与变迁[M]. 北京：人民出版社，2009.

[132] 投资项目可行性研究指南编写组. 投资项目可行性研究指南[M]. 北京：

中国电力出版社,2014.
[133] 国家发展改革委建设部. 建设项目经济评价方法与参数(第三版)[M]. 北京:中国计划出版社,2006.
[134] 农业农村部渔业渔政管理局. 2020 中国渔业统计年鉴[M]. 北京:中国农业出版社. 2020.
[135] 鲁道夫·吕贝尔特. 工业化史[M]. 戴钟鸣译. 上海:上海译文出版社,1983.
[136] 西奥多·W.舒尔茨. 改造传统农业[M]. 梁小民译. 北京:商务印书馆,1987.
[137] 速水佑次郎,弗农·拉坦. 农业发展的国际分析[M]. 北京:中国社会出版社,2000.
[138] R.麦克法夸乐,费正清. 剑桥中华人民共和国史[M]. 俞金尧,等译. 北京:中国社会科学出版社,1990.
[139] 吉尔伯特·罗兹曼. 中国的现代化[M]. 国家社会科学基金"比较现代化"课题组译. 南京:江苏人民出版社,2010.
[140] 巴里·诺顿. 中国经济:转向与增长[M]. 安佳译. 上海:上海人民出版社,2010.
[141] 大野健一. 学会工业化——从给予式增长到价值创造[M]. 陈经纬译. 北京:中信出版社, 2015.
[142] 晖峻众三. 日本农业 150 年(1850—2000 年)[M]. 胡浩译. 北京:中国农业大学出版社,2011.
[143] Watson G B, Bentley I. Identity by Design[M]. London: Routledge, 2007.
[144] Knapp D. The Brand Promise[M]. New York: McGraw-Hill, 2001.
[145] 王瑞波,陈琼,肖红波,等. 世界"三化"同步及对中国的启示[J]. 世界农业,2012(05):1-10.
[146] 傅泽田,张海瑜,张鹏,等.乡村振兴与农业工程学科创新[J].农业工程学报,2021,37(10):299-306.
[147] 任保平,钞小静. 世界工业化发展的趋势及中国新型工业化道路的定位[J]. 山西师大学报(社会科学版),2006,33(3):18-24.

［148］高伯文．中国特色工业化道路对世界传统工业化道路的双重超越［J］．东南学术，2006(03)：04-10．

［149］黄群慧，李晓华．中国工业发展“十二五”评估及“十三五”战略［J］．中国工业经济，2015(09)：5-20．

［150］刘伟，蔡志洲．我国工业化进程中的产业结构升级与新常态下的经济增长［J］．北京大学学报(哲学社会科学版)，2015(3)：5-19．

［151］黄群慧．“十四五”时期深化中国工业化进程的重大挑战与战略选择［J］．中共中央党校(国家行政学院)学报，2020，24(02)：5-16．

［152］曹斌．乡村振兴的日本实践：背景、措施与启示［J］．中国农村经济，2018(08)：117-129．

［153］邱春林．国外乡村振兴经验及其对中国乡村振兴战略实施的启示——以亚洲的韩国、日本为例［J］．天津行政学院学报，2019，21(01)：81-88．

［154］曹斌．小农生产的出路：日本推动现代农业发展的经验与启示［J］．农村经济，2017(12)：121-128．

［155］贺雪峰．关于实施乡村振兴战略的几个问题［J］．南京农业大学学报：社会科学版，2018，18(03)：19-26．

［156］叶兴庆．新时代中国乡村振兴战略论纲［J］．改革，2018(01)：65-73．

［157］唐任伍．新时代乡村振兴战略的实施路径及策略［J］．人民论坛·学术前沿，2018(02)：26-33．

［158］郑有贵．历史逻辑视域下乡村振兴战略的目标定位［J］．中共党史研究，2019(07)：13-17，35．

［159］杜鹰．中国的粮食安全战略(上)［J］．农村工作通讯，2020(21)：35-38．

［160］杜鹰．中国的粮食安全战略(下)［J］．农村工作通讯，2020(22)：17-21．

［161］姜长云．我国粮食生产的现状和中长期潜力［J］．经济研究参考，2009(15)：16-30．

［162］程国强，朱满德．中国粮食宏观调控的现实状态与政策框架［J］．改革，2013(01)：18-34．

［163］蒋霞．我国粮食安全和“三农问题”研究［J］．山西农业科学，2014，42(08)：771-785，791．

［164］贾贵浩．粮食主产区利益补偿机制的创新与完善［J］．内蒙古社会科学

(汉文版),2012,33(01):101-105.

[165] 蒋黎,朱福守. 我国主产区粮食生产现状和政策建议[J]. 农业经济问题,2015,36(12):17-24,110.

[166] 张丹荣,梁剑峰,陈锐锋. 基于SWOT分析的山西农谷科技发展战略研究[J]. 经济问题,2020(05):95-104.

[167] 孟先文,薛占金. 山西省特色农产品发展战略研究[J]. 山西农业科学,2013,41(03):294-298.

[168] 王鑫,魏旺拴,贾璟琪. 山西乡村振兴战略的路径分析与对策研究[J]. 南方农业,2018,12(26):104-106,112.

[169] 唐小翠. 特色农产品品牌建设与乡村振兴战略[J]. 广西师范学院学报(哲学社会科学版),2019,40(03):104-108.

[170] 陈亮亮,刘养洁. 基于钻石模型的山西特色农产品竞争力分析[J]. 山西农业大学学报,2010,09(03):346-349.

[171] 山仑. 旱地农业技术发展趋向[J]. 中国农业科学,2002(07):848-855.

[172] 钱永忠,陈松,邓玉. 我国有机农业发展的时代特征与对策研究[J]. 农产品质量与安全,2020(01):8-11.

[173] 叶兴庆. 新时代中国乡村振兴战略论纲[J]. 改革,2018(1):65-73.

[174] 赵建军,杨博. "绿水青山就是金山银山"的哲学意蕴与时代价值自然辩证法研究[J]. 环境保护,2015,31(12):104-109.

[175] 于开红,付宗平,李鑫. 深度贫困地区的"两山困境"与乡村振兴[J]. 农村经济,2018(09):16-21.

[176] 齐骥. "两山"理论在乡村振兴中的价值实现及文化启示[J]. 山东大学学报(哲学社会科学版),2019(05):145-155.

[177] 赵大伟. 中国绿色农业发展的动力机制及制度变迁研究[J]. 农业经济问题,2012,33(11):72-78,111.

[178] 姜春云. 走绿色有机农业之路[J]. 求是,2010(18):51-54.

[179] 何广庆,黄华. 观光农业发展中新农村景观设计的应用研究——以宜昌市"美丽乡村"建设主题为例[J]. 农业现代化研究,2016,37(2):352-359.

[180] 卢黎歌,吕广利,高如. 县域农产品品牌传播力评价与提升[J]. 西北农林科技大学学报(社会科学版),2020,20(6):154-160.

[181] 马向阳，白丽群，杨颂．区域品牌的文化认同及内群体偏好的口碑传播效应研究[J]．软科学，2016，30(1)：105-109，119．

[182] 刘宇飞，毛端谦．红色旅游地品牌个性对游客忠诚度影响研究——以游客满意度为中介变量[J]．旅游研究，2018，10(4)：37-46．

[183] 陈锡文．实施乡村振兴战略，推进农业农村现代化[J]．中国农业大学学报(社会科学版)，2018，35(1)：5-12．

[184] 李国祥．实现乡村产业兴旺必须正确认识和处理的若干重大关系[J]．中州学刊，2018(1)：32-38．

[185] 曾福生，蔡保忠．以产业兴旺促湖南乡村振兴战略的实现[J]．农业现代化研究，2018，39(2)：179-184．

[186] 王丽丽，严春晓，赵帮宏．国外农产品品牌培育经验借鉴[J]．世界农业，2017(9)：21-27．

[187] 李雪欣，李海鹏．中国品牌定位理论研究综述[J]．辽宁大学学报(哲学社会科学版)，2012，40(3)：100-106．

[188] 王保利，常颖．论农产品品牌文化的塑造与传播——以"陕西苹果"为例[J]．农业现代化研究，2007，28(4)：446-449．

[189] 孔祥智，卢洋啸．建设生态宜居美丽乡村的五大模式及对策建议——来自5省20村调研的启示[J]．经济纵横，2019(01)：19-28．

[190] 纪志耿．当前美丽宜居乡村建设应坚持的"六个取向"[J]．农村经济，2017(05)：79-83．

[191] 孔祥智．生态宜居是实现乡村振兴的关键[J]．中国国情国力，2018(11)：6-9．

[192] 雷若欣．乡村振兴战略的"五大要求"与实施路径[J]．人民论坛·学术前沿，2018(05)：67-71．

[193] 杨娟，郑秀国，吴子平，等．都市农业区发展特征与实现乡村振兴的对策措施研究[J]．农业现代化研究，2019，40(02)：181-188．

[194] 孟召娣，郝汉，蒋和平，等．城乡要素合理配置带动都市农业发展模式研究[J]．农业现代化研究，2019，40(01)：18-25．

[195] 季羿宇，肖萌．基于城乡融合发展的乡村振兴策略研究——以东京市郊为例[J]．小城镇建设，2019，37(09)：41-46，53．

[196] 何景师. 基于城乡融合、产城融合双重视角的大湾区三农问题及对策[J]. 惠州学院学报,2020,40(04):63-68.

[197] 刘彦随. 中国新时代城乡融合与乡村振兴[J]. 地理学报, 2018, 36(4): 637-650.

[198] 王东, 王木森. 新时代乡村振兴战略实施的共享理路[J]. 西北农林科技大学学报(社会科学版), 2019, 19(3):1-9.

[199] 赵毅,张飞,李瑞勤. 快速城镇化地区乡村振兴路径探析——以江苏苏南地区为例[J]. 城市规划学刊,2018,(02):98-105.

[200] 杨嵘均. 论新型城镇化与乡村振兴战略的内在张力、政策梗阻及其规避[J]. 南京农业大学学报(社会科学版),2019,19(05):24-32,155.

[201] 韩俊. 乡村振兴与城镇化不是非此即彼的关系[J] . 环境经济,2018(05):32-33.

[202] 刘玉,任艳敏,潘瑜春,等. 面向乡村振兴战略的乡村发展格局及其分区研究[J]. 农业工程学报,2019,35(12):281-289.

[203] 何仁伟. 城乡融合与乡村振兴:理论探讨、机理阐释与实现路径[J]. 地理研究,2018,37(11):2127-2140.

[204] 韩小鹏,殷加辉,宋一弘. 论市民与农村的深度融合——解决"三农"问题的可选之路[J]. 中国市场,2018(01):26-27,32.

[205] 刘春芳,张志英. 从城乡一体化到城乡融合:新型城乡关系的思考[J]. 地理科学,2018,38(10):1624-1633.

[206] 李伯华, 刘沛林, 窦根娣,等. 中国传统村落人居环境转型发展及其研究进展[J]. 地理研究,2017,36(10):1886-1990.

[207] 范建华. 乡村振兴战略的时代意义[J]. 行政管理改革,2018(02):148-150.

[208] 廖军华. 乡村振兴视域的传统村落保护与开发[J]. 改革,2018(04):130-139.

[209] 刘馨秋,王思明. 中国传统村落保护的困境与出路[J]. 中国农史,2015,34(04):99-110.

[210] 黄震方,黄睿. 城镇化与旅游发展背景下的乡村文化研究:学术争鸣与研究方向[J]. 地理研究,2018,37(02):233-249.

[211] 萧放. 民俗传统与乡村振兴[J]. 西南民族大学学报(人文社科版),2019,40(05):28-36.

[212] 吕宾. 乡村振兴视域下乡村文化重塑的必要性、困境与路径[J]. 求实,2019(02):97-108,112.

[213] 谢玲红,吕开宇,夏英. 乡村振兴视角下农业科技园区绩效评价及提升方向——以106个国家农业科技园区为例[J]. 中国科技论坛,2019(09):162-172.

[214] 吴圣,吴永常,陈学渊. 我国农业科技园区发展:阶段演变、面临问题和路径探讨[J]. 中国农业科技导报,2019,21(12):1-7.

[215] 黄修杰,何淑群,黄丽芸. 国内外现代农业园区发展现状及其研究综述[J]. 广东农业科学,2010,37(07):289-293.

[216] 蒲实,袁威. 推进乡村振兴应高度重视农业"三园"建设存在的问题[J]. 农村经济,2018,(03):5-10.

[217] 盛方富,马回,田水连. 我国乡村发展历程及未来政策走向研究——基于对20个中央"一号文件"的研究[J]. 农业考古,2019(01):246-250.

[218] 刘伟. 习近平新时代中国特色社会主义经济思想的内在逻辑[J]. 经济研究,2018,53(05):4-13.

[219] 阮文彪. 小农户和现代农业发展有机衔接——经验证据、突出矛盾与路径选择[J]. 中国农村观察,2019(01):15-32.

[220] 习近平. 健全城乡发展一体化体制机制让广大农民共享改革发展成果[J]. 中国党政干部论坛,2015(06):1.

[221] 叶兴庆. 新时代中国乡村振兴战略论纲[J]. 改革,2018(1):65-73.

[222] 张海鹏,郜亮亮,闫坤. 乡村振兴战略思想的理论渊源、主要创新和实现路径[J]. 中国农村经济,2018(11):2-16.

[223] 张挺,李闽榕,徐艳梅. 乡村振兴评价指标体系构建与实证研究[J]. 管理世界,2018,34(08):99-105.

[224] 豆书龙,叶敬忠. 乡村振兴与脱贫攻坚的有机衔接及其机制构建[J]. 改革,2019(01):19-29.

[225] 左停,刘文婧,李博. 梯度推进与优化升级:脱贫攻坚与乡村振兴有效衔接研究[J]. 华中农业大学学报(社会科学版),2019(05):21-28,165.

[226] 孙久文,唐泽地. 中国特色的扶贫战略与政策[J]. 西北师大学报(社会科学版),2017,54(02):5-12.

[227] 黄承伟. 论习近平新时代中国特色社会主义扶贫思想[J]. 南京农业大学学报(社会科学版),2018(03):12-18,152.

[228] 徐虹,王彩彩. 乡村振兴战略下对精准扶贫的再思考[J]. 农村经济,2018(03):11-17.

[229] 张军. 乡村价值定位与乡村振兴[J]. 中国农村经济,2018(01):2-10.

[230] 王树欣,张耀光. 国外海岛旅游开发经验对我国的启示[J]. 海洋开发与管理,2008(11):103-108.

[231] 林巧,张信国,肖威. 绿色渔业视角下海岛渔村振兴路径研究——以舟山市为例[J]. 浙江海洋大学学报(人文科学版),2018,35(05):25-29,41.

[232] 刘龙,王良. 实施渔村振兴:借鉴、路径与政策[J]. 海洋开发与管理,2019,36(08):36-41.

[233] 江晶. 国家现代农业示范区运行机制与发展模式研究[D]. 中国农业科学院,2013.

[234] 苑野. 长治市特色农产品产业化发展研究[D]. 内蒙古农业大学,2014.

[235] 中共中央,国务院. 农村人居环境整治三年行动方案[EB/OL]. 2018-02-05. http://www.gov.cn/zhengce/2018-02/05/content_5264056.htm

[236] 国务院新闻办. 介绍"十三五"时期农业农村发展主要成就有关情况[EB/OL]. 2019-02-21. http://www.gov.cn/xinwen/2020-10/27/content_5555058.htm

[237] 农业农村部. 关于做好当前农田建设管理工作的通知[EB/OL]. 2018-11-20. http://www.moa.gov.cn/nybgb/2018/201811/201901/t20190102_6165944.htm

[238] 农业农村部发展规划司. 2020 年农业农村绿色发展工作要点[EB/OL]. 2020-03-02. http://www.moa.gov.cn/govpublic/FZJHS/202003/t20200304_6338164.htm

[239] 农业农村部,国家发展改革委,科技部等. 全国农业可持续发展规划(2015-2030 年)[EB/OL]. 2015-06-28. http://www.moa.gov.cn/nybgb/2015/liu/201712/t20171219_6103855.htm

[240] 农业农村部. 关于加快发展休闲农业的指导意见[EB/OL]. 2017-11-28. http://www.moa.gov.cn/nybgb/2016/dijiuqi/201711/t20171128_5921921.htm

[241] 农业农村部. 关于大力实施乡村振兴战略加快推进农业转型升级的意见[EB/OL]. 2018-02-13. http://www.moa.gov.cn/xw/zwdt/201802/t20180213_6137182.htm

[242] 农业农村部. 全国草食畜牧业发展规划(2016—2020 年)[EB/OL]. 2017-11-30. http://www.moa.gov.cn/nybgb/2016/dibaqi/201712/t20171219_6102799.htm

[243] 国家发展和改革委员会. 全国高标准农田建设总体规划[EB/OL]. 2013-12-09. https://www.ndrc.gov.cn/fzggw/jgsj/njs/sjdt/201312/P020191101560721899254.pdf

[244] 习近平. 在全国脱贫攻坚总结表彰大会上的讲话[EB/OL]. 2021-02-25. http://www.gov.cn/gongbao/content/2021/content_5591398.htm

[245] 习近平. 在经济社会领域专家座谈会上的讲话[EB/OL]. 2020-08-24. http://www.gov.cn/xinwen/2020-08/24/content_5537091.htm

[246] 国家统计局. 新常态新战略新发展——"十二五"时期我国经济社会发展成就斐然[EB/OL]. 2015-10-13. http://www.stats.gov.cn/tjsj/zxfb/201510/t20151013_1255154.html

[247] 国家统计局. 波澜壮阔四十载,民族复兴展新篇——改革开放 40 年经济社会发展成就系列报告之一[EB/OL]. 2018-08-27. http://www.stats.gov.cn/ztjc/ztfx/ggkf40n/201808/t20180827_1619235.html

[248] 国家统计局. 扶贫开发持续强力推进脱贫攻坚取得历史性重大成就——新中国成立 70 周年经济社会发展成就系列报告之十五[EB/OL]. 2019-08-12. http://www.stats.gov.cn/tjsj/zxfb/201908/t20190812_1690526.html

[249] 新华社. 习近平在山西考察工作时强调扎扎实实做好改革发展稳定各项工作为党的十九大胜利召开营造良好环境[EB/OL]. 2017-06-23 http://www.xinhuanet.com/politics/2017-06/23/c_1121201410.htm.

[250] 中共河南省委,河南省人民政府. 关于坚持农业农村优先发展深入推进

乡村振兴战略的意见[EB/OL]. 2019-03-01. http://www.henan.gov.cn/2019/03-01/736058.html

[251] 王代强. 2020 年宝丰县政府工作报告[EB/OL]. 2020-08-05. http://www.baofeng.gov.cn/contents/16454/5433.html

[252] 长治市农业委员会. 关于扎实做好 2018 年农业农村重点工作的安排意见[EB/OL]. 2018-09-28. http://www.changzhi.gov.cn/xxgkml/szfgzbm/snywyh/bmxx_246/201810/t20181017_1426274.shtml

[253] 长治市人民政府办公厅. 关于促进粮食产业经济发展的实施意见(长政办发[2018] 55 号)[EB/OL]. 2018-07-09. http://www.changzhi.gov.cn/xxgkml/szfgzbm/snywyh/bmxx _ 246/201810/t20181017 _ 1426274.shtml

[254] 长治市地方志办公室. 2020 年长治年鉴[EB/OL]. 2021-03-31. http://www.dfzbgs.changzhi.gov.cn/zznj/cznj2020/202103/t20210331 _ 2305889.html

[255] 长治市统计局. 长治市 2020 年国民经济和社会发展统计公报[EB/OL]. 2021-04-15. http://www.changzhi.gov.cn/sjb/ggsj/tjgb _ 13372/202104/t20210425_2316915.shtml

[256] 杨勤荣. 2021 年长治市人民政府工作报告[EB/OL]. 2021-03719. http://www.shanxi.gov.cn/szf/zfgzbg/szfgzbg _ 2208/202103/t20210319 _ 883433.shtml

[257] 资溪县林业局. 关于加强森林资源保护和林业生态建设的决议[EB/OL]. 2015710-26. http://www.zixi.gov.cn/art/2015/10/26/art_5334_1835087.html

[258] 新华网. 架起“绿水青山”通达“金山银山”的桥梁——江西资溪县探索生态产品价值实现路径[EB/OL]. 2020-10-16. http://www.jx.xinhuanet.com/2020-10/16/c_1126619183.htm

[259] 资溪县人民政府. 资溪县把绿水青山转化为金山银山[EB/OL]. 2019-09-20. http://www.zixi.gov.cn/art/2019/9/20/art_1823_3209349.html

[260] 资溪县统计局. 2019 年资溪县国民经济和社会发展统计公报[EB/OL]. 2021-01-07. http://www.zixi.gov.cn/art/2021/1/7/art_5334_3624532.html

[261] 吴淑琴. 2021年资溪县政府工作报告[EB/OL]. 2021-03-09. http://www.zixi.gov.cn/art/2021/3/29/art_15687_3665971.html
[262] 三水区地方志办公室. 三水年鉴2020[EB/OL]. 2021-04-07. http://www.ss.gov.cn/attachment/0/171/171901/4756087.pdf
[263] 三水区统计局. 2020年佛山市三水区国民经济和社会发展统计公报[EB/OL]. 2021-04-02. http://www.changzhi.gov.cn/sjb/ggsj/tjgb_13372/202104/t20210425_2316915.shtml
[264] 广东省人民政府. 广东省推进粤港澳大湾区建设三年行动计划(2018—2020年)[EB/OL]. 2019-07-05. http://www.cnbayarea.org.cn/homepage/news/content/post_170138.html
[265] 广东省委,省政府.广东省实施乡村振兴战略规划(2018—2022年)[EB/OL]. 2019-07-31. http://drc.gd.gov.cn/fzgh5637/content/post_2575321.html
[266] 佛山市人民政府. 佛山市生态建设规划(2012—2020年)[EB/OL]. 2018-11-22. http://www.ss.gov.cn/fssssthjj/gkmlpt/content/2/2625/post_2625040.html#4322
[267] 佛山市人民政府. 佛山市自然生态文明建设专项规划(2017—2028)[EB/OL]. 2018-11-16. http://www.ss.gov.cn/fssscgj/gkmlpt/content/2/2201/post_2201556.html#2788
[268] 南宁市统计局. 2019年南宁统计年鉴[EB/OL]. 2020-04-20. http://tj.nanning.gov.cn/tjsj/tjnj/t4295311.html
[269] 南宁市统计局. 2019年南宁市国民经济发展统计公报[EB/OL]. 2020-04-26. http://tj.nanning.gov.cn/tjsj/tjgb/t4303381.html
[270] 南宁市自然资源局. 南宁市城市总体规划(2011—2020)[EB/OL]. 2012-12-25. http://zrzyj.nanning.gov.cn/zwgk_57/xxgk/ghgl/ghzs/ztgh/t4159366.html
[271] 南宁市自然资源局. 青秀区刘圩镇总体规划(2007—2020)[EB/OL]. 2012-12-25. http://zrzyj.nanning.gov.cn/zwgk_57/xxgk/ghgl/ghzs/ztgh/t4164255.html
[272] 青秀区人民政府. 南宁市青秀区国民经济和社会发展第十三个五年规划

纲要完成情况[EB/OL]. 2019-11-20. http://www.qingxiu.gov.cn/gongkai/xxgkml/jcxxgk/ghjh/fzgh/t4033652.html

[273] 漳平市统计局. 2020年漳平市统计年鉴[EB/OL]. 2020-11-23. http://www.zp.gov.cn/bm/tjj/zfxxgk/zfxxgkml/tjsj/202011/t20201125_1740114.htm

[274] 漳平市统计局. 漳平市2019年国民经济和社会发展统计公报[EB/OL]. 2020-04-06. http://www.zp.gov.cn/bm/tjj/zfxxgk/zfxxgkml/tjfx/202005/t20200506_1686587.htm

[275] 内蒙古自治区科技厅. 内蒙古自治区农业科技园区管理办法[EB/OL]. 2019-10-12. http://kjt.nmg.gov.cn/zwgk/zfxxgk/fdzdgknr/zcfg/zcfggz/202104/t20210420_1414493.html

[276] 兴安盟统计局. 兴安盟2020年统计年鉴[EB/OL]. 2021-02-24. http://tjj.xam.gov.cn/xamtj/sjfbyjd/tjgb92/4038614/index.html

[277] 兴安盟统计局. 兴安盟2019年国民经济和社会发展统计公报[EB/OL]. 2020-03-24. http://tjj.xam.gov.cn/xamtj/sjfbyjd/tjgb92/3236391/index.html.

[278] 奇巴图. 2020年兴安盟政府工作报告[EB/OL]. 2020-03-12. http://www.nmg.gov.cn/zwgk/zfggbg/ms/HingganLeague/202003/t20200312_229650.html

[279] 唐任伍. 习近平精准扶贫思想阐释[EB/OL]. 2015-10-21. http://theory.people.com.cn/n/2015/1021/c40531-27723431.html

[280] 广西壮族自治区农业厅. 广西"10+3"现代特色农业产业高质量发展三年提升行动(2018—2020年)[EB/OL]. 2018-10-22. http://www.gxny.gov.cn/jdhy/zcjd/201901/t20190103_541290.html

[281] 上林县统计局. 2019年上林县国民经济和社会发展统计公报[EB/OL]. 2020-05-25. http://www.shanglin.gov.cn/sj/tjsj/t4435379.html

[282] 上林县人民政府办公室. 2020年上林县人民政府工作报告[EB/OL]. 2020-05-18. http://www.shanglin.gov.cn/yw/slyw/t4358909.html

[283] 南宁市统计局. 2020年南宁统计年鉴[EB/OL]. 2021-03-25. http://tj.nanning.gov.cn/tjsj/tjnj/t4691566.html

[284] 福建省人民政府办公厅. 福建省海洋环境保护规划(2011—2020)[EB/

OL]. 2011-06-15. http://fgw.fujian.gov.cn/ztzl/hxlsjjsyqzt/dsj/201106/t20110615_866484.htm

[285] 福清市人民政府. 福清市政府工作报告(2020 年)[EB/OL]. 2021-01-15. http://www.fuqing.gov.cn/xjwz/zwgk/gzbg/202101/t20210115_3962109.htm

[286] 福清市统计局. 2018 年福清市国民经济和社会发展统计公报[EB/OL]. 2021-05-28. http://www.fuqing.gov.cn/xjwz/ztzl/tjxx_32046/tjfx/202105/t20210508_4093849.htm

[287] 福州市统计局. 2020 年福州统计年鉴[EB/OL]. 2021-05-28. http://tjj.fuzhou.gov.cn/zz/fztjnj/2020tjnj/indexch.htm

[288] NY/T 2772—2015,农业建设项目可行性研究报告编制规程[S]. 北京:中国农业出版社,2015.

[289] TD/T 1025—2010,乡(镇)土地利用总体规划编制规程[S]. 北京:中国标准化出版社,2010.

[290] GB 50188—2007,村镇规划标准[S]. 北京:中国建筑工业出版社,2007.

[291] GB 50445—2008,村庄整治技术规范[S]. 北京:中国建筑工业出出版社,2008.

[292] GB 50223—2008,建筑工程抗震设防分类标准[S]. 北京:中国标准化出版社,2008.

[293] GB 50011—2010,建筑抗震设计规范[S]. 北京:中国标准化出版社,2016.

[294] GB/T 21010—2017,土地利用现状分类[S]. 北京:中国计划出版社,2017.

[295] TD/T 1032—2011,基本农田划定技术规程[S]. 北京:中国标准化出版社,2011.

[296] GB/T 28407—2012,农用地质量分等规程[S]. 北京:中国标准化出版社,2012.

[297] GB/T 30600—2014,高标准农田建设通则[S]. 北京:中国标准出版社,2014.

[298] GB 15618—2018,土壤环境质量农用地土壤污染管控标准[S]. 北京:中

国标准出版社,2018.
[299] GB 5084—2021,农田灌溉水质标准[S]. 北京:中国标准出版社,2021.
[300] GB 50288—2018,灌溉与排水工程设计标准[S]. 北京:中国计划出版社,2018.
[301] SL 482—2011,灌溉与排水渠系建筑物设计规范[S]. 北京:中国水利水电出版社,2011.
[302] GBT 50085—2007,喷灌工程设计规范[S]. 北京:中国计划出版社,2007.
[303] GB/T 50363—2018,节水灌溉工程技术标准[S]. 北京:中国计划出版社,2018.
[304] JTG D40—2011,公路水泥混凝土路面设计规范[S]. 北京:中国交通出版社,2011.
[305] JTG/T F30—2014,公路水泥混凝土路面施工技术细则[S]. 北京:中国交通出版社,2014.
[306] JTG/T F20—2015,公路路面基层施工技术细则[S]. 北京:中国交通出版社,2015.
[307] SL 252—2017,水利水电工程等级划分及洪水标准[S]. 北京:中国水利水电出版社,2017.
[308] SL 328—2005,水利水电工程工程量计算规定[S]. 北京:中国水利水电出版社,2006.
[309] GBT 15776—2016,造林技术规程[S]. 北京:中国标准出版社,2016.
[310] NY 525—2012,国家农业行业标准有机肥料[S]. 北京:中国农业出版社,2012.
[311] GB/T 19630—2011,有机产品国家标准[S]. 北京:中国标准出版社,2014.
[312] NY/T 391—2000,绿色食品产地环境技术条件[S]. 北京:中国农业出版社,2000.
[313] GB 3095—2012,环境空气质量标准[S]. 北京:中国标准出版社,2012.
[314] GB 5749—2006,生活饮用水卫生标准[S]. 北京:中国标准化出版社,2006.

[315] GB 50039—2010,农村防火规范[S]. 北京:中国计划出版社,2011.

[316] GB/T 14529—1993,自然保护区类型与级别划分原则[S]. 北京:中国标准化出版社,1993.

[317] GB/T 50298—2018,风景名胜区总体规划标准[S]. 北京:中国标准化出版社,2018.